中国历代

名相

刘小沙 ◎ 编著

团结出版社
UNITY PRESS

图书在版编目（CIP）数据

中国历代名相 / 刘小沙编著. -- 北京：团结出版
社, 2015.8（2023.1重印）
ISBN 978-7-5126-3756-6

Ⅰ.①中… Ⅱ.①刘… Ⅲ.①政治家—列传—中国—
古代 Ⅳ.①K827=2

中国版本图书馆CIP数据核字(2015)第176340号

出　　版：团结出版社
　　　　　（北京市东城区东皇城根南街84号　　邮编：100006）
电　　话：（010）65228880　65244790（出版社）
　　　　　（010）65238766　85113874　65133603（发行部）
　　　　　（010）65133603（邮购）
网　　址：http://www.tjpress.com
E-mail：zb65244790@163.com（出版社）
　　　　　fx65133603@163.com（发行部邮购）
经　　销：全国新华书店
印　　刷：唐山楠萍印务有限公司

开　　本：650毫米×920毫米　16开
印　　张：24
字　　数：330千字
版　　次：2016年1月　第1版
印　　次：2023年1月　第3次印刷

书　　号：978-7-5126-3756-6
定　　价：68.00元

前　言

悠悠几千年，纵横五万里，站在中国文明辽阔而又源远流长的历史天幕下，仰望着令无数人叹为观止的帝王将相的流光溢彩的天空，尽阅朝代更迭的波澜起伏，无处不闪耀着先人用心、用生命谱写的辉煌。

封建帝王将相是历史的缩影，自嬴政以来，秦皇汉武，唐宗宋祖……他们或以盖世雄才称霸天下，或以绝妙文采震烁古今，或以宏韬伟略彪炳史册，或以残暴不仁毁灭帝业，铸就了一部洋洋洒洒长达两千余年的封建帝王史……

恍然间，我们看到了"千古一帝"秦始皇"横扫六合"的雄伟身姿；大汉朝开国皇帝刘邦从"市井无赖"到"真龙天子"的大变身；汉武帝刘彻雄赳赳地将中华带上顶峰的威风场景；光武帝刘秀吞血碎齿战八方，于乱世中成就霸业的冲天豪情；乱世枭雄曹操耍尽"奸计"，玩转三国的高超智慧；亡国之君隋炀帝的骄纵狂妄；唐高祖李渊率众起义、揭竿而起，建立唐王朝的惊天伟业；唐太宗李世民玄武门兵变的狠辣果断；一代女皇武则天勇于创造命运的步步惊心；宋太祖赵匡胤"杯酒释兵权"的聪明睿智；元世祖忽必烈以蒙古铁骑横扫欧亚大陆的英雄豪迈；一代天骄成吉思汗开创铁血王朝的钢铁毅力；"草根帝"朱元璋从"乞丐"到"皇帝"的辛酸血泪；清太祖努尔哈赤以十三副铠甲起兵，开辟锦绣前程的创业史；大清王朝第一帝皇太极夺取江山的谋略手段；少年天子顺治为爱妃做到极致的痴心情意；清军入关的第二位皇帝康熙除权臣，平叛逆，锐意改革的天才谋略；最富争议的皇帝雍正的精彩人生；乾隆皇帝钟情于香妃的风流韵事；慈禧太后将皇帝与权臣操纵于股掌之间的惊天手段；历代名相为当朝政务呕心沥血，助帝王打造繁荣盛世……

在浩瀚无边的中国历史长河之中，帝王将相始终是核心人物，或直接或间接地掌控着历史的舰舵，影响着历史的进程。虽然他们已是昨日黄花、过眼云烟，但查看他们的传奇人生，研究他们的功过是非，仍然可以让读者借鉴与警醒！

即便如此，很多人依然会"坚定"地摇着头回答："NO！"因为在他们看来，"历史、帝王将相"等于"正统、严肃"，这些东西早被当年的历史考试浇到了冰点！尽管明知"读史可以使人明智"，也再没有耐心去研读、探索那些"枯燥"的历史了。其实，历史并不是课本上那些无聊的年份表，帝王将相也不是人物事件的简单罗列。真实的帝王将相的生活要丰富得多，有趣得多。

为了解决这个问题，让读者心甘情愿地"抢读"历史，本套图书精心挑选了在历史上影响力颇大的帝王或名相，突破了枯燥无味、干巴巴的"讲授"形式，以一种幽默诙谐的语言，用一种立体的方式将一个帝王或名相的多样性与丰富性展现在广大的读者面前。

全书妙语如珠，犀利峥嵘，细述每个帝王或名相的政治生活、历史功绩、家庭生活、情感轶事等，充满了故事性、知识性与趣味性，让读者在轻松愉悦的享受中体味人生的变化莫测；在"观看历史大片"的过程中收取成功的法门秘诀。

为了保证书稿的质量，编辑工作者查阅了大量的相关资料与文献，并且专门请教了很多长期从事历史教学与研究的专家学者。不过，由于时间与精力有限，如果本套图书存在些许错误，敬请广大的读者朋友们批评指正。

"古人不见今时月，今月曾经照古人"，与浩瀚的宇宙相比，人类的生命短暂得微不足道。因此，在这有限的时光中，我们要尽一切可能多学知识，少走弯路，让我们的人生变得更加绚丽多彩！

目 录

目录

中国历代名相

ZHONGGUOLIDAIMINGXIANG

"兵家始祖"——西周开国军师姜子牙

宰相小传

　　姜子牙，姜姓，吕氏，名望，字子牙，也称吕尚、姜尚，俗称姜子牙，商朝末年人。姜子牙是中国历史上家喻户晓、声名显赫的人物。他满腹经纶，文武兼备，无论是治国安邦还是用兵作战，都能够审时度势，趋利避害，巧用谋略，表现出高人一筹的决策方法和指挥艺术，因此被史学界誉为治国的能才与谋略家的开山鼻祖。

　　相传姜子牙的先祖本是个贵族，在舜帝时做过官，而且屡立战功，被舜封在吕地（今河南南阳），所以姜尚又称吕尚。但到姜子牙出世以后，家境已经败落。故姜子牙年轻时干过宰牛卖肉的屠夫，也开过酒店，聊补无米之炊。但姜子牙人穷志不短，他始终勤奋刻苦地学习天文地理、军事谋略，研究治国安邦之道，期望有一天能施展才华。

　　姜子牙曾经做过商纣王的官，可惜生不逢时，仕不遇主。商朝自武丁之后，开始逐渐走向衰亡。至帝辛（商纣王）时，商王朝终于走到崩溃的边缘。商纣王是中国历史上有名的暴君，宠爱美女妲己，将商容、比干、微子、箕子等贤臣逐一废除贬斥，将政务完全交给费仲等弄臣。为此，不仅朝中大臣、贵族反对纣王，而且诸侯和各方国也与商王朝离心离德。在这样的昏君手下，进不能施展雄才，退难以保全性命。于是，姜子牙断然离去，到各地游说诸侯，无所遇后，便决意归隐东海。

　　客居他乡、宦游多年、官场失意、落魄困顿的姜子牙终于踏上山东

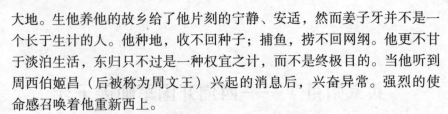

大地。生他养他的故乡给了他片刻的宁静、安适，然而姜子牙并不是一个长于生计的人。他种地，收不回种子；捕鱼，捞不回网纲。他更不甘于淡泊生活，东归只不过是一种权宜之计，而不是终极目的。当他听到周西伯姬昌（后被称为周文王）兴起的消息后，兴奋异常。强烈的使命感召唤着他重新西上。

姜子牙又一次开始了颠沛流离的生活。他曾经屠牛于朝歌，卖饮于孟津。朝歌是商纣的都城，孟津是朝歌的咽喉。姜子牙打着屠牛、卖饮的幌子，搜集商纣王的政治、军事情报，观察、熟悉中原地理形势，以便制订伐纣灭商的战争方略，并以此作为晋见周西伯姬昌的礼物。

姜子牙经历数日风餐露宿，终于到达朝歌。想到旧地重回，物事人非，姜子牙心中不免惆怅。商朝奴隶主贵族嗜酒成性，因而朝歌街头酒店林立。

有一位昌国人氏，姓宋，名礼，字异人，是姜子牙表兄。姜子牙找到宋异人家。宋礼见表弟到来，急忙迎出庄去。两人携手进庄，施礼坐下。宋礼兴奋异常道："分别以来，时常思念你。今日重逢，幸甚，幸甚！"姜子牙长叹一声说："自别表兄，实指望重返仕途，所以重返朝歌，以观殷政。"宋礼却说："当今朝歌，诸臣不得面君，有旨都是奸佞费仲传奉。君门万里，贤弟怎么能进得去？表弟乃有识之士，可隐匿于朝歌，勤以待时，日后必会发达。"

姜子牙住在宋家，安闲自在，匆匆已有半月过去。一日，姜子牙说："表哥，人生天地间，当自食其力。"宋礼问："你想做什么？"姜子牙道："我只会编笊篱。"宋礼道："后园有竹，你可砍竹劈篾，编些笊篱，往朝歌城中去卖，大小都是生意。"

姜子牙编出一担笊篱来，挑往朝歌去卖。从早晨到中午，直转到红日西斜，也没卖出一个，只得挑回宋家。宋礼问明情由，长叹道："是我的过失。朝歌城中不用笊篱，让你受了辛苦。我家仓中有麦子，可叫后生每日多磨些面，表弟挑去朝歌卖货，利钱归你！"

次日，姜子牙挑着面进朝歌去卖。他四街走遍，却没有卖出一斤。走出南门，他决定少憩片刻，停脚放下担子，靠着城墙坐下来。姜子牙坐了一会儿，正要起身上路，只见对面有人叫道："卖面的，站住！"姜子牙立即歇下担子等那人近前，姜子牙问："君子，要多少面？"那人说："打糨糊用，买一文钱的。"姜子牙不是久挑担子的人，竟把扁担抛在路旁，绳子撒在地下。此时刚好惊了一匹战马，溜缰奔走如飞而来。姜子牙没有看到，也不曾提防，忽听身后有人高喊道："卖面的，马来啦。"姜子牙忙侧身站起，飞马已到面前。他扁担上的绳子撒在地上，奔马来得急，绳子正巧套在马蹄上，把两箩面拖出五六丈远。箩筐一翻，白面统统泼在地上。姜子牙急忙跑去收面，谁料就地刮起一阵狂风，将面裹了他浑身上下一片白。风过之后，地上的面已经刮得干干净净。买面的人见姜子牙这等模样，放下一文钱走了。

　　姜子牙心中痛苦。他挑起空箩筐，仰面长叹道："此乃天丧我也。"姜子牙回到宋家。宋礼见他浑身是面，大吃一惊，急忙道："表弟，何以变成如此面貌？"姜子牙便把卖面的经过讲说一遍。宋异人忙唤出内人，为表弟找换衣服，一边安慰姜子牙道："担把面值几个钱？贤弟不必气恼，朝歌城有三五十座酒店，掌柜的个个是我的熟人。明日让你到南门开家酒店，好不好？"姜子牙谢道："多谢表兄抬举！"

　　朝歌南门地近教场，是个发财的地方。这一天，姜子牙让厨师们宰猪杀羊，蒸好点心，把酒饭收拾整齐，等待教场人马操练完毕前来食用。谁料将到午时，天降倾盆大雨，教练无法前来操练人马。当时天气炎热，猪羊肴馔被这阵暑气一蒸，顿时变味了。姜子牙叫过来伙计们，吩咐道："你们把酒肴吃了吧。这叫姜子牙开饭馆——卖不出去自己吃！"众伙计们听了，齐声大笑。姜子牙天晚才回到宋家。宋礼问："表弟，今日生意如何？"姜子牙道："惭愧，又折了许多本钱。"便把教场不曾操练的事细说了。宋异人叹道："表弟不走运。守时候命，另寻道路吧！"宋异人怕表弟羞恼，兑换五十两银子，准备让后生领姜子牙走集串场，贩卖猪、羊。这一日太阳东升，姜子牙吃罢早饭，赶了猪、羊往朝歌城中去卖。此时正值久旱不雨。为了祈雨，天子禁了屠业，当日张贴告示，晓谕军民人等。姜子牙不知，刚把猪、羊赶到城门，被张贴告示的看到了。那人高声叫道："违禁犯法，将此人拿下！"姜子牙见守门甲士持刀过来捉他，抽身就跑。可怜猪、羊无知，俱被没入官家。姜子牙慌慌张张跑回宋家，面如土色。宋礼惊问道："表弟为何如此慌张？"姜子牙长吁一声，叹气道："多蒙表兄厚爱，却是件件生意都做不着，屡屡亏折。今日不知天子祈雨，断了屠沽两业，违禁入城，猪、羊入官，弄得本钱尽绝，使我愧身无地。"宋异人笑道："破几十两银子入官罢了，表弟何必恼它！今日煮它美酒一壶，与你散散闷怀！"姜子牙无语，点头应允。

次日，姜子牙醒来，抬头看去，目光正盯在那担笊篱上。心想：城里卖不掉，为何不下乡去转转？于是，姜子牙挑起那担笊篱，一直向东走去。走出十里，遇见一个卖缸的，卖缸人问："师傅，笊篱是你编的吗？手艺不错。"姜子牙笑道："你看着好？那咱俩换了吧。"那人见姜子牙有条好扁担，说："连扁担也换吗？"姜子牙道："好。"那个卖缸的挑起笊篱担子，掉头就走。其实姜子牙不知道，他那根扁担就能平换那人的扁担和缸，又被白白骗去一担笊篱！

姜子牙挑起两个缸来，想进城去卖。他想着，转身向朝歌走去。他走进东门，正巧有两个后生打架，前跑后追。跑的后生躲到姜子牙身后，追的后生便绕着姜子牙抓人。他举手一抓，"哐！哐！"两头的缸全跌碎了。跑的后生一看不好，立刻跑得不见人影。追人的后生站住，向姜子牙赔礼说："大叔！是我失手，我赔钱。"姜子牙坦然道："缸是我用笊篱换的，没花钱。再说，你也不是故意毁缸，不必赔啦。"那后生却说："就算大叔不要我赔，也得到我店中一坐，让我把事情说个明白。"姜子牙正走累了，道："那好吧！"两人走进一个肉铺，后生喊道："爹爹，我给你请到一位贵客！"门帘掀开，从内室走出来一位老者，须发半白，双目有神，他盯住姜子牙看了一会儿，惊喜地说："我认出来了，你是下大夫姜子牙。"姜子牙道："你怎么认识我的？"老者道："你我同宗。我单名一个直字，原住乡间，屠牛为业。两年前，是我把乡里的房屋卖给了宋礼，才盖起来这个肉铺。"姜子牙惊喜道："宋礼是我嫡亲表哥。真是天缘有巧。"说罢，哈哈大笑。姜直又问："下大夫为什么来到我店？"后生说："爹，光你讲，一直没让孩儿插嘴说话。"于是，后生将追人、砸缸的事讲说一遍。姜直说："那后生原是本店学徒，手脚不大干净。我儿姜吉今日查账，见他又有偷窃行为，教训几句，他不认错，反而动手打人。于是店内相斗，打出店外，碰上了下大夫。你诸事可好？"姜子牙说："百事不顺。"就把经商屡挫的事说了一遍。

姜直听罢笑道："此乃天意。两月前，本店账房病故，如今还没有聘得合适的人。你如情愿，可屈尊做小店账房。"姜子牙痛快答应道："好。"

姜子牙从此在牛肉铺供职。一月过去，他也学会了屠牛。姜子牙在朝歌实是手中屠牛，心中屠天。他走遍了城中的大街小巷，察看了城外的山川地理，熟悉了朝中的君臣近况，记住了殷商的兵力部署。

一日，忽听门外有人喊："西岐来朝歌进贡啦！"姜子牙急步走出店门，果然看见一队人马从街心走过。中间一人骑在高头大马上，体态魁伟，令人望而敬之。

姜子牙问姜直："此人是谁？"姜直道："我认识这位侯爷，他是西伯姬昌。此人敬老慈少，礼下贤者，是个积善累德的好君主。"姜子牙听罢，不禁心中想道："我的前程，莫非要应验在此人身上吗？"直到西岐人马走远，众人散去，姜子牙还怔怔地站在门口。

姜子牙从此借住在肉店之内，为的是多认识几位天下贤者。两年后，姜直病故。姜吉继任掌柜，他自记账目，命姜子牙当店卖肉。

一日，酷暑难当，肉店无人登门，姜吉心头有火，便训斥姜子牙道："姜子牙，你终日谈什么成汤、武丁，现在是纣王当朝，你成不了伊尹、傅说！你是个屠夫，连肉都卖不出去。你只是个废屠！朝歌之废屠！"

姜子牙想：他说的也是实情。在朝歌长住，我哪能有出头的日子？我已年过花甲，垂垂老矣！世上敬老国君，只有西伯姬昌，我何不西去周原？想到此，姜子牙一语不发，回到住处，背起行囊，离开了朝歌。

经过几年艰苦的努力，壮心未已的姜子牙搜集了大量有关灭商的资料。一来这些资料需要加以系统整理，二来需要就近观察周西伯昌的动静，等待晋见机遇。于是姜子牙隐于秦岭，钓于蟠溪。这里山势挺拔，古柏参天，蟠溪河畔，有一座古钓鱼台，台下是深约两公尺的潭水，台上有一块巨大的石头，相传姜子牙就在此隐居垂竿。这是一个再理想不过的地方了，环境幽静，利于潜心研究；地近周室，便于捕捉晋见机遇。姜子牙栖身于磻溪，垂钓于滋泉，企盼着"钓上大鱼"。

早在孟津卖饮和朝歌屠牛时，姜子牙就和"文王四友"中的散宜生等人建立了友谊。凭这层关系，他可以到岐周城谋上一官半职。但姜子牙的志向不在此，他要观察文王是否贤明，伺机做一番轰轰烈烈的事业。

八十高龄的姜子牙隐居在磻溪河边，每日在滋泉边的一块大石头上垂钓。这块石头现在叫跪钓石。跪钓石上有两道深约一尺的凹痕，传说是姜子牙钓鱼时留下的膝印，名曰跪石骭印。

作为千古第一钓翁，姜子牙在中国钓鱼史上的地位无与伦比，使他获此殊荣的并不是钓术有多么高超，而是他的不钓而钓。

姜子牙钓鱼的特点是：用直针做钓钩，从不挂钓饵。后来形成这样一个歇后语：姜太公钓鱼——愿者上钩。当樵夫武吉看到姜子牙的钓针直而不曲时，很是调笑了一番，并教给姜子牙一法："将此针用火烧红，打成钩样，上用香饵；线上系浮子，鱼来吞食，浮子自动，便知鱼至。望上一提，钩钩鱼腮，方能得鲤，此是捕鱼之方。否则莫说三年，就是百年也无一鱼到手。"姜子牙回答是："老夫在此，名虽垂钓，我自意不在鱼。吾在此不过守青云而得路，拨阴翳而腾霄。岂可曲中而取鱼乎？非丈夫之所为也。吾宁在直中取，不向曲中求；不为锦鳞设，只钓王与侯。"自信与豪迈呼之欲出。但姜子牙真的就那么有信心吗？真的像人们常说的那样稳坐钓鱼台吗？真的只在直中取，不向曲中求吗？武吉耻笑道："你个老渔翁也想做王侯？你倒像个活猴！"姜子牙回敬道："你一脸晦气，小心进城打死人！"武吉认为姜子牙出口咒人，一生气，挑柴走了。

武吉到了城里，由于人很拥挤，挑柴的扁担换肩时，被人撞落一捆柴，失去重心的扁担头正好打在一个人的耳根，这人立刻倒地就死了。人命关天，正好被文王撞见。文王念其事出意外，而武吉又孤苦伶仃，家有老母，便赏给他一些银两，准其回家安顿老母后回城服刑。

武吉回到家，把事情经过向老母哭诉一遍。母亲连说那钓鱼的姜子牙肯定是位高人，能未卜先知，也一定能帮你消灾解难，将你搭救。武吉急匆匆赶到蹯溪，见到钓鱼的姜子牙倒地便拜，长跪不起："姜老爷，救我母子性命吧！"姜子牙手握钓竿，头也不回，沉吟半晌，最后说："我要救你，你就拜我为师吧！"又如此这般嘱咐武吉一番。武吉从此唯命是从，在姜子牙身边学习兵书和武艺。

姜子牙在渭水蹯溪钓鱼时，还教给附近居民唱"朝中有昏君，百姓多遭殃；何日有明主，拨云见太阳"一类歌曲。

古人迷信，凡事总要先占卜吉凶。周文王要打猎，占卜的结果是：所获猎物不是虎豹豺狼，而是可以成就霸业的王佐之才。周文王十分惊奇，自然格外留意，加之因梦见飞熊而动了访贤的心思。于是，文王等人乔装打扮，在这一带察民情，访贤臣，听到这一类歌曲时很受感动。

在访贤的途中，他首先听到了一群渔人在唱歌，歌词内容包括夏朝末代国君桀的灭亡、商朝的建立和其后六百年的政通人和、后来纣王的荒淫无道，以及尧帝访舜的故事，并说："日逐洪涛歌浩浩，夜观星斗垂孤钓；孤钓不知天地宽，白头俯仰天地老。"一字一句无不牵动着西伯侯的心弦。他认为既然能唱此歌，内中必有大贤，赶忙让手下去请，一问才知众渔人是从三十上五里外的一条小河边的一个老钓翁那里学来的。文王曾到蟠溪求贤而不遇，为此作诗："求贤远出到溪头，不见贤人只见钩。从来未遇垂竿叟，天下人愁几日休。"

有一次，西伯侯一行继续寻贤，遇见了一个唱歌而行的樵夫。樵夫的歌词对西伯侯来说比渔人的更具吸引力，因为它干脆告诉未来的周文王：不是没有贤士，贤士就在山野之间，只是世人不识罢了，并且用"春水悠悠春草奇，金鱼未遇隐磻溪；世人不识高贤志，只作溪边老钓矶。"表达自己的怀才不遇。这个樵夫不是别人，正是姜子牙新收的徒弟武吉。武吉告诉西伯侯，歌是他师父东海许州人氏，道号飞熊的姜子牙唱的。文王回朝，传旨百官，在宫中斋戒三天，然后倾朝出动，去聘请大贤人——姜子牙。第四天，文武百官沐浴焚香，整衣束冠，跟随文王一起去蟠溪请姜子牙。

姜子牙背坐溪边，执竿垂钓。文王悄悄走到跟前，站在姜子牙身后。姜子牙明知文王驾临，却故意唱起了歌："西风起兮白云飞，岁已暮兮将焉为？王风鸣兮真主现，垂竿钓兮知我稀。"唱罢，姜子牙回头看到文王，慌忙把鱼竿扔到一边，伏地叩首道："子民姜尚不知大驾光临，有失迎候，请贤王宽恕姜尚无礼之罪。"文王连忙扶起姜子牙，献上厚礼，表明求贤之意。姜子牙谦让一番后说道："蒙圣明大王不弃，姜尚愿意竭心尽力辅佐大王，共成伟业。"

在渭水之滨遇见姜子牙，姬昌被他一番富有哲理的话语所折服。姜子牙说："凡是河流源头渊远者，河水必然奔流不息，于是才有鱼群栖息；树大根深者必定枝繁叶茂，于是才能果实丰硕。同样的道理，人与

『兵家始祖』——西周开国军师姜子牙

人之间唯有相互理解，心灵相通，才有发展伟大事业的前提。比如在溪边垂钓，小鱼总是盯着小饵，若有若无的钓线使它放松了警惕；稍大些的鱼儿总是看好块大味香的饵料，即使是钩就在身边，为求得香甜的美食，它也会忘掉危险而冒险一搏。而要想钓到大鱼，就要安上大块饵料，钓线也要粗壮结实，否则就会鱼饵两空。鱼一旦吞下钓钩，钓线就牢牢地牵住它；用人也是如此，人才一旦接受了相应的待遇，便会为施恩者尽心竭力地服务。用网捕鱼，还会有漏网的；可用饵钓鱼，却可以把水中之鱼陆续钓尽。同样的道理，提供相应的待遇，就可以把天下的人才都招揽而来。悬纶垂钓与治国平天下，虽事有大小之别，目标也有高下之分，然而其中的道理却是相通的。钓鱼的三大要领无非是钓点判断、饵料设计和提竿溜鱼，而治国平天下也有三大法宝：提供优厚的待遇是为了让所用之人贡献聪明才智，提倡视死如归的精神是为了让士兵英勇善战，设立高官厚禄是为了让贤臣良将帮助君王成就大业。"

姜子牙这一番言简意赅、深入浅出的分析使周文王怦然心动，他从这位头顶斗笠、身披蓑衣的老者身上看出了智慧的灵光，意识到这是一位满腹韬略、高瞻远瞩的栋梁之才。西伯侯请姜子牙乘坐自己的銮舆，姜子牙跪地谢绝，最终西伯侯乘銮舆，姜子牙骑西伯侯的逍遥马去岐山。

姜子牙纵论天下大势，口若悬河，字字珠玑，对于治国要领，提出了"君以举贤为常，官以任贤为常，士以敬贤为常"的"三常"之说，姬昌称赞他为"太公望"，拜为国师。

姜子牙出山，被西伯昌委以大任，正可谓受命于危难之际，也因此而揭开了他一生中最辉煌的一页历史。

姜子牙到岐周后，积极协助周文王修德理政，抚民治军，为灭商做准备。首先是以进为退，一方面向商朝表示诚心臣服，消除其戒备心理；另一方面进献贡物，广行贿赂，派人到商都制造舆论，竭力讨好商朝臣民和各方诸侯。再就是选贤任才。姜子牙提出在任选官员时，必须去"六贼七害"，即"大建宫室，优游倡乐；民犯历法禁，不从吏教；结党营私，埋没贤士；自仗高势，不尊其主；轻视爵位，贼害上官；强宗大族，凌侮贫弱。""无智略权谋，却有尊爵；有名无实，投机取巧；外表朴素，语言乖巧；外貌壮伟，高谈虚论；谄媚逢迎，冒死贪禄；营建殿堂，伤害农桑；以符篆咒语，欺骗善良。"此外，姜子牙还帮助西伯昌争取同盟国，扩大岐周的影响。在他的运筹下，先后有四十多国叛商归周，尊西伯为王，使岐周的国力和影响日益增加。

因为姜子牙熟悉商朝统治情况和中原地理形胜，又有丰富的军事经验，所以对周族的军队建设贡献极大。他先后率军讨伐并灭掉了商的盟国崇（今陕西陇县）、密须（今甘肃一带）、犬戎（当时的少数部族，在今陕西凤翔一带）。又扩建半邑（西安西），让姬昌迁治于此，从而巩固了周的后方。在政治上，联络各地诸侯和西南各族，使周的力量逐渐强大，致使商朝统治下的大部分地区被周占有，后人形容当时的形势，有"三分天下，二分归周"的说法。

西伯姬昌没有完成灭商大业，带着遗憾和期望死去，谥号文王。其子姬发即位，是为武王。武王仍以姜子牙为师，并尊为"师尚父"。在姜子牙等贤臣良将的辅佐下，武王励精图治，准备了九年后，率军东进，对商纣政权进行了一次试探性进攻。在这次战斗中，姜子牙任前线总指挥。兵至孟津，得到八百诸侯的响应。但武王和姜子牙认为还没有取胜的绝对把握，便暂时撤军。

又过了两年，商纣王杀了比干，囚禁了箕子。武王准备伐纣王，但占卜结果不吉利，而且兵未出行，又遇到暴风雨。众大臣都很恐惧，只有吕尚坚持出兵，他说那些占卜用的龟甲和蓍草根本不懂什么吉凶。武王最终听从了吕尚的意见。

公元前1046年（一说前1057年）正月，周武王统率兵车三百乘，虎贲三千人，甲士四万五千人，浩浩荡荡东进伐商。同月下旬，周军进抵孟津，在那里与反商的庸、卢、彭、濮、蜀（今汉水流域）、羌、微（今渭水流域）、髳（今山西平陆南）等部落的部队会合。武王利用商地人心归周的有利形势，率本部及协同自己作战的部落军队，于正月二十八日由孟津（今河南孟县南）冒雨迅速东进。从汜地（今河南荥阳汜水镇）渡过黄河后，兼程北上，至百泉（今河南辉县西北）折而东行，直指朝歌。周师沿途没有遇到商军的抵抗，故开进顺利，仅经过六天的行程，便于二月初四拂晓抵达牧野。周军进攻的消息传至朝歌，商朝廷上下一片惊恐。商纣王无奈之中只好仓促部署防御。但此时商军主力还远在东南地区，无法立即调回。于是只好武装大批奴隶，连同守卫国都的商军共约十七万人，由自己率领，开赴牧野迎战周师。

二月初五凌晨，周军布阵完毕，庄严誓师，史称"牧誓"。武王在阵前声讨纣王听信宠姬谗言，不祭祀祖宗，招诱四方的罪人和逃亡的奴隶，暴虐地残害百姓等诸多罪行，从而激发起从征将士的敌忾与斗志。接着，武王又郑重宣布了作战中的行动要求和军事纪律：要保持队形，以稳住阵脚；不准杀害降者，以瓦解商军。誓师后，武王下令向商军发起总攻击。他先使"师尚父与百夫致师"，即让吕尚率领一部分精锐突击部队向商军挑战，以牵制迷惑敌人，并打乱其阵脚。商军中的奴隶和战俘心向武王，这时便纷纷起义，掉转戈矛，帮助周帅作战。武王乘势以"大卒（主力）冲驰帝纣师"，猛烈冲杀敌军。于是商军十几万之众顷刻土崩瓦解。纣王见大势尽去，于当天晚上仓皇逃回朝歌，登上鹿台自焚而死。周军乘胜进击，攻占朝歌，灭亡商朝。尔后，武王分兵四出，征伐商朝各地诸侯，肃清殷商残余势力。商朝灭亡。

对姜子牙在牧野之战中的功绩，姬周的后代们以赞美的笔调写成歌来唱道："牧野战地宽又广，檀木兵车多堂皇，四匹花马多强壮。啊，这个太师吕尚父，就像苍鹰在飞翔。扶助那个周武王，快速出兵伐大商，一朝大下都清明。"在灭商的同一年，建立了统一的周政权，建都镐京，史称西周。

武王夺取天下后，采取了"封邦建国"的方法，以加强对边远地区的统治和对周王室的屏藩。姜子牙以首功封于齐地，建都营丘（今山东淄博临淄）。姜子牙率领一队人马，日夜兼程赶到封地，打退了前来争国的莱人，建立了自己的政权。

此后，姜子牙不顾年迈，在齐国孜孜求治。他在政治方面采取了十五字方针，即"因其俗，简其礼""修道术""尊贤智、赏有功"。齐地本来是夷人的家园，夷人的势力很大。在对待夷人问题上，姜子牙采取"因""简"措施，灵活得当并且颇见成效，齐国的政治文化也因此而带有民主色彩。"修道术"对齐国的政治文化也产生了很大影响，使其在春秋时就形成了道家传统。战国时则分裂为黄老道家、阴阳家、神仙家三个既不同又有联系的学派。秦汉以后，黄老之学和神仙方术结合演化为道教。"尊""赏"主要表现在两个方面：一是不计出身，唯才是举；二是以功为尚，不重名分。此后齐以此为继，形成一个良好的政治文化传统。

齐国虽依山傍海，但太公初封齐时，经济基础并不好，负海泻卤，地薄人少。太公因地制宜，随事而化，采取"通商工之业，便鱼盐之利"、劝女工"极技巧""宜桑麻"等经济政策，结果，男女老少以及运送货物的车辆从各地涌向齐地。这显然让姜太公尝到了甜头，所以"工"和"商"在姜太公的《六韬》一书中，和"农"一道被列为国之"三宝"。齐国俨然成了一个生产制造大国，这里出产的衣带鞋帽遍及天下。从东海到泰山之间的各诸侯都前往朝拜致敬，因为他们看到了实实在在的利益。据《史记》记载，姜太公主政齐地，"因其俗，简其礼，通商工之业，便鱼盐之利，而人民多归齐"，发达的手工生产和商业活动，一下子使得齐国变为令人刮目相看的东方大国。

齐地生产的商品之所以行销天下，与便利的货币体系有着密切的关系。姜太公正是巧妙地利用了他手中重要的经济杠杆——货币制度，让自然资源、劳动生产和贸易流通衔接并流动起来。

按照周朝制度，以商通货，以贾易物。当姜太公还在周朝为官时，就在日益频繁的货物交换的基础上创立了九府圜法。所谓"九府"，指的是太府、玉府、内府、外府、泉府、天府、职内、职币、职金九个政府管理部门，它们负责掌握调控财币。"圜"，均而通之意；圜法，指的就是货币制度。

姜太公确立的"九府圜法"是一整套的货币制度：规定黄金方寸见方，重量一斤；钱，外圆而内方，轻重以"铢"来计量；布帛宽两尺两寸为幅，长四丈为匹。在姜太公创造的货币体系中，以黄金最宝贵，刀币最便利，人们使用起来像泉水那样周流不息，像布帛那样分布在民间各地，像帛那样可以卷束起来。

《尚书·洪范》中就记载了古代国家施政的八个方面，即所谓的"八政"：食、货、祀、司空、司徒、司寇、宾、师。食和货，因为关系到百姓生活的日用起居和社会经济的正常运行而位居前列，显得尤为重要。食，指田地的垦殖，谷物的种植；货，指布帛的生产和金、刀、龟、贝等货币的流通。看来，姜太公在商品经济生活中紧抓货币制度的建设，还是颇有几分眼力的。

"农工商交易之路通，而龟贝金钱刀布之币兴焉"（《史记·平准书》），货币产生的时代很久远，甚至可以追溯到传说中的帝喾之前，只不过没有文字记载可以参考了。有了货币，就可以更好地发展经济，积聚财富。姜太公在周朝退职之后，把这一货币制度推行到他受封的齐地，使得齐地的物品买卖更加便利。这才最终使得齐地商品行销天下，誉满东方。

周成王时，管叔、蔡叔勾结商纣王之子武庚作乱，淮夷也乘机叛周，周王朝的统治受到严重威胁。当时姜子牙年事已高，仍奉命派兵配合周公旦东征平叛。周王室派召公奭去授权给他"五侯九伯，汝实征之"，在东至大海、西至黄河、南至穆陵（今安徽淮南）、北至无棣（今山东无棣）的广阔地面上，齐国有权进行征伐。这为齐国以后的对外军事扩张提供了一个有利的政治条件，齐遂为大国。周康王六年（约公元前998），姜子牙与世长辞了。

姜子牙是中国历史上最早的颇享盛名的政治家和军事家。他尚武功，重智谋，轻鬼神，军事思想博大精深，用兵打仗无往不胜。在渭水垂钓遇到明主后，他协助周文王、周武王修德理政、兴国安邦，带领军队纵横驰骋于战场，为周朝的建立立下了赫赫战功，被誉为兵家始祖。

姜子牙给后人留下的丰厚文化遗产之一，是《太公兵法》。关于姜太公的著述，《汉书·艺文志》道家类曾有著录曰："《太公》二百三十七篇，《谋》八十一篇，《言》七十一篇，《兵》八十五篇。"《六韬》书名，最早著录于《隋书·经籍志》，题"周文王师姜望撰"。清沈钦韩说："《谋》者即太公之《阴谋》，言者即太公之《金匮》，《兵》者即《太公兵法》。"战国时苏秦曾得《太公阴符》，汉初张良得《太公兵法》。可惜的是，太公之学而今已多数散佚，仅有《六韬》传世，即人们通常说的《太公兵法》。

《六韬》以太公答周文王、周武王之问的形式写作，其书包括文韬、武韬、龙韬、虎韬、豹韬、犬韬六个部分，共六十篇，是齐桓公时期齐官府根据西周原始档案整理而成，但其基本内容和思想内核为姜太公所言则无疑。

《六韬》形成了一整套完整详尽的兵学理论体系，它作为先秦兵学的集大成者，举凡战略进攻、战略防御、军事训练、统帅部构成、特殊地形下的作战原则、步骑兵的相互配合、战场通讯、武器装备等都有详细的论列，堪称古代的政治军事百科全书。

《六韬》的主要内容有：一是关于全胜的战略。《六韬》认为："全胜不斗，大兵无创。"从而提出了文伐十二节，或因其所喜，彼将生骄；或亲其所爱，以分其威；或阴赂左右，国将生害；或辅其谣乐，娱以美人等，以扰乱敌国内部，削弱其战斗力为宗旨。二是关于战机的选择，《守土》曰："日中必慧，操刀必割，执斧必伐。日中不慧，是谓失时；操刀不割，失利之期；执斧不伐，贼人将来。"《兵道》曰："外乱而内整，示饥而实饱。""阴其谋，密其机，高其垒，伏其锐，士寂若无生，敌不知我备，欲其西，袭其东。"三是关于将帅要量才录用各种人才，取其各自所长。如王翼的七十二人分工。将帅要具有五材，为将者要礼将、力将、止欲将等。四是详尽阐述了武器装备及利用地形攻守等思想，"兵贵神速""出其不意，攻其不备"成为历代兵家的取胜法宝。五是关于敌情判断的方法，要保守机密，制造种种假象迷惑对方，对天道、人事、阴阳、内外皆予以考察，最后做出正确的决策。

《六韬》是一部光照千秋万代的完备的兵学理论专著，姜子牙也因此受到了历代兵家的敬仰。张良、诸葛亮等都将《六韬》视为至宝。

姜子牙的民本思想、人才思想、权谋思想都很著名。他尚武功，重智谋，轻鬼神，军事思想博大精深，用兵打仗无往不胜。在渭水垂钓遇到明主后，他协助周文王、周武王修德理政、兴国安邦，带领军队纵横驰骋于战场，为周朝的建立立下了赫赫战功，被誉为兵家始祖。

「兵家始祖」——西周开国军师姜子牙

"管夷吾举于士"——春秋第一相管仲

🌸 宰相小传
· · · ·

　　管仲，春秋时期齐国颍上（今安徽颍上）人，名夷吾，字仲，谥曰敬，故又称敬仲，史称管子。春秋时期齐国著名的政治家、军事家，周穆王的后代。管仲少时丧父，老母在堂，生活贫苦，不得不过早地挑起家庭重担；为维持生计，与鲍叔牙合伙经商后从军，到齐国，几经曲折，经鲍叔牙力荐，为齐国上卿（即丞相），被称为"春秋第一相"，辅佐齐桓公成为春秋时期的第一霸主。

　　管仲出身名门望族，是血统高贵的高干子弟，他的父亲管庄是齐国的大夫。本来家门的显赫可以让管仲的一生过着锦衣玉食的生活，可是天有不测风云，后家道中落，生活困窘。可是不论多艰难，日子总要过下去。为了谋生，管仲放下以前尊贵的身份甘心下海经商，要知道经商在那个时代被认为是一种微贱的职业。因为要发展事业，管仲走过大大小小许多地方，接触过形形色色的人，见过许多世面，这大大增长了管仲的社会经验，开阔了他的视野。对于一个官宦子弟来说，经商是有辱门楣的，不是长久之计，他曾试图弃商从政，都没成功。

　　尽管说商场如战场，没有情面可言，能结交知心朋友更是难上加难，但管仲偏偏就有这种好运气，二十来岁时就结识了鲍叔牙。起初二人合伙做点买卖，因为管仲家境贫寒就出资少些，鲍叔牙出资多些。生意做的还不错，可是有人发现管仲用挣的钱先还了自己欠的一些债，这钱还没入账就给花了，现在会计学中这种行为叫"坐支"，而且私自花钱恐怕离贪污公款也不远了。更可气的是到年底分红时，鲍叔牙分给他一半的红利，他也欣然接受了，这可把鲍叔牙手下的人气坏了。有个人对鲍叔牙说："他出资少，平时开销又大，年底还照样和您平分收益，显然他是个十分贪财的人，如果我是管仲的话，我一定不会厚着脸皮接受这些钱的。"鲍叔牙斥责他手下道："你们满脑子里装的都是钱，就没发现管仲的家里十分困难吗？他比我更需要钱，我和他合伙做生意就是想要帮帮他，我情愿这样做，此事你们以后不要再提了。"

　　说起这个管仲，还真是没法儿让人留下好印象。后来这哥俩一起从军，相依为命。有一次，齐国和邻国开战，双方军队展开了一场大厮杀，冲锋的时候管仲总是躲在最后，跑得很慢，而退兵的时候，管仲却飞一样的奔跑。当兵的都耻笑他，说他贪生怕死，领兵的想杀一儆百拿管仲的头吓唬那些贪生怕死的士兵。关键时刻已当上军官的鲍叔牙站了出来，替管仲辩护道："管仲的为人我是最了解不过了，他家有八十多岁的老母亲无人照顾，他不得不忍辱含羞地活着以尽孝道。"管仲听了鲍叔牙的这番话，感动的流下了热泪，他哭诉道："生我的是父母，而了解我管仲的，唯有鲍叔牙啊！"两年之后，管仲的老母病逝，他心中没了牵挂，这才放下心来为齐国效命，果然是比谁都作战英勇，很快就得到了提拔重用。

　　或许冥冥之中自有安排，与鲍叔牙的相识，为管仲带来了前所未有的好运气。在他们共同的努力下，二人都获得了平步青云的机会，效力于齐僖公。齐僖公的三个儿子：世子诸儿、公子纠和小白都是王位的有力竞争者。其中世子诸儿最被看好。尽管他品质卑劣，国中一些老臣对此甚为忧虑，但因为他是嫡长子，最有可能继承王位，所以还是有很多臣子愿在他身上下赌注。按理说管仲与鲍叔牙这哥俩儿也应该认清形势共同辅佐未来的君主才是。可他们想法独到，分别去辅佐当时希望渺茫的公子纠和公子小白。起初，鲍叔牙也有顺势而为辅佐世子诸儿的打算，只是碍于齐僖公的旨意，不得不遵从。当然，对于这种安排他也是颇有微词的，经常假装生病，大门不出，二门不迈。在他看来，"知子莫若父，知臣莫若君"，正因为齐僖公知道三儿子将来没啥希望继承君位，又以为他鲍叔牙没啥才能，这才让他辅佐小白。而管仲却不以为然，当他了解内情后，劝鲍叔牙说："国内的人都不喜欢公子纠的母亲，恨屋及乌，因此也不喜欢公子纠本人，反而同情小白这个没有母亲的孩子。世子诸儿不是块当王的料，所以将来统治齐国的，非纠即白。而公子小白虽然没有公子纠聪明，且性格有点急，但却深谋远虑。我可以大言不惭地说，不是我管仲，没人能够理解公子小白！即使日后废兄立君，公子纠接了王位，那也是一事无成。到那时，不是你鲍叔牙——小白的老师来辅佐他安定国家，还会有谁呢？"鲍叔牙这才听从了管仲的意见，接受任命，尽心侍奉小白。

公元前698年，齐僖公驾崩，世子诸儿即位，史称"齐襄公"，在位期间，他平庸无能，无法肩负起治理一个国家的重担。后来，他又与自己的妹妹，也就是鲁桓公的夫人文姜密谋私通，趁文姜的老公鲁桓公酒醉之际将其杀害。管仲和鲍叔牙都是极具政治远见的人，对此，他们都预感大祸将至。所以他们想方设法替自己的主子寻找出路。公子纠的母亲是鲁国国君的女儿，因此管仲保护公子纠逃到鲁国；公子小白的母亲是卫国国君的女儿，卫国离齐国太远，所以鲍叔牙就同公子小白跑到了齐国的南邻莒国去躲避。公子纠和公子小白去的地方虽然一南一西，想法却不谋而合，那就是静观事态的发展，伺机而动。

如管鲍二人所料，齐襄公十二年（公元前686年），齐国爆发内乱。齐襄公有个叫公孙无知的叔伯兄弟，因齐襄公即位后废除了他原来享有的特殊权利而怀恨在心，勾结大夫闯入宫中，杀死齐襄公，自立为国君。可公孙无知在位仅一年有余，齐国贵族又杀死公孙无知，一时间，齐国没了君主，全国上下陷入一片混乱之中。两个逃亡在外的公子，一见时机成熟，都想急忙回国，以夺取国君的宝座。

公孙无知死后，在齐国商议拥立新君的各派势力中，正卿高溪的势力最大，他和公子小白从小就是好朋友。于是高溪同另一个大夫国氏勾结起来，暗中派人火速前往莒国，请公子小白回国继位。公子小白接到信后，和鲍叔牙仔细分析了国内的形势，然后向莒国借了兵车，日夜兼程回国。与此同时，鲁国的国君鲁庄公得知齐国无君后，也万分焦急，立即派兵护送他的外孙——公子纠回国。谁知公子小白抢先一步，管仲于是决定自请先行，亲率三十乘兵车到莒国通往齐国的路上截击公子小白。队伍刚过即墨三十余里，正巧遇见公子小白的大队车马。管仲不慌不忙，等公子小白的车马一走近就操起箭来，只听"呼"的一声，一箭命中，公子小白应声倒下。

　　管仲见公子小白已被自己射死，便率领人马凯旋而归。可他却不知公子小白其实没死！管仲的确射中了小白，但却是射在他的铜制衣带勾上。公子小白也不是等闲之辈，他急中生智，倒下装死，躲过一劫。

　　塞翁失马，焉知非福，有此一惊后，公子小白与鲍叔牙更加警惕，飞速向齐国挺进。当他们来到临淄时，由鲍叔牙先进城劝说，齐国正卿高氏和国氏都同意立公子小白为国君，于是公子小白进城顺利登上君主位，这就是历史上赫赫有名的"齐桓公"。

　　小白即位后，急需找到一批有才干并且值得信任的人来辅佐自己。可想而知，齐相的首选之人当然是自己的老师鲍叔牙。谁知鲍叔牙对齐桓公说："臣只是平庸之辈，现在国君施惠于我，使我享受如此厚育，这是国君的恩典。如果真要把齐国治理富强，我的能力有限，还得请管仲才行。"

　　齐桓公一惊，大为不解，反问道："你不知道他是我的仇人吗？"

　　鲍叔牙回答道："撇开那一箭之仇，客观地说，管仲英明盖世，才能超众，是天下难得的奇才！"

　　齐桓公又问鲍叔牙："管仲与你比较又如何？"

　　鲍叔牙冷静地分析："管仲有五点比我强——宽以从政，惠以爱民；治理江山，权术安稳；取信于民，深得民心；制订礼仪，风化天下；整饬军队，勇敢善战。国君应该冰释旧怨，化敌为友。而且当时管仲射国君，并不是他的主观意愿，而是因为公子纠命令他这么干的，现在如果赦免其罪而委以重任，他一定会像忠于公子纠一样为齐国效忠的。"

　　那个时代，通讯不像现在这么便捷。那边，小白已经当上了国君；这边，管仲与公子纠一伙还以为公子小白反正已经死了，再也没有人可以争夺君主位了，也就不急着赶路，六天后才到齐国。一到齐国，没想到已经有了国君，而这个新的国君不是别人，正是"死而复活"的公子小白！

　　公子纠的外公鲁庄公得知齐国已有新君后气急败坏，当即派兵进攻齐国，企图武装干涉来替自己的外孙夺取君主位。齐桓公也不示弱，双方在乾时（齐国地名，位置在山东临淄）会战，结果鲁军大败，公子纠和管仲随鲁庄公败归鲁国。齐军乘胜追击，进入鲁国境内。齐桓公为

『管夷吾举于士』——春秋第一相管仲

绝后患，送信给鲁庄公，叫鲁国杀了公子纠，交出管仲和召忽，否则齐军将全面进攻鲁国。

鲁庄公看完信，立即与大夫施伯商量。施伯认为齐国要管仲不是为了报仇雪恨，而是为了重用他。因为管仲的才干世间少有，只要是他为政的国家就必然会富强称霸。假如管仲被齐国任用，将会给鲁国带来大患。因此施伯主张杀死管仲，将尸首还给齐国。施伯分析得头头是道，但是鲁庄公刚打了败仗，又听说齐国大兵压境，早吓得心惊胆战，哪里还有心思仔细体会施伯的主张。迫于齐国的压力，鲁庄公杀了公子纠，擒住管仲和召忽，准备将二人送还齐桓公发落。谁知，召忽为了表达对公子纠的忠诚自杀了，死之前对管仲说："我死了，公子纠可说是有以死事之的忠臣了。你好好活着，建功立业，让我们的齐国称霸诸侯，公子纠可说是有生臣了。死者完成德行，生者完成功名。死生在我二人是各尽其份了，你好自为之吧。"

正如召忽生前说的那样，抱着"定国家，霸诸侯"的远大理想，管仲被装入囚车，随使臣回国。在回齐国的路上，管仲生怕鲁庄公改变主意，为了让役夫加快赶路，他心生一计，即兴编制了一首悠扬激昂的快歌，伴随着歌曲激越人心的节奏，本来两天的路程，结果一天半就赶到了。

管仲果然料事如神，缓过劲儿来的鲁庄公还真是后悔了！他想："管仲是天下奇才啊，如果被齐国所用，齐桓公无疑是如虎添翼，这对自己是有百害而无一利的，只有除掉他才能高枕无忧。"可是他醒悟得太晚了，派兵追赶时，早已来不及了。

管仲一路恐慌，不过最后还是平安到了齐国，鲍叔牙正在齐国边境堂阜（古地名，地址在今山东蒙阴西北十五公里处的西高都村）迎接他。老友相逢，格外亲切。鲍叔牙马上命令打开囚车，去掉刑具，让管仲沐浴更衣，表达了让管仲辅助齐桓公治理国家的愿望。稍事休息后，管仲对鲍叔牙说："我与召忽共同侍奉公子纠，既没有辅佐他登上君位，又没有为他死后尽忠，实在惭愧。现在又去侍奉仇人，那该让天下人怎么耻笑呀！"

鲍叔牙诚恳地对管仲说："你是个明白人，怎么倒说起糊涂话来了。做大事的人，常常不拘小节；立大功的人，往往不需要求得他人的谅解。兄弟你有治国的奇才，而齐桓公又刚好有做霸主的远大志愿，如果你能辅佐他，日后必然功高天下，扬名四海！"

做好管仲的思想工作后，鲍叔牙赶回临淄，向齐桓公报告。经鲍叔牙的建议，齐桓公同意选一个吉祥的日子，以非常隆重的礼节，亲自去迎接管仲，以此来表示对管仲的重视和信任，同时也让天下人都知道他齐桓公的贤达大度。

管仲归顺齐桓公之后，齐桓公经常同他商谈国家大事。一次，齐桓公召见管仲，首先把想了很久的问题摆了出来："你认为现在的国家可以安定下来吗？"

通过这个阶段与齐桓公的接触，管仲深知眼前这位国君的政治抱负，于是直截了当地对他说："如果您决心称霸诸侯各国，国家就可以安定富强；如果您要安于现状，国家就不能安定富强。"

齐桓公听后若有所思，说："我现在还不敢说这样的大话，等将来见机行事吧！"

管仲听了齐桓公的一番话，急忙向齐桓公表示："君主免臣死罪，这是我的万幸。臣能苟且偷生到今天，不为公子纠而死，就是为了富国家强社稷；如果不是这样，那臣就是贪生怕死，一心为升官发财了。"说完，管仲就想告退。齐桓公被管仲的肺腑之言所感动，便极力挽留，并表示自己将以霸业为己任的决心，希望管仲为之出力。

后来，齐桓公又问管仲："我想使国家富强、社稷安定，要从什么地方做起呢？"

管仲回答说："要想国家富强、社稷安定，必须先得民心。"

"怎样才能得民心呢？"齐桓公接着问。

管仲回答："要得民心，应当先从爱惜百姓做起；国君能够爱惜百姓，百姓就自然愿意为国家出力；爱惜百姓就得先使百姓富足，百姓富足而后国家得到治理，那是不言而喻的道理。通常讲安定的国家常富，混乱的国家常贫，就是这个道理。"

"百姓已经富足安乐，兵甲不足又该怎么办呢？"

管仲说："兵在精不在多，兵的战斗力要强，士气必须旺盛。士气旺盛，这样的军队还怕训练不好吗？"

"士兵训练好了，如果财力不足，又该怎么办呢？"

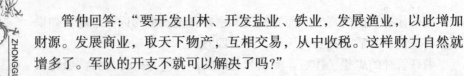

管仲回答："要开发山林、开发盐业、铁业，发展渔业，以此增加财源。发展商业，取天下物产，互相交易，从中收税。这样财力自然就增多了。军队的开支不就可以解决了吗？"

经过这番讨论，齐桓公心情非常激动，继续问管仲："兵强、民足、国富，就可以争霸天下了吧？"谁知管仲却严肃地回答说："国君不要急，还不可以。争霸天下是件大事，切不可轻举妄动！当前最迫切的任务就是使百姓休养生息，让国家富强，社会安定，不然很难实现称霸目的！"由于管仲系统地论述了治国称霸之道，齐桓公的全部问题都迎刃而解，不久即拜管仲为相，主持政事。为表示对管仲的尊崇，齐桓公称管仲为"仲父"。

仲父这个词汇原先的意思就是叔父。古人以伯仲叔季为排行，伯父、叔父到现在人们还在使用，而仲父却因为特殊的原因，成为了一种古代帝王赐予股肱重臣的一种荣誉称号。历史上最早出名的仲父是春秋时期齐国的仲父管仲。管仲绝对是个人物。齐桓公很尊重管仲，因为管仲名仲，便称呼其为仲父。

齐相也当上了，仲父也当上了，可不能辜负国君对自己的一片知遇之恩啊，聪明的管仲深谙此理，于是根据当时的形势，对齐国进行了一系列的改革。

在行政方面：划分和整顿行政区域和机构，把国都划分为六个工商乡和十五个士乡，共二十一个乡。十五个士乡是齐国的主要兵源，齐桓公自己管理五个乡，上卿国子和高子各管五个乡。把国政分为三个部门，制订三官制度。官吏有三宰。工业立三族，商业立三乡，川泽业立三虞，山林业立三衡。郊外三十家为一邑，每邑设一司官。十邑为一卒，每卒设一卒师。十卒为一乡，每乡设一乡师。三乡为一县，每县设一县师。十县为一属，每属设大夫。全国共有五属，设五大夫。每年初，由五属大夫把属内情况向齐桓公汇报，督察其功过。于是全国形成统一的整体。

军队方面，管仲强调寓兵于农，规定国都中五家为一轨，每轨设一轨长。十轨为一里，每里设里有司。四里为一连，每连设一连长。十连为一乡，每乡设一乡良人，主管乡的军令。战时组成军队，每户出一人，一轨五人，五人为一伍，由轨长带领。一里五十人，五十人为一小成，由里有司带领。一连二百人，二百人为一卒，由连长带领。一乡二千人，二千人为一旅，由乡良人带领。五乡一万人，立一元帅，一万人为一军，由五乡元帅率领。齐桓公、国子、高子三人就是元帅。这样把保甲制和军队组织紧密结合在一起，每年春秋以狩猎来训练军队，于是提高了军队的战斗力。同时又规定全国百姓不准随意迁徙。人们之间团结居住，做到夜间作战，只要听到声音就辨别出敌我；白天作战，只要看见容貌，大家就能认识。

为了解决军队的武器，规定犯罪可以用盔甲和武器来赎罪。犯重罪，可用甲与车戟赎罪。犯轻罪，可以用值与车戟赎罪。犯小罪，可以用铜铁赎罪。这样可补充军队的装备不足。

在经济方面，管仲提出"相地而衰"的土地税收政策，就是根据土地的好坏不同，来征收多少不等的赋税。这样使赋税负担趋于合理，提高了人民的生产积极性。又提倡发展经济，积财通货，设"轻重九府"，观察年景丰歉、人民的需求，来收散粮食和物品。又规定国家铸造钱币，发展渔业、盐业，鼓励与境外的贸易，齐国经济开始繁荣起来。

在管仲改革制度的推行下，齐国出现了民足国富、社会安定的繁荣局面。

齐桓公对管仲说："现在咱们国富民强，可以会盟诸侯了吧？"谁知管仲谏阻道："当今诸侯，比咱们齐国强大的多得是，南有荆楚，西有秦晋，然而他们自逞其雄，不懂得尊奉周王，所以不能称霸。周王室虽然已经衰微，但仍然是天下共同的主。自从周王东迁以来，诸侯们都没有去朝拜过。国君您要是以'尊王攘夷'号召天下，海内诸侯必然望风归附于您。"

管仲说的"尊王攘夷"，就是尊重周朝王室，承认周天子的共同领袖的地位；联合各诸侯国，共同抵御戎、狄等部族对中原的侵扰。攘夷于外，必须尊王。尊王成为当时一面正义的大旗。

齐桓公二年（公元前684年），齐桓公借报收纳公子纠之仇，出兵伐鲁。当时鲁国刚被齐国打败不久，元气还没来得及恢复，齐兵再次压境，举国上下一片恐慌。恰巧鲁国大夫曹刿（生卒年不详，著名的军事家）出来为鲁庄公出谋献计，在长勺（今山东莱芜东北）将齐国击败。

鲁国胜利后又去侵犯宋国。为报复长勺之败，齐国又勾结宋国来攻打鲁国。由于鲁庄公采纳了大夫公子偃的建议，在秉丘（今山东巨野西南）打败宋军。宋军一败，齐军自然也就撤走。

第二年，宋国为了昭雪秉丘之耻，又兴兵攻鲁，鲁庄公发兵抵抗，趁宋兵还没站住阵脚就发动猛攻，结果宋国被打得惨败。宋国连吃败仗，国内又发生内乱。宋大夫南宫长万杀了新立的郑闵公，不久宋贵族又杀了南宫父子。宋国的内乱，鲁国的战败，使他们的力量大为削弱。

谭国（今山东济南东）是齐国西邻的小国。齐桓公出奔时曾经经过这里。当时谭国君对齐桓公很不礼貌，齐桓公继位，谭国也没有派遣使臣来祝贺。按照春秋的礼法，像谭国这样失礼，遭到谴责是自然的。齐桓公对此极为不满，因此管仲建议出兵问罪。谭国本来很小，力量十分微弱，怎能经受齐国大军的进攻。结果可想而知：谭很快被齐国消灭。齐国没费力气就消灭了谭国，扩大了国土。

齐桓公五年（公元前681年），在管仲的建议下，齐国与宋、陈、蔡、郑等国在齐的北杏（今山东聊城东）会盟，商讨安定宋国之计。遂国（今山东肥城南）也被邀请，但没有参加。为了提高齐国的威望，管仲就出兵把遂国灭了。

鲁国本来比较强大，但因接连被齐国打败，又看到诸侯国都服从齐国，不服从齐国的遂、谭两国又被消灭，所以也屈服了齐国。不久，齐国与鲁国和好，在柯（今山东东阿西南）会盟。这次会盟很隆重，会场布置庄严。修筑高坛，两边大旗招展，甲士列士，十分威武。齐桓公和管仲正坐坛上。

就在这次会盟中，发生了著名的"曹沫劫盟"事件。会盟规定，只许鲁君一人登坛，其余随员在坛下等候。当鲁庄公与卫士曹沫来到会场，将要升阶入坛时，会盟宾相告诉他，不准曹沫升坛。曹沫戴盔披甲，手提短剑紧跟鲁庄公身后，对宾相瞪大圆眼，怒目而视，眼角几乎都要瞪裂了，吓得宾相后退几步，鲁庄公与曹沫就顺阶入坛。

鲁庄公与齐桓公经过谈判，然后准备歃血为盟，正在这时，曹沫突然拔剑而起，左手抓住齐桓公的衣袖，右手持短剑直逼齐桓公，齐桓公被吓得目瞪口呆。此时，管仲沉着勇敢，急忙插进齐桓公与曹沫中间，用身体保护住齐桓公，问道："将军要干什么？"

曹沫正色道："齐强鲁弱，大国侵略鲁国，欺人太甚。现在鲁国城破墙毁，几乎快要压到齐国，你说怎么办？"

齐桓公见形势不妙，马上答应归还占领的鲁国土地。诺约草成，曹沫收剑徐步回位，平息如初，谈笑如故。会盟结束，鲁国君臣胜利回国。齐桓公君臣却愤愤不乐，许多人都想毁约，齐桓公也有这种想法，可仲父管仲不同意毁约："毁约不行，贪图眼前小利，求得一时痛快，后果是失信于诸侯，失信于天下。权衡利害，不如守约，还是归还占领的鲁国国土为好。"齐桓公便听取了管仲的意见。

不久，宋国叛齐，次年齐桓公邀请陈、曹出兵伐宋，又向周王室请求派兵伐宋。周王室派大臣单伯带领王师，与三国军队共同伐宋，结果当然是以宋国屈服而告罄。

这时，鲁、宋、陈、蔡、卫都先后屈服齐国，谭、遂两国早已消灭，只有郑国还在内乱。管仲因此建议齐桓公出面调解郑国内乱，以此来提高齐国的地位，加速实现做霸主的目的。

郑国自厉公回国杀了子仪，又杀了恩人傅瑕，逼死大夫原繁，登位称君后，为巩固君位，就要联合齐国。管仲抓住这一时机，建议齐桓公联合宋、卫、郑三国，又邀请周王室参加，于齐桓公六年（公元前680年）在鄄（今山东鄄城）会盟。

第二年，齐桓公又以自己名义召集宋、陈、卫、郑又在鄄会盟。这次会盟开得很成功，取得了圆满成果，于是，在管仲的辅佐及其"尊王攘夷"战略方针的指导下，齐桓公成为了公认的霸主。

公元前667年冬，齐桓公见郑国已屈服于齐国，就召集鲁、宋、陈、卫、郑、许、滑、滕等国君，又在宋国的幽会盟。周惠王也派召伯参加。这是一次空前盛会，几乎全部中原国家都参加了这次会盟。在这次盟会上，周天子的代表召伯又以天子的名义，向齐桓公授予侯伯的头衔。从此，齐桓公便成了名副其实的霸主。

公元前662年，鲁国发生内乱，鲁庄公死后，鲁闵公即位，不久被庆父杀死，鲁僖公即位，庆父畏罪自杀。僖公为了巩固君位，与齐国会盟于落姑，从此鲁国也安定下来。至此，齐桓公威望布于天下，德名远播诸侯，进一步扩大和巩固了他的霸业。

齐桓公能有今天，管仲功不可没。

正当中原各国逐渐承认了齐国的盟主地位时，边境少数民族狄人和山戎人也逐渐发展起来。他们屡屡举兵犯境，给中原各国造成了严重威胁。周惠王十四年（公元前664年），齐国北面的山戎民族出兵攻打与齐国立盟的燕国，企图削弱齐国的势力。燕国君主亲率两万将士出战，却在一个叫鬼泣谷的地方中了山戎部落令支国首领密卢的埋伏，只逃出千余人。接着，山戎连拔三城，燕国急派使者向齐国求援。

为了集中力量对付南方楚国，齐桓公本来不想支援燕国，但管仲认为："当时为患一方的，南有楚国，北有山戎，西有狄，都是中原诸国的祸患。国君要想征伐楚国，必须先进攻山戎，北方安定，才能专心去征伐南方。如今燕国被犯，又求救于我国，举兵率先伐夷，必能得到各国的拥戴。"齐桓公深以为然，于是统率五万大军开向燕国。

此时，无终国的国君也派遣大将虎儿斑率两千士兵助战。被管仲封为先锋将军的虎儿斑，一连收复了燕国失去的那三座城。但杀到一个叫里岗的地方时，却不敢前进了。他对齐桓公和管仲说："前面是鬼泣谷，如果山戎布下埋伏，我们就是插翅也休想过去。燕国两万大军就是葬身在那里的！"

管仲在路上早就想出了过鬼泣谷的计谋，他对虎儿斑说："将军既然有所顾虑，那你就跟在大军的最后吧。"管仲说着，拿出令牌，"王子成父、赵川二将！你俩去前军按令牌所指行事，作好准备，明日清晨过鬼泣谷！"

王子成父和赵川接令牌驾车而去。

第二天天刚亮，一辆辆战车向鬼泣谷驶去。只见马的嘴是被网笼住的；战车的轮子上绑有麻皮，发出的声音很小；战车上站着的将士则披甲握戈，显得格外高大；齐国的战旗在谷风的吹动下发出"哗啦哗啦"的响声。

这时，山戎令支国首领密卢举着"令"字小黄旗，出现在鬼泣谷的山头上，见齐军进入了他的伏击圈，就一挥小黄旗，喊声："打！"猛然间，箭、石、木齐下，有的击中齐军将士，有的把战车砸得稀巴烂，有的把"齐"字大旗打断了。

密卢挥动狼牙棒，率兵从山上冲将下来。密卢冲到一个身中数箭仍立于战车上岿然不动的齐将前，举起狼牙棒对这齐将的头部狠击一棒。

"咚"一声，把齐将的头盔打掉了。定睛一看，原来被打掉头盔的却是披着衣甲的树桩。密卢知道中计，大惊失色。

此刻，鼓声大作。密卢闻声回头，只见齐国骁将王子成父和赵川率兵直扑过来。密卢大喝一声，挥舞着狼牙棒迎上去。他见远处有一个身材高大的人站在战车上，在观看两军作战，断定是齐国丞相管仲，就径直朝那人扑去。所扑之处，齐兵无人抵挡得住。片刻，密卢已杀到管仲面前。说时迟，那时快，战车后数十支箭齐发，密卢惨叫倒地。他手下一员大将冲进重围，把负伤的密卢抢了回去，往山戎的另一部落孤竹国（今河北西北部）逃去。

就这样，管仲智过鬼泣谷，解了燕国之围。

战胜了山戎的齐军一鼓作气，乘胜追击，兵围孤竹国，孤竹国派人诈降齐军，献上山戎首领首级，谎称孤竹国国君已弃国逃往沙漠。齐桓公以降将为前部，率军追赶。孤竹国降将将齐军诱入荒漠，自己则乘人不备逃之夭夭。此时天色已晚，放眼望去只见茫茫一片平沙，狂风卷地，寒气逼人，齐军前后队早已失去了联系。齐桓公有些不知所措，忙向管仲求教解危之计。管仲沉吟片刻，让随行兵士敲锣打鼓，使各队闻声来集，屯扎一处，挨至天明。

谁知，天虽已亮，沙漠中却炎热异常，又没有水喝，沙漠一望无际，难辨方向，全军将士焦急万分。

管仲见状，忙向齐桓公建议道："臣听说老马识途，燕马多从漠北而来，也许熟悉这个地方，大王不妨令人挑选数匹老马放行，或许可以寻到出路。"

齐桓公按照管仲的计策，命人牵来数匹老马，让他们走在前边，军队则紧随其后，果然走出了险地。关键时刻，又是管仲解了围，而老马识途的成语也由此而来。

孤竹国国君见齐燕大军被诱入沙漠，便举兵攻进无棣城（今属于滨州，位于山东最北部），赶走了守城的燕兵，躲避在山谷中的百姓也随着回城。

管仲见此情形，灵机一动，计上心来。他命令将士数人扮作百姓混入城中，半夜举火为应。然后，又分三路攻打无棣城的东南西三门，只留下北门让敌军逃跑，世子成父和隰朋率一队兵马埋伏在北门之外。当天夜里，忽见城中四五处火起，齐军内应砍开城门，放大军兵马入城。孤竹国国君见势不妙，率众夺路而逃，直奔北门。谁知一行人刚刚冲出北门，路旁突然伏兵四起，截住了孤竹国的君臣等数人。两军厮杀，孤竹国国君死于乱军之中。齐桓公灭了令支、孤竹，辟地五百里，悉数赔给了燕庄公。诸侯莫不畏齐之威，感齐之德。

管仲把齐国治理得很好，征服了许多割据一方的诸侯国，辅助齐桓公称霸中原。可楚国不听齐国的号令，齐若不征服楚，华夏就仍不能统一。

那么，如何征服楚国呢？

当时，齐国有好几位大将军纷纷向齐桓公请战，要求率重兵去打楚国，以震慑楚国称臣。但担任相国的管仲连连摇头，说："齐楚交战，旗鼓相当，够一阵拼杀的。一则我们得把辛辛苦苦积蓄下来的粮草用光，再有齐楚两国将生灵涂炭。"

一番话把大将军们说得哑口无言。

管仲说完，带大将军们看炼铜去了，没人知道管仲有何妙计征服楚国。

一天，管仲派一百多名商人到楚国去购鹿。当时的鹿是较稀少的动物，仅楚国才有。但人们只把鹿作为一般的可食动物，两枚铜币就可买一头。管仲派去的商人在楚国到处扬言："齐桓公好鹿，不惜重金。"

楚国商人见有利可图，纷纷加紧购鹿，起初三枚铜币一头，过了十几天，加价为五枚铜币一头。

楚成王和楚国大臣闻知后，颇为兴奋。他们认为繁荣昌盛的齐国即将遭殃，因为十年前卫懿公好鹤而亡国，齐桓公好鹿是重蹈覆辙。他们在宫殿里大吃大喝，等待齐国大伤元气，他们好坐得天下。

管仲在这时却把鹿价又提高到四十枚铜币一头。

楚人见一头鹿的价钱与数千斤粮食相同，于是纷纷放下农具，拿着猎具奔往深山去捕鹿；连楚国官兵也停止训练，陆续将兵器换成猎具，偷偷上山了。一年间，楚地大荒，铜币却堆积成山。

楚人欲用铜币去买粮食，却无处买。管仲已发出号令，禁止各诸侯国与楚通商买卖粮食。

这样一来，楚军人黄马瘦，失去战斗力。管仲见时机已到，即集合八路诸侯之军，浩浩荡荡，开往楚境，大有席卷之势。楚成王内外交困，无可奈何，忙派大臣求和，同意不再割据一方、欺凌小国，保证接受齐国的号令。

管仲不动一刀，不杀一人，就制服了本来很强大的楚国。

公元前651年，周惠王去世。齐桓公会同各诸侯国拥立太子郑为天子，这就是周襄王。周襄王即位后，命宰孔赐齐桓公文武胙、彤弓矢、大路，以表彰其功。齐桓公召集各路诸侯大会于葵丘（今河南兰考、民权县境），举行受赐典礼。受赐典礼上，宰孔请周襄王之命，因齐桓公年老德高，不必下拜受赐。齐桓公想听从王命，管仲从旁进言道："周王虽然谦让，臣子却不可不敬。"

齐桓公于是答道："天威不违颜咫尺，小白敢贪王命而废臣职吗？"说罢，只见齐桓公疾走下阶，再拜稽首，然后登堂受胙。众诸侯见此，皆叹服齐君之有礼。齐桓公又重申盟好，订立了新盟。这就是历史上有名的"葵丘之盟"。这是齐桓公霸业的顶峰。至此，在管仲的辅佐下，经过近三十年的苦心经营，齐桓公先后主持了三次武装会盟，六次和平会盟；还辅助王室一次，史称"九合诸侯，一匡天下"，齐桓公成为公认的霸主。

管仲虽然为齐桓公创立霸业立下了不朽的功勋，但他谦虚谨慎。周襄王五年（公元前647年），周襄王的弟弟叔带勾结戎人进攻京城，王室内乱，十分危机。齐桓公派管仲帮助襄王平息内乱。管仲完成得很好，获得周王赞赏。周襄王为了表示尊重霸主的臣下，准备用上卿礼仪设宴为管仲庆功，但管仲没有接受。最后他只接受了下卿礼仪的待遇。

周襄王七年（公元前645年），为齐桓公创立霸业呕心沥血的管仲患了重病，齐桓公去探望他，询问他谁可以接受相位。管仲说："国君应该是最了解臣下的。"齐桓公欲任鲍叔牙，管仲诚恳地说："鲍叔牙是君子，但他善恶过于分明，见人之一恶，终身不忘，这样是不可以为政的。"

齐桓公问："易牙怎样？"

管仲说："易牙为了满足国君的要求不惜烹了自己的儿子以讨好国君，没有人性，不宜为相。"

齐桓公又问："开方如何？"

管仲答道："卫公子开方舍弃了做千乘之国储位的机会，屈奉于国君十五年，父亲去世都不回去奔丧，如此无情无义，没有父子情谊的人，如何能真心忠于国君？况且千乘之封地是每个人梦寐以求的，他放弃千乘之封地，俯就于国君，他心中所求的必定过于千乘之封。国君应疏远这种人，更不能任其为相了。"

齐桓公又问："易牙、开方都不行，那么竖刁怎样？他宁愿自残身肢来侍奉寡人，这样的人难道还会对我不忠吗？"

管仲摇摇头，说："不爱惜自己的身体，是违反人情的，这样的人又怎么能真心忠于您呢？请国君务必疏远这三个人，宠信他们，国家必乱。"管仲说罢，见齐桓公面露难色，便向他推荐了为人忠厚、不耻下问、居家不忘公事的隰朋，说隰朋可以帮助国君管理国政。

易牙听说齐桓公与管仲的这段对话后，便去挑拨鲍叔牙，说管仲阻止齐桓任命鲍叔牙。鲍叔牙笑道："管仲荐隰朋，说明他一心为社稷宗庙考虑，不存私心偏爱友人。现在我做司寇，驱逐佞臣，正合我意。如果让我当政，哪里还会有你们容身之处？"易牙讨了个没趣，深觉管仲交友之密，知人之深，于是灰溜溜地走了。

不久，管仲病逝。齐桓公不听管仲病榻前的忠言，重用了易牙等三人，结果酿成了一场大悲剧。两年后，齐桓公病重。易牙、竖刁见齐桓公已不久于人世，就开始堵塞宫门，假传君命，不许任何人进去。有两个宫女乘人不备，越墙入宫，探望齐桓公；桓公正饿得发慌，索取食物。宫女便把易牙、竖习作乱，堵塞宫门，无法供应饮食的情况告诉了齐桓公。桓公仰天长叹，懊悔地说："如死者有知，我有什么面目去见仲父？"说罢，用衣袖遮住脸，最终活活饿死了。

桓公死后，宫中大乱，齐桓公的几个公子为争夺君位各自勾结其党羽，互相残杀，致使齐桓公的尸体停放在床上六七十天无人收殓，尸体腐烂生蛆，惨不忍睹。第二年三月，宋襄公率领诸侯、兵士送世子昭回国，齐人又杀了作乱的公子无亏，立世子昭为君，即"齐孝公"。经过这场内乱，齐国的霸业开始衰落。中原霸业逐渐移到了晋国。

管仲的一生，不仅建立了彪炳史册的功勋，还给后世留下了一部以他名字命名的巨著——《管子》。书中记录了他的治国思想，对后世影响深远。

管仲是位思想家，他主张法治。全国上下贵贱都要守法，赏罚功过都要以法办事。他认为国家治理的好与坏，根本在于能否以法治国。管仲非常重视发展经济，他认为"仓廪实而知礼节，衣食足而知荣辱"。也就是国家的安定与不安定，人民的守法与不守法，与经济发展关系十分密切。管仲思想中有不少可贵的地方，如他主张尊重民意，他说"顺民心为本"，"政之兴，在顺民心；政之所废，在逆民心。"管仲的思想对后代影响很大。

当然，管仲是春秋时代的历史人物，所以他也有历史局限。如为齐桓公创立霸业而加重了人民的负担，在改革中主要是代表统治阶级利益等。虽然这样，管仲仍不失为一位大政治家、思想家，在历史上有过巨大贡献。孔子就称赞管仲说："管仲辅助齐桓公做诸侯霸主，一匡天下。要是没有管仲，我们都会披散头发，左开衣襟，成为蛮人统治下的老百姓了。"梁启超誉之为"中国之最大的政治家""学术思想界一巨子"。

［管仲纪念馆］

管仲纪念馆位于山东省淄博市临淄区齐陵街道北山西村，它南依牛山，北停淄河，依托省级文物保护单位管仲墓而建。管仲纪念馆占地面积二十万平方米，总投资近三千万元，分为馆区和园区。馆区占地面积五万平方米，主要由中国宰相馆、管仲及《管子》思想陈列展厅（管鲍之交、桓公拜相、管仲治齐、首霸春秋、光照千古）、管仲祠、管仲墓等组成；园区占地面积十五万平方米，主要是广场、绿地及配套设施等。

"擅长外交"——春秋后期齐国相国晏婴

🌸 宰相小传

晏婴，字平仲，齐国夷维（今山东高密）人，齐大夫晏弱之子。齐灵公二十六年（公元前556年），晏弱死，晏婴继任为大夫，历灵公、庄公、景公三朝，是春秋末期杰出的政治家、思想家，也是中国历史上的一代贤相。

晏婴继父任为卿（执政的高级长官）时，已是齐灵公末年。当时的齐国，早已不是管仲为相时的齐桓公时代，中原霸主的地位早已易位，国势也日渐衰微。偏偏这齐灵公又昏庸怪僻，懦弱无能，还穷兵黩武，屡犯鲁境，弄得国弱兵疲，百姓怨声载道。尽管晏婴屡进忠言，却很少被齐灵公采纳。周灵王十七年（公元前555年）十月，晋国率领诸侯的军队攻打齐国。齐灵公率兵在平阴（齐地，今山东平阴东北）抵抗，结果兵败逃亡，第二年就死了。齐灵公死后，齐庄公继位。齐庄公也是个昏君，他只知崇尚勇力，而不顾道义。他在国内设置了"勇士"爵位，还重用殖绰、郭最等勇士，用以鼓励人们的尚武精神。这样一来，就使得一些流氓无赖、地痞恶霸在朝廷内外肆无忌惮，为所欲为，弄得家家关门，人人自危。身为相国的晏婴眼看着齐国风气日下，朝野上下怨声载道，心急如焚。他曾多次劝说齐庄公要用勇力来实行礼义，不要靠威强立身，以暴力行事。然而齐庄公就是听不进去。晏婴见齐庄公不是一个从谏如流的人，便辗转反侧，忧心忡忡。

其实，齐庄公即位后首先考虑的，就是怎样对外用兵，建立武功，以提高自己的威望，巩固自己的地位。因此，他对晏婴的劝导，不但不听，反而渐生嫌烦之意。周灵王二十年（公元前552年），齐庄公不听晏婴劝阻，执意收留了晋国的下卿栾盈，还暗中将栾盈及其党徒送入曲沃（河南陕县南曲沃镇）组织叛乱，并乘机攻打晋国。其后不久，又视晏婴的劝阻于不顾，仍然一意孤行，兴兵伐鲁，终于激怒了晋国。晏婴无奈，只好将家中贵重物品上充国库，其余尽散周围百姓，携带妻儿老小到东海之滨的一个小村，一边打渔、耕田以维持生活，一边密切、关注着事态的变化。

　　周灵王二十四年（公元前548年）五月，当晋国联合众诸侯意欲大举伐齐时，齐国朝野上下惊慌万状。正巧在这时，齐庄公和大贵族崔杼的夫人棠姜私通的事，被崔杼知道了。于是，崔杼决定乘机杀死庄公以向晋国解说。这天，齐庄公大摆酒席，招待前来进贡的莒国国君黎比公，叫大臣们前来作陪。崔杼称病未去；齐庄公不但未加责怪，反而暗自欢喜，他又能去会见棠姜了。席罢人散，齐庄公以探病为由去崔杼家与棠姜私会，旋即被预先埋伏在宅中的勇士射杀，丢了性命。晏婴听说齐庄公被崔杼所杀，不顾个人安危，毅然带着随从前往齐都去吊唁庄公。晏婴来到崔杼家门前，他身边的下人担心地问他："您将为国君而死吗？"晏婴说："难道是我一个人的国君，我应该为他而死？"手下人又说："那么我们何不逃跑呢？"晏婴说："难道国君的死是我的罪过，我要逃跑？""那么我们还是回去吧？"晏婴说："国君都死了，我回到哪里去呢？作为万民之主，难道只是为了利用他的地位来凌驾于百姓之上？应当主持国政！作为君主的臣下，难道只是为了获取俸禄？应当保卫国家！所以君主为国家而死，那么臣下就应该为他而死；君主为国家而逃亡，臣下就应该跟他逃亡。如果君主只是为自己的私欲而死，为个人的事情而逃亡，不是他宠爱的人，谁敢承担责任，为他而死，为他而逃亡呢？可是我现在又能回到哪里去呢？"说罢，晏婴径自闯进崔家，脱掉帽子，捶胸顿足，不顾一切地扑在齐庄公的尸体上，号啕大哭了一场，然后起身离去；崔杼的左右欲杀掉晏婴，崔杼对晏婴也早已恨之入骨，但转念一想，对身边的人说："他是百姓所仰望的人，杀了他，我就会失去民心。"

　　崔杼杀死齐庄公后，便和另一个大贵族庆封一起，立齐庄公的异母兄弟杵臼为国君，这就是齐景公。为了巩固权势，树立威信，崔抒把满朝文武大臣都驱赶到太公庙上，派上千名兵马内外把守，逼迫大家宣誓忠于并服从他。稍有违连，即被处死。已经杀了七个人，气氛十分恐怖。

轮到晏子了。大家屏住呼吸，目不转睛地注视着晏子。只见晏子从容地端起滴过血的酒杯，义愤填膺地对天悲叹道："可恨！崔杼无道弑君主。凡为虎作伥、助纣为虐者均不得好死！"说罢，便一饮而尽，怒目而向崔杼等人。崔杼恼羞成怒，恶狠狠地用剑顶着晏婴的胸膛，要他重新发誓。晏婴毫不畏惧，厉声回答："不管你是用刀砍头，还是用剑穿胸，我晏婴决不屈服！"崔杼怒火中烧，眼看就要下手。这时，身边的一个心腹悄悄地对他说："千万使不得！您杀庄公，是因为他无道，国人反应不大，您如果杀了晏婴，那可就麻烦了。"崔杼无可奈何，怒视着晏婴离去。

从齐灵公时期开始，齐国历史上出现了长达五十年的崔、庆之乱。正是在齐国国内战乱不断，政局动荡不安，阶级矛盾日益尖锐的情况下，晏婴作为一个政治家出现在了齐国的政治舞台上。公元前556年，晏婴的父亲晏桓子弱病逝，晏婴继父位为卿。从此，晏婴继承了齐桓公管仲富国强兵的内政与外交政策，立足齐国实际，在政治、经济、外交等方面提出了合乎国情的主张和措施，并能力谏齐侯，身体力行，使齐国农业、工商业等方面也有了较大的发展，稳定了民心，维护了社会的安定，使齐国在列国诸侯的纷争中一直保持着大国的地位。

齐景公即位之初，对晏婴并未重用，只是让他去治理东阿（山东阿城镇）。晏婴一去就是三年，这期间齐景公陆续听到了许多关于晏婴的坏话，因此很不高兴，便把晏婴召来责问，并要罢他的官。晏婴谢罪说："臣已经知道自己的过错了，请再给臣一次机会，让我重新治理东阿，三年后臣保证让您听到赞誉的话。"齐景公同意了。三年后，齐景公果然听到有许多人在说晏婴的好话。景公大悦，决定召见晏婴，重重赏赐他。谁知晏婴却推辞不受，景公奇怪，细问其故。晏婴便把两次治理东阿的真相说了出来。

他说："臣三年前治理东阿，尽心竭力，秉公办事，得罪了许多人。臣修桥筑路，努力为百姓多做好事，结果遭到了那些平日里欺压百姓的富绅们的反对；臣判狱断案，不畏豪强，依法办事，又遭到了豪强劣绅的反对；臣表彰和荐举那些节俭、勤劳、孝敬师长和友爱兄弟的人，而惩罚那些懒惰的人，那些不务正业游手好闲之徒自然对我恨之入骨；臣处理外事，送往迎来，即使是朝廷派来的贵官，臣也一定循章办事，决不违礼逢迎，于是又遭到了贵官的反对。甚至臣左右的人向我提出不合法的要求，也会遭到臣的拒绝，这自然也会引起他们的不满。这样一来，这些反对臣的人一齐散布我的谣言，大王听后自然对臣不满意。而后三年，臣便反其道而行之，那些原来说臣坏话的人，自然开始夸奖臣了。臣以为，前三年治理东阿，大王本应奖励臣，反而要惩罚臣；后三年大王应惩罚臣，结果却要奖励臣，所以臣实在不敢接受。"

齐景公听完晏婴这一番话，才知道晏婴的确是个贤才，而深悔自己以前听信了谗言，错怪了晏婴。于是，齐景公将国政委以晏婴，让他辅佐自己治理齐国。

齐景公希望有朝一日能够光复先君（指齐桓公）的伟业，重振雄风。一次，齐景公召来晏婴，请教如何兴国安邦。晏婴沉吟片刻说道："臣陪国君微服察访一下民情，回来后再议兴国大计，如何？"齐景公本来就轻国事而重享乐，好高骛远，华而不实，见晏婴要陪自己微服私访，觉得很新鲜，便同意了。君臣二人来到京都临淄的一个闹市，走近了一家鞋店。鞋店里摆放着各种各样的鞋子，品种齐全，但却很少有人问津，生意清淡。景公有些不解，却见不少人都在买假脚。景公吃惊地问店主，店主神色凄然地说："当今国君滥施酷刑，动辄处人以刖刑，很多人被砍去了脚，不买假脚如何生产和生活呢？"景公听罢，心中不是滋味。回宫的路上，晏婴见景公闷闷不乐，知道刚才看到的那一幕对景公刺激不小，便说道："先君桓公之所以建树了丰功伟业，是因为他爱恤百姓，廉洁奉公，不为满足欲望而多征赋税，不为修建宫室而乱役百姓；选贤任能，国风清正。君臣戮力同心，才取得了雄视天下的地位。如今大王亲小人，远贤良，百姓……"还未等晏婴讲完，景公打断了晏婴的话，说道："相国不必说了，寡人已经明白了。寡人也要效法先君，光大宗祠社稷。"

又有一次，晏婴和景公及群臣到故纪国的纪地游览，手下人无意中捡到了一个精美的金壶，送给景公。那金壶的里边还刻着"食鱼无反，勿乘驽马"八个大字。景公看了看，故作聪明地解释道："吃鱼不吃另

『擅长外交』——春秋后期齐国相国晏婴

一面，是因为讨厌鱼的腥味；骑马不骑劣马，是嫌它不能跑远路。"众人无不随声附和，赞叹景公理解深刻。晏婴在一旁默然良久后说道："臣觉得这八个字里面包含的是治国的道理。'食鱼无反'是告诫国君不要过分压榨百姓；'勿乘驽马'是告诫国君不要重用那些无德无才的人。"景公有些不服，反问道："纪国既然有这么好的名言，为什么还亡国了呢？"晏子答道："臣听说，君子们的主张应该高悬于门上，牢记不忘。纪国却把名言放在壶里，不能经常看见。能不亡国吗？"景公若有所悟。频频点头，并对随从的大臣们说："大家要记住金壶里的格言。"

景公要为晏婴更换住宅，晏婴以靠近市场便于体察民情而拒之。景公问："贤卿既然住在靠近市区的地方，你知道物价的高低吗？"晏婴趁此机会回答说："屡贱踊贵。"即鞋子很贱而假足很贵。听了晏婴的话，景公幡然醒悟，原来是断肢的酷刑造成了这种悲惨的现象。后来景公废止了刖刑。有一次，景公在射鸟时，一个乡下人把鸟给惊飞了。景公非常生气，便命令手下杀掉这个人。这时，晏婴劝景公说："我听说赏赐无功的人叫作乱，惩罚不知情由的人叫作虐。而这两点正是先王所禁忌的。因为鸟被惊飞而杀人，这实际上是犯了先王的禁忌，所以不能杀这个人。"景公听了此言，觉得很有道理，便放掉了那个惊了鸟的乡下人。从此，景公还下令减刑，如果是死罪的，减为徒刑；如果是徒刑的，减为惩罚；如果是惩罚的，就免罪释放。

晏婴还劝谏景公要减轻对百姓的征敛、徭役。有一次，景公命人建造寝宫的高台，用了三年时间还没完工；接着他又命人建造一座长台，用了两年时间没有修好；接着又下令修筑通往邹地的驿道，使老百姓深受苦役的煎熬。晏婴就强谏景公："当国君的要是竭尽民财，自己也不会得好处；耗尽民力，自己也不能得到快乐。"又以楚灵王大修宫殿八年使军中叛乱，百姓罢工，而死无葬身之地为例打动景公，使之罢役停工。

晏婴薄敛省刑的主张，与宽政惠民的仁政思想是一致的。他反对统治者恣意掠夺和杀戮人民，提倡减轻人民群众的负担，保障人民生命财产。这对于稳定社会，发展齐国的经济，是大有益处的。

晏婴的政绩，主要表现在齐景公时代。景公与晏婴辅佐的前两位国君相比，是比较有作为的。这就使得晏婴的许多政治抱负与治国方略，能够得以付诸实施。

在中国历史上，臣下对于国君曲意顺从、看风使舵、投其所好的例子，比比皆是。而晏婴却敢于犯颜直谏、为民请命，把劝谏国君作为政治生涯的重要内容，如记载晏婴言行的《晏子春秋》中有一半章节涉及晏婴谏君的内容，足见晏婴劝谏的技巧。

晏婴以为，君臣关系应该是"和而不同"。所谓和，就是臣与君在观点、才性、爱好方面有所不一样，"君甘而臣酸，君淡则臣咸"；所谓同，就是臣与君在各方面都相同，君甘则臣甘，君咸则臣咸。朝廷的重大决策，必须充分讨论，在对立意见的辩论交锋中加以完善。要做到这一点，国君周围必须有不同见解的人，以各自的头脑作多角度、多层次的思考。

晏婴认为，人君应该广开言路，虚心纳谏。臣子属下的话，虽不能每句都听，但绝不能拒之不理。天下万物都是积少成多、累卑成高的，治理天下当然不能靠一个人。对正确意见拒而不受，就会亡国。这就是"人之将疾，必先不甘粱肉之味；国之将亡，必先恶忠臣之语"的道理。晏婴对于自己正确的主张，不管何时何地都持之以恒。

一次他出使鲁国，鲁昭公问他说："听取三个人的不同意见，就不会迷惑，我现在做事和全鲁国人商量，仍然还出乱子，不知是什么原因？"晏婴一针见血地指出："你所接触的都是迎合你的人，听得再多也是众口一词，无异于一个人，连两个人都谈不上，哪里还谈得上三个人呢？"

晏婴的思想与墨家思想有些相近。但是在对待鬼神的问题上，晏婴与墨子的观点却大不相同。墨子"明鬼"，是为了证明鬼神有灵，令人相信；晏婴言鬼，则是为了证明鬼神无灵，不可迷信。

齐景公久病不愈，命史固、祝佗遍祭山川祖庙，可病情不见好转，反而更重了。景公想杀人祈天灭灾，晏婴从两个方面谏阻，其一，说明景公远贤臣、亲小人，堵塞了进谏之路，招致了国人的诅咒；其二，指出"上帝神，则不可欺；上帝不神，祝亦无益"。两人祝，一国诅，祷告者少而咒诅者多，若获罪于民，靠祈祷上帝也无济于事。

齐国久旱不雨，误了农时，齐景公要征收赋税祭祀灵山，晏婴进谏

说："不可！祠（祀）无益也。夫灵山固以石为身，以草木为发，天久不雨，发将焦，身将热，彼独不欲雨乎？祠（祀）之无益。"景公又想祭祀河神，晏子阻止说："不可！河伯以水为国，以鱼鳖为民，天久不雨，泉将下，百川竭，国将亡，民将灭矣，彼独不欲雨乎？祠（祀）之何益！"晏婴这里运用形象生动的比拟，阐明山神、河神均自身难保，急需雨而无雨，又怎么能给人降雨呢？

有一天，齐国出现彗星，齐景公恐惧，以为是凶兆，要派祝官设坛祈天消灾。晏婴阻止说："无益也，祈取诬焉。天道不谄，不贰其命，若之何禳之！"他认为这种做法没有用，只能招得欺骗。君王无秽德，又何必祭祷呢？如果德行污秽，祭祷又能减轻什么呢？并援引了《诗经·大雅·大明》中诗句，劝谏景公要修德，做个贤德的圣君。晏子把天、山、河、星等自然界看作是无神灵的客观事物，并有理有据地阐明，它们本来就是无知的，说它们有神灵，这是人们附会给它们的，不足为信，充分体现出晏婴朴素的唯物主义思想。

有一年，齐景公想讨伐宋国，"师过泰山，梦见二丈夫立而怒，其怒甚盛。公恐，觉，辟门召占梦者。"占梦者附会说是"泰山之神怒也"。晏婴从占梦者的口中得知"二丈夫"的声音相貌，就编造说"二丈夫"是宋国的先祖商汤和伊尹，说据此为景公"占梦"。晏子通达古今，以其丰富的历史知识，将计就计的"圆梦"方式，耐心劝导景公，从而阻止了齐伐宋之举。

有一年，齐景公患了水肿病，卧数十日，一天夜里梦见与二日搏斗，不胜。景公将梦境告诉了晏婴，担心自己会死去。晏婴不相信占梦者的谎言，为了消除景公的思想疑虑，他特意编造了一段虚言说："公所病者，阴也；日者，阳也。一阴不胜二阳，公病将已。"他说景公的病因是阴性的（指水），太阳是阳性的，一阴不能胜二阳，景公的病就要好了，并让占梦者按照他编造的这段虚言去为景公占梦，从而解除了景公的心病，居三日，公病大愈。

这两次，晏婴都是用虚言"占梦"之法，或出于自言令君疑，或借占梦口述令君信，均说明了占梦不足信，占梦是虚言欺人的。

齐景公的近臣裔款引荐楚巫微进见齐景公，楚巫说："您是光明神灵的主，是天帝任命的君王。您即位十七年了，没有成就什么大事，是因为明神还没降临到您这儿。请让我请来五帝，让您的德行彰明。"楚巫巡视了国都郊外，说五帝的位置在牛山（今在淄博临淄南，又名牛首山），要求斋戒后方可登山。景公毕恭毕敬，言听计从，将楚巫奉为神明，命百官供斋具于楚巫之所，让裔款辅助之。晏婴进谏说："古时人们不轻易地频繁祭祀，也不轻视自己而依靠神巫。如今国政混乱而行为邪辟，却怎么能求五帝来彰明德行呢？弃贤而用巫，又怎么能求五帝到来呢？百姓不随便迁就坏德行，福祉也不会随便降临，您请求五帝，不也难吗？可惜呵！您的地位这么高，所发的言论却这么卑下。"晏子以齐君的行为，证明其距离五帝之明德甚远，告诉齐君："民不苟德，福不苟降"，要想使德行光大，只有勤加修明。晏婴持论有据，言之成理，戳穿了楚巫的鬼话，提醒景公不要被楚巫蒙骗，指出鬼神不是支配人的无上力量，而应听从人安排。景公醒悟，终于"送楚巫于东，而拘裔款于国"。

太仆欺骗景公说他能使地动。晏婴观星像，知地动，以天文地理知识指出，根据星宿的位置，即可预测地震，讲明"非能动地，地固将动"的真相，说明地动是自然运行的规律，从而戳穿了太仆的欺君谎言，并令其向景公认罪自首。

齐景公确有恢复齐桓公时期的霸业的雄心，但时间一长，这位好高骛远、华而不实的国君就熬不住了，早把纪国那金壶里的格言忘到九霄云外去了。他还是想通过豢养一批勇士的办法来建立自己的武功。

当时，齐景公豢养了三个勇士：一个叫田开疆，一个叫公孙捷，一个叫古冶子，号称"齐国三杰"。这三个人个个勇猛异常，力能搏虎，深受齐景公的宠爱；他们恃宠自傲，为所欲为。当时齐国的田氏势力越来越大，曾联合国内几家大贵族，打败了掌握实权的栾氏和高氏。田氏家族势力的提高，直接威胁着国君的统治。而田开疆正属于田氏一族，晏婴很担心"三杰"为田氏效力，危害国家，屡谏景公除掉"三杰"，然而景公执迷不悟，没有理睬。晏婴为此忧心如焚。

一天，鲁昭公访问齐国，齐景公设宴款待。鲁国由叔孙婼执礼仪，齐国由晏婴执礼仪，君臣四人坐在堂上，"三杰"佩剑立于堂下，态度十分傲慢。晏婴心生一计，决定乘机除掉这三个灾星。

当两位君主酒至半酣时，晏婴说："园中金桃已经熟了，摘几个请

二位国君尝尝鲜吧?"齐景公大悦,传令派人去摘。晏婴忙说:"金桃很难得,还是臣亲自去吧。"一会儿的功夫,晏婴领着园吏,端着玉盘献上六个桃子。众人一见,只见盘子里放着的六个桃子,个个硕大新鲜,桃红似火,香气扑鼻,令人垂涎。景公问:"就结这几个吗?"晏婴说:"还有几个不太熟,只摘了这六个。"说完恭恭敬敬地献给鲁昭公、齐景公,一人一个金桃。鲁昭公边吃边夸奖桃味甘美。景公说:"这桃子实在难得,叔孙大夫天下闻名,当吃一个。"叔孙诺谦让道:"我哪里赶得上晏相国呢?相国内修国政,外服诸侯,功劳最大,这个桃应该他吃。"景公见二人争执不下,便说道:"既然二位谦让,那就每人饮酒一杯,食桃一个吧!"两位大臣谢过景公,把桃吃了。

这时,盘中还剩有两个桃子。晏婴说:"请君主传令群臣,谁的功劳大,谁就吃桃,如何?"景公同意,于是传令下去。话音刚落,公孙捷率先走了过来,拍着胸膛说:"有一次我陪大王打猎,突然从林中蹿出一头猛虎,是我冲上去,用尽平生之力将虎打死,救了国君。如此大功,还不应该吃个金桃吗?"晏婴说:"冒死救主,功比泰山,可赐酒一杯,桃一个。"公孙捷饮酒食桃,站在一旁,十分得意。

古冶子见状,厉声喝道:"打死一只老虎有什么稀奇!当年我送国君过黄河时,一只大鼋兴风作浪,咬住了国君的马腿,一下子把马拖到急流中去了。是我跳进汹涌的河中,舍命杀死了大鼋,保住了国君的性命。像这样的功劳,该不该吃个桃子?"景公说:"当时黄河波涛汹涌,要不是将军斩鼋除怪,我的命早就没了。这是盖世奇功,理应吃桃。"晏婴忙把剩下的一个桃子送给了古冶子。

一旁的田开疆眼看桃子分完了,急得大喊大叫:"当年我奉命讨伐徐国,舍生入死,斩其名将,俘虏徐兵五千余人,吓得徐国国君俯首称臣,就连邻近的郯国和莒国也望风归附。如此大功,难道就不能吃个桃子吗?"晏婴忙说:"田将军的功劳当然高出公孙捷和古冶子二位,然而桃子已经没有了,只好等树上的金桃熟了,再请您尝了。先喝酒吧。"田开疆手按剑把,气呼呼地说:"打虎、杀鼋有什么了不起。我南征北战,出生入死,反而吃不到桃子,在两位国君面前受到这样的羞辱,我还有什么面目站在朝廷之上呢?"说罢,竟挥剑自刎了。公孙捷大惊,也拔出剑来,说道:"我因小功而吃桃,田将军功大倒吃不到,我还有什么脸面活在世上？"说罢也自杀了。古冶子更沉不住气了，大喊道："我们三人结为兄弟，誓同生死，亲如骨肉，如今他俩已死，我还苟活，于心何安？"说完，也拔剑自刎了。

鲁昭公目睹此景，无限惋惜："我听说这三位将军都有万夫不当之勇，可惜为了一个桃子都死了。"齐景公长叹了一声，也沉默不语。这时，晏婴不慌不忙地说："他们都是有勇无谋的匹夫。智勇双全、足当将相之任的，我国就有数十人，这等武夫莽汉，那就更多了。少几个这样的人也没什么了不起，各位不必介意，请继续饮酒吧！"

其实，晏婴早已为景公物色了一位文武双全的大将，这就是春秋时威震诸侯的名将田穰苴（即司马穰苴），他后来为齐国的江山大业立下了汗马功劳。

晏婴把"以民为本"作为谋划大事而取得成功的根本原则和方法，明确地指出："谋度于义者必得，事因于民者必成……傲民举事，虽成不荣。故臣闻义谋之法，以民事之本也"，"故度义因民，谋事之术也"（《晏子春秋·内篇问上》第三）即是说，凡做事要从人民的利益出发，要为民着想，才能得到民的支持，才能取得成功。他认为"民，事之本也"，"事大则利厚，事小则利薄，称事之大小，权利之轻重，国有义务，民有加利，以此举世者必成矣"，"卑而不失尊，曲而不使政者，以民为本也。苟遗民矣，安有遗道！苟遗民矣，安有正行焉！"（《晏子春秋·内篇问下》）晏子的"民本"思想还表现在他爱民的具体行动上，如"景公之时，霖雨十有七日晏子请发粟于民，三请，公不许。"于是晏子愤而回家，把自己家的粮食分给了老百姓。

晏婴还针对齐国财富分配不均的社会现实，提出了"权有无，均贫富"的经济主张。他认为，社会财富分配不均会严重危及社会的稳定。因此，他给景公出谋划策："薄于身而厚于民，约于身而广于世，其处上也，足以明政行教，不以威天下。其取财也，权有无，均贫富。"此项主张受到广大百姓的欢迎。

晏婴还重视运用礼义来抑制私门的发展。《左传·昭公十年》记载这样一件事：五月庚辰日，齐景公、陈、鲍之军与栾、高之军在齐都的稷里作战，结果栾、高之军败北，接着他们又在齐都庄里被战败，齐都人民都追击栾、高，结果又在鹿门战败了他们，最后栾、高亡命于鲁国。陈、鲍二氏想乘机瓜分栾、高两家的财产。可是晏婴却认为这样是违背礼义的行为，他严正地告诉陈无宇说："必致诸公。让，德之主也，让之谓懿德。凡有血气，皆有争心，故利不可强，思义为愈。义，利之本也，蕴利生孽。姑使无蕴乎！可以滋长。"在晏婴看来，义和利相比，义是根本，只有用义御利，才能克制私欲，避免违礼的越轨行为，否则见利忘义，就必然招来祸患。他指出，必须把栾、高的财产献给君主。陈无宇听了晏婴的话，就把栾、高的财产都献给了齐景公，然后自己隐居莒国颐养天年。晏婴就是这样，遏制卿大夫的私欲，从而维护了公室的利益。

晏婴重视礼，也重视义。他在继承管仲关于"义"的理论基础上，结合当时的实际提出了新的见解，这就是除了服从等级差别意识之外，强调"和如羹焉，醯醢盐梅以烹鱼肉，燀之以薪。宰夫和之，齐之以味，济其不及，以泄其过。君子食之，以平其心。君臣亦然。"（《左传·昭公二十年》）在这里，晏婴用做羹汤为例来比君臣关系，指出厨师烹饪鱼肉，如果不配用各种佐料，如果不用柴烧制，就不能增加汤的美味。据此，晏婴认为君臣关系也应是相辅相成、对立统一的关系。即当君主认为可行，但实际有不可行处时，做臣子的就应指出不可行的道理和方法。因此，他把和而不同当成"义"。反之，如果君所谓可，臣亦认可，君谓否，臣也认为否，这就不是和而不同的君臣关系，而是一种不完善、不和谐的君臣关系。一次，景公饮酒喝得非常高兴，于深夜想转移到晏婴家中继续饮酒作乐，晏婴听说后立即着朝衣，立于门前迎候，见到景公后问道："国君有否大事，深夜驾到？"景公说："饮酒赏乐，愿和夫子您共同享受。"晏婴回答说："要说摆下宴席、陈列好盛满食品器皿的事，自应有人去做，但我不敢奉陪。"晏婴婉转地拒绝了此事。这里，晏婴的言行正体现了义，即和而不同。

正是由于晏婴重视义，以礼治国，才使当时齐国在一定程度上维持了桓、管霸业的余绪，使齐国保持了大国的地位和尊严。

晏婴认为，要治理好国家，没有大批的贤能之士，是根本办不到的。一次，当齐景公问晏婴善于治国的人应当如何采取措施时，他说："举贤以临国，官能以救民，则其道也。举贤官能，则民与若矣。"还说："国有三不祥，夫有贤而不知，一不祥；知而不用，二不祥；用而不任，三不祥也。"《晏子春秋·内篇谏下》在识贤方面，当景公问如何才能识人时，晏婴说："观之以其游，说之以其行，君无以糜曼辩辞定其行，无以毁誉非议定其身，……通则视其所举，穷则视其所不为，富则视其所不取。"（《晏子春秋·内篇问二》）这就是说要从其人的社会交往和实际行动，来具体考察人才的优劣；而不能靠道听途说和一面之词来做决定。

在用人方面，当景公问晏婴任人之道时，晏婴指出"人不同能，而任之以一事，不可责遍成。……任人之长，不强其短，任人之工，不强其拙。此任人之大略也。"（《晏子春秋·内篇上》）也就是说，对人才不能求全责备，要注重用其所长，不能过分讲究其短。据《史记》载，晏婴的车夫刚开始为其驾车时，以为自己是为相驾车，神采飞扬，甚为得意。但不久这位车夫改变了态度，处处表现出一种谦让精神。晏婴便问其中的缘由。车夫如实地告诉了他。原来车夫的妻子从门缝里看到丈夫驾车时的那种高傲神态，等到车夫回家后，他的妻子提出要离去。车夫问其原因，妻子便对丈夫说："晏婴身高不过六尺而做齐国的国相，并且名声显于诸侯，今天我看他出门时神情安详，谦恭谨慎。而你身高八尺，却为人驾车，而且非常傲慢，我因此要离去。"从此以后，车夫就变得谨慎谦虚起来，不再盛气凌人。晏婴因为车夫能听从妻子的劝告，自勉自强，一心向上，于是就把他推荐给景公做了大夫。

齐景公时，晋国举兵攻伐阿、鄄，燕国也侵扰河上，齐国的军队节节败退，景公非常忧虑。这时，晏婴向景公推荐了田穰苴，景公便任之为将。田穰苴治军严明，并按军法斩杀了迟到的监军庄贾，使齐国军队纪律严明，军威大振。特别是由于他身先士卒，与士兵同甘共苦，深得士兵的拥护，士气十分高涨。晋国的军队便撤军而去，燕国之师也渡水退回。田穰苴率兵追去，收复了全部失地。（《史记·司马穰苴列传》）

晏婴在举贤任能的同时，还极力反对任用那些无能无德无礼之人，反对惩治侯臣。比如晏婴的家臣高纠，跟从晏婴做事达三年之久，不仅没提拔重用，反而被辞退了。高纠便向晏婴问其原因。晏婴对他说："我家有三条家法，即闲暇时从容相处而不相谈论，就疏远他；出门不相互关照，回家不相互切磋，就不与他交往；国家大事不议论，怠慢有才能之人，就不会见他。这些你一条也做不到，也就是我辞退你的缘由。"晏婴认为，一个人提不出合理的意见和建议，是称不上贤能之士的。因而，当景公想会见高纠时，晏婴便以高纠无益于国君而回绝了景公。

孔子是鲁国的思想家，他有一套完整的治国纲领和政治主张，到齐国来施展其政治抱负，并拜见了景公。景公很高兴，想把尼溪这块土地赐给孔子。晏婴便劝谏景公说："孔子虽知识渊博，但他自以为是，不可用来教化百姓；他喜好音乐，纵容百姓，不可使他参政；他顺从天命做事，不可使他担任职务；他提倡厚葬，长久守丧，浪费民财，导致国家贫困；他讲求奇装异服，修饰仪表，不可用来教育民众。因此，他的主张不适合齐国的实际情况，不可在齐国宣传和实行。"景公听晏婴说得在理，就没有给孔子封邑，也没有重用他。孔子只好离齐国而去。

齐景公时，奢侈腐败是齐国朝政的一个突出问题。"齐景公内好声色，外好狗马，猎射亡归，好色无辨，作为路寝之台，族铸大钟，撞之庭下，郊雉皆狗，一朝用三千钟赣。"（《淮南子·要略》）奴隶主贵族也凭借其世卿世禄的特权，生活极端腐朽堕落，奢侈之风盛行。

为了国家的政局稳定，晏婴多次进谏景公止奢侈，行廉政，自己也"以节俭力行重于齐，既相齐，食不重肉妾不衣帛"（《史记·管晏列传》）。

虽然晏婴身居相国高位，但他严以律己，廉洁从政，他在衣、食、住、行等方面都十分节俭，为百官做出了榜样。他吃的是"脱粟之食、五卯、苔菜""肉不足"；穿的是粗布衣，仅有一件皮衣，竟穿了三十年；住的是闹市附近潮湿喧嚣条件较差的破房子；乘坐的是驽马、破车。而且，晏婴还经常把节衣缩食剩余下来的衣食之物，拿出来周济族人、亲友、百姓，以达到为国养民的目的。

晏婴平时穿的是粗布衣服，即便祭祀祖先也不过把衣服和帽子洗干净穿上而已。一件狐皮大衣，也只是在出使他国或参加盛典时穿，并且一直穿了三十多年。每日粗茶淡饭，正餐也不过是糙米饭，只有一荤一素两个菜。据记载，一天，晏婴正要吃午饭，齐景公派人来见他。晏婴因为对方是君主派来的人，所以给以特殊款待，当场把自己的饭菜分成两份，请来人共进午餐。景公知道这件事后，感叹地说："相国家里竟然如此清贫，我一直不知情，这是我的过错啊！"说完，立即命人给晏婴送去黄金千两，以供他接待客人的开支。不料晏婴根本不愿接受，便让来人带回。景公命人再送，他还是执意不肯收下。当景公命人第三次送来时，晏婴对来人说："请禀报国君，我并不贫困。国君给我的俸禄，不仅足够我供养家人、接待客人之用，还可以用来接济穷苦百姓。所以，我不能接受国君额外的赏赐了！"送金的人感到非常为难，对晏婴说："相国，我也是奉命办事。您这次再不收下，叫我如何去回报国君呢？"晏婴想了想，说："既然如此，我和你一起进宫，让我当面向国君辞谢。"

晏婴见了景公，首先感谢他对自己的厚爱，深怕景公再坚持，便先向景公说："作为一个大臣，将国君的赏赐用于百姓身上，是以臣代君治理百姓，忠臣是不这样干的；不用在百姓身上而收藏起来，那就变成了一个装东西的箱子，仁义的人是不会这样做的；上对不起国君，下对不起百姓，只干守财奴的事，聪明的人是不会这样干的。所以，请您千万不要再赏赐臣下了。"景公不解，问："想当年，管仲不也接受了桓公封赏的五百个村庄吗？你晏婴为什么要推辞呢？"晏婴便以"圣人千虑，必有一失；愚人千虑，必有一得"的话相对答，并认为管仲虽然聪明，但在考虑这件事时有失误；而自己虽然愚笨，但在这件事的处理上可能是正确的。景公见他把话说到如此地步，也只好作罢。

晏婴平时上朝，总是乘坐一辆劣马拉的破旧车子，有时甚至步行着去。景公知道后，便派人送去新车骏马，可使者连续送了两趟，都被晏婴回绝了。然而，景公还是觉得晏婴乘坐的车马与他的身份太不相称，所以仍坚持要送他一辆由几匹良马驾的好车，于是第三次派人送去，可还是被晏婴拒绝了。景公非常不高兴，责问他为何不收，晏婴说："您让我管理全国的官吏，我深感责任重大。平时，我反对奢侈浪费，要求他们节衣缩食，以减轻百姓的负担。我若乘坐好车好马，百官们便会上行下效，奢侈之风就会流毒四方。假如真的到了那个时候，恐怕就再也无法禁止了。"

至于住的，晏婴的相府地处闹市，且阴暗狭窄。齐景公要为他修造僻静宽敞的新宅院，晏婴搪塞说，我家世代住在这个地方，倘若因为我的贪得无厌而迁移，未免对不起先人。况且房子虽然古旧一些，但它临近热闹的市场，交通方便，对周围的环境十分熟悉，日久生情，已经习惯了。但齐景公并不死心，趁晏婴出使他国之际，为他新建了一处豪华的相国府。晏婴回京之后，马上从新相府搬回了原来低矮狭小的住处，同时将新相府加以改造，分配给了原来住在那儿的人。

在中国传统社会，不少男人一旦升官发财，便开始嫌弃起昔日的糟糠之妻来，纳妾娶小是常有之事，有的甚至还寻花问柳。晏婴虽然官居相位，位及人臣，但《晏子春秋》中却有多处记载他对老妻忠贞不贰的事。

一天，齐国大夫田无宇路过晏婴家门口，看到晏婴站在大门外，便凑上去打招呼。这时，只见屋内走出一位颤颤巍巍的老妇人，满脸皱纹，满头白发，身上穿着粗布做的衣服。田无宇等那妇人走远后，问晏婴：“刚才那位老妇人是谁啊？”晏婴说是自己的妻子。田无宇听后哈哈大笑，说：“您位至卿大夫，食田七十万，为何不另娶一位妙龄阿娇，却同一个老太婆厮守在一起？”晏婴没好气地白了他一眼，不屑一顾地回答说：“我曾听人说，‘抛弃年老的，是为不守礼义；纳娶年少的，是为淫乱。何况是见色忘义，因富贵而失人伦，简直可称得上是大逆不道’。难道你希望看到我有淫乱之行，不顾人伦而另娶，做那些倒行逆施、寡廉鲜耻的事情吗？”一席话，说得田无宇面红耳赤，无地自容。

据说，齐景公有位年轻貌美的宝贝女儿，愿意嫁给晏婴。一天，景公到晏婴府上赴宴，酒至半酣，看到一个老妇人穿堂而过，便明知故问：“这就是您的妻子吗？”晏婴点头称是。景公故作惊讶地说：“哎呀，怎么这么老，这么丑啊！”接着又说自己有个女儿年轻漂亮，愿意嫁给他做夫人。晏婴一听，马上站了起来，诚惶诚恐地表示：“现在，我妻子确实又老又难看，但她年轻时，也是很漂亮的。只是随着岁月的流逝、年龄的增加，才变成这般模样的。我们已经共同生活了几十年，我决不能辜负她！”并进一步说：“无论任何人都会随着岁月的流逝而变得衰老和难看的。我非常感谢主公的好意，但却万万不能从命！”说罢，俯身下拜不起。景公见状，也只好作罢。

“贫贱不能移，富贵不能淫，威武不能屈”，是中国传统士大夫孜孜追求的最高道德境界，晏婴做到了。只可惜，古往今来，又有多少人能像晏婴这样啊！常言道：“色字头上一把刀。”自古及今，多少仁人志士、英雄好汉，就是因为过不了“色”字这一关，最后拜倒在美人的"石榴裙"下，或沦为末路英雄，或沦为昏君浊官，轻则玩物丧志，重则成为阶下囚，甚至因此家破国亡。

晏婴主张丧事从简并且以身作则，身体力行。晏婴的父亲去世就没有厚葬。他穿着粗麻制成的丧服，头上和腰间系着麻布带子，手拿竹杖，脚穿草鞋，住在孝棚里，睡在草苫子上。他的管家都觉得这样治丧太简单，不是大夫守丧的礼仪，而晏子却依然坚持丧事从简。

晏婴之所以能够以德抑欲，以义御利，是因为他认识到清廉则为福，贪欲则为祸。由于晏婴克己奉公，尚俭倡廉，在中国历史上树立了廉相的楷模，对后世产生了积极的影响。明嘉靖《青州府志》称：齐地汉以后尚俭、倡廉，与晏子的移俗不无关系。

春秋中期，诸侯纷立，战乱不息，中原的强国晋国谋划攻打齐国。为了探清齐国的形势，便派大夫范昭出使齐国。齐景公以盛宴款待范昭。席间，酒酣耳热几分醉意之时，范昭借酒劲向齐景公说："请您给我一杯酒喝吧！"景公回头告诉左右侍臣道："把酒倒在我的杯中给客人。"范昭接过侍臣递的酒，一饮而尽。晏婴在一旁把这一切看在眼中，厉声命令侍臣道："快扔掉这个酒杯，为主公再换一个。"依照当时的礼节，在酒席之上，君臣应是各自用个人的酒杯。范昭用景公的酒杯喝酒违反了这个礼节，是对齐国国君的不敬，范昭是故意这样做的，目的在于试探对方的反应如何，但还是被晏婴识破了。

范昭回国后，向晋平公报告说："现在还不是攻打齐国时，我试探了一下齐国君臣的反应，结果让晏婴识破了。"范昭认为齐国有这样的贤臣，现在去攻打齐国，绝对没有胜利的把握，晋平公因而放弃了攻打齐国的打算。靠外交的交涉使敌人放弃进攻的打算，所以孔子称赞晏婴说："不出樽俎之间，而折冲千里之外"，正是晏子机谋的真实写照。这也是"折冲樽俎"这个典故的由来。

晏子长于应变，还多次体现他在出使其他诸侯国时。

有一次，晏婴奉命出使楚国。楚灵王听说晏婴要来，便对大臣们说："晏子是齐国能言善辩的大臣，名气很大，但却是个矮子，我要当众羞辱他一番，让他领教一下我们楚国的厉害。"于是，楚灵王命人连夜在城门旁开了一个五尺来高的小门，吩咐守城士兵，等齐国使臣到来时把大门关上，让他由小门进城。

　　第二天清晨，晏婴一行来到城门下，见城门紧闭，便把车停了下来，派人去叫门。一个守城士兵说："听说齐使身材矮小，可从城边的小门入城。"故而未开大门。晏婴淡淡一笑，用手指着那个小门大声说道："出使狗国的人才从狗门进去。如今我出使楚国，不应该从这个门进去吧？"楚使礼宾官见势不妙，只好改道，让晏婴从大门入城。

　　晏婴入宫拜见楚灵王。楚灵王瞥了晏婴一眼，傲慢地说："怎么，齐国难道没有人了么，怎么派你做使者？"晏婴答道："齐国的临淄居民众多，人们张开袖子便成了阴天，大家抹把汗一挥，就像下雨一般，街上人们肩挨肩脚碰脚走路，怎么能说没有人呢？"楚灵王听罢，又问道："既然如此，齐景王为什么要派你这样的人呢？"晏婴回答说："齐命使，各有所主。贤者出使贤王国，不肖者出使不肖王国。晏婴不肖，故而出使楚国。"楚灵王听罢，非常尴尬，本欲发作，又自知礼亏，只好以礼善待晏婴。

　　第二年冬天，晏婴再次出使楚国。楚灵王听说晏婴这个矮子又要来，又想起了上一年被晏婴数落得难堪的情景，于是决定这一次无论如何要设法羞辱他一番，以解郁气。

　　晏婴入楚，楚灵王命人摆上酒宴，亲自招待晏子。酒至半酣，忽见两名兵士押着一个被捆绑着的男子从殿下经过。楚灵王装作生气的样子斥责道："你们这是干什么？难道没有看见我这里有贵宾吗？"然后又装作漫不经心地说："他是哪儿的人，犯了什么罪？"两名兵士慌忙答道："他是齐国人，犯了偷盗罪。""他是齐国人？"楚灵王故意把"齐国"二字说得很响，然后用眼睛斜睨着晏婴，装出一脸困惑的神态，问道："你们齐国人都善于偷盗吗？"

　　晏婴早已识破楚灵王的这个把戏，知道这是楚灵王要借机侮辱齐国。于是，他离席向楚灵王深施一礼，答道："大王，我听说橘子树生长在淮南，它就结出橘子；如果移栽到淮北，它就结出枳子。它们的叶子虽然相似，果实的味道却不同。这是什么原因呢？我想，这主要是淮南淮北两地的水土不同啊！如今，齐国百姓在齐国不偷不盗，而一来到楚国都做起盗贼来，该不是楚国的水土使人变得善于偷盗吧？"楚灵王顿时瞠目结舌，无言以对，默然良久后，讪讪地说："和圣人是不能开玩笑的，寡人这是在自讨没趣啊。"

又一年，晏婴奉命出使吴国。一天清晨，晏婴来到宫中等候谒见吴王。不一会儿，侍从传下令来："天子召见。"晏婴一怔，吴王什么时候变成天子了？当时周天子虽已名存实亡，但诸侯各国仍称周王为天子。晏婴马上反应过来，这是吴王在向他炫耀国威。于是，他见机行事，装作没听见。侍卫又高声重复，晏婴仍不予理睬。侍卫没有办法，径直走到他跟前，一字一顿地说："天子请见。"晏婴故意装作惊诧的样子，问道："臣受齐国国君之命，出使吴国。谁知晏婴愚笨昏聩，竟然搞错了方向，走到天子的朝廷上来了，实在抱歉。请问何处可以找到吴王？"吴王听门人禀报后，无可奈何，只得传令："吴王请见。"晏婴听罢，立刻昂首挺胸走上前拜见吴王，并向他行了谒见诸侯时当行的礼仪。

吴王本来想利用这个办法难为一下这位能言善辩的齐使，结果自讨没趣，好不尴尬。但他仍不死心，还想难为晏婴。他故意装作非常诚恳的样子，对晏婴说："一国之君要想长久保持国威，守住疆土，该怎么办？"晏婴不假思索地答道："先人民，后自己；先施惠，后责罚；强不欺弱，贵不凌贱，富不傲贫。不以威力搞掉别国国君，不以势众兼并他国，这是保持国威的正当办法。否则，就很危险了。"自命不凡的吴王听完晏婴的慷慨陈词，再也想不出什么难题为难晏婴了。

还有一次，晏婴出使晋国。晋国大夫叔向见晏婴寒酸的装束颇为不解，酒席宴上委婉地问道："请问先生，节俭与吝啬有什么区别？"晏婴明白叔向的用意，也不动怒，认真地答道："节俭是君子的品德，吝啬是小人的恶德。衡量财物的多寡，有计划地加以使用，富贵时不过分地加以囤积，贫困时不向人借贷，不放纵私欲、奢侈浪费，时刻念及百姓之疾苦，这就是节俭。如果积财自享而不想到赈济百姓，即使一掷千金，也是吝啬。"叔向听了肃然起敬，不敢再以貌取人，小视晏婴了。

作为一个杰出的外交家，晏婴善于坚持原则性和灵活性的原则，面对大国的淫威，不卑不亢，出使不受辱，不仅在诸侯各国之间赢得了崇高的声誉，也保持和捍卫了齐国的完整和尊严。

晏婴以其杰出的外交才能和卓越的辩才，使自己在诸侯各国之间赢得崇高的声誉，同时也提高了齐国的威望。但是，使晏婴经常为之忧心忡忡的，不是齐景公的霸业，而是姜齐政权本身存亡的问题。

齐国是个贵族专政的国家，大贵族之间不断地为争权夺利而互相倾轧，制造内乱。先是高、国二氏专权，继而又是崔、庆二氏。后来，庆氏又乘崔氏家族内乱而灭了崔氏，独自当国。接着栾、高二氏又联合诸贵族灭掉庆氏而专权。周景王十三年（公元前532年），栾、高二氏又被新兴的陈氏（即田氏）联合鲍氏给除灭了。此后由于陈氏善于笼络人心而逐渐形成其独大的局面，并且大有取代姜齐之势。晏婴清楚地看到了这一点，深为姜齐政权而忧虑。

一天，晏婴陪同齐景公坐在路寝（古代天子、诸侯处理政事的宫室）里。景公不无感慨地说道："这宫室多美啊！将来谁会据有这里呢？"晏婴直言不讳地说："将来据有这宫室的，恐怕是陈氏吧。陈氏虽无大德，然对百姓却多有施舍。豆、区、釜、钟这几种量器的容积不同，向百姓征税时就用小的，向百姓施舍时则用大的。您征税多，而陈氏征税少，百姓自然心归于他了。长此以往，他的封地就将变成国家了。"景公深以为惧，急忙问道："这该如何是好？"晏婴说："只有礼可以阻止这种情况。按照礼的规定，家族的施舍不允许扩大到国内，百姓不得迁移，农夫不得挪动，工商不得改行，士不失官，官不怠慢，大夫不允许占取公家的利益。只有大行礼义，国君发令，臣下才能恭敬。父慈子孝，兄爱弟敬，丈夫和蔼，妻子温顺，婆媳和睦，姑嫂欢愉。……如此治国，何患天下不平、国家不强？"

然而，在当时那种礼崩乐坏、公室衰微，政出私门，陪臣执国命的大变革时代，晏婴想用礼来维护和挽救旧有的秩序、旧有的尊卑等级关系，实在是一种幻想。姜齐政权的衰败和将被陈氏（田氏）所取代，已是不可逆转的历史趋势了。

周敬王二十年（公元前500年），晏婴病逝。晏婴死时，齐景公正在外地游玩，他闻知噩耗立刻疾驰回京，火速赶到晏婴家中，伏在晏婴的遗体上放声大哭，声泪俱下地说："您老人家生前日夜批评寡人，对寡人的过失一丝一毫也不放过，而寡人仍然淫佚不收敛，以致在百姓中积怨甚深。如今上天终于降灾祸于齐国了，却为什么不加在寡人身上，而偏偏落在您老人家身上呢？齐国的江山社稷危险了！"左右群臣无不失声痛哭。晏婴死后多年，齐景公还不时地叨念说："再没有人能像晏婴那样经常批评我的过失了。"

作为春秋后期一位重要的政治家、思想家、外交家，晏婴以其政治远见和杰出的外交才能、朴素节俭的生活作风闻名诸侯。他爱国忧民，敢于直谏，在诸侯和百姓中享有极高的声誉。他博闻强识，善于辞令，主张以礼治国，曾力谏齐景公轻赋省刑，仁爱百姓，使齐国维持了桓公之后的大国地位。西汉刘向在《晏子春秋》叙录中，曾把晏婴和春秋初年的著名政治家管仲相提并论。

『擅长外交』——春秋后期齐国相国晏婴

"阖闾名相"——春秋楚国相国伍子胥

🌸 宰相小传

伍子胥，春秋末期吴国大夫。军事家、谋略家，名员（音云），字子胥，春秋时楚国人，属今湖北荆州市监利县人，一说在今襄樊市谷城冷集区沈湾，因封于申地，故又称"申胥"。因父、兄被楚昭王杀害，投奔吴国，辅佐阖闾，伐楚破越，掘墓鞭尸，后被夫差赐死。

伍子胥有一个不错的家庭。

他的祖父叫伍举，因为侍奉楚庄王时刚直谏诤而显贵，所以伍家后代子孙在楚国都很有名气且受重视。伍子胥的父亲叫伍奢，哥哥叫伍尚，在楚国朝廷中都担任要职，并且对楚王忠心不二。谁想到，就是这样两位忠臣还是没得到好的结果。

一切要从一个女人说起，或者说，一切皆从一场迎亲开始。那是在公元前 523 年，话说楚国之王楚平王是一个很色的老头，见到美女就走不动道的那种。就是因为他的好色，下面很多想讨好他的人也就知道该怎么办了——美女若干即可。有个聪明的小人就走了这么一条歪道。

话说楚平王有个儿子，叫太子建，儿子长大了，要讨老婆，楚平王便派大臣费无忌去秦国为儿子迎亲。

秦国人和楚国人是哥俩好，楚国人来迎亲，秦国君主秦哀公自然不敢怠慢，立即把自己的心爱小妹孟嬴许配给太子建，双方结成"秦楚之好"。这本是一件大好事儿，偏偏费无忌这小子太不厚道，使了个阴谋诡计，将这件大好事儿泡了汤，南方大地上从此陷入纷飞的战火之中，楚国的命运开始被改写。

原来，孟嬴是个大美女。陕西这地方向来是出大美女的，从前秦穆公的小女儿弄玉就是个超级大美女，曾经把华山上的神仙都迷倒过，并和一个叫萧史的帅小伙上演了一出"乘龙快婿"的好戏。而这个孟嬴一点也不比她弄玉学姐差，人送外号"梦萦"，男人看了都得"魂牵梦萦"，后来俗家小说把孟嬴称为"无祥公主"，这个名字取得也是颇有意味。

"否极泰来"，反之，"泰极否来"，梦嬴太美了，以至于勾起了小人费无忌的邪恶之心。美女加小人，不出事才怪。

怎么回事呢？原来，费无忌本来是太子建的老师，官任楚国太傅之职，有前途有地位。可惜的是，太子建看不上他，而喜欢另外一个老师——伍奢，也就是伍子胥的老爸。伍奢的个人魅力是费无忌没法比的，说起他的出身，更是一般人望其项背的。他的爷爷伍参，爹爹伍举，都是楚国的重臣，也都是大大的忠臣。换句话说，伍奢那就是正宗的名门之后，无论从地位、从威望，那都是高出费无忌一大截。小人就是小人，看不得别人比自己强，否则就几天几夜睡不着觉。本来就一直寻思给伍奢找点不痛快，这次见到美女梦嬴，他眼珠一转，计上心来。

费无忌打秦国迎亲一回来，马上就找到楚平王说："秦女绝美，王何不自取之，而更为太子取妇。天下之美女无穷，如此亦不妨大道。"这就是他的馊主意。色老头楚平王一听说有美女，脑袋立刻被下半身控制，当晚就把孟嬴弄进宫去，横刀夺了亲儿子的爱，毫不留情地上演了一场"公公扒灰"的丑闻！

这一下可好，孟嬴的有了身孕，没多久竟给名义上的老公太子建生了小弟弟，名字叫"珍"。生米煮成熟饭，太子建的老婆算是没了，可是他又不敢跟老爸翻脸，只好打落门牙往肚里吞。

而楚平王占了儿子的便宜，本来心里就有鬼。而小人费无忌更怕楚平王死后，太子建对自己下手，也是从中极力挑拨。他经常在平王面前说太子建的坏话："太子因为秦女的原因，不会没有怨恨情绪，希望大王自己稍微防备着点儿。自从太子驻守城父以后，统率着军队，对外和诸侯交往，将要进入都城作乱了。"楚平王就把他的太傅伍奢召回来审问。伍奢知道无忌在平王面前说了太子的坏话，因此说："大王怎么能仅仅凭拨弄事非的小人之臣的坏话，就疏远骨肉至亲呢?"费无忌说："大王现在不制止，他们的阴谋就要得逞，大王将要被逮捕了!"于是楚平王打算一不做二不休，与其将太子建这颗定时炸弹放在身边，不如杀了他，让自己的宝贝小儿子珍来当太子。一个即将加害太子建的阴谋即刻成行。

这下可好，太子建不但老婆没了，太子之位没了，而且小命也将不保，他只好赶紧逃跑，来到了宋国。费无忌还不罢休，他一个劲儿在楚平王耳朵根子下面说伍奢是太子建的同党，两个人想阴谋造反呢!这还不算完，伍奢的两个儿子还躲在外面呢，不行，得把他们也抓来杀了，斩草，就得除根!

平王就派使臣对伍奢说："能把你两个儿子叫来，就能活命，不叫来，就处死。"伍奢说："伍尚为人宽厚仁慈，叫他，一定能来;伍员为人桀骜不驯，忍辱负重，能成就大事，他知道来了一块儿被擒，势必不来。"

当然即便是去抓人也不能动静太大，否则人家早就跑得没影了。于是楚平王派人去骗伍奢的两个儿子说："贺喜贺喜!王误信人言，囚系尊父。今有群臣保举，称君家三世忠臣。王内惭不已，欲拜尊父为相国，封汝二子为侯。请二子速速回朝听封。"如此蹩脚的谎言，伍家兄弟当然不相信。伍老二伍子胥说："楚王无道，乃用贼臣之言，囚禁父身，拟将诛剪。见我兄弟在外，虑恐在后雠怨，乃诈作慈父之书，待吾二人一到，则父子俱诛，何益于事?不如奔他国，借力以雪父之耻。"是呀，这铁定是要撕票的绑票，他们还去自投罗网，也太没心眼了!伍老大伍尚却说："我知道去了最后也不能保全父亲的性命。可是只恨父亲召我们是为了求得生存，要不去，以后又不能洗雪耻辱，终会被天下人耻笑。"于是他对伍员说："你可以逃走，你能报杀父之仇，我将要就身去死。"伍尚这样也没错，"与父同死"和"为父报仇"，都是尽孝，方法不同而已。

于是，伍尚大义凛然地接受了楚平王的逮捕，他选择了舍生取义。但使臣还要逮捕伍子胥，伍子胥拉满了弓，箭对准使者，使者不敢上前，伍子胥就逃跑了，他选择了忍辱偷生。真正的勇士，敢于正视淋漓的鲜血，直面惨淡的人生。其实，就像从前赵氏孤儿的那个故事，公孙杵臼和伍尚从容赴死，固然难得；但是程婴和伍子胥能勇敢地活下来，忍受痛苦和屈辱的折磨，去完成逝者的遗志，却是更加的难能可贵。

伍子胥逃出楚国，听说太子建在宋国，于是也逃到宋国去了。

伍尚跟了使者来到囚伍奢的狱中，父子见面，伍奢听说伍子胥已逃亡，叹道："伍子胥逃走，楚国就危险了！"押送伍尚来的人和守监的人听到，无不落泪。

伍尚捉到了，伍子胥逃走了，楚平王下令，将伍氏父子杀害。楚国的忠良屈死！

从此以后，伍子胥踏上一条逃亡与复仇的不归路，多少的坎坷、不幸、饥饿、疲惫、孤独、绝望和仇恨将在前面等着他，都将伴随他一辈子。

伍子胥跋山涉水，亡命天涯，一路受尽了苦难，他听说太子建在宋国，就逃到了那儿。但是当时正值宋国内乱，他俩就逃到了郑国，郑定公虽然对他们很客气，但是当时郑国国力非常衰微，不足以抗击楚国，他们又离开郑，来到晋国。

楚国和晋国都是大国，向来有仇，所以就想帮助太子建来灭楚，但是过了一段时间，伍子胥就看出了晋国的心思，他们答应帮助太子建取代楚平王，但是他们最终还是要灭掉楚国。伍员和太子建就准备逃走，这事又被晋国的国君知道了，就杀了太子建。伍子胥好不容易才逃出他们的魔手。

伍子胥决定去楚国的宿敌吴国，他要到吴国，必须要经过楚国边境昭关。他化装来到这里，看见城墙上到处贴着他的图像，并且说捉拿到他能得到非常多的赏金。伍子胥的个子很高，长得气宇轩昂，在旁边等候的官兵一眼就把他认出来了。

伍子胥赶快逃跑，正跑着，被一条长江挡住了去路，只见浩荡江水，波涛万顷。前阻大水，后有追兵，他对天长叹，难道我伍家就再没有报仇的时候吗？伍子胥愁的一夜之间白了发。

正在焦急万分之时，伍子胥发现上游有一条小船急速驶来，船上渔翁连声呼他上船，伍子胥上船后，小船迅速隐入芦花荡中，不见踪影，岸上追兵悻悻而去，渔翁将伍子胥载到岸边，为伍子胥取来酒食饱餐一顿，伍子胥千恩万谢，问渔翁姓名，渔翁笑言自己浪迹波涛，姓名何

用，只称"渔丈人"。为了感谢渔翁的救命之恩，他将自己身上的宝剑——七星龙渊解下，赠与渔翁，并说："感谢渔丈人救命之恩，这是我家的传家宝，能价值百金，送与你，聊表我的心情。"

渔丈人道："吾闻楚王有令：得伍子胥者，犒赏千金。吾不图千金之赏，又怎会要你那价值百金的宝剑。况且老汉打鱼江中，要它何用！请你不要再拿这破剑恶心我了。"

伍子胥羞愧难当，赶紧拜谢道歉，告辞走人，走了几步，伍子胥不放心，回头又补了一句："倘后有追兵来至，勿泄吾机。"

渔父神情怪异，点头应允。

伍子胥刚刚往前走了几步，突然感觉不对，回头一看，渔父已经将船弄翻，连人带船沉入茫茫江水之中。

为了保守秘密，渔父竟不惜自沉江而死，壮哉！

伍子胥呆呆地看着江心沉船荡起的涟漪，心中默念道："这下好了，绝对不会再有人走漏消息了，伍子胥，你这个混蛋，现在你总该安心了吧！"

伍子胥过了大江，来到吴国境内，这一路盘缠已经用尽，他只得忍饥挨饿一路疾行，挨到江苏溧阳的濑水岸边，终于是再也撑不住了。

一路颠簸，一路饥饿，一路担惊受怕，身心已经疲惫到了崩溃的边缘，现在他最需要的，就是一口饭。

这时候，伍子胥又碰上了生命中的另一个贵人，浣纱女，一个洗衣服的村姑。

只见前面濑水岸边，一个瘦小清秀的女子在急流中一面浣纱一面哼着小曲儿，素白的轻纱下雪白的小腿若隐若现，欢快的歌声伴着潺潺的流水，让饥肠辘辘的人躁郁的心情顿时平静了不少。

不过，伍子胥现在可无暇观看美女和欣赏音乐，他的眼睛死死地盯在了浣纱女身边竹筐里的便当上，再也移不开了。"远行人腹中饥饿，夫人可假一餐乎？"

浣纱女抬起头，只见一个白衣白发的高大男子，行步张皇，精神恍惚，面带饥色，腰剑而行，看似一有故事的人，于是一言不发，只转身将竹篮里的便当取出，跪在地上，毕恭毕敬，双手捧在子胥面前。

伍子胥狼吞虎咽，完了还是不忘说一句："蒙夫人活命之恩，恩在肺腑。远行人实乃亡命之夫，倘遇他人，愿夫人勿言。"

这浣纱女想来是个烈女，她一听这话，心里顿时沉了下来，等伍子胥一走，她便脱去鞋袜，工工整整地摆好，以纱裹身，抱起一块大石，纵身跳进了湍急的流水之中。

伍子胥方走不远，突然又感觉有些不对，连忙跑了回来，但见流水潺潺，只有岸边那女子的一双鞋袜，冷冷清清的摆在那儿。伍子胥见状，伤感不已。他咬破手指，在石上血书："尔浣纱，我行乞；我腹饱，尔身溺。十年之后，千金报德！"

伍子胥吃尽了人间的苦难，终于来到吴国，当时的吴王僚觉得他谈吐高雅，相貌不凡，就重用了他，封他为大夫。

其后几年，吴国和楚国之间爆发了一次大规模的战争，说起这场战争的起因非常简单，吴国边境有一个小镇叫卑梁，这里和楚国的边境小镇钟离接壤，有一天，吴国的一个小孩子取桑叶，和楚国的小孩子吵了起来，最后发展到双方发生争斗。

这事传到楚平王那里，他大为恼火，就派大兵去灭了卑梁。吴王僚听到这事觉得楚国太欺负人，也派兵去攻打楚军。

春秋战国时期的事就这么怪，一场小孩子之间的小吵小闹，竟然发展成两个国家之间的大战争，吴王派公子光率领大兵浩浩荡荡开赴边境，一举扫灭了钟离和居巢（今属安徽巢湖一带），并且直逼楚国的腹地，楚军害怕，急忙撤军。

伍子胥在吴国，感到吴国的宫廷之中充满了险恶，公子光一心想当国君，到处招兵买马，想有朝一日代吴王僚而立。在攻下居巢的时候，伍子胥曾经劝公子光乘胜追击，但是公子光私下里对吴王说："我看不可再向前进发，伍子胥的父兄都被楚王杀害，他们是想借机报仇，但是对我们吴国却没有好处。"吴王就听从了他的话。

伍子胥觉得在这样的人身边，自己有可能不但报不了仇，还要惹来杀身之祸，就请求离开宫廷，到山间去种地。公子光一直把他当作夺取君位的重要人物，当然不会同意。伍子胥就向公子光推荐了自己的好朋友专诸，公子光觉得专诸非常合自己的心意，就同意了伍子胥的请求。

伍子胥此举可谓是一箭双雕，一方面使得自己可以脱身，另一方面又可以通过自己的朋友来监视宫廷里的动向，他在山间种地是假，他日

『阖闾名相』——春秋楚国相国伍子胥

日想的就是要寻找机会为父兄报仇。

公元前 516 年，楚平王去世，吴国感到机会来了，吴王僚就派大将盖馀、烛庸领兵去攻打楚国，又派了他的叔父季札到晋国去观察诸侯的反应，吴军进攻不顺利，被困在战场。

正是螳螂捕蝉，黄雀在后，公子光见吴王僚的亲信都不在京都，就和专诸商量大事，公子光决定马上动手，取代吴王僚而立。

四月的一天，公子光的行动开始了，他先在地下室里埋伏了大量的武装勇士，邀请吴王僚饮酒。吴王最近就觉得公子光的行动反常，对他存有戒心，就带了许多士兵去参加宴会，公子光的住宅的前前后后都站立着他带来的士兵，这些士兵都手执兵器，虎视眈眈，使得公子光不敢轻易下手。

公子光一看大事不好，他以为有人向吴王透露了情况，就心生一计，他一边给吴王进酒，一边笑谈着，好像一点事也没有。

席间，他忽然说自己的脚很疼，要出去治疗一下，马上就回来。他来到了地下室，见到了他的士兵们，而吴王做梦也想不到公子光的住宅有地下室，而且地下室里还有这么多的士兵。

公子光让专诸化装成厨师，往桌上送红烧鱼，在一条大鱼中藏着一把锋利的刀子。一会儿，红烧鱼被送了上来，吴王还在夸这条鱼怎么这么大，趁吴王分神之际，专诸飞速从鱼中拔出刀子，朝正在喝酒的吴王刺去，正中他的胸膛，吴王僚就这样结束了性命。

吴王带来的士兵见吴王被杀，就在宫中杀将起来，专诸也被乱刀刺死。随后，公子光派来的士兵蜂拥而至，消灭了吴王带来的卫士。

就这样公子光当上了国君，这就是吴王阖闾，他是战国后期一位著名的历史人物，为了感谢专诸的相助，他封专诸的儿子为国卿。

伍子胥在这场宫廷之变中也发挥了十分重要的作用，公子光的许多智谋都是伍子胥所出的，所以阖闾也给他封了官，他专门负责吴国的外交，并且参与谋划国家的大事，那些派往外面攻打楚国的人，如盖馀、烛庸等看吴王僚已死，也不敢回国，逃命到别的国家。

虽然吴王僚死了，但是吴国和楚国的世代仇恨还是没有结束，阖闾当政不久，就和伍子胥、伯嚭等率领大军攻打楚国，收复了舒邑，杀了吴国的两个在外面逃亡的公子。

他们要攻占楚国的国都郢都，随同他们一起来的大将军孙武不同意他们这样做，因为他们当时兵力还较弱，不足以战胜楚军。

直到公元前506年，吴国联合唐国和蔡国，大举进攻楚国，全部队由孙武大将军统帅。这次进攻，吴国几乎是出动了全国所有的兵力，吴王在誓师大会上说，胜败在此一举，他们兵分几路，向楚军阵营开去，大军一直到达汉江。楚军也动员全国的兵力予以抵抗，双方就在汉江两岸开战。

战斗打响了，其艰苦程度超过了双方军事家的估计，经过多次交战，双方伤亡惨重，最后以吴国获胜而告终。

孙武率领大军乘胜追击挥师直下，一直打到楚国的首都郢都，楚昭王仓皇出逃，吴国的胜利已成定局。

伍子胥回到了自己的祖国，他不禁泪流满面，自己的父亲和兄长惨遭楚平王的杀害，为他们报仇的日子总算到来了，他亲自率领军队去追赶楚昭王，但是没有抓到，盛怒之下，他回到了郢都，刨开了平王坟墓，拖出他的尸体，抢起自己手上的钢鞭，对着平王的尸体一下一下地抽打。

抽完了，他瘫倒在地上，对着苍天，号啕大哭，"老天作证，我总算报了这个仇！"

这时，吴兵正在楚国，吴国的老对手越国知道这是一个机会，就出兵来打吴国，吴国感到国力空虚，只好退兵回国。

吴王阖闾回国以后，提拔了伍子胥和孙武，吴国的国力获得了空前的发展。

伍子胥一生注定是命运多舛的。公元前496年，越王允常死，他的儿子勾践即位。吴军觉得这是个机会，乘势攻打越国。越王勾践也不是好欺负的，兵来将挡，水来土掩，他率兵迎战，别看年纪尚轻，实力却不可小觑，在姑苏大败吴军。吴王阖闾也因此而受伤。无奈之下，吴军只好退却。一路的颠簸使阖闾创伤发作，很严重，眼看不久于人世，就把太子夫差叫过来，对他说："你能忘掉勾践杀你父亲吗？"夫差斩钉截铁地回答说："不敢忘记。"阖闾很是安慰，当天晚上，就闭上了眼睛。群龙不能无首，夫差很快即位，当上吴王以后，他心心念念的就是为父报仇，于是任用伯嚭做太宰，操练士兵。功夫不负有心人，两年之

后，他见时机成熟了，便去攻打越国，果不其然，打得越国的军队仓皇逃窜。危急时刻，越王勾践带着残兵败将栖息在会稽山上，为了能够存活，积蓄力量，他派大夫文种用重礼赠送太宰伯嚭请求媾和，把国家政权托付给吴国，甘心做吴国的奴仆。这对一心想抢占吴国地盘的夫差来说，实在是个不小的诱惑。就在他要答应越国的请求时，伍子胥规劝说："越王勾践为人能含辛茹苦，如今，大王要不一举歼灭他，今后一定会后悔。"吴王有些飘飘然，哪里听得伍子胥的规劝，他采纳了太宰伯嚭的计策，和越国议和。

和越国议和以后五年，吴王听说齐景公死了，大臣们争权夺利，新立的国君软弱，就出动军队向北攻打齐国。伍子胥规劝说："勾践一餐没有两味荤菜，哀悼死去的、慰问有病的，将打算有所作为。这个人不死，一定是吴国的祸患。现在吴国有越国在身边，就像得了心腹疾病。大王不先铲除越国却一心致力攻打齐国，不是很荒谬的吗？"吴王夫差不听伍子胥的规劝，一意孤行，还是决定攻打齐国。没想到的是，这次出兵还挺顺利，在艾陵把齐国军队打得大败，于是慑服了邹国和鲁国的国君而回国。从此，就很少听从伍子胥的计谋了。

此后四年，吴王将要北上攻打齐国，越王勾践采用子贡的计谋，就带领着他的人马帮助吴国作战，把贵重的宝物敬献给太宰伯嚭。太宰伯嚭多次接受了越国的贿赂。就尤其喜欢并信任越国，没日没夜地在吴王面前替越国说好话。吴王总是相信和采纳太宰伯嚭的计谋。伍子胥规劝吴王说："越国，是心腹大患，现在相信那虚饰浮夸狡诈欺骗之词，贪图齐国。攻克齐国，好比占领了一块石田，丝毫没有用处。况且《盘庚之诰》上说：'有破坏礼法，不恭王命的就要彻底割除灭绝他们，使他们不能够传宗接代，不要让他们在这个城邑里把好人影响坏了。'这就是商朝兴盛的原因。希望大王放弃齐国，先攻打越国；如不这样，今后悔恨也来不及了。"吴王不听伍子胥的劝告，却派他出使齐国。子胥临行，对他儿子说："我屡次规劝大王，大王不听。我现在看到吴国的末日了，和吴国一起，没有什么好下场。"于是，就把他的儿子托付给齐国的鲍牧，而返回吴国向吴王报告。

吴国太宰伯嚭和伍子胥的关系产生裂痕以后，就趁机在吴王面前说他的坏话："子胥为人强硬凶恶，没有情义，猜忌狠毒，他的怨恨恐怕要酿成深重的灾难。前次大王要攻打齐国，子胥认为不可以，大王终于发兵并且取得了重大的胜利，子胥因自己计谋没被采用感到羞耻，反而产生了怨恨情绪。如今大王又要再次攻打齐国，伍子胥又独断固执，强行谏阻、败坏、诋毁大王的事业，只希望吴国战败来证明自己的计谋高明。现在大王亲自出征，出动全国的武装力量攻打齐国，而伍子胥的劝谏不被采纳，因此就中止上朝，假装有病不随大王出征。大王不可不戒备，这是很容易引起祸端的。况且我派人暗中探查，他出使齐国，就把他的儿子托付给齐国的鲍氏。做人臣子，在国内不得意，就在外依靠诸侯，自己认为是先王的谋臣，现在不被信用，时常郁郁不乐，产生怨恨情绪。希望大王对这件事早日想办法。"吴王说："没有你这番话，我也怀疑他了。"之后却派使臣把属镂宝剑赐给伍子胥，并让伍子胥用这把宝剑自杀。

伍子胥仰望天空叹息说："唉！谗言小人伯嚭要作乱，大王反来杀我。我助你父亲称霸。你还没确定为君位继承人时，公子们争着立为世子，我在先君面前冒死相争，为的就是让你得到世子的位置。你立为世子后，还答应把吴国一部分给我，我却从来没想过让你报答，可现在你竟听信谄媚小人的坏话来杀害长辈。"最后伍子胥告诉他亲近的门客说："你们一定要在我的坟墓上种植梓树，让它长大能够做棺材。挖出我的眼珠悬挂在吴国都城的东门楼上，来观看越国人怎样进入都城，灭掉吴国。"于是自刎而死，吴王听到这番话，大发雷霆，就把伍子胥的尸体装进皮革袋子里，扔到江中。吴国人同情他，在江边给他修建了祠堂，因此，把这个地方命名叫胥山。

太史公司马迁说："怨恨对于人类来说实在是太厉害了！国君尚且不能和臣子结下怨恨，何况地位相同的人呢！假使伍子胥追随他的父亲伍奢一起死去，和蝼蚁又有什么区别。放弃小义，洗雪重大的耻辱，让名声流传后世。可悲啊！当伍子胥在江边困窘危急的时候，在路上沿途乞讨的时候，他的心志难道曾经有片刻忘掉郢都的仇恨吗？所以，克制忍耐，成就功名，不是刚正有气性的男子，谁能达到这种地步呢！"

[伍子胥庙记]

"予观子胥出死亡逋窜之中，以客寄之一身，卒以说吴，折不测之楚，仇执耻雪，名震天下，岂不壮哉！及其危疑之际，能自慷慨不顾万死，毕谏于所事，此其志与夫自恕以偷一时之利者异也。孔子论古之士大夫，若管夷吾、臧武仲之属，苟志于善而有补于当世者，咸不废也。然则子胥之义又曷可少耶？康定二年，予过所谓胥山者，周行庙庭，叹吴亡千有余年。事之兴坏废革者不可胜数，独子胥之祠不徙不绝，何其盛也！岂独神之事吴之所兴，盖亦子胥之节有以动后世，而爱尤在于吴也。后九年，乐安蒋公为杭使，其州人力而新之，余与为铭也。烈烈子胥，发节穷逋。遂为册巨，奋不图躯。谏合谋行，隆隆之吴。厥废不遂，邑都俄墟。以智死昏，忠则有余。胥山之巅，殿屋渠渠。千载之词，如祠之初。孰作新之，民劝而趋。维忠肆怀，维孝肆乎。我铭祠庭，示后不诬。"

——王安石

"商鞅变法"——秦国大良造商鞅

商鞅，卫国（今河南洛阳一带）人，被秦王封为大良造，为战国时期最高官职，掌握军政大权。中国历史上伟大的政治家，战国时期著名的法家代表人物。商鞅身为王族之尊，从小熟悉帝王之道，他年少时研读了很多法家著作，李悝、吴起等人的思想对他有很大影响。他胸怀大志，推行了著名的"商鞅变法"。后来，他的命运很悲惨：车裂分尸，诛灭九族。

商鞅变法是我国历史上一场最深刻的社会变革之一，它使落后的秦国一跃成为压倒其他六国的一等强国，为后来秦始皇统一中国奠定了坚实的基础，同时也为后世留下了影响深远的社会制度。

商鞅是战国时期著名的政治家和法家代表人物。

商鞅生活在诸侯分裂割据、兼并战争十分频繁的战国中期，他出身贵族阶层，本是卫国国君庶出的公子。卫国跟鲁国一样都是周武王的后代，商鞅的祖先本姓姬，后来卫国王室以公孙为姓氏，因此商鞅的本名是公孙鞅或卫鞅。

公元前 340 年，因公孙鞅有功于秦，秦孝公封他于商地（今属陕西商洛、河南西峡一带）十五邑，号为商君，后世遂称公孙鞅为商鞅。他在秦国执掌军政大权十九年，以变法实现秦国大治，这便是历史上有名的"商鞅变法"。

春秋战国时期的卫国是个盛产人才的地方，出了许多白衣卿相和名士，比如吴起、子贡、荆轲等人。

卫国到了商鞅时期，已经逐渐走向没落，加上商鞅并非嫡出的君室公子，因此胸怀大志的他一直想要到更广阔的天地中求得个人的立名显功。

当时魏国行的就是法家的刑名之术，从魏文侯到魏惠王时魏国都一路领先诸侯，是个军事强国。孟尝君田文曾在魏国做过相国，商鞅的偶像之一吴起也曾为魏国的西河守将，孟尝君死了之后，公叔痤认为吴起的才能强于自己，害怕失去高官厚禄，于是使计逼走了吴起，成为魏国的相国。

周显王四年（公元前365年），商鞅到了魏国国都安邑（今山西北禹王城）。魏国此时的实际权力掌握在相国公叔痤手中。商鞅认清了魏国的局势，决定选择最有实权的人作为突破口，就先拜在公叔痤门下，担任中庶子（当时的一种官职）。

公叔痤逐渐了解了商鞅的才华和能力，但是他还没来得及向魏王推荐商鞅，就重病不起了。

一日，魏惠王亲自来到公叔痤病榻跟前看望他。魏惠王说："你的病倘有不测，国家将怎么办呢？"

公叔痤回答说："我门下有个叫商鞅的人，虽然年轻，却有奇才，大王可以把国政托付给他，由他去治理。"

魏惠王听到公叔痤推荐一个没有任何资历的无名之辈，认为相国老糊涂了，于是含糊其辞，既没有答应公叔痤，也没有当面反驳。

公孙痤何等人物，他察言观色，意识到魏惠王不可能按他设想的任用商鞅。当魏惠王将要离开时，公叔痤屏退左右随侍人员，对魏惠王说："大王假如不任用商鞅，就一定要杀掉他，不要让他走出国境。"

魏惠王允诺了。

公叔痤毕竟是个讲义气的人，他在魏惠王走后立刻召来商鞅："我推荐你继承我的相国位置，但是大王没有同意。我便建议他把你杀掉，这实在是从国家大局考虑。现在考虑到你我的私人交谊，你赶紧逃走吧！"

谁知商鞅不以为然："大王既然不能听您的话任用我，又怎么能听您的话来杀掉我呢？"

果然，魏惠王回宫后对随从说："我看公叔痤是病得太重了，怎么一会儿推举商鞅，一会儿又要我杀掉他呢？难道不是糊涂了吗？"魏惠王果然对公孙痤的话根本没放在心上，认为他在说胡话，因此他既没有重用商鞅，也没有杀他。

对公叔痤来说，作为魏国的相国，他是尽职的，不但把良才推荐给国君，还始终把集团利益凌驾于个人私利之上，从中可以看出古人良好的职业道德和个人素养。

对商鞅来说，这件事体现了他对于局势的敏锐的判断能力。而对魏王来说，他不听公叔痤，错失了一个治国之才，终于在后来的商鞅怂恿秦王发起的秦魏之战中，尝到了不识人才的惨痛苦果，这是后话。

当时，在战国七雄中，秦国在政治、经济、文化各方面都比中原各诸侯国落后，国君权力较小，国力很弱，国土常常受到别国的侵占，近邻的魏国就从秦国夺去了河西一大片领土。

公元前361年，秦国的新君秦孝公即位，他下决心发愤图强，改变秦国的落后面貌，首先便是广泛搜罗人才。秦孝公下了一道命令说："不论是秦国人或者外来的客人，谁要是能想办法使秦国富强起来，就封他做官。"

公叔痤死后，商鞅听说秦孝公招求贤才治理国家，意图恢复秦穆公时候的兴盛，收复被魏国侵占的土地，于是就西行进入秦国谋求发展。

那时，国与国之间的人员流动政策虽然比较松，可是作为一个外来人员，要接近一个国家的君主人物，也不是一件容易的事情，尤其是商鞅在当时还没有什么名气。于是商鞅通过贿赂秦孝公的宠臣景监来求见孝公。有了他的帮忙，商鞅终于有了觐见秦孝公的机会。

第一次觐见并不如意。秦孝公初见商鞅，商鞅侃侃而谈很长时间，谈的是有关帝道的内容。可秦孝公非但没有听进去，甚至还打起了瞌睡，也幸亏这位国君脾气好，耐着性子听完，也没有当面怪罪商鞅。

不过事后秦孝公责怪景监说："你的客人是大言欺人的家伙，这种人怎么能任用呢！"

景监因此责备商鞅。商鞅感到委屈："我用五帝之道劝说孝公，他的心思不在于此呀。"

商鞅并没有放弃，五日之后，他又请求景监安排孝公接见自己。

商鞅第二次觐见孝公，谈的是王道，然而还是没有中孝公的意。

谈完后，孝公又责备景监，景监也抱怨商鞅。商鞅说："我用三王之道劝说孝公，他听不进。请再给我一次召见的机会。"

商鞅第三次觐见秦孝公，这次商鞅说的是齐桓公、晋文公的"霸道"，秦孝公已经被商鞅的观念说服，觉得很好但没有采用。谈完后，孝公对景监说："你的那位来客不错，可以同他交谈了。"

有了这三次见面，商鞅已经基本上把握了秦孝公的心理，对他的性格和理想了然于胸，并且也达成一定的共识。

商鞅对景监说，他已经知道孝公要的是什么，一旦孝公有用他的意思，请景监要适时让孝公见到自己，他就能在最佳的时机施展其说教，不怕孝公不重用自己。

商鞅果然又得到第四次觐见秦孝公的机会。此次秦孝公与他相谈甚欢，两人一连谈了好几天还意犹未尽。

事后，景监问商鞅："这次你用什么说动了君主？君主看起来很高兴啊。"

商鞅说："我用如何达到夏、商、周三代盛世的帝王之道来劝说国君，可君主说时间太长，没法等待。因此我就向君主陈述了强国之术，说中君主的心意了。"

"帝道——王道——霸道"，从最高级统治术依次降低到最低级统治术，在商鞅的统治学说中秦孝公反而最喜欢"霸道"之术。商鞅讲的帝道和王道类似于儒家鼓吹的仁政、德政之类的礼义治国之道，这本来是统治者的治本药方，然而在混战不断、弱肉强食的春秋战国，国与国之间最迫切的问题就是如何强大自己，在不被别国侵占的基础上称霸和蚕食别国。

对秦孝公来说，他并非对商鞅前两次提出的治国方案不感兴趣，实在是那些方案见效太过缓慢，在战国时期紧张的局面下，立竿见影的强国之术才是秦国最现实的渴求。纵观历史上各个朝代建立之初，都是用武力夺取政权，这是霸道之术，到了后来鼎盛时期，统治方针贯穿的则是帝道和王道，所以儒家在春秋战国时期基本缺乏市场，到了政权稳定以后儒家才成为历代统治者的教化工具。简而言之，非常时期多用霸道，稳定时期多用帝道和王道。

在商鞅觐见秦孝公的整个过程中，他一直坚持自己的理念，在受到责难的境况下也不气馁，此外，商鞅善于完善自己的观点，因势利导，最终得以成功。

秦孝公元年，秦孝公接受商鞅的政治主张，决定对秦国进行变法图强。秦国贵族认为此举侵犯了他们的利益，以甘龙、杜挚等为首的大臣坚决反对变法。

秦孝公一看反对的人这么多，自己刚刚即位，怕闹出乱子来，就把改革的事暂时搁了下来，让大臣们先行讨论变法事宜。于是商鞅同甘龙、杜挚他们展开了激烈论战。

甘龙说："圣贤之人是不用改变民众的习俗来推行教化的，明智的人通过不改变原来的制度来治理国家。依据旧制度治理国家，官吏熟悉，百姓安定。不按老规矩办事，天下的人就会议论纷纷。"他要秦孝公仔细考虑，不可轻举妄动。

商鞅反驳说："制度和法令应该按照当时的客观环境来制定，治世从来没有一个统一、固定的办法，只要求其便利于国家，不一定要效法古代。商汤和周武，是没有效法古代而称王的；夏桀和殷纣是没有更改旧制而灭亡的。从此可知，反古未必错，循礼未必对。聪明人立法，愚笨的人只能受旧法的管制；贤明人根据情况变更礼俗，不贤之人只能受礼俗的约束。"

商鞅认为，春秋五霸皆是因为施行了不同于其他诸侯国的法制才得以称霸，法制的新旧其实不是关键所在，真正重要的是当前的法制要能够适应形势的需要，要能让国家革除旧弊发展强大，而秦国当前国力疲敝的症结所在就是法制不能符合国家发展的需要。

另一贵族杜挚也反对变法，他说："没有百倍的好处，不必变法；没有十倍的功效，不用更换旧的东西。遵守旧法没有错，依照旧礼不会出偏差。"总之希望秦孝公维持现状，不必变法。

商鞅毫不妥协地说："古代的制度有很多，应该效法哪一种呢？时代不同了，治理国家不能只按一种办法行事。……违反古代制度的，不一定受到非议；因循旧制的，也不值得赞扬。"他主张"当时而立法，因事而制礼"。

秦孝公听了商鞅的论说很是赞同，不过又害怕自己背上不敬祖宗的骂名和承担变法失败的后果，还在踌躇。

『商鞅变法』——秦国大良造商鞅

商鞅又说，"民不可与虑始，而可与乐成""成大功者不谋于众"，意思是民众都是一些墙头草的人，一开始的新法可能会让他们排斥、不知所措和抱怨，可一旦等到有收获的时候，他们就会乐意接受和传播，所以一个真正成大事的人要看清各种因素和条件，不可以被一些无关紧要的琐事所蒙蔽。

孝公听了商鞅滔滔不绝的雄辩，豁然开朗："鄙野小巷的人少见多怪，孤陋寡闻的夫子才喜欢无谓的争论。愚人高兴的，正是明智人感到可怜的；狂妄人称快的，正是贤能人所担心的。拘泥于世俗的那一套议论，我不再想听了。"

通过这场舌战，以杜挚、甘龙为代表的守旧派势力失败了，秦孝公坚定了变法的决心，全力支持商鞅的变法。

公元前359年，秦孝公拜商鞅为左庶长（官名，秦国是二十等爵，左庶长是第十级，掌握军政大权），商鞅开始执掌秦国的实际权力，进行社会制度的全面改革。

商鞅此次变法的主要内容有以下几方面：

其一，制定严厉的法令。改革刑法是取得变法的法律保证。法令制定的原则是"轻罪重刑"，即使犯了很轻的罪，也要处以极重的刑罚。据说连把灰倒在路上这样的行为也要处以黥刑（黥刑是古代一种肉刑，用刀刺刻额颊等处，再涂上墨）。此外，修改"刑不上大夫"的旧法为"法不阿贵""刑无等级"，将贵族的法律地位降同普通平民，从而剥夺了贵族的政治特权。商鞅以严厉的法令来维护封建地主阶级的利益，加强了变法的权威，保证了变法的贯彻实施。

其二，编定户籍，实行"连坐"制度。规定五家为"伍"，十家为"什"，不准民众擅自迁居，彼此相互监督，国家直接掌握全国的户口数。一家犯法，其他家必须告发，不然就要一同受罚。这种严苛的法律把农民牢牢束缚在土地上，抑制了人口流动，国家直接控制了全国的劳动力，保证了赋税收入。这种制度对中国此后的社会结构影响深远，我们现在的户籍制实际上也根源于此。

其三，奖励军功。新法规定，凡民众立下军功者均可得到赐爵、赐地、赐官等奖赏。商鞅取消了官禄世袭的原则，对秦的爵制加以整顿，规定了爵位的二十个等级，明确尊卑爵位等级，各按等级差别决定占有土地、房产、家臣、奴婢的服饰等。贵族里没有军功的，不得享受特权。有军功的可以显达荣耀，没有军功的即使很富有也不能显荣。这条法令限制了贵族们的特权，大大地鼓励人们为秦国的封建政权而勇敢作战。

其四，鼓励耕织，发展封建农业经济。新法规定，凡是一家有两个以上的成年男子就必须分家，否则就要加倍纳税；凡致力于农业生产，让粮食丰收、布帛增产的人可以免除自身的劳役或赋税；因从事工商业及懒惰而贫穷的，他们的妻子则全都被没收为官奴。这其实就是一种重农抑商政策。

其五，禁止大家族聚居。用法令力量迫使大家族向个体家庭转化，禁止父子兄弟同室而居，凡家里有两个男劳动力以上的都必须分居，独立编户。如此一来，那些养着一大群吃闲饭的人的贵族之家显然首当其冲受到限制和冲击。

商鞅变革的内容涉及方方面面，变法大大地触动了贵族旧势力的利益和特权，因此实行新法时遇到的阻力很大。对此，商鞅在秦孝公的支持下，采取了法家的国家集权主义思想，以严刑苛法作为工具，击败了旧势力的反抗和破坏，使贫困的秦国逐渐变得国富民强。

从大的时代背景上看，春秋战国时期是奴隶制崩溃、封建制确立的大变革时期。在这一时期，铁制农具的使用和牛耕的逐步推广，导致奴隶主的土地国有制逐步被封建土地私有制所代替。随着封建经济的发展，新兴地主阶级的经济和政治势力越来越大，纷纷要求在政治上进行改革，发展封建经济，建立地主阶级统治。同时期的各国纷纷掀起变法运动，如魏国的李悝变法、吴国的吴起变法等。商鞅变法正是在这种背景下发生，它迎合了秦国大地主阶级的要求，体现了生产关系必须适应生产力发展、上层建筑必须适应经济基础变化的规律。

为了确保新法的实施，商鞅不仅要取信于君，还要取信于民。在商鞅起草了改革的法令后，他怕老百姓不信任他，不按照新法令去做，就想出了一个办法。

商鞅先叫人在都城的南门竖了一根三丈高的木头，下命令说："谁能把这根木头扛到北门去，就赏十两金子。"

不一会儿，南门口围了一大堆人，大家议论纷纷。有的说："这根

『商鞅变法』——秦国大良造商鞅

木头谁都拿得动，哪儿用得着十两赏金？"也有的说："这大概是左庶长成心开玩笑吧。"大伙儿你瞧我，我瞧你，就是没有一个敢上去扛木头的。

商鞅知道老百姓还不相信他下的命令，就把赏金提到五十两。没想到赏金越高，看热闹的人越觉得不近情理，仍旧没人敢去扛。

正在大伙儿议论纷纷的时候，人群中有一个人站了出来，说："我来试试。"他说着，真的把木头扛起来就走，一直搬到北门。

商鞅立刻派人传出话来，赏给扛木头的人五十两黄澄澄的金子，一分也没少。

这件事立即传开了，一下子轰动了秦国。老百姓说："左庶长的命令言出必行。"

商鞅知道，他的命令已经起了作用，接着，他当众颁布新法令，一时间老百姓奔走相告，议论新法，大家都相信商鞅是个言出既行的人。自从商鞅变法以后，秦国农业生产增加，军事力量日渐雄厚。

商鞅因变法有功，于秦孝公十年（公元前 352 年）被提升为大良造（又称大上造，在秦的二十等爵中，属于第十六级）。为了进一步保护封建制，秦孝公十二年（公元前 350 年），商鞅再次颁布了加速封建改革的法令。

第一、普遍实行县制。商鞅变法前，秦国只是在个别地区设立县。新法规定，全国普遍推广县制，把过去奴隶制的邑、聚等组织都合并为县，在全国设置三十一个县，由国君直接派官吏管理，每县设立县令和县丞，这是地方行政长官。从此以后，县就成为中国封建地方政权的基本组织形式。县制的实行将全国政权、兵权集中到了中央，从而巩固了中央集权的封建统治，削弱了豪门贵族在地方的权力，使秦国成为中国历史上第一个专制主义的中央集权制国家。

第二、开阡陌（纵横道路）封疆（田界），承认土地私有。商鞅下令把过去国有土地上的纵横道路和田界清除掉，鼓励农民开垦荒地，承认土地私有，允许买卖。这样就以法律的形式废除了旧的土地制度，肯定了封建土地所有制。这一措施对封建制的确立和发展，具有很重要的意义。

第三、统一度量衡。在公元前 344 年，商鞅颁布了标准的度量衡器，统一了国内的度量衡。统一的办法是：规定全国的度量衡都必须统一进位制度，即把升、斗、丈、尺作统一规定，制造统一的标准度量衡器，发到全国各地。这种统一度量制度对当时的经济发展是有利的，也为后来秦始皇统一度量衡奠定了基础。

第四、迁都咸阳。为了便于向东扩充势力，公元前350年，秦国把国都从原来的雍城（今陕西凤翔）迁移到渭河北面的咸阳（今陕西咸阳东北）。咸阳北靠高原，南临渭河，交通便利，物产丰富，特别是通往函谷关，这对秦向东方发展极为方便。迁都咸阳，十分清楚地反映了秦国地主阶级要向更大规模发展的雄心壮志。

这样大规模的改革，当然要引起激烈的斗争。这时候，在朝廷内部，新旧两种势力的斗争更激烈了，许多贵族、大臣都反对新法，甚至以身抵触新法。世子的老师公子虔和公孙贾在背后唆使世子触犯新法，企图用这个办法破坏变法。

商鞅并没有被这些有权有势的人所吓倒，他认为法律的制定，并不只是用来制裁老百姓的，所谓"法之不行，自上犯之"。他对秦孝公说："国家的法令必须上下一律遵守。要是上头的人不能遵守，下面的人就不信任朝廷了。世子犯法，他的老师应当受罚。"于是下令把公子虔和公孙贾一个割掉鼻子，一个脸上刺了字，从此秦国再没有人敢议论新法了。

为了保证新法顺利实行，商鞅还杀了贵族祝欢，把捕获的七百多个违法乱纪的人押到渭水边上斩首示众。

新法在民间刚开始施行时，数以千计的秦国老百姓到国都说新法不好。新法推行了十年后，效果显现，当初说新法不好的秦国百姓又有人来赞扬法令，谁知商鞅软硬都不吃，认为这些人"都是扰乱教化的人"，于是把他们全部迁到边疆去。此后，普通百姓再也没人敢议论新法了。

历史上任何一次变法维新，不仅是一种治国方略的重新选择，更是一种利益关系的重新调整，这便是改革通常会遭到阻力的真正原因。商鞅施刑于太子的两个老师确实起到了杀鸡儆猴的作用。人们看到连世子的老师都逃脱不了法律的制裁，于是再也不敢抱有任何侥幸的心理了。

经过商鞅的这番努力，新法得到秦国百姓的拥护，路上没有人敢拾

『商鞅变法』——秦国大良造商鞅

别人丢的东西占为己有，山林里也没了盗贼，家家富裕充足，民众勇于为国家打仗，不敢为私利争斗，乡村、城镇社会秩序安定。

但是，任何社会实践都是要付出代价的，变法维新更是如此。商鞅的变法在秦国的贵族心中埋下了仇恨的种子。作为法家酷吏的商鞅虽然熟知这一点，不过他没有想到，在支持他的秦孝公死后，世子一伙人掌握了政权时，他要面对的报复和迫害来得是如此让他措手不及。

商鞅变法不仅沉重地打击了旧贵族的势力，而且极大地促进了秦国封建经济的发展，巩固了秦国的封建统治。经过多年的努力，秦国日益富强，逐步发展成为一个强国。

孝公二十年（公元前342年），周天子派人送祭肉给秦孝公，封他为"方伯"（一方诸侯的首领），向秦表示祝贺。

商鞅不仅是一位出色的政治家和改革家，也是著名的军事家，但是他的军事才能往往被他卓越的政治才能掩盖了。商鞅的军事才能在秦魏之间的河西之战中表现得淋漓尽致。

长期以来，魏对秦的威胁最大。因为魏当时是战国七雄中的头号强国，而秦国力量较弱，黄河以西大片土地一直在魏国的控制之下。商鞅变法之后，秦国兵强马壮，准备收复失地，东进扩展势力。

秦孝公二十年（公元前342年），齐、赵两国联合进攻魏国，魏国形势危急。第二年，齐军在马陵击败魏军，俘虏魏世子申，杀死将军庞涓，这就是历史上有名的"马陵之战"。

马陵之战以后，魏国元气大伤。商鞅认为这正是一个攻打魏国的好机会，机不可失，于是劝孝公说："秦国与魏国，就好比人有心腹之病，不能并存，不是魏国兼并了秦国，就是秦国吞并了魏国。原因是魏国地处山岭险要的西部，建都安邑，与秦国以黄河为界而独立据有崤山以东的地利。形势有利就向西进犯秦国，情况不妙时就向东扩展领地。如今凭借大王圣明贤能，秦国繁荣昌盛。魏国往年被齐国打得大败，诸侯们都背叛了他们，我们可以趁此良机攻打魏国。魏国抵挡不住秦国，必然要向东撤退。一旦魏国向东撤退，秦国就占据了黄河和崤山险固的地势，向东就可以控制各国诸侯，这可是统一天下的千秋帝王伟业啊！"

孝公认为言之有理，就派商鞅率领军队攻打魏国。魏国派公子卬领兵迎击，两军对峙。从秦、魏当时的兵力而论，秦国想迅速取胜，困难还是很大的。

于是，商鞅派人给魏将公子卬送去一封信，写道："我当初与公子相处得很投缘，如今你我成了敌对两国的将领，我实在不忍心相互攻击，可以与公子当面相见，订立盟约，痛痛快快地喝几杯，然后各自撤兵，让秦魏两国相安无事。"

此时魏国正处在几面受敌的境地，对于商鞅的邀请，公子卬深信不疑，前去参加了会盟。他哪里想到这是老朋友商鞅特意安排好的一场"鸿门宴"。

会盟中酒过数巡之后，事先埋伏下的秦国士兵突然袭击并俘虏了魏公子昂，趁机攻打他的军队，取得了一次重大的胜利，押着公子昂班师回国。

魏国的军队多次被齐、秦击溃，国内空虚，国力一天比一天削弱，魏惠王害怕了，就派使者割让河西地区献给秦国作为媾和的条件，并迁都大梁（今河南开封）。商鞅以此战功受封于商（今陕西商州、河南西峡一带）十五邑，号称商君。

此时，魏惠王想起当年公孙痤病重时向他推荐商鞅为相之事，十分懊悔："我真后悔当初为什么不听公孙痤的话啊！"

秦魏之间的河西之战虽然最终以秦军的大获全胜而告终，但秦军的胜利主要来自于商鞅对魏军主帅魏公子卬采取的诱骗之术。因此在很多人看来，商鞅这种欺骗老朋友的行径不够光明磊落，这场胜利多少有些胜之不武，这成为太史公马迁质疑商鞅人品的一个原因。

要了解商鞅的这些做法，就得去了解商鞅的思想背景。

商鞅是先秦法家的主要代表人物，以"重法"著称，在法家中自成一派。现存的《商君书》（亦称《商子》）是战国中后期商鞅一派法家著作的汇编，也是研究商鞅一派法家思想的主要依据。在《商君书》中，商鞅的法家思想集中表现为"法治"思想和"愚民"思想。

这里的"法治"不等同于今天社会中的"法治"。在《商君书》中，商鞅对国家与法律的起源、本质、作用等都有所论述。

商鞅认为，国家与法律总是与暴力相连，法律是"胜民之本"，即法令主要是用来制裁和压制人民的，这是法律的本质。要建立封建专制主义中央集权制政体，必须使用"内行刀锯，外用甲兵"的战略，通

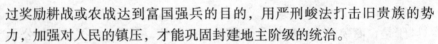

过奖励耕战或农战达到富国强兵的目的，用严刑峻法打击旧贵族的势力，加强对人民的镇压，才能巩固封建地主阶级的统治。

商鞅的变法革新和极端"法治"思想，为后来秦朝的富国强兵和统一中国奠定了牢固的基础。但从今天的角度来看，商鞅"内行刀锯，外用甲兵"，迷信暴力而轻视教化等思想，也有明显的历史局限，甚至推行连坐法而刑及无辜等，都曾产生过一定程度的负面影响。

在商鞅眼中，民众不过是一些可以用来驯服的工具，因此，作为当政者的商鞅杀起人来全无恻隐之心。史书上说他曾经在渭水边为在押囚犯定罪，七百多人同时被斩杀，以致整个渭水霎时被鲜血浸染，变成了一条红河，商鞅的乖戾性格由此可见一斑。

以言论定罪，本是暴君的专制习性，商鞅有过之而无不及。在变法期间，不仅当初非议新法的民众被治罪，最后连恭维称赞新法的民众也因"扰乱新法"而被流放到边疆。正是由于这些事情，致使商鞅在秦孝公死后被贵族疯狂报复，车裂分尸，却出现"秦人不怜"的可悲局面。为此，商鞅不但不为历朝当道的儒家人物所认同，甚至不被司马迁等许多历史学家理解，不能不令人叹惜。

商鞅崇尚的另一个理念就是"愚民"政策的运用。"愚民"思想并不是商鞅首创，在春秋战国时期的诸子中，较早提出"愚民"观点的是道家。老子在《道德经》中说"古之善为治者，非以明民，将以愚之。民之难治，以其智多。故以智治国，国之贼；不以智治国，国之福"。庄周则更是将老子的观点绝对化，主张取消一切制度、规范和文化，认为只有"绝圣弃智"，人与人之间才能消弭纷争，社会才能安宁。

法家思想更强调愚民，但不同的是，道家主张愚民是因为他们认为智者多争，而法家主张愚民则是因为统治的需要。

商鞅认为，君主要想称雄天下，首先必须驯服自己统治下的人民，即"制民之道，务在弱民"。而弱民之道则是使民"朴"，也就是愚民，因为愚昧无知的民众最容易驯服和管理。

商鞅把那些有知识、有智慧的人称为"淫民"，人民一旦好学勤问，就会好奇国家政务，比如为什么会打仗，为什么税收如此之重等，这些均不利于统治阶级控制民众思想。为了弱民，商鞅反对用诗书礼乐和道德教化的手段治理国家，他抨击了提倡以诗、书、礼、乐为教育内容的儒家，下令焚烧《诗》《书》，提出禁止儒生、大臣、诸大夫游学、游仕，堵塞人们获得知识和信息的途径，实行文化专制主义，让人民愚昧无知。同时设立奖励军功的制度，规定在战场上取得敌人一首，即升一级。于是，秦国的民众就在这种政策中被培养成只服从命令而不问是非的顺从百姓和士兵。

在春秋战国诸子中，商鞅的愚民主张是最明确、最有系统的，对后世的影响也是最大的。商鞅死后多年，他的法家思想曾给后来法家的另一个代表人物韩非以深远的影响，韩非曾多次提到过这部书，并吸纳其精华成为自己法家思想的一部分。

太史公司马迁在《史记》中说："商君，其天资刻薄人也。迹其欲干孝公以帝王术，挟持浮说，非其质矣。且所因由嬖臣，及得用，刑公子虔，欺魏将昂，不师赵良之言，亦足发明商君之少恩矣。余尝读商君开塞耕战书，与其人行事相类。卒受恶名于秦，有以也夫！（商君是个天性刻薄的人，他起初用帝王之术来求取秦孝公的信任，只不过是一时操持浮夸不实之说，况且通过孝公宠臣走门路，才得以取得任用。他施刑于宗室公子虔，欺诈魏将公子昂，这些足以说明商君的寡恩缺德了。我曾经读过商君《开塞》《耕战》等著作，书中商君描述的思想同他本人的行为处事极相类似。他最终在秦国蒙受恶名，是有其缘由的啊！）"司马迁这些话流露的是他对商鞅这种法家冷酷专制思想的不认同，甚至是鄙夷。

商鞅在秦国施政期间，虽不是君主，但几乎把持着君主一样的大权。就像所有的暴君一样，商鞅也是惶惶不可终日的。每日出门，车前车后总要有全副武装的卫队护佑，否则就不敢出门。即便如此，也改变不了他最终的宿命。

商君任秦国国相数十年，执法如山，由于新法触动很多王公贵族的利益，导致很多人对他积怨颇深。

有一个叫孟兰皋的人，与商鞅有交往。孟兰皋给商鞅推荐了一个叫赵良的人。赵良去见商鞅。

商鞅谦卑地说："我能见到您，是通过孟兰皋的介绍，现在我希望能与您结交，不知可以吗？"

赵良说："鄙人不肖，所以不敢从命。鄙人听到过这样的说法：'不在其位而占据其位叫做贪位，没有其名而享有其名叫作贪名。'鄙人要是接受了您的情义，恐怕那就是既贪位又贪名了。所以不敢从命。"

商鞅又问："那您不高兴我治理秦国吧？"

赵良回答道："能够听从别人的意见叫作聪，能够自我省察叫作明，能够自我克制叫作强。虞舜曾说过：'自我谦虚的人是高尚的人。'您若遵循虞舜的主张去做，那就不必再来问我了。"

商鞅说："当初，秦国的习俗和戎狄一样，父子不分开，男女老少同居一室。如今我改变了秦国的教化，使他们男女有别，分居而住，大造宫廷城阙，把秦国营建得像鲁国、魏国一样。您看我治理秦国，与五羖大夫（指百里奚，秦穆公时著名贤相，受到秦国上下一致爱戴）相比，谁更有才干？"

赵良说："一千人的随声附和，不如一个士的直言争辩。那么我请求您允许我直言而不受责难，可以吗？"

商鞅说："自古以来，逆耳的话总是治病的良药，您当真肯直言不讳，那便是我治病的良药了。我将以您为师，您又何必推辞呢！"

赵良开始了滔滔陈述。他认为，五羖大夫百里奚是一个注重德行感化的人，出任秦相以来，向东讨伐过郑国，三次拥立晋国的国君，一次出兵救楚，不仅德行施于国内朝堂上下，还对外施德政于诸侯之间，因此，受到民众的一致拥戴。

相比之下，赵良认为商鞅则缺乏德行，他还当面为商君列举了几宗"罪状"：

首先，当初商鞅得以见秦王，靠的是宠臣景监推荐介绍，说不上有什么好名声；其二，身为秦国国相却不为百姓造福，大规模地营建宫阙，说不上为国家建立功业；其三，惩治世子的老师，用严刑酷法残害百姓，这是积累怨恨、聚积祸患；其四，用建立权威变更法令取代对百姓施行教化，自己在商於封地南面称君，却时时用法律约束秦国的贵胄子弟等。

赵良说："这些事情都是不得人心啊，您已经处在很危险的境地了，实在不是谋求长寿善终的行为。您若还要贪恋商於的财富，离灭亡就指日可待了啊！"

赵良还劝商鞅把商於十五邑封地交还秦国，劝秦王重用德士贤才，教化民众，自己退政隐居到偏僻荒远的地方，这样才可以保住性命平安。

赵良这一番言辞，指出了商鞅面临危险的原因，也为商鞅指出了摆脱危难之境的良策，还分析了商鞅之心态是"贪商於之富，宠秦国之教"。赵良列举秦国贤相百里奚为例，以其德政与商鞅酷政对比，总结出"恃德者兴，恃力者亡"的儒家道理，若商鞅不听，最后的结果可能是"亡可翘足而待"。

赵良的话听起来虽然极不中听，但仔细看来却并非空穴来风。赵良是当时的著名儒家名士，班固在《古今人表》中甚至将赵良列位在商鞅之前，其为人和言论一向温良俭恭。

赵良处处劝说商鞅迷途知返，劝其行"礼治"而不行"法治"方能保全自己，的确是为商鞅当时的处境而忧心忡忡。实际上，当时的秦国权贵正蠢蠢欲动，欲将商鞅置于死地。因此商鞅若此时能全身而退，如同当年范蠡一般逍遥五湖游，必定能保全性命，并为后世留下千古佳话，毕竟在中国文化中功成身退是一种智慧，而功成身灭只能是等而下之。

不过赵良之言也有值得商榷之处，比如他说商鞅身为秦国国相不为百姓造福应该不是实情，否则就不会有变法使得"秦民大悦"之说。

赵良的这番良苦用心注定要失败，因为他去游说的恰恰是一个不怕牺牲、排除万难、尽公不顾私的商鞅。商鞅最终没有听从赵良的劝告，他选择了继续前进。

正如赵良所言，此时的商鞅处境已经很危险。商鞅掌握秦国的军政大权，独断专行，同地主阶级内部的一些代表人物也发生过利害冲突，树敌太多。据史书记载，后来秦孝公病重时，曾打算把君位让给商鞅，商鞅没有接受。这件事进一步加深了贵族们对商鞅的仇恨。

秦孝公二十二年（公元前338年），秦孝公去世，世子驷即位，史称秦惠文王。旧贵族马上对商鞅进行反攻倒算，世子过去的老师公子虔等人为报夙怨，告发商鞅有谋反企图。秦惠文王下令逮捕商鞅，商鞅闻讯立即逃跑。

商鞅逃亡到函谷关时，夜幕已经降临，城门按时关闭。当时追兵紧追不舍，但只要熬过一个晚上，在次日清早追兵带来追杀令前出关，商鞅就可以龙潜大海猛虎归山了。以他的才华与声望，久受暴秦之苦的六国肯定视之如宝，即使无人敢得罪秦国而收留他，隐居也是一条不错的归途。

可命运却和他开了个不大不小的玩笑。他到一家旅店投宿时，因为他没办法出示有效的身份证件，而按照商鞅的新法，旅店要验明投宿者的来历，投宿者还要有当地官府的证明，不然一旦出事，旅店要有连坐责任。旅店的主人不知道他就是商鞅，说："商君有法令，留宿没有通行证件的人，我们是要判连坐罪的。"

商鞅听后喟然叹息，这时候他自己终于尝到法令严酷的后果了。可想而知，这个古往今来变法第一等人的心情在当时那种情况下是怎样的沮丧和心灰意冷。

商鞅离开秦国潜逃到魏国，魏国人怨恨他当初欺骗公子卬而打败魏军，拒绝收留他，于是他打算到别的国家。魏国人说："商君是秦国的逃犯，秦国太强大，不敢得罪。"于是将商鞅遣返送回秦国。

商鞅回到秦国后，遂逃到他的封地商邑，联合他的部属发动邑中的士兵，向北攻击郑国谋求生路。秦国出兵攻打商鞅，把他杀死在郑国渑池。秦惠文王用最惨烈的一种刑罚将商鞅五马分尸示众，并且以儆效尤地说："今后不许再有像商鞅这样的造反者！"随即还诛灭了商鞅全族。

这里需要澄清的是，商鞅并不是一些人认为的"车裂而死"，他是在渑池被杀死之后，尸身被施于"五马分尸"之刑的。

在商鞅被施刑时，民众围观者很多，人们根本不知道宫廷之中发生了什么，也不想知道商鞅之死是否公正。他们只知道，秦国几十年来位高权重的商鞅大人要被五马分尸了，他们兴奋好奇地围在道路两旁，想看看这位平常出巡时前呼后拥的权势者的神秘面目。

可以猜想，如果商鞅还活着，这位悲剧英雄面对着拥挤的兴奋人群时会作何感想。或许他会悲叹自己辉煌一世，却落得如此凄惨下场；或许他会像魏惠王后悔当年没有听从公叔痤的话那样，悔恨自己当初没有听从赵良的话；或许他会双目紧闭，牙关紧咬，无话可说，内心却保持一贯的强硬作风，鄙夷这群没有思考能力、毫无是非标准的愚民。

无论如何，"五马分尸"就是商鞅在秦国变法所获得的最惨痛的结局。如果说社会发展有宿命的话，那就是：撒下什么种子，结出来的必然是什么样的果子。

中国古代总体上是一个相当保守的社会，历来变法维新之士，很少有能够善终者。这第一个不得善终者，就当属商鞅了。

秦惠文王及公子虔等人杀死商鞅，这是地主阶级内部的矛盾，并不是新旧两种势力的斗争。因此，商鞅虽死，但秦惠王和他的后继者都继续实行了商鞅的新法，所以秦国的国势得以进一步发展，为后来秦始皇消灭六国，统一中国奠定了基础。秦始皇实行的许多重大政策正是从"商君法"发展而来。商鞅变法是战国时期最典型、最深刻、最彻底的一次政治改革，推动了社会生产力的发展，反映了历史发展的客观要求。

自古以来，商鞅变法就是改革家们津津乐道的经典案例，不仅因为它是春秋战国时期诸多变法中最成功的范例，其主人公商鞅的悲剧性结局也令许多仁人志士和文人骚客扼腕长叹。此后若干年以至于今日，他的遭遇依旧令许多钦服他的人心有戚戚。那么，商鞅的死亡悲剧根源究竟在哪里呢？他为什么会有如此凄惨的下场呢？

诸多史学家认为，其根本原因在于触动了许多权贵者的利益。历史上任何一次变法维新，都不仅仅是一种治国方略的重新选择，更是一种利益关系的重新调整，这便是改革会遭到阻力的真正原因。由于废除井田、奖励耕战等改革措施触犯了贵族阶层对土地和官职一向具有的垄断特权，因而便遭到了以世子为首的既得利益集团的强烈反对。

此外，商鞅本人也要为自己的惨死负很大责任。

商鞅使用法家的酷刑苛法，执法方法过于霸道，为了树立威信，做事决绝，连世子的两位老师偶犯小错也实施重刑，在渭水边冷酷地一次斩杀七百余人，将恭维称赞新法的人也发配边疆，这些执法过严的粗暴行为等于给自己断绝了一切后路。

我们也必须看到，作为法家代表人物的商鞅，鼓吹愚民政策，放弃儒家仁义的教化方式，同时以最残暴的方式镇压人民，维护封建的统治政权。连司马迁都说，商君之法太过刻薄寡恩，制定严厉的法律，设连坐之法，增加肉刑、凿顶、抽肋等刑，不但贵族多怨，在民众中间也积怨太深。许多史书甚至说商鞅变法对人民没有什么好处，刑法越来越

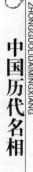

多，人民敢怒不敢言。

商鞅个人刚愎自用的性格和功高震主的地位也加速了自己的终结。在个人专制的古代社会中，变法的基础来自君主的支持，完全凭借君主的个人水平和主观意愿。在秦朝变法的问题上，秦孝公是坚定不移的支持者，因此新法得以强势地开展下去，商鞅才敢在太岁头上动土，严厉惩罚了世子的两位老师。商鞅没有想到，此举同时也得罪了世子——未来秦国君位的继承者，注定商鞅要为此付出惨重的代价。

商鞅还在其他方面招致了世子的嫉恨。《战国策》中写到，秦孝公临死前还萌生出把君位传于商鞅的想法。就凭这一点，原本与商鞅有私怨的世子当然更要暗藏杀机了。

偏偏此时的商鞅还毫不收敛，依旧擅权专制，甚至在自己的封地"南面称寡人"，他的声势如日中天，以至于"今秦妇人婴儿，皆言商君之法，莫言大王（指秦惠王）之法，是商君反为主，君主更为臣"。

正是商鞅积怨于昔日之重臣，见疑于当今之新主，因此不难理解，秦孝公死后，商鞅失去了权力支持，继位的秦惠文王自然会对商鞅施行疯狂的报复，更何况还有世子的两位老师等一帮宿敌在旁边煽风点火。

任何社会实践都是要付出代价的，变法维新更是如此，或许这就是商鞅必然要付出的代价。无论如何，从商鞅个人身上，我们能得到很多启示。

首先，商鞅有创新的精神。商鞅从小就受法家思想的影响，他在秦国主持变法时，并不是完全照搬他国变法的主张。比如耕战政策，当时许多政治家都在各个诸侯国实行过，只有秦国的效果最为显著，很重要的原因就是商鞅能够从秦国的实际情况出发，制定出奖励军功等一系列行之有效的办法。

其次，商鞅有不畏险阻，敢于斗争的精神。在推行新法的过程中，商鞅遇到了各种各样的困难和阻力，但他敢于同旧势力作斗争，为维护法令而毫不动摇。相比之下，历史上许多改革家之所以失败，并不完全是因为改革的内容不符合实际，而是一旦触犯权贵的利益和特权，遭到阻挠和打击就不敢继续坚持下去，从而使变法付诸流水。商鞅这种不畏权贵、不达目的誓不罢休的变法胆识与魄力是非常值得后世学习的。

商鞅变法中的各种改革措施，不仅对秦国意义重大，对整个中国历史进程都影响深远，其政不息，至今不衰。以法律形式废除奴隶制的土地制度，开阡陌，肯定封建土地所有制的合法性，加速了我国由落后的奴隶制文明向封建制文明的过渡；打破奴隶主世袭贵族的特权，确定封建的等级制度，发展和壮大地主阶级政治势力，奠定了以后两千年封建体制的制度基础；"什伍"编户的制度其实就是户籍制度的雏形，创新了人口管理制度，并屡屡为后世所沿用，直到近现代社会，我国的人口管理制度仍然没有彻底走出这个范畴；统一度量衡，方便税收和交换，加强集权制度；在上层建筑领域实行封建统治阶级的专政等，都对后世产生了不可估量的积极影响。

评价一位历史人物主要是看他在历史上的贡献，从这一点看，商鞅变法是成功的。商鞅变法之后，秦国富强起来，并为一百多年以后秦始皇统一中国奠定了基础。在秦灭亡以后，商鞅变法的成果仍被中国历代的封建王朝所继承和发展，故而可以说商鞅变法不仅"为秦开帝业"，而且更为中国两千年封建社会的政治制度和经济制度奠定了基础。

因此，我们应该实事求是地评价商鞅的历史功绩，不应以个人品德上的残苛来贬低他在历史上的地位。

从这个意义上来看，太史公对商君的评论实际上有失公允。商鞅变法使当时最落后的秦国一跃成为当时最强大的诸侯国，最后一统中国，这是不争的事实，因此商鞅变法是成功的，但太史公没有看到。此外，在诸侯割据、战乱不断的战国乱世，法家主张"治乱世用重典"的思想是有一定道理的。假设商鞅没有使用刻薄寡恩的法典，或许变法便不能彻底实施，秦国未必能够成为当时最大的诸侯国，甚至不可能得到后来一统天下的格局。

春秋战国之际，是我国奴隶制向封建制过渡的社会大变革时期。改革旧的制度，改变旧的不适合生产力发展的一切旧的上层建筑，这是时代的潮流，是历史发展的必然趋势。在这个动荡的时代里，商鞅作为新兴地主阶级的代表人物，敢于蔑视传统的势力和旧的习俗，积极投身于这场封建制改革运动之中，并使封建制度在秦国取得胜利，其历史功绩是应当予以肯定的。

历朝历代都有人鼓吹改革，宣传改革，实施改革。我国历史上无数

『商鞅变法』——秦国大良造商鞅

改革浪潮中，当属商鞅变法最为彻底持久，对中国历史的影响也最为深远。几千年来自给自足的自然经济和儒家思想使得中国社会发展极为缓慢，寥若晨星的改革家就更显得难能可贵，作为中国改革变法的倡导者商鞅，理应在历史长河中占据一席显著的位置。

"深谋远虑"——秦国相国吕不韦

吕不韦，姜姓，吕氏，名不韦。战国末年著名商人、政治家、思想家，后为秦国相国，卫国濮阳（今河南濮阳滑县）人。吕不韦是阳翟（今河南禹州）的大商人，故里在城南大吕街，他往来各地，以低价买进，高价卖出，所以积累起千金的家产。他以"奇货可居"闻名于世，曾辅佐秦始皇登上王位，并组织门客编写了著名的《吕氏春秋》，其门客有三千人。他也是杂家思想的代表人物。

公元前 3 世纪，吕氏门中出了一个大人物，他就是吕不韦。他往来各地，以低价买进，高价卖出，所以积累起千金的家产。

在吕不韦出生之时，卫国已经日渐衰败。待他长大后，卫国境内更加倾颓。为求发展，他大约在公元前 265 年，便来到向往已久的赵国国都邯郸。邯郸城的繁华，让吕不韦眼花缭乱。他一边花天酒地，流连于歌楼舞榭之间，另一边也没有忘记他是为获取财富而来的。与别的商人不同的是，他并不满足于小财富的累积，而是要寻找一次能够一本万利的商机。很快，他等到了这种商机。

秦昭王四十年（公元前 267 年），秦世子悼在魏国死去，运回秦国，葬在芷阳（今陕西长安东）。两年后，秦昭王把他的第二个儿子安国君立为世子，而安国君有二十多个儿子。安国君有个非常宠爱的妃子，立她为正夫人，称之为"华阳夫人"。可华阳夫人肚子不争气没有生出一个儿子来，安国君有个儿子名叫子楚（又叫异人），子楚的母亲是夏

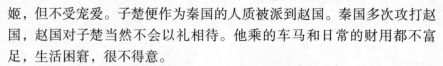

姬，但不受宠爱。子楚便作为秦国的人质被派到赵国。秦国多次攻打赵国，赵国对子楚当然不会以礼相待。他乘的车马和日常的财用都不富足，生活困窘，很不得意。

初到邯郸，吕不韦就听说了子楚的事，经过多方探听，他把子楚的身世、家庭关系、目前处境及其他方面了解得一清二楚。后来，当吕不韦见到这位落魄的君孙时，凭他多年经商的经验，一眼就看出：多方寻觅的商机就近在眼前！不禁脱口而出："此奇货可居。"吕不韦赶回家告诉父亲，自己找到了可赢利的奇货。这也正是成语"奇货可居"的由来。

公元前262年，吕不韦又一次来到邯郸，他前去拜访子楚，对他游说道："我能光大你的门庭。"

子楚笑着说："你姑且先光大自己的门庭，然后再来光大我的门庭吧！"

吕不韦说："你不懂啊，我的门庭要等待你的门庭光大了才能光大。"

子楚心知吕不韦所说的意思，就拉他坐在一起深谈。

吕不韦说："秦王已经老了，安国君被立为世子。我私下听说安国君非常宠爱华阳夫人，华阳夫人没有儿子，能够选立世子的只有华阳夫人一人。现在你的兄弟有二十多人，你又排行中间，不受秦王宠爱，长期被留在诸侯国当人质，即使是秦王死去，安国君继位为君，你也不要指望同你长兄和兄弟们争世子之位啦。"

子楚说："是这样，可该怎么办呢？"

吕不韦说："你太穷了，又客居在此，也拿不出什么来献给亲长，结交宾客。我吕不韦虽然不富有，但愿意拿出千金来为你去秦国游说，侍奉安国君和华阳夫人，让他们立你为世子。"

一直被冷落的子楚突然听到这么温暖的话语，顿时感激涕零，叩头拜谢道："如果实现了您的计划，我愿意分秦国的土地和您共享。"

吕不韦拿出五百金送给子楚，作为日常生活和结交宾客之用；又拿出五百金买珍奇玩物，自己带着去秦国游说，先拜见华阳夫人的弟弟阳泉君，把带来的东西统统献给华阳夫人。顺便谈及子楚聪明贤能，所结交的诸侯宾客遍及天下，常常说："我子楚把夫人看成天一般，日夜哭泣思念世子和夫人"。夫人听了非常高兴。吕不韦乘机又让华阳夫人姐姐劝说华阳夫人道："我听说用美色来侍奉别人的，一旦人老色衰，宠爱也就随之减少。现在夫人您侍奉世子，虽然备受宠爱，可您毕竟没有儿子，不趁这时早一点在世子的儿子中结交一个有才能而孝顺的人，立他为继承人，且像亲生儿子一样对待他，那么，丈夫在世时受到尊重，丈夫死后，自己立的儿子继位为君，最终也不会失势，这就是人们所说的一句话'能得到万世的好处'啊！不在容貌美丽之时树立根本，假使等到容貌衰竭失宠后，想和世子说上一句话，还有可能吗？现在子楚贤能，而自己也知道排行居中，按次序是不能被立为继承人的，而他的生母又不受宠爱，自己就会主动依附于夫人，夫人若真能在此时提拔他为继承人，那么夫人您一生在秦国都要受到尊崇啦。"

华阳夫人听了觉得有道理，就趁世子方便的时候，委婉地谈到在赵国做人质的子楚非常有才能，来往的人都称赞他，然后哭着说："我有幸能宠冠后宫，但非常遗憾的是没有儿子，我希望能立子楚为继承人，以便我日后有个依靠。"安国君答应了，决定立子楚为继承人。安国君和华阳夫人都送好多礼物给子楚，还请吕不韦当他的老师，因此子楚的名声在诸侯中越来越大。

既然地位变了，子楚当然不能再当人质了。吕不韦施展他游说的本领，使赵国同意送子楚回国。正当子楚和吕不韦欢天喜地打点行装准备回国之际，不料秦赵间长平之战发生了。赵王改变主意，禁止子楚回国。

当子楚再次被困赵国时，吕不韦也找不到逃难的机会。在此期间，吕不韦又成功做成了一笔交易。

在邯郸，吕不韦早就选中了一个姿容艳丽又善歌舞的年轻女子与其同居。一天，当这位邯郸姬告诉吕不韦她怀孕的消息时，他计上心来，当晚就请子楚到自己住宅饮酒。

贪杯好色的子楚得知，欣然赴约，席间见到风流、艳丽动人的邯郸姬陪酒，立即就被迷住了，当即向吕不韦提出将美人赠给自己的要求。假装盛怒的吕不韦日后主动将美姬送给子楚，这使子楚感激涕零，把肚里怀有吕不韦孩子的邯郸姬接回住所，过起了恩爱的夫妻生活。

公元前259年正月，邯郸姬生下一个儿子，取名为政，起先叫赵

政，后改为嬴政，即后来的秦始皇。这是吕不韦的又一笔投资，他的效益要在子楚下一代国君身上收回。

嬴政诞生给历史留下了千古之谜。一些记载说，秦始皇的生母嫁给子楚之前，就已经怀孕，这是精心设计的。另有记载说子楚之妻大期而生子，大期超过十二个月，所以不可能是吕不韦的儿子，说秦始皇是吕不韦的私生子，乃是当时和后来恨秦始皇的攻击、污辱之词，不足为据。

可是仔细考查吕不韦和秦始皇的一生，以及后世的有关资料，可以肯定后一种说法是缺乏根据的。因为第一，证明嬴政和吕不韦关系非同一般的记载不仅是一、二处。第二，即使邯郸姬大期而生嬴政，也不能排除他们有血缘关系的可能。因为吕不韦与邯郸姬的私通，并未因她与异人结婚而中断，这种关系一直延续到嬴政继承王位之后。

子楚在邯郸娶姬生子，乐不思蜀。谁料风云变幻，这期间战争又发生了变化，给已经淡却回国之心的子楚归秦创造了条件。

当时秦军正乘胜进攻邯郸，白起率领得胜之师攻击，赵国的覆灭已指日可待。然而当白起攻克上党后，等待秦王发出进攻命令时，秦国内部矛盾产生了。白起迟迟未接到发兵的命令，因而失去占领邯郸的机会，但被困在城中的子楚却因此避免了一场厄运。在吕不韦和他用钱财结交的宾客的帮助下，子楚成功地逃出了赵国。而邯郸姬和幼小的儿子却留在了邯郸。因为邯郸姬本就出自贵族门第，所以在豪门势力保护下，母子俩幸免于难，没被赵王捉住。

公元前251年，长寿的秦昭王终于去世了，苦等君位的安国君继位成了孝文王。昭王去世，吕不韦极为高兴，因为他所追求的目标又进了一步。另一个欢欣鼓舞的人是子楚，他因父亲孝文王继位而成为世子，离登君主位只有一步之遥。

由于孝文王在宫中长期沉醉于声色，导致身体虚空，无力应付繁杂的政务。才坐了君位三天便猝然离去，成为中国历史上执政时间最短的君主之一。

随后子楚即位，史称庄襄王，吕不韦随即登上秦国的政治舞台，开始展示他的个人才华。

庄襄王即位后的第一件事就是报恩——任吕不韦为相，封为文信侯，以蓝田十二个县为食邑。诏令一出，满朝文武惊呆了，因为当朝百官无一人能如此集官、爵、食邑最高等级于一身。

吕不韦本人心里十分清楚，这不过是十几年前在邯郸投资的收益而已。秦国大政实际是完全控制在吕不韦手上，国主只是相国意志的传声筒。秦国由此开始了吕不韦擅权的时代。

吕不韦当政后的第一件事就是大赦有罪的人，奖赏先君功臣以及对百姓施行一些小恩小惠，这使得吕不韦在秦国臣民中影响深远。

就在此时，又传来一个喜讯，与庄襄王分别六年、留居邯郸的妻子和儿子从赵国回到了咸阳，这也是吕不韦精心安排的。

回到秦国的邯郸姬美艳不减、妖冶依旧，淫荡不减当年。庄襄王见美姬回到身边，自然是怜爱有加，从此沉溺于锦被绣帐之中，无心过问政事。吕不韦独断秦国朝政更是畅行无阻。工于算计的商贾从政，处处都显露出他善于把握时机、取得最大效益的才能。消灭东周就是他掌权后立起的第一件大事。

公元前249年，苟延残喘的东周竟在巩地联合各诸侯国图谋进攻秦国。本来消灭周天子在道义上会受到谴责，此时恰好时机到了，东周王竟图谋攻秦，正给了吕不韦建立功业的机会。吕不韦轻而易举就征服了东周，将其领土并人秦的版图，彻底为秦消灭了统一中国进程中最后的障碍。而吕不韦灭东周，却迁东周王往阳人，不绝其祀，又为自己树起了崇奉礼义、"兴灭"、"继绝"的善举，从而赢得士人的好感，也减少了一些姜、姬姓诸侯国的仇恨和反对情绪，为大批士人投奔秦国和顺利完成统一创造了条件。

吕不韦掌权的头一年，秦国在军事上和政治上都显得生气勃勃，秦国的国界已逼近魏国的国都大梁，魏国陷于一片混乱之中。后魏国请回留居赵国的信陵君，信陵君凭着自己的声望，组成五国联合军事行动，共同抗秦，把秦军打得大败，给春风得意吕不韦当头一棒。这是吕不韦当政后军事上的第一次也是唯一的一次失败，从此他用兵更加谨慎。

通过这次失败的教训，吕不韦知道，不除掉信陵君，秦国的军事征服就会遇到更多的困难。吕不韦经过多日谋划，精心安排，到处散布谣言，利用离间计使魏安厘王解除信陵君的军权，致使信陵君含冤四年后去世。

公元前247年五月，秦国宫中传出惊人消息——庄襄王去世！被吕不韦视为奇货的庄襄王，为了爬上国王宝座，不惜卖身投靠，把自己当作商品交给吕不韦去投机。他不惜弃生母夏太后于冷宫而去取悦华阳夫人。可是，花了这么大的代价，刚坐上秦王宝座三年就命归黄泉，死时年仅三十五岁。

对于庄襄王的死，议论纷纷，有人说得病，有人说是吕不韦所害。无论死因如何，事实上他一死，吕不韦在秦国的地位就又发生了变化。

秦王政顺利登基，那时他还是个十三岁的孩子。在威严的典礼过程中，相国吕不韦始终伴其左右，指示他应该如何去做。嬴政即位后，吕不韦除了相国、文信侯外，又加封了一个特殊封号——仲父。

十三岁的孩子当然想不出如此封号，这完全是吕不韦自己的主意。从此，吕不韦就坐到章台宫大殿秦王御座的右侧，开始处理朝政了。从秦王政即位的公元前246年，到公元前237年，都是吕不韦在秦国直接掌权的时代。

秦王政即位之初，当务之急仍然是取得对东方各国的胜利。兼并战争的主要对象仍是韩、魏等国，而与楚国一直没有发生过大的战争。

公元前241年，楚、赵、魏、燕、韩五国又一次联合，推楚王为纵长，联合攻秦，可这一次遭到秦军反击，而且吕不韦对各诸侯国采用打击和分化两手策略，使五国联军立即崩溃。同时也勾起了秦对楚的仇恨，楚考烈王为此将一腔怨恨转到春申君黄歇身上。春申君为了讨好楚王，就多方搜求美人供楚王淫乐。虽然送入宫中无数美女，但却没有后宫产子的喜讯传出，急得他一筹莫展。

直到有一天，宾客李园求见，将妹妹献给春申君，不久李园之妹怀有身孕，一天乘兴，她向春申君提出保证能长久受宠于国君的计谋，要春申君将怀孕的自己送给楚王。一年后，李园妹果然为楚王生下一男，突然得子的楚王立即封她为后，立了世子。从此李园在楚王面前的宠幸立刻超过了春申君。李园利用春申君而在楚国得势，唯一的心病就是春申君知道自己的底细，所以他时刻准备暗杀春申君灭口。楚考烈王死后，李园成功地除掉了春申君，直接控制了楚国政权。李园的阴谋与吕不韦的投机不谋而合，而李园本来就是来自吕不韦投机成功的赵国邯郸，至于李园是否为吕不韦派到楚国的奸细，也成为一个难解之谜。

吕不韦执掌朝政时，秦国经济、文化长足发展，为他施展政治才能提供了客观条件。国内能够取得稳定发展，国外取不断的胜利，另外一个主要原因是吕不韦重视人才。

　　吕不韦与其他嫉贤妒能的政客不同，他很重视选贤任能。老将中突出的是蒙骜，这位老将在吕不韦执政十余年中，不居功，不傲上，为秦国立下赫赫战功，虽已年迈，但威风不减当年。因此，吕不韦对他甚为器重。

　　吕不韦在入秦之前，各国诸侯都大力招揽人才，供养食客，其中最著名的要数"四公子"，即齐国的孟尝君、赵国的平原君、魏国的信陵君、楚国的春申君。而吕不韦是秦国历史上第一个认识到士的重要作用，从而大规模招揽宾客，打开国门大批养士的政治家。吕不韦任相国之初，就在相府内建造了数以千计的高堂广舍，聘有众多名厨，在首都和城墙上挂起告示，欢迎各方士人来相府做客。因为吕不韦本人并非秦人，却官至秦相，对希求功名的人士，极具诱惑力。其次，吕不韦权势大，养士之举不会遭人反对和嫉恨。另外，秦国在军事上节节胜利，统一六国是早晚的事情。因此吕不韦招贤纳士的告示一发出，有识之士纷纷投奔，其中有著名的李斯。

　　当时，魏国有信陵君、楚国有春申君、赵国有平原君、齐国有孟尝君，他们都礼贤下士，结交宾客，并誓在这方面要争个高低上下。吕不韦认为秦国如此强大，把不如他们当成一件令人羞愧的事。而且吕不每门下食客三千人，何不利用起来。那时，各诸侯国有许多才辩之士，像荀卿那班人，著书立说，流行天下。吕不韦就命他的食客各自将所见所闻记下，综合在一起成为八览、六论、十二纪，共二十多万言。自己认为其中包括了天地万物古往今来的事理，所以号称《吕氏春秋》。

　　为了提高作品质量，防止抄袭现象发生，吕不韦又想出一招。公元前239年的一天清早，咸阳城异常热闹，人们纷纷赶往市区。原来咸阳市门上挂着《吕氏春秋》的书稿，旁边有一大堆钱，告示宣布：如有人能对《吕氏春秋》改动一字者，将千金拿走。可是随着时间一天天过去，好奇的观众越来越少，站在市门前阅读《吕氏春秋》的人也逐渐散去，终无一人将千金取走。其实，并非书中不可改动一字，而是人

们不敢改动，害怕招来杀身之祸，告示只不过是吕不韦吹嘘的手段罢了。

不过，成语"一字千金"由此而来。

公元前239年，秦王政二十一岁了，他已经成年，只要举行过加冠礼，他就可以亲政了。而在亲政之前，朝廷的一切大权都掌握在吕不韦手中，嬴政只是一个傀儡君主。每逢上朝处理政事，只能听相国吕不韦安排。

起初，秦王年纪还小，太后常常和吕不韦私通。可日子一天天过，小嬴政一天天长大，吕不韦唯恐事情败露，灾祸降临在自己头上，就暗地寻求嫪毐作为门客。不时歌舞取乐，并想法让太后知道此事，以此事引诱她。太后听说之后，真的想在暗中占有他。吕不韦就进献嫪毐，一方面假装让人告发他犯下了该受宫刑的罪，另一面暗中对太后说："你可以让嫪毐假装受了宫刑，就可以得到他。"

太后采纳吕不韦的建议偷偷地送给主持宫刑的官吏许多东西，假装处罚嫪毐，拔掉了他的胡须假充宦官，从而将他放在自己身边。后来太后怀孕在身，恐怕别人知道，假称算卦不吉，需要换一个环境来躲避一下，就迁移到雍地的宫殿中居住。嫪毐一直跟着太后，得到的赏赐非常丰厚，而太后凡事也都听信嫪毐之言。

天下没有不透风的墙，秦王九年（公元前238年），有人告发嫪毐实际并不是宦官，常常和太后淫乱私通，并生下两个儿子，并隐藏起来，还和太后密谋说"若是秦王死去，就立这儿子继位"。于是秦王命严查此事，弄清了事实真像，还查到此事与相国吕不韦有关。同年九月，嫪毐家三族人全部被杀死，太后所生的两个儿子也难逃厄运，赵太后迁往雍地居住。

公元前237年，秦王免去了吕不韦的相国职务。等到齐人茅焦劝说秦王，秦王这才到雍地迎接太后，使她又回归咸阳，但把吕不韦遣出京城，前往河南的封地。

又过了一年多，各诸侯国的宾客使者络绎不绝，前来问候吕不韦。秦王恐怕他发动叛乱，就写信给吕不韦说："你对秦国有何功劳？秦国封你在河南，食邑十万户。你对秦王有什么血缘关系而号称仲父？你与家属都一概迁到蜀地去居住！"

吕不韦一想到自己已经逐渐被逼迫，害怕日后被杀，就自行解决喝下鸩酒自杀而死。

　　吕不韦的墓现在有两处。第一处，根据《魏书·地形志》记载："阳翟（今天河南禹州）有吕不韦墓。"

　　另一处吕不韦墓据说在洛阳市东面约二十公里的偃师市南蔡庄大冢头村东。河南偃师市首阳山镇有一大冢头村，因秦相国吕不韦的墓冢在村边而得名。冢顶过去有房屋数十间，驻扎过镇公所、区干队，可知封土之高大。如今墓冢圈进偃师第一高中院内，虽已残损，仍存其岿然气势。1994年12月，首阳山镇为其立纪念碑一座，碑记为国家著名学者原西北大学校长张岂之撰写，成为一处名人故迹。

　　《史记·集解》皇览曰："吕不韦冢在河南洛阳北邙道西大冢是也。民传言吕母冢。不韦妻先葬，故其冢名吕母也。"吕不韦埋葬妻子是很隆重的，自己服毒身死，宾客虽多，但葬埋北邙山则是匆匆忙忙的。即使如此草率，还受到秦王政的追究。

　　民间流传今大冢头村的"吕侯冢"，是吕不韦与妻子的合葬墓。总的说来，洛阳成周城一带是吕不韦的最后归宿地，明清《偃师县志》各种版本，都称今首阳山镇大冢头村的大冢是吕不韦墓，至今墓冢岿然，使人往往联想到两千年前那一幕幕复杂的政治争斗。

　　吕不韦墓里设计得也极其精巧。南蛮子盗宝时，曾掘开过洞口，但一打开墓道石门，麦秆似的毒箭密密麻麻飞出，伤人不少，盗墓人只好失望而去。

　　长者回忆新中国成立前冢直径尚有百米左右，冢上有大殿、厢房，做过镇公所、学校等，村民避兵盗时常躲在上面，新中国成立后因殿房过旧欲塌拆毁，冢也被逐渐蚕食。

　　对于吕不韦这个历史人物的评价，社会上持否定意见的不少，给予肯定意见的不多。大多认为其不过是一个投机的商人，靠投机赢得政治上的新生命，从而飞黄腾达。更有甚者认为，其不过是一个利用女人谋取政治地位的人。

　　其实，从其人、其事、其学、其书来看，吕不韦还是一个值得肯定的人物。郭沫若先生认为："吕不韦在中国历史上应该是一位有数的大政治家（见郭沫若《十批判书》中的'吕不韦与秦王政的批判'）"。

看来，郭老虽然也写了吕不韦的批判，但总体上还是颇为认同吕不韦这个人的，毕竟政治家这个头衔可不是谁都能戴的。

人民大学历史系教授孙大洲认为："其人其事可议，其功不可没，其学其书不可废。"当是中肯之言。

"焚书坑儒"——秦始皇丞相李斯

　　李斯，战国时楚国上蔡（今河南上蔡）人，秦代政治家、文学家，著名思想家荀卿的弟子。后辅助秦始皇统一中国，得秦始皇赏识，官至丞相，为秦始皇定郡县之制，下令焚书坑儒，以小篆为标准统一文字。李斯是秦代文学唯一作家，《谏逐客书》是其散文代表作。秦始皇巡游各地，刻石颂德之文，多出自李斯之手，对后世碑志文有一定影响。秦始皇死后，李斯听从赵高阴谋，矫诏杀公子扶苏，立少子胡亥。秦二世即位后，赵高专权，污蔑李斯谋反，李斯被腰斩于咸阳，夷灭三族。

　　李斯是楚国上蔡人（今河南上蔡）。他年轻时，曾在郡里当小吏。司马迁在《史记·李斯列传》中记载了这样一件事：有一次，李斯在厕所见到老鼠吃脏东西，每逢有人或狗走来时，就受惊逃跑。后来李斯又走进粮仓，看见粮仓里的老鼠，吃的是囤积的粟米，住在大屋子里，更不用担心人或狗惊扰。于是李斯慨然叹息道："人之贤与不肖，譬如鼠矣，在所处耳！"意思是说：一个人有没有出息，就如同老鼠一样，是由自己所处的环境决定的。

　　可以看出，在战国时期人人争名逐利的情况下，李斯也不甘寂寞，想干出一番事业来。为了达到飞黄腾达的目的，李斯辞去小吏，到齐国求学，拜荀卿为师。荀卿是当时著名的儒学大师，他打着孔子的旗号讲

学，但是，他不像孟子那样墨守成规，而是从当时的政治形势出发，对孔子的儒学进行了发挥和改造，因而很适合新兴地主阶级的需要。荀子的思想很接近法家的主张，也是研究如何治理国家的学问，即所谓的"帝王之术"。

时光荏苒，转眼之间已经学业修满了。李斯学完之后，反复思考应该到哪个地方才能显露才干，得到荣华富贵。经过对各国情况的分析和比较，他认为楚王无所作为，其他各国也在走下坡路，便决定到秦国去。

临行之前，荀卿问李斯为什么要到秦国去，李斯回答说："我听说一个人遇到机会，千万不可松懈错过。如今各诸侯国都在争取时机，游说之士掌握实权。楚王昏庸，不值得为他卖命，而六国国势已经衰弱，没有为他们建功立业的希望。现在秦国强大，秦王嬴政想吞并天下，这正是平民出身的政治活动家和游说之士奔走四方、施展抱负的好时机啊！地位卑贱，而不想去求取功名富贵，类如禽兽！只等看见现成的肥肉才想去吃，就像行尸走肉。所以最大的耻辱莫过于卑贱，最大的悲哀莫过于贫穷。长期处于卑贱的地位和贫困的环境中，却还要非难社会、厌恶功名利禄，标榜自己与世无争，这不是读书人心中真实的想法啊。所以我就要到西方去游说秦王了。"李斯告别了老师，到秦国去实现自己的愿望了。

李斯到秦国后，正赶上秦国庄襄王去世，十二岁的嬴政即位，吕不韦独揽大权。李斯审时度势，请求充当吕不韦的门客。作为一代大师荀子的学生，吕不韦格外器重李斯，任命他为郎官，这就使李斯有了向秦王嬴政游说的机会。他对秦王说："平庸的人失去机会，成大业的人就在于他能利用机会并且果断决策。从前秦穆公虽然称霸天下，但最终没有吞并山东六国，这是什么原因呢？原因在于诸侯的人数还多，周朝的德望也没有衰落，因此五霸交替兴起，相继推崇周朝。自从秦孝公以来，周朝卑弱衰微，诸侯之间互相吞并，函谷关以东地区化为六国，秦国乘胜奴役诸侯已经六代。如今诸侯服从秦国就如同郡县服从朝廷一样。以秦国的强大，大王的贤明，就像扫除灶上的灰尘一样，足以扫平诸侯，成就帝业，使天下统一，这是万世难逢的好机会。倘若现在懈怠而不抓紧，等到诸侯再强盛起来，又订立合纵盟约，虽然有黄帝的智慧，也不能吞并它了。"秦王嬴政听从了李斯的建议，任命他为长史，并暗中派遣谋士带着金玉珠宝去各国游说。对各国著名人物能收买的，就多加礼物收买；不能收买的，就用利剑刺杀，或是离间诸侯国君臣的关系，然后再派良将随后攻打。在李斯的谋划下，秦国版图不断扩大。于是，秦王拜李斯为客卿。

正当秦王下决心统一六国时，韩国怕被秦国灭掉，派水工郑国到秦国鼓动修建水渠，目的是想削弱秦国的人力和物力，牵制秦国的东进。后来，郑国修渠的目的暴露了。这时，东方各国也纷纷派奸细来到秦国做宾客，群臣对外来的客卿议论很大，对秦王说："各国来秦国的人，大抵是为了他们他们自己国家的利益来秦国做破坏工作的，请大王下令驱逐一切来客。"秦王下了逐客令，李斯也在被逐之列。

李斯给秦王写了一封信，劝秦王不要逐客，这就是有名的《谏逐客书》。他说："听说官员们要驱逐客卿，我私下以为这是错误的。从前秦穆公招揽贤才，从西戎找到有余，从东边楚国的宛地得到了百里奚，从宋国迎来了蹇叔，从晋国招来了丕豹、公孙友。这五个人都不生在秦国，而秦穆公重用他们，吞并了二十多个国家，也就得以在西戎称霸。秦孝公采用商鞅的新法，移风易俗，人民因此富足，国家也由此富强，百姓愿意为国家效力，其他国家也诚心归顺，击败了楚国、魏国的军队，攻取了千里江山，至今政治安定，国家富强。"

接着，李斯列举了张仪、范雎等著名谋士，指出他们都不是秦国人，但是却帮助秦国独霸天下。他强调说："却客而不纳，疏士而不用，是使国无富利之实而秦无强大之名也。"

为了增加雄辩的力量，他进一步举例说："现在大王您罗织昆山的美玉，得到随侯的珠宝、和氏之璧，挂着明月珠，佩着太阿剑，驾着纤离马，竖着翠凤旗，摆着灵鼍鼓。以上这些宝物，并没有一样是秦国出产的。假如郑国、卫国的美女，曼妙的音乐，日常精美的器皿，都没有了，这样您还有什么意思呢？现在您没有把这些退去不用，却把那些想忠心耿耿为您服务的外国人都赶跑，这不是重物而轻人吗？'泰山不让土壤，故能成其大；河海不择细流，故能就其身；王者不却众庶，故能明其德。'如果您抛弃宾客，那么他们就会为其他的诸侯效命，使天下有名的知识分子不敢进入秦国，这不正是人们常说的'借武器给敌人，

『焚书坑儒』——秦始皇丞相李斯

送粮食给盗贼'啊！

秦王明辨是非，果断地采纳了李斯的建议，立即取消了逐客令。李斯仍然受到重用，被封为廷尉。

这时，即将被杀的郑国也向秦王进言："韩国让秦国大兴水利建设工程，当初的目的是消耗秦国实力，但水渠修成之后，对秦国也是有利的。尽管兴修水利，减轻了秦国对东方各国的压力，让韩国多存在几年，但修好渠却'为秦建万代之功'。"秦王觉得郑国的话有道理，决定不杀郑国，而是让他继续领导修完水渠，这就是后来闻名于史的郑国渠，它对发展繁荣秦国的经济起到了一定的积极作用。

经过这一次反复，秦国仍旧坚持招揽和重用外来客卿的传统，这些外来的客卿在秦国统一中国的过程中发挥了重要作用。

在取消逐客令不久，魏国大梁人尉缭也来到秦国。他向秦王建议说：当前，以秦国的力量消灭东方各国是毫无问题的。但是，如果各个诸侯国联合起来，合纵抗秦，结果就很难说了。因此，不要吝惜财物，要向各国掌权的"豪臣"行贿，破坏他们的联合，只须用三十万金，就可以达到兼并各个诸侯国的目的。秦王采纳了尉缭的计谋，在同各国进行斗争的过程中，也时常用贿赂的手法来离间诸侯国之间以及诸侯国内部的关系。

秦国坚持接纳、使用客卿的政策，许多外来的客卿为秦经济、政治、军事、文化的迅速发展，都做出了积极的贡献。

秦国破获了水工郑国奸细案后，秦始皇被郑国保存的一本书所吸引。书中谈到的政治策略，许多已在秦国已经实行十几年，很多提法非常切合实际，具有极强的操作性。秦始皇读完后感慨道："我如果能见到这个人并和他交往，就是死也不算遗憾了。"李斯接过书一看，说道："这是我的同学韩非写的。"

韩非和李斯是同学，他继承了荀子的学说，并在此基础上，把慎到的"势"、商鞅的"法"、申不害的"术"结合起来，加以丰富和发展，形成了一套完整的君主专制理论。韩非说话口吃，不善辩说，但却善于著述。此时的韩非，在韩国很不得意。本来，他怀着满腔报国热情学成回国，想用自己的生平所学说动韩王，大展平生抱负，实现韩国富国强兵的梦想。然而昏庸的韩王却对韩非的主张不以为然。韩非怀着满腔的忠愤，埋首典籍，作《说难》《孤愤》等文章二十余万言。

不久，因秦国攻韩，韩王不得不起用韩非，并派他出使秦国。于是，韩非抓住出使秦国的机会，上书给嬴政说："秦国拥有数千平方里广大的领土，武装部队号称百万，纪律森严，赏罚公平，号令分明，天下无人不知。我冒死请求大王赐予接见，将贡献破坏合纵同盟的具体方案。大王如果用我的方案而不能一举成功的话，就请大王把我诛杀，作为对大王不够忠心的警戒。"嬴政怦然心动，但还没有决定是否用他。

李斯深知韩非的学问功底，害怕秦王重用他，对自己的前途不利，就向秦王说韩非的坏话。他说："韩非是韩国的贵公子。现在大王您想吞并诸侯，如果重用韩非，他最终会一心保全韩国而不顾秦国利益，这是人之常情啊！您现在不用他，让他长久的待在秦国，等到把他放回韩国，他把秦国的情况已经摸得一清二楚，这不是给自己留下祸患吗？不如找一个过错，把他借法律的名义诛杀了！"秦王嬴政刚刚从间谍郑国案的怒气中解脱出来，认为李斯的话有理，于是准奏，下令给韩非治罪。

根据秦国法令的规定，狱中的囚犯无权上书申辩。韩非到秦国以后，又得罪了姚贾。姚贾为秦国立过功，深得秦王的重用，被任命为上卿。韩非却向秦王说，姚贾出身不高贵，当过大盗，在赵国做官时被赶跑了，认为用这样的人是很不应该的，这使得秦王很扫兴。事后秦王又向姚贾问起韩非，姚贾当然不会说韩非的好话。李斯生怕夜长梦多，派人送去毒药，让韩非自杀。韩非试图要求面见嬴政，为自己辩诬，可李斯却从中阻挠，无法面见。嬴政不久就后悔了，急忙派人前往赦免韩非，可是韩非已服毒自杀了。

从此，李斯没有了对手，更可以施展自己的才能，为秦王统一六国出谋划策了。秦王政二十六年（公元前221年），秦王结束了长期分裂的割据局面，统一了中国，建立了一个东到大海，南达岭南，西至甘青高原，北至今内蒙古、辽东的空前的封建大一统国家。秦王，这时已称为秦皇了。客观地说，为了巩固这个封建统一的国家，李斯也是做了一定贡献的。

秦统一以后，丞相王绾首先提出全国地方太大，难以管理，要求像

『焚书坑儒』——秦始皇丞相李斯

周代那样，封秦始皇诸子为王。秦始皇召开群臣会议讨论，群臣都赞同王绾的意见，只有李斯提出不同的意见。他说：周文王、周武王封的子弟很多，后来一个个都疏远了，互相视为仇敌，经常发生战争，周天子也不能禁止。现在天下一统，应实行郡县，天下才能够安宁。秦始皇也支持李斯的意见。于是，秦始皇把全国分为三十六郡，郡以下为县。郡县制比分封制是一个进步，有利于国家的统一。这一制度在秦以后的封建社会里一直沿用了近两千年。

随后，李斯代替王绾为丞相。

秦统一后，由于过去各诸侯国长期分裂割据，语言、文字有很大差异，对于国家的统一和经济、文化的发展极端不利。李斯及时地向秦始皇提出了统一文字的建议，并亲自主持这一工作。他以秦国文字为基础，废除异体字，简化字形，整理部首，形成了笔画比较简单、形体较为规范，而且便于书写的小篆（也称秦篆）作为标准文字。他还亲自用小篆书写了一部《仓颉篇》，作为范本推行全国。小篆的出现是汉字发展史上的一大进步。鲁迅先生说，李斯在我国文学史上是有"殊勋"的。令人遗憾的是，李斯手书已大多散失。现在，中国历史博物馆还收藏有李斯亲书的琅琊刻石，山东泰山岱庙现存有李斯篆书的秦二世诏书刻石的残片，这些刻石虽已严重残损，但它是我国已发现的最早刻石文字，实为稀世珍宝。李斯还在统一法律、货币、度量衡和车轨等方面做出了重大贡献。

秦始皇三十四年（公元前213年），群臣聚集在咸阳宫称颂秦始皇时，博士淳于越很不知趣，向秦始皇说："殷周之所以存在千年，是因为它把天下分封给子弟和功臣。现在天下如此之大，宗室子弟没有封地，和百姓一样，万一发生了田常、六卿之变，又有谁来相救呢？凡是不以古为师而天下能长久的，没有听说过。"淳于越以儒家的立场来看待秦朝的政治，与秦始皇的思想和行动格格不入，使秦始皇大为不满，便把淳于越交给丞相李斯处理。李斯不赞同淳于越的看法，他向秦始皇阐述了自己的观点。他认为：由于时代的变化，五帝三代的治国办法也不同。三代时期的做法，也并不值得效法。那时候诸侯并列，互相争夺，现在天下统一，情况完全不同，不必效法古代。现在的一些儒生总讲古代如何如何好，这是以古非今，搅乱民心。对于造谣惑众，不利于统一天下的言行必须禁止，否则将会影响政局的稳定，有损于皇帝的权威。于是，李斯建议秦始皇下令焚书。凡是秦记以外的史书，不是博士（指掌管古今文史典籍的官）所藏的诗、书、百家语都要烧掉，只准留下医药、卜筮、种树之书。此后，如果有敢再谈论诗书者"弃市"；"以古非今者族"；官吏如果知道而不检举者，与之同罪；令下后三十日仍不烧者，用刀在脸上刻字（黥）并涂上墨为"城旦"（戍边筑长城）。

焚书后的第二年，即公元前212年，秦始皇为了进一步排除不同的政治思想和见解，在当时秦首都咸阳将四百六十余名术士坑杀，即为所谓的"坑儒"。

"坑儒"之事是由两个术士的畏罪逃亡引起的。原来，秦始皇十分迷信方术和方术之士，以为他们可以为自己找到神仙真人，求得长生不老之药。一些方士如侯生、卢生之徒，便投其所好，极力诳称自己与神相通，可得奇药妙方。但时间一长，他们的许诺和种种奇谈总是毫无效验，骗局即将戳穿。他们害怕被秦朝严酷的刑法处置，便密谋逃亡，在逃亡之前，他们又议论秦法的酷毒及始皇的刚愎自用等。始皇知道后，大怒，遂下令追捕术士，一共抓到四百六十多名，其中也错抓了十多个儒生。之后，将这些被抓的人全部坑杀，史称"坑儒"。

除了坑杀在咸阳的四百六十余人外，同时还迁谪了一批人至北方边地。事情发生后，始皇长子扶苏进谏道："天下初定，远方黔首未集，诸生皆诵法孔子，今上皆重法绳之，臣恐天下不安，唯上察之。"始皇不仅不听，还一怒之下使扶苏离开咸阳，北监蒙恬于上郡。

秦始皇焚书坑儒，意在维护统一的集权政治，反对是古非今，打击方士荒诞不经的怪谈异说，虽然在短时间内加强了思想控制，但不利于国家的长治久安，不利于社会的发展，钳制了人们的思想，并且手法残忍、粗暴，引发了民众的不满情绪，从而最终导致了秦朝的迅速灭亡，这恐怕是秦始皇、李斯所始料不及的。

由于秦始皇的赏识，李斯不仅官运亨通，其子女也都跟着沾光。李斯的长子李由为三川郡守，掌握了一定的军政大权，其他子女也都与帝室缔结姻缘。有一次，李由回到咸阳，李斯摆设家宴，百官都来赴宴祝酒。在这种热烈的酒席上，李斯想起了他的老师荀卿告诫他的"物忌太

『焚书坑儒』——秦始皇丞相李斯

盛"这句话，感慨地说："我是个平民百姓，今天却做了丞相，可以说是富贵到了极点。但是，物盛则衰，我还不知道将来会有什么样的结局？"由此可见，李斯并没有完全陶醉于高官厚禄之中，他对现实的认识还是比较清醒的。

秦朝建立后，由于实行残暴的统治，各地人民群众的反抗从来没有停止过。为了耀武扬威，加强对全国的控制，秦始皇在统一后的十余年间，先后进行了五次远途巡行。

在秦政三十七年（公元前 210 年），秦始皇决定第五次巡行。这一次，丞相李斯和秦始皇宠爱的小儿子胡亥等一同前往。巡行的路线是从咸阳出发，出武关，沿丹水、汉水流域到云梦，再沿长江东下直至会稽（今浙江绍兴南）。登会稽山，祭大禹，并刻石留念。在北归之时，秦始皇得了重病，病情日甚一日，大约感觉自己不行了，便让赵高代为起草玺书给公子扶苏，让他到咸阳主持参与父皇的葬礼。玺书写好加封后，暂时由跟随始皇出巡的宦官赵高掌管，尚未交给使者传送。

这年 7 月的某一天，秦始皇驾崩于沙丘平台（今河北广宗西北大平台）。李斯认为皇上死在外边，怕诸公子闹事，天下陡生变乱，便严密封锁消息，秘不发丧。他让人把秦始皇的棺木载在辒凉车（卧车，有窗户，关上则温，打开则凉），由秦始皇生前得幸的宦者陪乘，其他人一律不许靠前，像平时一样给秦始皇送吃送喝。百官奏事如故，宦者从辒凉车中准其奏事。就这样，他们一行一路赶回咸阳，除了胡亥、赵高及受宠的宦者五六个人外，没有人知道皇上去世。

赵高是个私生子。他父亲因罪被处以宫刑，母亲被没为官奴，与人私通生下赵高，即所谓的奴产子，照例也要去掉生殖器。秦始皇听说赵高长得膀大腰圆，臂力过人，又熟知法律，就任命他为中书令，并让他教胡亥学习律令，二人非常要好。赵高曾经触犯刑律，秦始皇责成蒙毅（蒙恬的弟弟）处理。按照法律应处以极刑，但秦始皇不舍得，破例赦免了他，又让他官复原职。因此，赵高对蒙氏兄弟恨之入骨，伺机挟嫌报复。

秦始皇一死，赵高认为此乃天赐良机，便与胡亥一起密谋，准备假借始皇的命令，杀掉扶苏，立胡亥为太子。赵高认为，要办成此事，须取得李斯的支持。于是赵高去找李斯，对李斯说："皇上赐给长子扶苏的书信和符玺，现都攥在胡亥手里。皇上已死，无法活转过来，要定谁是太子，就凭你我两人即可决定。你看这事怎么办好？"李斯说："这是亡国的言论，不是人臣应该议论的。"赵高见李斯一本正经，就先给他戴高帽："丞相才能出众，考虑问题周到，劳苦功高，而又没有怨言。"接下便挑拨说："我看你哪方面都不能和蒙恬比。你自己琢磨，长子扶苏是信任你，还是信任蒙恬呢？"李斯说："我比不上蒙恬。"赵高又进一步劝导李斯说："长子扶苏登上皇帝宝座后，我敢肯定，必用蒙恬为丞相，君侯最终不过怀揣徒有虚名的通侯之印荣归故里罢了。胡亥为人仁慈宽厚，轻财重士，嘴上不会说，但心里有数，我看秦始皇的诸子没有谁能比得上他的。你好好考虑考虑，把这件大事早点定夺下来。"

李斯终于被赵高说服了。于是，二人合谋伪造秦始皇给丞相的遗诏，立少子胡亥为太子，并篡改始皇给长子扶苏的信，斥责扶苏不能为国家建功立业，屡次上书诽谤皇上；又责备蒙恬失职，不能及时规劝扶苏改邪归正，着二人一并赐死。

扶苏接读诏书，内心十分悲痛，泣不成声，欲自杀。蒙恬头脑比较清醒，觉得事有蹊跷，劝止扶苏说："陛下在外巡行，未闻立过太子，派臣蒙恬率三十万人守卫边防；公子您为监军，这是天下的重任。如今，只来了一位使者，您就想自杀，怎么能够知道其中没有诈伪？请让我们再次向皇上请示，如果是真的，再死也不晚。"这时，使者等得不耐烦了，一个劲儿催按圣旨说的办。扶苏为人老实厚道，不愿多想，因而对蒙恬说："君叫臣死，臣不得不死；父叫子亡，子不得不亡，还请示什么呢！"说完，便毫不犹豫地拔剑自刎了。蒙恬却不肯做冤死鬼，使者便把他囚禁在阳周的监狱里，最后还是服毒而死。

使者回去交差，胡亥、李斯、赵高三人听了，认为大功告成，便公开为始皇帝发表，少子胡亥如愿以偿地登上了皇帝的宝座，这就是秦二世。赵高由管理宫中车马的中车府令升为郎中令，全权掌管宫中警卫，成为最高决策者的一员。李斯也保住了他的丞相职位。

在李斯、越高怂恿下，秦二世胡亥更加奢侈腐化，胡作非为。为了镇压农民起义，不断地从关中征发人民去打仗，给人民造成极大的

『焚书坑儒』——秦始皇丞相李斯

负担；为了修好阿房宫，不断征发徭役，把人民推向苦难的深渊。当时，全国人民的反秦起义已经风起云涌。为了统治阶级的共同利益，李斯同右丞相去疾、将军冯劫劝秦二世胡亥停建阿房宫，减少一些徭役。

秦二世时，李斯任丞相，赵高想专权，便设计铲除李斯。他对李斯抱怨说："如今四海干戈，盗贼蜂拥，如此下去，先皇创下的江山岂能久保？你是丞相，担负匡扶王政之职，为何不多向皇上进言，进行规劝呢？"李斯也抱怨说："皇上久居深宫，每日不上朝廷，我哪有机会向他进言呢？什么事都通过你总管传话，你怎么不进言呢？"赵高说："我非重臣，人微言轻，只能照顾皇上内宫事务。这样吧，以后皇上一有空闲，我立刻通知您，怎么样？"

李斯很感激赵高。某一天，秦二世观看歌舞表演，正看在兴头上时赵高传话给李斯，李斯便慌忙进宫求见，说有重大的国事相商。二世没有兴致，便叫李斯回去，改日再谈。李斯吃了个闭门羹。

还有一次，二世在深宫饮酒正酣，赵高又递信给李斯，李斯再次求见，二世大为扫兴，依然没有见他，心中对李斯已颇为不满。

这样的事情持续了好几次，每次都是二世玩得最高兴时李斯求见。二世忍无可忍，大发脾气，骂道：

"这李斯究竟是什么意思？专和朕过不去，有空时他不来，没空时他却要找我谈政事，岂有此理！"

赵高趁机煽风点火，说："李斯这样做实在是不把皇上放在眼里，他是看不惯皇上吃喝玩乐，多次想搅局捣乱，罪不可赦！"赵高趁机草拟一份李斯谋反罪状，气头上的秦二世一下就批了，下令将李斯逮捕入狱。李斯在狱中多次上书，都被赵高扣留。赵高借机说李斯与其儿子李由谋反，对李斯严刑拷打，刑讯逼供。李斯被迫承认谋反，在秦二世二年（公元前208年）七月被腰斩于市，夷灭三族。

综观李斯的一生，绝大部分时间都是在实践着法家的思想。他受到秦王嬴政的重用，以卓越的政治才能和远见，辅助秦王完成了统一六国的大业，顺应了历史发展的趋势。秦朝建立以后，李斯升任丞相。他继续辅佐秦始皇，建议废除分封制，实行郡县制；又提出统一文字，统一法律、货币、度量衡和车轨等，这些措施在巩固秦朝政权，维护国家统一等方面做出了一定的贡献。但李斯又是一个不折不扣的机会主义者。在胡亥的废立问题上，他尽管不同意赵高的做法，但为了保住自己的高官厚禄和既得利益，只好屈服于赵高和胡亥的淫威，沆瀣一气，其最终的结果是自己落了个腰斩于市、被夷灭三族的下场。

『焚书坑儒』——秦始皇丞相李斯

"宦官误国"——秦朝二世丞相赵高

宰相小传

赵高，秦始皇和秦二世宠信的宦官。精于狱法，得到秦始皇的赏识，封为中车府令，负责掌管秦始皇的马车。另外，赵高还是秦汉时期的书法大家，东汉·许慎《说文解字序》云："赵高作《爰历篇》，取史籀大篆，或颇省改。"北魏·王愔《古今文字志目》中卷列秦、汉、吴三朝书法家五十九人中有赵高。南朝宋·羊欣《采古来能书人名》谓赵高"善大篆"。唐·张怀瓘《书断》卷上《大篆》曰："赵高善篆。教始皇少子胡亥书。"著有《爰历篇》六章。秦始皇在位期间，赵高因犯重罪，被蒙毅判死刑，后得秦始皇赦罪，因此与蒙毅结仇，赵高掌权后即把蒙毅杀害。秦始皇驾崩后，矫诏杀死长子扶苏，并拥立胡亥为帝，胡亥即为秦二世。二世期间，李斯曾力谏二世疏远赵高，赵高得知后诬陷杀害李斯，并成为丞相。后派人杀死秦二世，不久被秦王子婴所杀。

关于赵高的生辰，史书没有明确的记载；关于赵高的身世，也是众说纷纭。有的说赵高是赵国宗室远亲；有的说他是秦国某位国君之后，他的父亲是秦王的远房本家，因为犯罪，被施以宫刑，其母受牵连沦为奴婢，赵高弟兄数人也因此而当上了太监：有的又说赵高为"宦官"是后世的曲解……

司马迁在《史记·蒙恬列传》中说："赵高者，诸疏远属也。赵高昆弟数人，皆生隐宫，其母被刑僇，世世卑贱。秦王闻高强力，通于狱法，举以为中车府令。"

赵翼在《陔余丛考》卷四十一《赵高志在复仇》中说："高本赵诸公子，痛其国为秦所灭，誓欲报仇……卒至杀秦子孙而亡其天下。则高以勾践事吴之心，为张良报韩之举，此又世论所及者也。"

根据秦汉史学家李开元的考证，赵高有可能是正常男人，而非一般印象中的阉人。因西汉以前允许正常男人当宦官，且赵高当上丞相，又有一个叫阎乐的女婿。故李开元依据古代阉人不能当丞相的原则，合理的推论赵高应该不是阉人。（选自李开元《复活的历史：秦帝国的崩溃》）

究竟谁说的才是真相，仍有待考证。

按照赵高是赵国远亲的说法，秦王政二十五年（公元前222年），秦灭赵，赵高被掳往秦国。秦始皇听说他身强力大，又精通法律，便提拔他为中车府令掌管皇帝车马，还让他教自己的儿子胡亥判案断狱。由于赵高善于察言观色、逢迎献媚，因而很快就博得秦始皇和胡亥的赏识和信任。

有一次，赵高犯下重罪，蒙毅按律要处他死刑，秦始皇却赦免了他并让他官复原职，由此不难看出秦始皇对赵高的偏爱，可他万万没有想到，就是这位在自己眼中"敏于事"的宠臣，日后会成为断送大秦江山的祸首。

秦始皇三十七年（公元前210年）十月，年逾半百的始皇在第五次出巡的途中病倒了。虽然他一生都在寻求着长生不老的秘方，但仍然无法抗拒生命的自然规律。随着病势一天天加重，秦始皇深知自己时日无多，当务之急是赶快确定立储之事。他将二十几个儿子一一进行掂量，觉得胡亥虽然最得他的疼爱，但知子莫若父，这小子昏庸无能，不成器；长子扶苏虽屡屡与自己政见不合，但为人"刚毅而武勇，信人而奋士"，再加上大将蒙恬的辅佐，无疑会是一位贤能的君王。况且，依照嫡长子继承制也应该传位于他。当下始皇不再犹豫，召来兼管着皇帝符玺和发布命令诸事的赵高，让他代拟一道诏书给长子扶苏。当时扶苏正监军在上郡（今陕西榆林东南），始皇命他将军事托付给蒙恬，赶回咸阳主持丧事。这实际上已确认了他继承者的身份。诏书封好后，始皇吩咐赵高火速派使者发出，岂料老奸巨猾的赵高假意允诺着，暗中却扣压了遗诏。

原来，这赵高在赵秦两国任事多年，早已谙熟了宫廷权力之争的残酷。他明白，一旦扶苏当上了皇帝，自己必定会受到冷落和排挤，所以，这道遗诏对自己是极为不利的。唯有扶立对自己言听计从的胡亥，才有可能保证自己日后的地位。于是，一个恶毒的计划在赵高的脑海中逐步成形。

七月丙寅，秦始皇在沙丘平台（今河北广宗西北太平台）驾崩。丞相李斯鉴于皇上死在宫外而又未确立太子，害怕天下人知道真相后大乱，也担心秦始皇的诸多儿子纷纷起来争夺皇位，于是封锁了消息，将棺材置于辒辌车（古代可以卧的车，有窗户，闭之则温，开之则凉，后也用作丧车）内，队伍所经之处，进献食物、百官奏事一切如故。因此当时除了随行的胡亥、赵高和五六名宠幸之臣知道秦始皇已经去世，其余的人都被蒙在鼓里。

一天傍晚，车队停下住宿。赵高觉得时机已到，便带着扣压的遗诏来见胡亥，劝他取而代之："而今大权全掌握在你我和丞相手中，希望公子早作打算。"

胡亥一听，美上天了。他早就梦想有朝一日能够登上皇帝的宝座。以前只是碍于忠孝仁义而不敢轻举妄动。现在听赵高一番贴心之语，蓄蕴已久的野心不禁蠢蠢欲动起来，但还是有所顾忌，叹息道："父皇病逝的消息还没有诏示天下，怎么好就去麻烦丞相呢？"

赵高早就知道他那点儿小心思，然后胸有成竹地说："公子不必再瞻前顾后，要知道现在是机不可失，失不再来。这事没有丞相的支持不行，臣愿替公子去与丞相谋划。"胡亥正求之不得呢，听赵高这么一说，立即美滋滋地答应了。

李斯是秦朝开国元老之一。他跟随始皇多年，协助始皇统一天下，治理国家，因而在朝中享有很高的声望。赵高看出：只有争取到李斯，篡位之事才有可能成功。为此，他煞费苦心。赵高了解到李斯原本出身布衣，正是因为不堪卑贱穷困才效命于秦始皇，而今虽然位居三公，享尽荣华富贵，但依然时为自己的未来担忧，唯恐有一天眼前的一切会化为泡影。于是，他决定抓住李斯这个性格弱点发动进攻。

赵高是一个非常奸滑的人，他看正面游说无效，便话锋一转，说得李斯心乱如麻，他太懂得失宠之臣是什么滋味了！而且，这也是他最害怕见到的。"万念私为首"，李斯当然也不例外。经过激烈的思想斗争，他终于向赵高妥协，仰天长叹一声，滴下泪来："遭遇乱世，也只能以保身为重了！"赵高见自己的阴谋得逞，欣喜若狂，马上与李斯合谋，假托始皇之命，立胡亥为太子；又另外炮制一份诏书送往上郡，以"不忠不孝"的罪名赐扶苏与蒙恬自裁。

扶苏一向仁孝，接到诏书后，哪里还去想是真是假，悲伤地说："君要臣死，父要子亡，还有什么好请求的呢？"说完就挥剑自杀了。蒙恬觉得其中有诈，不想不明不白地死，使者便将他囚禁在阳周（今陕西子长北），把兵权移交给副将王离，又安排李斯的亲信为护军，看一切妥当了这才回去复命。胡亥听说扶苏已死，心中大石落地，觉得有没有蒙恬都无关紧要了就有释放他的念头。此时正好遇上蒙毅替始皇祭祀名山大川回来，赵高本来就对他积怨已久，同时也担心日后蒙氏重新掌握大权，不如索性一网打尽。于是对胡亥进谗言："先帝本来早就想选贤立太子，就是因为蒙毅屡次阻止才没有实行。这种不忠惑主的人，不如杀之，永绝后患。"胡亥信以为真，就派人把蒙毅拘留在代地（今河北蔚县东北）。

赵高见已无障碍，建议胡亥赶快回去继承皇位。由于气候炎热，始皇的尸体已开始腐烂，一阵阵恶臭从车中传出。为掩人耳目，赵高便命人买来大批鲍鱼将臭味盖住，一行人浩浩荡荡回到了咸阳，这才发丧，公告天下，不久举行了空前隆重的葬礼。太子胡亥称帝，即秦二世。赵高被封为郎中令，成为了胡亥最相信的决策者。从此以后，二人狼狈为奸，在一起制造出了一幕又一幕令人发指的惨剧。貌似强大的秦王朝，也由此分崩离析了。

胡亥刚接班不久，就原形毕露，开始追求起穷奢极欲的生活来。为了显示皇帝的威仪，即位第一年（公元前209年）的春天，他就仿效始皇的排场沿着东线出巡，一直到达海边。又南下会稽，最后由辽东返回。此外，他还大修阿房宫，征召五万名精壮之士屯卫咸阳，并收集天下奇花异草、珍禽奇兽供自己玩乐，以至于"咸阳三百里内不得食其谷"。但他心知肚明自己这个皇帝当得不够光彩，因此忧心忡忡。一天，他向赵高感叹："朕既然已君临天下，如果能在有生之年享尽人间欢乐，

『宦官误国』——秦朝二世丞相赵高

实现自己所有的心愿，那该是多么惬意啊！"赵高何尝没有这样的隐忧，立嗣一事，全是他一手策划，纸终究包不住火，倘若机密泄露，自己便会死无葬身之地。今日见二世也这样，乘机和盘托出自己的想法："陛下所虑极是！沙丘之谋，诸公子和大臣们都在怀疑，这些人难保不怀有二心。臣每每想到这些，就战战兢兢，恐有不测。心腹大患不除，陛下又怎能安乐一世呢！"胡亥连连点头称是，急急地问："卿有何高见，但说无妨。"赵高略一思忖，目露凶光，面显杀机："陛下唯有严刑峻法，将有罪之人连坐诛族，对心怀不满的大臣及诸公子逐一打击，同时提拔陛下的心腹，安排要职。这样一来，才可保您高枕无忧，肆志宠乐矣！"胡亥对赵高早已深信不疑，立刻采纳了他的意见，将生杀大权一并交付给他。一时间，咸阳城内腥风血雨，惨无人道的屠杀拉开了序幕。

蒙恬、蒙毅在始皇生前颇受重用，屡建奇功，在朝中也权高位尊，因此是赵高平生最忌恨的人。赵高第一个开刀的就是他们。胡亥的叔父知道了赵高要杀蒙氏兄弟，赶忙进宫劝阻二世，认为诛杀忠臣乃亡国之举。昏庸的胡亥忙着享乐呢，哪里听得进去这些话啊！以"先帝欲立太子而蒙毅阻拦，实属危害社稷之举"的罪名，逼迫蒙毅自杀。随即赵高又遣使阳周追逼蒙恬，蒙恬悲愤难当，大声疾呼："我何罪之有，无过而死乎？"遂吞药自尽。可怜一代名将没有捐躯疆场，却惨死在无耻的阉奴之手。

除掉蒙氏兄弟后，赵高的心病去了一半，便将下一个目标定为秦朝的宗室。据史书记载，赵高一次就在咸阳杀掉了胡亥的十二个兄弟，将十名公主碾死于杜邮（今陕西咸阳东）。公子将、闾、昆弟三人，被囚在内宫，赐死前，皆痛哭流涕，仰天大叫"吾无罪"。那情形惨不忍睹。另一公子赢高，见自己的兄弟姐妹都死于非命，知道自己早晚也会是这个下场，那怎么办呢？逃吧？这样一来，肯定会连累自己的亲人，又于心何忍！最终提出为父皇殉葬的要求。赵高看心腹大患已除，就向胡亥报告说："现在众人整天提心吊胆，自顾不暇，已经毫无犯上作乱之心。"胡亥很满意，对他深表欣赏。接着，赵高又排挤掉不少敢于直言进谏的官员，安插了大批亲信。他的兄弟赵成，封为中车府令；女婿阎乐，当上了咸阳县令。为了堵塞群议，防止二世与其他人接触，进一步把他控制于股掌间，赵高又编造谎言说："天子之所以尊贵，就在于要随时保持自己的威仪，使人只闻其声，不见其形。陛下年纪还轻，如果在众臣面前不经意地暴露了弱点，恐为天下人耻笑。故陛下不如居内朝处理政事，由微臣等人一旁辅佐。这样，人人都会称颂皇上的圣明。"昏庸无知的胡亥早就厌烦了朝政，听他这么一说，别提多高兴了。想都不想就把朝野大事交给赵高代理，于是不再上朝，一味寻欢作乐，决断大权落到了赵高的手中。这厮野心还不小，名郎中令已不能满足他的欲望，他将眼光转向了一人之下、万人之上的丞相之位。因此，除掉李斯在他的心目中显得日益迫切了。

当时的秦朝已是危机四伏，自秦始皇以来的暴政到了秦二世之时变本加厉。"税民深者为明吏"，"杀人众者为忠臣"。沉重的徭役赋税和残酷的苛政刑法，使人民苦不堪言；六国的旧贵族们也日夜谋划着复辟江山。各种复杂的矛盾交织在一起，终于点燃了反秦的熊熊烈火。农民领袖陈胜、吴广首先在大泽乡（今安徽宿州东南刘村集）揭竿而起；旧贵族的势力也很活跃，他们纷纷招兵买马，企图利用农民力量达到复辟目的；秦朝的小官吏如刘邦等人，由于不满秦的统治，也加入了起义的队伍。虽然他们心怀各异，但由于眼前利益一致，因此很快就形成了一股强大的力量，所向披靡，极大地震撼着秦室的根基。

李斯看形势不对，心急如焚，屡次想进见二世，二世只是不许。赵高见此情形，假意问李斯："现在关东反叛的盗贼如此嚣张，但皇上仍然声色犬马，毫不关心。我本想劝阻一番，无奈位卑言微。丞相乃先帝重臣，说话有分量，为何不进谏呢？"

李斯苦笑摇头："我何尝没有想过。只是现在陛下常居深宫，很难见到，我找不到机会啊。"

赵高见李斯已上钩，心中窃喜，表面却不动声色："只要丞相肯进言，卑职一定留心，看到皇上有空闲，立即来禀报。"这番话说得李期非常感动。

赵高小算盘打得非常精准，他知道胡亥贪图享乐，早就将朝政抛到九霄云外去了，现在去打扰他，等于是去碰钉子。于是，每当看到胡亥歌舞狂欢，与众姬妾厮混时，赵高就派人通知李斯："皇上正闲着，可以奏事。"李斯赶忙去求见，一连几次，都是如此。二世炎冒三丈，破口大骂："李斯这老贼，竟敢拿朕寻开心！我闲着的时候他不奏事，偏我宴饮正酣之时再三扫我兴致。难道是看朕年轻，瞧不起朕吗？"

赵高在一旁，立即应声说："哎呀！如果丞相真这么想，那就糟了！沙丘之谋，丞相也是参与者。现在，陛下做了皇帝，他却没捞到多少好处，必定怀恨在心。大概他是想让陛下实行分封，立他为王呢！"

赵高见胡亥的脸色越来越青，压低了嗓门，轻轻叹道："另外，还有一事，陛下不问，臣还不敢直言相告。"胡亥见他欲言又止，立时引起了警惕，厉声问："莫非又与李斯有关？"赵高拜了两拜，接着说："丞相的长子李由现任三川郡守，造反闹事的贼子陈胜等人与丞相本是同乡。正是因为这层关系，所以盗贼们经过三川的时候，李由也不组织攻击，致使事端越闹越大。臣还听说李由与陈贼有过书信往来，由于还没有得到真凭实据，才不敢贸然奏知圣上。"胡亥正在气头上，听到这话太发雷霆，立刻就要审办李斯，并当即派人去调查李由通盗一事。李斯知道后，才恍悟自己中了赵高的圈套。他上书给二世，一面申诉自己的冤屈，一面指出赵高"有邪佚之志，危反之行"，提醒二世当心。

然而此时的胡亥，早就被赵高完全迷惑，视其为股肱心腹，尽忠贤臣。他将李斯的申诉书交给赵高过目，叮嘱他要小心。赵高装作悲伤，凄凄惨惨地说："丞相父子谋逆之心已久，所担心的就臣一人。臣死不足惜，只是担心陛下的安危。"这几句"赤胆忠心"之言，使胡亥大为感动。他安慰赵高道："爱卿不必挂心，有朕在，谁敢动你。"自此赵高更加肆无忌惮。

过了几天，李斯邀将军冯劫和右丞相冯去疾联名上奏二世，建议暂停阿房宫的工程，减少边区戍守和转输，以缓解民愤。二世对李斯本就有怒气，这下一触即发。他咆哮道："这些都是先帝开创的功业，必须继续从事！如今我才即位两年就蜂盗并起，完全是因为你们镇压不力所造成的，却想罢先帝之所为。你们身为两朝重臣，上无以报先帝，次不为朕尽忠，还有何资格占着丞相、将军的位子！"说罢，下令将他们交付司法官审办。

冯去疾、冯劫非常痛心，为了不受羞辱，不久便在狱中含恨自杀。胡亥派赵高审讯李斯父子谋反的案件，包藏祸心的赵高马上露出了魔王般的本性。他天天严刑逼供，打得李斯皮开肉绽，体无完肤；李斯实在受不住，只得招了假供。他之所以不自杀，是因为自思有雄辩之才，又是秦王朝的有功之臣；而且，自己也的确没有谋反，说不定通过上书二世就会赦免他。可是天真的李斯哪里知道，进谏之路已完全为赵高一党把持，申诉书全落入了赵高手中。恣意妄为的赵高轻蔑地将书撕个粉碎："囚犯还有资格上书！"为了堵住李斯的嘴。他派自己的亲信扮成御史（监察官）、谒者（官名，为国君掌管传达）、侍中（官名，秦时设五人，往来殿内、东厢奏事），轮番提审。若李斯以实情相对，则施行拷打，直到李斯坚持假供不再改口为止。后来二世真的派人来审讯他，李斯以为还是和以前一样，就仍以假口供对之。胡亥看到口供后，以为李斯真想谋反，对赵高感恩戴德："如果不是爱卿，朕几乎被丞相出卖了！"等到调查"李由通盗"的使者到三川时，李由已为项梁带领的起义军所杀。赵高见死无对证，便又欺骗二世说已将其就地正法。

二世二年（公元前208年）七月，经过一系列精心策划，李斯的罪名终于被赵高罗织而成，再也无法改变了。奔赴腰斩刑场的李斯，悔恨交加却为时晚矣。当年沙丘之谋，他如果不贪求一时私利，又何至于落得今日的下场呢？胡亥的昏庸，赵高的阴毒，都是他始料不及的。这位功过参半的丞相，临死前已敏锐地嗅到了秦必亡的气息。大秦的气数，在胡亥与赵高的统治下，已丧失殆尽。

在山东荣成成山头的福海风景区奸臣纪念馆，在大殿前面，一片丑态百现的"奸臣"跪在地上，等着台上的判官大人的惊堂木。而在墙上和天顶上，也画着这些奸臣的"事迹"，其中就有赵高。

李斯死后，赵高名正言顺地当了丞相，事无大小，都完全由他决断，几乎成了太上皇。羽翼已丰的他，渐渐不把胡亥放在眼中了。

一天，赵高趁群臣朝贺之时，命人牵来一头鹿献给胡亥，说："臣进献一马供陛下赏玩。"胡亥虽然糊涂，但是鹿是马还是分得清。他失声笑道："丞相错了，这明明是头鹿，怎么说是马呢？"

赵高板起脸，一本正经地问左右大臣；"你们说这是鹿还是马？"围观的人，有的慑于赵高的淫威，缄默不语；有的惯于奉承，忙说是马；有的弄不清赵高的意图，说了真话。胡亥见众口不一，以为自己是冲撞了神灵，才会认马为鹿，于是召太卜算卦，太卜道："陛下祭祀时没有斋戒沐浴才会这样的。"胡亥信以为真，便在赵高的安排下，打着斋戒的幌子，躲进上林苑游猎去了。二世一走，赵高便将那些敢于说"鹿"的人纷纷正法。

那么，赵高为什么要导演这场"指鹿为马"的丑剧呢？这是有其险恶用心的。他考虑到，虽然自己铲除了一批朝中重臣，但不能保证人人都服从自己。借此正好检验他们对自己的忠诚度，进一步清除异己分子，巩固自己的势力，为篡位扫清道路；此外，他还可以从中了解到胡亥对自己的信任程度，以便伺机而动。果然，这件事以后，朝中上下莫不噤声，都看赵高的眼色行事，任其所欲为。

然而，此刻的咸阳城外，已到处卷起了亡秦风暴。陈胜、吴广起义失败后，项羽、刘邦领导的反秦起义军以更加迅猛的势头继续战斗。秦二世三年巨鹿（今河北平乡西南）一役中，秦军主力被项羽打得落花流水，精锐尽失，大将王离被擒。章邯求助不成，恐朝廷降罪，率12万大军投诚。六国旧贵族见机纷纷自立为王，并力西进。刘邦带着数万兵马迂回进入武关（今陕西商洛西南丹江北岸），为了早日攻克咸阳，他派人暗中与赵高联系，希望赵高能做内应。赵高担心胡亥知道后祸及自己，便称病不上朝，私下里暗算着乘乱夺位之事。

章邯的倒戈，给了摇摇欲坠的秦王朝一个沉重的打击，荒淫的胡亥也不能再坐视不管了，他寝食难安，日日斋戒于望夷宫，惶惶不可终日。他派使者质问赵高："丞相不是总说关东盗贼不能成气候吗，今天怎么会到了这种地步！"赵高听了大惊失色，知道二世对自己产生了怀疑与不满，若不尽早下手，只怕日后夜长梦多。于是秘密与弟弟赵成和女婿阎乐商议对策，制定了弑君政变的计划：由咸阳令阎乐率领手下士兵装扮成山东农民军攻打望夷宫（在今陕西泾阳），以郎中令赵成为内应，赵高则负责指挥全局。

一切安排妥当后，赵成便在宫内散布谣言，假装说有盗贼，命令阎乐发兵追击，致使宫内防守空虚。同时，阎乐指使部分亲兵，化装成农民军，将自己的母亲劫持起来，暗中送到赵高家中，一边又率千余人以追贼为名直逼望夷宫而来。他们冲到宫门前，大声向守门官吼道："强盗进了宫门，你们为何不抵挡？"守门官莫名其妙，问："宫内外禁卫森严，怎么会有贼人进宫呢？"

阎乐不容分辩，手起刀落，杀死了守门官，冲进了望夷宫。逢人便砍，见人放箭。一时宫中血肉横飞，惨不忍睹。胡亥见状吓得目瞪口呆，全身瘫软，直到赵成与阎乐走进来。才明白是怎么一回事。胡亥又惊又怒，急召左右护驾，怎料侍从们早已溜之大吉，只有一个宦官站在身边。他吓得揪住宦官的衣衫，歇斯底里大叫："你怎么不早告诉我呢，现在弄成这样，我该怎么办？"宦官鼓起勇气道："正因为奴才平时不敢说话，才能活到今天。否则，早就被皇上赐死了。"二世也无话可讲，今天的场面毕竟自己一手造成的。

阎乐首当其冲来到胡亥面前，胡亥心惊胆战地说："朕乃真龙天子，你敢弑君！"阎乐哪里还怕他，声色俱厉地说："你这个无道暴君，搜刮百姓，残害忠良，天下人人得而诛之。你还有什么可说的？"胡亥还欲做垂死挣扎，颤巍巍地问："我可以见一见丞相吗？"阎乐当然不答应了。胡亥仍不死心，哭丧着脸哀求："那么，可以给我一个郡王当吗？万户侯也行。"阎乐摇摇头。胡亥绝望地叫道："只要保全性命，我情愿做一名百姓，这总行了吧？"阎乐不耐烦地说："我奉丞相之命，为天下铲除暴君，你说得再多也没用，快快自裁吧！"此时的胡亥，才了解到这场宫廷政变的幕后指使人竟然是他无比尊重和信赖的赵高。他痛心疾首，悔不当初，却没有办法，只能拔出剑自行了断了。

赵高听说秦二世胡亥已经永远离开这个人世了，兴奋地手舞足蹈，立即赶到现场，摘下了胡亥身上的玉玺佩上，大步走上殿去，准备宣布登基。可是他高兴得太早了，文武百官皆低头不从，以无声的反抗粉碎了他的皇帝梦。赵高也不傻，他知道自己登基名不正言不顺，只得临时改变主意，将玉玺传给了扶苏的长子子婴。由于秦的力量已大为削弱，子婴只得取消帝号，复称秦王。

这子婴是个有主意的人，他现在被赵高推上王位，不过是一个傀儡而已。他可不想重复胡亥的命运，于是和自己的贴身太监韩谈合计怎样铲除赵高。

按原计划，登基大典在五日之后举行。这一天子婴推说有病，不肯前往。赵高无奈，只得亲自去请。等赵高一到，太监韩谈眼疾手快，一刀就将他砍死了。子婴随即召群臣进宫，历数了赵高的罪孽，并夷其三簇（父族、母族、妻族）。

卑鄙无耻的赵高，依靠弄虚作假、伪装忠信，骗取了胡亥的信任；

又利用权势，安插亲信，排除异己，陷害忠良，一步步地建立起了自己的权威。他两次发动宫廷政变，残害无数无辜之人，最终却带着未做成的皇帝梦走向了自掘的坟墓。他的存在，确实是秦朝的大不幸。他死后，衰败不堪的秦王朝未能挽回覆灭的命运。子婴即位仅三个多月，刘邦就从霸上（今陕西西安东南）进入了咸阳。统治天下仅十五年的秦朝，至此走向了它的尽头。

[赵高墓]

2006 年 5 月 19 日，在河北沧州市海兴县小山乡赵高村北，当地文保部门发现了一座大墓，大墓约占地六亩，上面是赵高村小学。根据墓西汉代以前的碎砖、历史记载和建校当年挖土群众的描述，文保人员推定是秦朝太监——后来成为丞相的赵高疑似墓。

从赵高村小学南面看，大墓封土比其他地势稍高，而学校后面则是大片低洼地，高低对比明显。北部封土断面是"熟土"，有文化层，是古代人们活动的痕迹。封土西面，发现许多碎砖，据文保人员说，这些砖应在汉代以前。据文保部门走访，当年一位参加修建学校的村民介绍，当时挖地基时曾经挖出墓道口，由青砖砌成，因为怕里面有机关，没人敢进入，只好填死，在上面盖上学校。

前几年一位历史学家发表文章提出，秦朝的赵高老家就是现在海兴赵高村。面积如此巨大的封土，除了赵高被处死前的这种级别——丞相，在那个等级森严的时代，别人是不敢僭用的。当然，海兴在汉代曾为柳侯国，汉王朝封过一些王，这些人也可以享受这种级别，不过葬于何处缺乏具体记载，封土西侧汉代前的碎砖也无法解释。

史载，赵高被子婴处死，夷三族。作为罪臣，他不可能享受如此高级的丧葬待遇。但是海兴一些地方志专家研究认为，《史记》上记载刘邦赶在项羽之前进入关中，有派人与秦朝实权派联络的事实，虽不知这个实权派是谁，但史学界提出赵高是当时最合适的人选，因为他是"副皇帝"，架空了秦二世，掌握最高机密。况且，赵高为赵国旧贵族，秦灭六国，赵高与兄弟都成为奴隶，他的母亲也被秦虐待致死，所以有一种看法认为他指鹿为马，杀害大臣是为国复仇。据此，刘邦找他打听军事机密是很有可能的，赵高也提出过要与刘邦划地而治的要求。有了这些分析，赵高被处死后，不排除刘邦或赵高老家的人为他建造大型陵墓。

专家认为，如果条件充分，打开这座大墓，根据出土遗物，可能会确定真实的墓主人，假如墓主人是赵高，能解决许多史学界争论不清的问题。

威震一时的秦帝国建国以后，秦始皇帝曾踌躇满志地想："朕为始皇帝，后世以记数，二世、三世至于万世，传之无穷。"然而，秦王朝传不过三世，享国仅及十五，便江山易姓，国破家亡。究其原因，自然很多——赵高所起的作用，虽不是根本原因，也是重要原因，汉朝桓宽的《盐铁论》指出："秦使赵高执辔而覆其车。"清代王夫之《读通鉴论》说："二世之首，欲灭宗室，约楚降，而分王观众者，赵高也。"

"汉室忠臣"——汉高祖刘邦丞相萧何

🌸 宰相小传

　　萧何，汉初三杰之一，汉朝著名丞相。沛县丰邑（今属江苏丰县）人。他不论在战争期间，还是在汉初恢复时期，都表现出了中国古代杰出政治家的风度和治国才能，几千年来都被人们所称颂。

　　汉高祖为平民时，萧何多次以官吏身份保护高祖。萧何曾任沛县功曹（县吏员），平日勤奋好学，思想机敏，对历代律令很有研究，并好结交朋友；与刘邦是贫贱之交。刘邦当时只是一个小亭长，平时不拘小节，经常惹事。萧何就曾多次利用职权暗中袒护他，所以他们两个人的交情很好。公元前 209 年，陈胜、吴广起义。萧何和曹参、樊哙、周勃等人聚集商议，观察形势，并和早已起义的刘邦保持着联系。当时的沛县令也想归附陈胜，保住官位，就和萧何、曾参商议。萧何建议赦罪重用刘邦。他们就到芒砀山去找到刘邦。当他们回到沛县后，县令却变卦扣押了萧何。刘邦知道后大怒，带兵打回沛县，杀了县令，救出了萧何，共谋大计。萧何向大家宣布，公推刘邦为县令。因刘邦辞谢，萧何设占问之计，使刘邦无法推辞。当了起义的首领。从此，萧何紧随刘邦南征北战，立下了盖世的功勋。

　　秦朝监察本郡的御史与萧何共事，萧何常常把事办得很称职。萧何去参加泗水郡文书吏的公务考核，名列第一。秦朝御史想入朝进言征召萧何，萧何坚辞，未能办成。

　　等到高祖兴兵为沛公，萧何常常履行丞相职务督办政事。刘邦率军勇往直前，直抵关中。萧何身为丞督，坐镇地方，督办军队的后勤供应。公元前206年10月，秦王子婴设计杀了丞相赵高，献出玉玺，向刘邦投降。于是，刘邦率军进入咸阳。将士们都趁乱抢掠金银财物，连刘邦也忍不住，趁着空闲，跑到秦宫中去东张西望。当他看到秦宫中华丽的装饰，成堆的金银珠宝，还有一群群的美女，也不觉飘飘然起来，甚至贪恋秦宫的富贵而舍不得离开。唯独萧何，进入咸阳后，一不贪恋金银财物，二不迷恋美女，却急如星火地赶往秦丞相御史府，将秦朝有关国家户籍、地形、法令等图书档案都收藏起来，留待日后查用。因为依据秦朝的典制，丞相辅佐天子，处理国家大事。御史大夫对外监督各郡御史，对内接受公卿奏事。除了军权外，丞相和御史大夫几乎总揽一切朝政。萧何做官多年，他当然知道这些。所以，一入咸阳，他马上进入秦丞相御史府，把律令图书收藏起来，使刘邦对于天下的关塞险要、户口多寡、强弱形势、风俗民情等都能了若指掌。后来，在楚汉战争中刘邦能克敌制胜，萧何功不可没。

萧何曾向刘邦推荐韩信，于是刘邦任命韩信为大将军，这件事记录在《淮阴侯列传》中。韩信原是项羽的部下，他有勇有谋，是天下无双的军事家。但在项羽手下却得不到重用，就投到刘邦麾下。开始，刘邦对他也不重视，韩信一气之下就跑了。萧何得知后，马上放下没处理完的紧急公务，亲自去追赶韩信，连个招呼也来不及向刘邦打。刘邦正为军中开小差的人日益增多而焦急，忽然有军吏来报告说："萧丞相也跑了。"刘邦一听大惊失色，说："这还了得！我正要与丞相商议大事，怎么他也逃走了！"

当下派人去找萧何。一连两天也不见萧何的影子，急得刘邦坐立不安。萧何为追韩信，不辞辛苦，一路问，一路追，直到天黑了，还没追上韩信。正想休息一下，他忽然远远望见有个人牵着马在河边来回溜达。萧何快马加鞭，大声喊着："韩将军！韩将军！"他跑到河边后，下了马，气呼呼地说："韩将军，咱们总算一见如故，够得上是朋友。你怎么不说一声，就这么走了？"

韩信仍不吭气。萧何又说了一大篇劝他回去的话。这时候，滕公夏侯婴也赶到了，两个人苦苦地相求，非要韩信回去不可。他们说："要是大王再不听我们的劝告，那我们三个人一起走，好不好？"韩信只好

跟着他们回来。

到了第三天，他们才回到南郑。萧何会见刘邦。刘邦见到萧何，又喜又怒道："你为什么也想逃跑？"萧何说："我不敢逃跑，我是去追逃跑的人了。"刘邦问他："你追的是谁？"萧何回答说。"是韩信。"刘邦听了后很不以为然地说："逃走的将军有十多个了，也没听说你去追过谁，怎么偏要去追韩信？这明明是在骗我！"

萧何说："那些将军都容易得到，可韩信却是当今数一数二的杰出人才，跑了就再也没有第二个了。大王如果只想当个汉中王，没有韩信也就算了；如果要准备打天下，那就非用韩信不可。您到底准备怎么样？"

刘邦说："我当然想打出去，怎么能老是困闷在这里呢？"

萧何说："大王若决定出汉中，能重用韩信，他自然会留下；如果不重用他，他终究会离开的。"刘邦说："我就依着丞相，让他做个将军，怎么样？"萧何说："叫他做将军，他还得走。""那拜他为大将军怎么样？"萧何说："很好。"刘邦当时就让萧何去召韩信来，马上就拜他为大将军。

萧何很直爽地说："大王平日太不注重礼仪了。拜大将军是件大事，不是小孩子闹着玩儿似的叫他来就来。大王若要拜韩信为大将军，先得造起一座拜将台，选个好日子，大王还得亲自戒斋，然后隆重地举行拜将仪式。这样，才能让全体将士都能听从大将军的指挥，就像听从大王的指挥一样。"刘邦说："好，我都听你的。请你去办吧。"

一个本来不出名的小官，如今一下子被拜为大将军，众人岂能不惊？偏偏刘邦、萧何又对他那么毕恭毕敬，大家更觉得莫名其妙。后来，韩信果然未令刘邦失望，没有辜负萧何的良苦用心，在楚汉战争中，为刘邦消灭了项羽，平定了天下。所以，刘邦能够夺取天下，从一定程度说，不可忽视萧何荐贤的作用。韩信拜将后，就向刘邦献计。先定三秦（关中），后围项羽。刘邦听了非常高兴，于是根据韩信的建议，调兵遣将，萧何作为丞相，留守巴、蜀，颁布法令。镇抚百姓，供给军粮，准备杀出汉中。公元前206年，刘邦逐步平定了关中。

汉王率兵向东平定三秦。汉二年，汉王与诸侯攻打楚地，萧何留守关中，侍奉太子，坐镇标阳。制定法令条规，设立宗庙、社稷、宫室、县邑，总要上奏请示，汉王也都同意，准许办理。即使来不及上奏，就酌情施行，汉王回来后再汇报。萧何在关中统计管理户口，水路运输军需，汉兵多次弃军逃亡，萧何常征发关中士兵，用于补充缺额。汉王因此专门任命萧何负责关中事务。

汉三年，汉王与项羽在京、索两地之间对峙，汉正派使者慰劳丞相。鲍生对丞相说："汉王日晒雨淋，餐风露宿，却多次派人慰劳您，是对您有疑心。我为您着想，不如将您的子孙兄弟中能打仗的都派去军队，汉王一定会更加信任您。"于是，萧何听从他的意见，汉王十分高兴。

汉五年，已经杀了项羽，平定了天下，要论功行封。群臣争功，一年多功级定不下来。高祖认为萧何功最大，封为酂侯，享有的食邑多。功臣们都说："我们这些人亲身披甲上阵，多的打了一百场多仗，少的也有几十个回合，攻城略地，大小各不等。如今萧何未曾有汗马功劳，只是舞文弄墨发议论，没打过仗，反而位居我们之上，为什么？"高帝说："诸位知道狩猎吗？"功臣们说："知道。"高帝说："知道猎狗吗？"回答："知道。"高帝说："狩猎时，追杀野兽兔子的是狗，而发现踪迹指示出野兽所在之处的是人。现在诸位只能得到逃跑的野兽，是有功之狗。至于萧何，发现踪迹，指示出处，是有功之人。况且诸位只是亲身跟随我，多的也只是两三个人。现在萧何发动全族数十人都跟随我，功不可没啊。"群臣都不敢说话了。

诸侯都已受封，等到奏请位次时，都说："平阳侯曹参身负七十处伤，攻城略地功最多，应该排第一。"皇上已经委屈了功臣，多封了萧何，排位次时没有再次为难功臣，但是皇上心里想让萧何排第一，关内侯鄂千秋明白皇上的意思，于是进言说："群臣议论的位次都不对。曹参虽然有野战略地之功，这只是一时之事。而萧何保全关中，使汉军始终有一个稳定的根据地则更为重要。皇上与楚军对峙五年，常常是军队失散，士兵逃走，这种情况发生过多次，然而萧何总是从关中派遣军队补充缺额处，这并不是皇上下诏命令他做的，而关中的数万士兵开赴前线，正好赶上皇上兵源困乏的危急时刻，这种情况也多次发生。汉与楚军相持在荥阳多年，军中没有现成的粮食了，萧何从关中运输粮食，供给军粮从不缺乏，陛下虽然多次丢失山东地盘，萧何总是保全关中以待陛下，这是万世之功。现在即使没有曹参等几百人，对汉室有什么损失呢？汉室有了他们也不一定能保全。为什么要让一日之功位于万世功劳之上呢！萧何第一，曹参第二。"高祖说："好。"于是下令萧何第一，赐带剑穿鞋上殿，入朝可以不小步快走。

皇上说："我听说推荐贤者要受上等赏赐。萧何功劳虽高，经鄂君称述就更明显了。"于是根据鄂君原受封的关内候的食邑加封为安平侯，这天，萧何父子兄弟十几个人都受封了，皆有食邑。加封萧何二千户，因为皇帝曾经去咸阳服徭役时，萧何独自多进了二百钱。

汉帝刘邦为巩固政权，寻找借口陆续消灭异姓王。他见韩信功高望重，且握有兵权，就几次借故削去韩信的兵权，最后降为只有虚名的淮阴侯。公元前197年，阳夏侯陈豨谋反，自立为王。刘邦亲率大军前去征讨。当时韩信推说自己有病，没有随同前往。于是，韩信的一个门客求见吕后，告发韩信本是陈豨的知交，这次陈豨谋反，韩信是内应。准备在一天夜里，假传圣旨。把奴隶和犯人释放出来，袭击吕后和太子刘盈。

吕后一听，认为事关重大，便秘密召见丞相萧何。他们两人商量出计策，由萧何参加执行。第二天，萧何就让人去请韩信到相府赴宴。韩信自称有病，婉言谢绝了。萧何就亲自到韩信府上，以探病为由，直接进入韩信的内室。韩信再也无法推辞，只得与萧何寒暄一下。萧何说："我和你向来是好朋友，请你去赴宴，是有话对你说。韩信忙问有什么话。萧何说："这几天皇上从赵地发来捷报，说征讨军大获全胜；陈豨已经逃往匈奴。现在朝中的王侯，都亲自进宫去向吕后祝贺。你自称有病不上朝，已经引起人们的怀疑了。所以我来劝你同我一起进宫，向吕后道贺，消除人们的怀疑。萧何说的话，让韩信不得不信。所以就跟着萧何来到长乐殿向吕后道贺。哪里知道宫中早就埋伏好了武士，吕后一见韩信中计，喝令刀斧手将韩信绑敷在地。韩信见事情不妙，急忙呼叫："萧丞相快来救我！"哪知萧何早就避开了。吕后不容韩信申辩，命令武士把他拖到殿旁边的钟室中杀死。随后，又将韩信的父、母、妻三族一股脑地捕杀净尽。萧何辅助吕后，谋杀韩信，很符合刘邦巩固政权的需要，为刘邦除去了一块心病。

汉十一年，陈豨反叛，高祖御驾亲征，来到邯郸。还未罢兵，又传来了淮阴侯韩信要在关中谋反的消息，吕后用萧何出的计谋，杀了淮阴侯，这事记录在《淮阴侯列传》中，皇上已听说淮阴侯被杀，派使者拜丞相萧何为相国，加封五千户，命令五百士兵、一个都尉为相国卫队。诸位同僚都来祝贺，只有召平深感忧虑，召平是秦朝东陵侯，秦朝破灭成为平民，生活贫苦，在长安城东种瓜，瓜味甜美，所以民间称为"东陵瓜"，是随召平的封号取名的。召平对相国说："祸害从此开始了。皇上在外日晒露宿而您却留守宫中，没有经历战事而加封设置卫队，这是因为现在淮阴侯刚在京都反叛，皇上产生了怀疑您的心理。设置卫队保护您并不是宠爱您，希望您推辞不受封，拿全部家产资助军队，那样皇上心里才会高兴。"相国听从召平的意见，高帝真的大喜。

汉十二年秋天，黥布反叛，皇上亲自率兵攻打，多次派使者问相国在干什么。相国因为皇上在外带兵，就安抚勉励百姓，捐出自己全部财产给军队，像讨伐陈豨叛乱时一样，有来客劝说相国说："您被灭族不久了。您位居相国，功劳第一，还可加封吗？但是您初入关中时，深得民心，十多年了，百姓都亲附您，您还勤勉从政，得到了百姓的由衷热爱，皇上数次询问您在干什么的用意，是怕您撼动关中。现在您何不多买田地，放些低息贷款来自我贬损一些名誉？皇上才会安心的。"于是相国听从了他的意见，皇上才十分高兴。

皇上打败了黥布的军队返回途中，民众拦路上书，说相国强迫贱买百姓的田产住宅价值数千万。皇上回到宫中，相国拜见。皇上笑道："相国这岂是利民的行为！"把民众的上书都给了相国，说："您自己向百姓谢罪吧，"相国于是为民请命说："长安地少，上林中空地多，废弃荒地，希望下令让百姓进去耕种，并不要收交秸秆当禽兽的食料。"皇上大怒道："相国多多地接受了商人的财物，才为他们请求要我的上林苑！"于是把相国交给了廷尉，用刑具押起来了。几天后，王卫尉侍奉皇上，王卫尉上前问皇上："相国犯了什么大罪，陛下拘禁得这么凶？"皇上说："我听说李斯辅佐秦皇帝时，有成绩归功皇上，有过错自己承担，现在萧相国多次接受商人的金钱而为民请命要我的上林苑，这是他自己讨好民众，所以要押起来治罪。"王卫尉说："职责权限内如果能方便民众而为民请命，这才是宰相真正的事务，陛下为什么要怀疑相国接受了商人的钱呢！况且陛下与楚军对峙数年，陈豨、黥布反

『汉室忠臣』——汉高祖刘邦丞相萧何

叛，陛下亲自率兵前去平叛，当时，相国留守关中，只要他一摇脚，关中以西就不属于陛下所有了，相国不趁这个时候谋私利，却到现在才贪图商人钱财小利吗？况且秦国由于听不到自己的过失才失天下的，这都是李斯分担了过错，又怎么值得效法呢。陛下为什么会怀疑丞相如此浅薄呢？"高帝听了不高兴。这天，派使者持符节赦免放出相国，相国年老了，平素就谦恭谨慎，入朝，赤脚谢罪。高帝说："相国算了吧！相国为民请命，我不许，我不过是像桀、纣一样的君主，而相国是贤相。我故意拘禁了相国，是想让百姓知道我的过错。"

有一次，萧何偶然和一个门客谈到这件事，这个门客忙说："这样看来您不久就要被满门抄斩了。"萧何大惊，忙问为什么。

门客说："您身为相国，功列第一，还能有比这更高的封赏吗？况且您一入关就深得百姓的爱戴，到现在已经十多年了，百姓都拥护您，您还在想尽办法为民办事，以此安抚百姓。现在皇上所以几次问您的起居动向，就是害怕您借关中的民望而有什么不轨行动啊！如今您何不贱价强买民间田宅，故意让百姓骂您、怨恨您，制造些坏名声，这样皇上一看您也不得民心了，才会对您放心。"

萧何长叹一声，说："我怎么能去剥削百姓，做贪官污吏呢？"门客说："您真是对别人明白，对自己糊涂啊！"萧何又何尝不知道这个道理，为了消除刘邦对他的疑忌，只得故意做些侵夺民间财物的坏事来自污名节。不多久，就有人将萧何的所作所为密报给刘邦。刘邦听了，像没有这回事一样，并不查问。当刘邦从前线撤军回来，百姓拦路上书，说相国强夺、贱买民间田宅，价值数千万。刘邦回长安以后，萧何去见他时，刘邦笑着把百姓的上书交给萧何，意味深长地说："你身为相国，竟然也和百姓争利！你就是这样"利民"啊？你自己向百姓谢罪去吧！"

刘邦表面让萧何自己向百姓认错，补偿田价，可内心里却窃喜。对萧何的怀疑也逐渐消失。镇国家、抚百姓的萧何，违心地干了侵害百姓的事情，心中很不安，总想找机会补偿百姓。

刘邦晚年，宫廷内部发生了一场废立太子的斗争。刘邦要废掉太子刘盈，改立赵王刘如意为太子。只是由于萧何等大臣的多次净谏，刘邦才一直未作决定。公元前195年，刘邦病死，萧何辅佐太子刘盈登上帝位，这就是汉惠帝。萧何继任丞相。萧何为相期间，在制定汉朝的典章制度方面还办了一件大事，即作汉律九章。在约法三章的基础上，参照秦法，摘取其中合乎当时情况的内容，制成律法。这是汉朝制作律令的开端。萧何制定的汉律九章，删除了秦法的苛烦、严酷，使法令明简。公元前193年，年迈的相国萧何，由于长期为汉室操劳，终于卧病不起。病危之际，汉惠帝亲自去探望他，并趁机询问："您百年之后，有谁可以代替您来做丞相？"接着惠帝又问："曹参怎么样？"萧何听了，竟挣扎起病体，向惠帝叩头，说："皇上能得到曹参为相。我萧何即使死了，也没有什么遗恨了！"这番话表明，萧何为国家为百姓着想，不记夙怨的大度胸怀。

萧何购置的田产住宅，一定是在穷乡僻壤，建住房不修围墙。说："后代贤能，就会学习我的节俭；如果不贤能，家产也不会被权势之家夺去。"汉惠帝二年，相国萧何去世，谥号文终侯。萧何的后代由于犯罪，四代失去侯爵封号，每次断了继承人时，天子就再寻求萧何的后代续封鄐侯，其他功臣没有人比得上的。

太史公司马迁评说：萧相国何在秦朝是个舞文弄墨的小吏，庸庸碌碌没有奇绩，等到汉兴，仰仗皇上的余光，萧何谨慎下笔作文，利用百姓痛恨秦朝法规，顺应潮流，与百姓共同修定法规。淮阴、黥布等都被杀了，而萧何的功勋却光辉灿烂。位冠群臣之首，声名流传后世，可与闳夭、散宜生等竞评功烈了。

萧何为相真可谓鞠躬尽瘁，死而后已。萧何曾因为汉朝打江山而举荐韩信，又因为汉朝保江山而计诛韩信，可见其心之忠。他对韩信的举措其实都是从汉朝江山出发的，所以我们从这一点上就不能认为他是一个耍了韩信的坏人，相反，他正是一个大忠臣。他临死举贤不避仇，也表明他以国家社稷为先的非凡气度。当然，他辅佐有道、治国有方、体恤百姓、生活俭朴自是无须缀论了。

「汉室忠臣」——汉高祖刘邦丞相萧何

"凶狠夺权"——东汉献帝刘协相国董卓

🌸 宰相小传

董卓，字仲颖，陇西郡临洮（今甘肃岷县）人。东汉末年权臣。性粗猛而有谋断，从驻守边塞的地方官吏升迁为羽林郎，累迁西域戊己校尉、并州刺史、河东太守。董卓迁太尉领前将军事，进位相国，挟持献帝，后来被吕布所杀。

中平元年（公元184年）黄巾起义爆发后，奉命镇压响应起义的北地先零羌、湟中义从胡和金城人边章、韩遂，屡屡败北。灵帝病危时，他驻屯河东，拥兵自重，坐待事变。灵帝死后，大将军何进和司隶校尉袁绍合谋诛诸宦官，不顾朝臣反对，私召董卓入京。董卓引兵驰抵京城，势力大盛，废黜少帝，立陈留王为献帝。董卓放纵士兵在洛阳城中大肆剽房财物，淫掠妇女，称为"搜牢"。又虐刑滥罚，以致人心恐慌，内外官僚朝不保夕；与此同时，他又为党人恢复名誉，起用士大夫，企图笼络人心。初平元年（公元190年）冀州刺史孙馥与袁绍、孙坚等人兴兵声讨董卓。黄巾余部也陆续起兵关东。董卓挟持献帝西都长安，并焚烧洛阳宫庙、官府和居家，强迫居民数百万口随迁，致使洛阳周围两百里内荒芜凋敝，无复人烟。初平三年四月，董卓入朝时为吕布所杀。消息传开后，百姓歌舞于道，置酒肉互相庆贺。董卓被陈尸街衢，其家族被夷灭。

董卓少年时喜好游侠，曾经游历羌中，与许多强家首领结为朋友。后来回家在田野耕种，先前结交的强豪中有来跟随的，董卓和他们一起回去，杀掉耕牛设宴招待。众强豪为他的情义所感动，回去后到处聚敛，得到各种牲畜一千多头，赠送给董卓。汉桓帝末年，以六郡的良家子弟为羽林郎。董卓有才干、武力高强，臂力之大很少有人能与他相比，每只胳膊上挂两张弓，能骑在马上左右开弓，奔驰射杀。董卓任军司马，跟从中郎将张名奂征讨并州有战功，拜授郎中，赐给丝织的细绢九千匹，董卓都分给了手下的官吏和士兵。历任广武县令、蜀郡北部都尉、西域戊己校尉，后免去。又被征召任并州刺史。河东太守，升任中郎将，征讨黄巾，失败后免职抵罪。韩遂等人在凉州起事，董卓再次任中郎将，西出抵抗韩遂。在望垣硖的北边，被几万名羌人、胡人包围，粮食吃光了。董卓假装要捕鱼为食，在退兵必经的河上筑起堤坝，拦腰截住河水形成水池，使数十里的范围内蓄满了水，悄悄从堤坝下撤退军队，然后决开堤坝，等到羌、胡敌军听说后来追赶，水已经很深，无法通过，当时六支部队进军陇西，五支部队都失败了，只有董卓的军队全部回来了，驻守在扶风。

　　灵帝去世，少帝即位。大将军何进与司隶校尉袁绍图谋杀掉各位宦官，太后不听他们的意见。何进便召请董卓，让他带兵到京城，并秘密命令他上书说："中常侍张让等人窃取皇帝的信任，倚仗太子的宠幸，为害天下。过去赵鞅发动晋阳的兵力，清除了君王旁的恶势力。臣马上要鸣响军中的进军钟鼓前往洛阳，声讨张让等人的罪行。"想要以此来威胁太后，董卓还没赶到，何进就失败了。中常侍段圭等人劫持了少帝逃到小平津，董卓于是率领部下在北芒迎接少帝，回到宫中。当时何进的弟弟车骑将军何苗被何进的部下杀死，何进、何苗的部队没有归属，都投向了董卓。董卓又让吕布杀死了丁原，兼并了他的部队，这样一来，京都的兵权都集中在董卓手上了。

　　以前，何进派骑都尉太山人鲍信在各地招募士兵，董卓到后，鲍信对袁绍说："董卓拥强兵，另有打算，现在不早作考虑，将会被他所控制；现在他刚刚到达，将士疲劳，趁机发动袭击可以活捉他。"袁绍畏惧董卓，不敢行动，鲍信于是返回乡间。

　　当时有很长时间没有下过雨，朝廷发布策命免去司空刘弘的职位而让董卓代替他。不久又升任太尉，授予他节符、铖、虎贲。董卓于是废少帝为弘农王，不久又杀了弘农王以及何太后。立灵帝的小儿子陈留王为帝，这就是汉献帝。董卓升任相国，封为郿侯，汉献帝允许他朝拜时

唱礼者不直呼他的姓名，可以佩剑穿鞋上殿，又封他的母亲为池阳君，可以设置家令、家丞。董卓本是陇西的一个军阀，赶上汉朝皇室大乱，得以专主废立大权，拥有武器装备、士兵，占有国家的珍宝，威震天下。董卓的性格残忍，不讲仁义，用严酷的刑罚威胁百官，有一点小仇怨也一定要报复，弄得人人不能自保。董卓曾派军队到洛阳城，当时正是二月祭土地神的日子，民众都在土地庙前，军队当场将乡民中男子的头全部砍下，驾着乡民的车赶着牛，载着妇女和财物，将砍下的头挂在车辕的轴上，一辆接一辆地回到洛阳，说是攻打敌兵获得大胜，高呼万岁。进入开阳城门后烧掉那些头颅，将妇女发给士兵作婢妾。甚至于奸淫宫女、公主。董卓的凶残悖逆到了这种程度。

当初，董卓信任尚书周毖、城门校尉伍琼等人，任用他们举荐的韩馥、刘岱、孔抽、张咨、张邈等人去出任州、郡的长官。然而韩馥等人到任后，都联合兵力准备声讨董卓。董卓听到后，认为周毖、伍琼等人串通一气要出卖自己，就把他俩都杀了。

河内太守王匡，派泰山的兵马驻扎在河阳津，准备讨伐董卓。董卓派兵假装要在平津渡河，暗中派精锐部队从小平北渡过河，绕到王匡军队的背后突然袭击，在河阳津的北岸大败王匡的军队，王匡军队几乎全部战亡。董卓由于山东的豪杰纷纷起兵，心中恐惧不安。初平元年二月，将天子迁到长安，在那里定都。焚烧了洛阳的宫室，将陵墓全部挖开，盗取随葬宝物。董卓到了西京长安，当了大师，号称为尚父。乘坐青盖金花车，车厢两旁都有彩绘，当时的人称为竿摩车。董卓的弟弟董旻任左将军，封为鄂侯；他的侄子董璜任侍中、中军校尉，掌握着兵权；董氏家族都在朝廷任官，公卿见了董卓，要在车下拜见，董卓不予回礼。召唤三台尚书以下的官员自己到董卓的家中禀报政事。修筑郿坞，城高与长安的城墙相等，储存了够用三十年的粮食，说是事成之后，占据天下称雄，如果不能成功，在这里防守也足以坚持到老。曾经到郿坞巡视，公卿以下的官员都在横门外为他设宴送行。董卓事先设置了帐篷酒席，诱降了从北方叛变过来的几百个人，在座位中先割掉他们的舌头，或者斩断他们的手足，有的挖掉眼睛，有的放在大锅中煮，没有死的，倒在杯案之间抽搐，参加宴会的人都战战兢兢，筷子、勺子掉在了地上，而董卓饮酒吃饭神情自如。太史观察天象，说大臣中应当有人被杀死。旧任太尉张温当时任卫尉，一向与董卓不友好，董卓心中很恨他，借口天象有变化，要让张温抵挡灾祸，便让人散布张温与袁术相勾结，终于将他鞭打至死。法令苛刻严酷，根据自己的爱憎滥用刑罚，人们相互蒙冤而死的数以千计。百姓怨声载道，路中相见只能以眼光示意。董卓还将所有的铜人等全部砸碎，并将通行的五铢钱一同毁掉。重新铸成小钱，五分大小，没有文字和花纹，边和孔都没有外缘，不磨治。于是钱货轻而物价贵，一斛谷子要数十万钱。从此之后钱币无法流通。

董卓利用吕布杀死丁原后，兼并了并州军。丁原死后，吕布成了并州军的首领。董卓是很信任吕布的，与他"誓为父子"，但并州与凉州兵的关系却十分紧张。并州军被兼并，是不会完全甘心的，然而又处于被压抑的地位。而凉州军以胜利者自居，没有把并州军放在眼里，甚至对吕布也是如此。董卓曾派胡轸为主将，吕布为副将攻打孙坚。胡轸扬言要杀了吕布以整肃军纪。不论胡轸是否会真的动手，他这种严重的挑衅必然会引起吕布和整个并州军的仇恨。结果还没和孙坚交战，董卓的部队因为内讧不战自溃。这么大的事董卓肯定会知道，但他似乎并未采取什么措施以缓和凉州军和并州军的矛盾。也许他找不到什么好办法，也许在他看来像他们这样的武夫争执甚至斗殴并不是什么大不了的事，过去就没事了。但吕布对凉州军的不满却与日俱增。董卓是个直率的人，他不会隐瞒自己的好恶。吕布曾经使董卓不满，董卓就拿起短剑向他掷去，吕布虽不敢发作却怀恨在心。而且吕布曾和董卓的婢妾私通，吕布内心更加不安。在东汉政府身居高位，却对董卓心怀不满被司徒王允等人看出并利用了这个矛盾。

初平三年四月，司徒王允、尚书仆射士孙瑞、董卓的部将吕布一起谋划杀掉董卓。司徒王允知道要除掉董卓，先要拉拢他身边的吕布。他就常常请吕布到他家里，一起喝酒聊天。日子久了，吕布觉得王允待他好，也就把他跟董卓的关系公之于众。

原来，尽管吕布跟董卓虽说是父子关系，但是董卓性格暴躁，稍不如他的意，就向吕布发火。有一次，吕布说话顶撞了他，董卓竟将身边的戟扔了过去。幸亏吕布眼疾手快，把身子一侧，躲过了飞来的戟，没有被刺着。

　　后来，吕布向董卓赔了礼，董卓也表示宽恕他。但是，吕布心里很不痛快。他把这件事告诉了王允。王允听了挺高兴，就把自己想杀董卓的打算也告诉了吕布，并且说："董卓是国贼，我们想为民除害，您能不能帮助我们，做个内应？"

　　吕布听到真要杀董卓，倒有点犹豫起来，说："我是他的干儿子，儿子怎么能杀父亲呢？"

　　王允摇摇头说："唉，将军真糊涂，您姓吕，他姓董，本来不是骨肉至亲，再说，他向您掷戟的时候，还有一点父子的感情吗？"

　　吕布听了，觉得王允说得有道理，就答应跟王允一起干。

　　公元192年，汉献帝生了一场病刚刚痊愈，在未央宫会见大臣。董卓从郿坞到长安去。为了提防人家暗算，他在朝服里面穿上铁甲。在乘车进宫的大路两旁，派卫兵密密麻麻排成一条夹道。他还叫吕布带着长矛在他身后保卫着。经过这样安排，他认为万无一失了。

　　他哪儿知道王允和吕布早已商量好了。吕布约了几个心腹勇士扮作卫士混在队伍里，专门在宫门口守着。董卓的座车一进宫门，就有人拿起戟向董卓的胸口刺去。但是戟扎在董卓胸前铁甲上，刺不进去。

　　董卓用胳膊一挡，被戟刺伤了手臂。他忍着痛跳下车，叫着说："吕布在哪儿？"

　　吕布从车后站出来，吕布身揣诏书，高声宣布说："奉皇上诏书，讨伐贼臣董卓！"

　　董卓见他的干儿子背叛了他，就骂着说："狗奴才，你敢……"

　　他的话还没说完，吕布已经举起长矛，一下子戳穿了董卓的喉头。于是杀掉董卓，夷灭他的三族。主簿田景上前扑在董卓的尸体上，吕布又杀掉了田景；总共杀了三个人，其余的人不敢再动。长安官民都相互祝贺，那些依附董卓的人都被关入牢狱，判处死罪。

　　无论史籍还是小说，都喜欢对董卓的残暴无道大肆渲染，即使史籍上写的都是事实，也不能简单的否定董卓。如前所述，董卓废少帝立献帝是出于政治上的需要，烧洛阳是因为战略上的需要。董卓生于凉州长于凉州，又没读过什么书，董卓虽是汉人，但他在性格上更像游牧民族而与中原文化格格不入。而董卓这样的"蛮夷"居然敢"挟天子以令诸侯"，那些读书人当然对其恨之入骨，而历史正是由那些读书人写的。

同样是废皇帝，尹、霍却被人推崇。被蒙古铁蹄毁灭的城市和被残杀的百姓的数量绝对比凉州军毁、杀得更多，但却很少听人骂铁木真。董卓是残暴了些，但是却是他的生长环境使然，当然我们不是为他平什么反，只是就实而说罢了。

「凶狠夺权」——东汉献帝刘协相国董卓

"鞠躬尽瘁"——三国时期蜀汉丞相诸葛亮

🌸 宰相小传

诸葛亮，字孔明，琅琊阳都（今山东沂南）人，三国时期蜀汉重要大臣，历史上著名的政治家、军事家、散文家、发明家，也是我国传统文化中集忠臣与智者于一身的代表人物。诸葛亮在世时曾被封为"武乡侯"，死后谥为"忠武侯"，因此也被称为武侯或诸葛武侯，也有称"卧龙"或"伏龙"。他年少时潜心向学，淡泊明志，后受刘备三顾之礼，提出著名的《隆中对》，策动孙、刘联盟，于赤壁之战中大破曹操，奠定三国鼎立的基础。蜀汉建立，拜为丞相，辅佐幼主，外联东吴，内修政理，南征平叛，北抗强魏。为完成统一中原、兴复汉室的大业，先后几次进攻魏国，在治国、治军等方面表现了非凡的才能。其"鞠躬尽力，死而后已"的高尚品格，千百年来一直为人们所敬仰和怀念。

"滚滚长江东逝水，浪花淘尽英雄。是非成败转头空，青山依旧在，几度夕阳红。"不管大江如何东去，淘尽了多少风流人物，有一些历史人物却总能与日月争辉，辉映千古。诸葛亮就是这璀璨历史长河中最为光辉的风流人物之一。

诸葛亮的先祖诸葛丰在汉元帝时曾任司隶校尉，诸葛家族在当地属于名门望族。

诸葛亮的父亲诸葛硅曾担任过泰山郡丞，诸葛硅在诸葛亮八岁时就过世了。从此，诸葛亮和他的哥哥诸葛瑾、弟弟诸葛均以及两个姐姐都靠他的叔父诸葛玄抚养成人的。

诸葛亮幼年时期，正是东汉王朝极度腐败、民不聊生的时候，自然灾害不断发生，百姓饥寒交迫，走投无路，终于在公元184年爆发了黄巾起义。

诸葛亮八岁时，西凉豪强董卓带兵进京废掉汉少帝，另立汉献帝，控制了东汉政权。其他野心勃勃的豪强借口讨伐董卓，纷纷起兵叛乱，从此开始了豪强割据、军阀混战的汉末大乱时期。

诸葛亮十三岁时，曹操攻打当时占据徐州的陶谦，使诸葛亮的家乡面临毁灭之灾。为了躲避战乱，诸葛玄带领诸葛亮、诸葛均和诸葛亮的两个姐姐辗转半个中国，来到襄阳投靠荆州牧刘表。诸葛亮到襄阳后开始住在襄阳城内，在城南的学业堂里读书。

少年时的诸葛亮亲眼目睹并亲身经受了混乱时代的灾难，渴望国家安定、统一，决心为消灭豪强、重建统一的汉室而奋斗。

当时，襄阳是荆州的首府。荆州管辖南阳、南郡、江夏等七个郡，辖区相当于现在的湖北省、湖南省、河南省的南部和广东、广西的一部分，因而襄阳几乎成了当时南部半个中国的政治、经济和文化中心，士民富庶，文化教育发达。同时，襄阳还是联络南北的重要水陆交通枢纽，沟通东西的汉水也在这里汇集交叉，是南来北往人员流动、信息交流的中心。

由于中原处处战火，满地焦土，许多缙绅、士族大夫纷纷逃到襄阳避难。一时间，襄阳文人荟萃，云集了各地俊杰。僻静的隆中山庄与襄阳近在咫尺，这些有利条件为诸葛亮提供了良好的成长环境。

诸葛亮叔叔诸葛玄和荆州牧刘表是故交，他们一家来到襄阳后，一直受到刘表的特殊照顾，诸葛家和当地的许多名门建立了密切关系。诸葛亮的姐姐嫁给了襄阳德高望重的大名士庞德公的儿子庞山民，号称"凤雏"先生的庞统就是庞德公的侄子。诸葛亮的另一个姐姐嫁给了蒯祺，蒯祺是襄阳大豪族蒯氏家庭的一员。诸葛亮的妻子是河南名士黄承彦的女儿，他的岳母和刘表的妻子是亲姐妹。当时统管荆州军马的蔡瑁是诸葛亮妻子的亲舅父，颖川司马徽和徐庶、汝南孟公威、博陵崔州平等人和诸葛亮都是非常要好的朋友。

得天独厚的客观环境孕育了有逸群之才、英霸之气的诸葛亮。他博览群书，熟知天文地理，精通战术兵法，积累了丰富的治国用兵的知识。

十七岁时，叔父诸葛玄去世，诸葛亮和弟弟就在城西的隆中山庄定居下来，继续务农。诸葛亮平日好念梁父吟，常常把自己比作春秋时辅佐齐桓公完成霸业的大政治家管仲和战国时辅佐燕昭王大破齐国的乐毅，胸怀济世救民、建功立业的远大抱负。

有一次，他和当时的名士郦玖谈话，分析天下的形势，说："曹操是国贼，孙权也是窃夺汉室政权的人，我不能帮助他们。在目前的情势下，只有隐居耕地，修身养性。"当时的人都对他不以为然，只有好友徐庶、崔州平、孟建、石韬等人相信他的才干，称他为"卧龙"。

在诸葛亮二十七岁那年，他终于等来了可以奉献一生的知遇之主——刘备。

刘备是西汉景帝之子中山靖王刘胜的后代，他少年孤贫，以贩鞋织草席为生。汉末黄巾起义时，刘备与关羽、张飞桃园三结义，成为异姓兄弟，一同参与剿除黄巾军，立下功劳，被封任安喜县尉，不久后辞官。

董卓乱政之际，刘备随公孙瓒讨伐董卓，刘备与关羽、张飞三人在虎牢关战败吕布。当时诸侯割据，刘备心怀大志，但无奈势力弱小，经常寄人篱下，先后投靠过公孙瓒、曹操、袁绍等人，几经波折，却仍无自己的地盘。

官渡大战以后，刘备逃到荆州，投奔刘表。刘表拨给他一些人马，让他驻在新野（今河南新野县）。

刘备是一个雄心勃勃的人，在屯扎新野时，他意识到自己蹉跎半生、毫无建树的原因是身边虽有关羽、张飞等猛将，但却无出谋划策、运筹帷幄之谋士，所以他决意礼贤下士，寻求良辅。当他打听到襄阳有个名士叫司马徽时，就特地前去拜访。

司马徽对刘备建议说："襄阳一带藏有卧龙，隐有凤雏，您能请到其中一位，就可以平定天下了。"他告诉刘备，卧龙名叫诸葛亮，字孔明，凤雏名叫庞统，字士元。这是刘备初次听到诸葛孔明的大名。

徐庶也是当地一位名士，听说刘备正在招请贤士，特地赶去投奔他。刘备很高兴，就把徐庶留在部下当谋士。

徐庶告诉刘备："我有个老朋友诸葛孔明，才德无人能及，人们称他为卧龙，将军是不是愿意见见他呢？"

刘备听了徐庶的介绍，说："既然先生跟他这样熟悉，就请您辛苦一趟，把他请来吧！"

徐庶摇摇头说："这可不行。像这样的人，一定得将军亲自去请，才能表示您的诚意。"

刘备先后听到司马徽、徐庶这样推崇诸葛亮，认为诸葛亮一定是个了不起的人才，就带着关羽、张飞，亲自带着礼物到隆中卧龙岗去请诸葛亮，辅助自己做事。

恰巧诸葛亮这天有事外出了，刘备、关羽和张飞三人只得失望而归。

不久，刘备又和关羽、张飞一起冒着大风雪第二次去隆中请诸葛亮。不料诸葛亮又外出闲游去了。

张飞本不愿意再去，见诸葛亮不在家，就催着要回。刘备只得留下一封信，表达自己对诸葛亮的敬佩和请他出来帮助自己挽救国家危险局面的意思。

过了一些时候，刘备素斋浴衣，准备再去请诸葛亮。关羽说诸葛亮也许是徒有虚名，未必有什么真才实学，不用再去了。张飞也主张由刘备一个人去请便可，如诸葛亮不来，就用绳子把他捆来。刘备把他俩责备了一顿，吩咐下人备好马车，带着关张二人第三次去拜访诸葛亮。

刘、关、张三人到达诸葛亮住的茅屋外时，诸葛亮正在里面睡觉。刘备不敢惊动他，吩咐关、张在门外等候，自己徐步而入，拱手立于阶下，一直站到诸葛亮自己醒来。

诸葛亮终于被刘备的诚意感动了，就在自己的草屋里接待了刘备，并推心置腹地跟刘备谈了自己的主张。

诸葛亮说："现在曹操已经战胜袁绍，拥有百万兵力，而且他又挟持天子发号施令，这就不能光凭武力和他争胜负了。孙权占据江东一带，已经三代。江东地势险要，现在百姓都归附他，还有一批有才能的人为他效力。看来也不能打他的主意，只能谋求和他联合。"

诸葛亮分析了荆州和益州（今四川、云南和陕西、甘肃、湖北、贵州的一部分）的形势，认为荆州是一个军事要地，刘表最终可能无法守

住这块地方。益州土地肥沃广阔，向来称为"天府之国"，可是那里的主人刘璋也是个懦弱无能的人，大家都对他不满意。

他诚恳地对刘备说："将军是皇室的后代，礼贤下士，天下闻名。如果您能占领荆益两州的地方，对外联合孙权，对内整顿内政，一旦有合适机会，就可以从荆州、益州两路进军，攻击曹操。到那时，天下有谁不欢迎将军您呢？功业就可以成就，汉室也可以恢复了！"

刘备听了诸葛亮这一番精辟透彻的分析，豁然开朗，觉得诸葛亮真乃旷世奇才，于是恳切地请诸葛亮出山，帮助他完成兴复汉室的大业。诸葛亮得遇良主，遂出山辅佐刘备。

后来，人们把这件事称作刘备"三顾茅庐"，把诸葛亮这番谈话称作《隆中对》。在《隆中对》中，诸葛亮对形势的分析和提出的战略思想，是非常深刻和有远见的。

诸葛亮跟随刘备出山后，首要的任务就是为刘备扩充兵力。他向刘备建议，以抗曹为名向刘表要求征发荆州游民入伍，把荆州一带的无藉游民登记入册，依户口选拔壮丁，兵员便能由几千人迅速发展到数万人。

由于只是征发游民入伍，又是以抗曹为名，因此刘表不好阻止。此计使得刘备的人马从初屯新野时的几千兵众发展到上万人，形成了刘备争夺天下的最初力量。

建安十三年（公元 208 年），久据荆州的刘表去世，其子刘琦、刘琮争权夺利。诸葛亮欲借此机会联合刘琦进攻刘琮，一举拿下荆州。不料形势突变，曹操乘平乌桓之威，率兵二十万（号称八十万）大军南下。继位的刘琮听到曹操南下的消息，遣使投降，曹操轻而易举地拿下荆州，收缴了不少军队物资，诈称领兵一百万，盘踞长江以北，对江东虎视眈眈。

本来诸葛亮有意联合荆州的抗曹派人士对抗曹操，无奈曹操来得太快，根本没有充足的时间完成这项工作。而此时荆州的政权中心处于亲曹派的主导下，所以当曹操南下，刘琮投降了曹操之后，刘备只得率军队和百姓从樊城南逃。

曹军在当阳长坂追上刘备大军，抓获了刘备的重要谋士，也是诸葛亮的好友徐庶的母亲，徐庶是出了名的孝子，只好向曹操投降。

刘备、诸葛亮、张飞、赵云等率数十骑逃至夏口，与关羽水军及刘琦军队会合，此时一行人马不过两万人。

曹操的一纸讨伐檄文传到东吴，令孙权集团一片震惊，主战与主和两派争斗激烈，主和派占上风，孙权则动摇不定，他虽然不愿意将父兄创下的基业拱手相让，却又担心敌不过曹操。

在这种危急复杂的情况下，诸葛亮肩负起联吴抗曹的重大使命，作为刘备一方的代表，只身出使江东，欲说服正在观望局势成败的东吴孙权政权，联吴抗曹。

以诸葛亮过人的观察力，自然能察觉孙权内心的矛盾。诸葛亮对孙权说："如今曹操平了冀州，威震四海，使英雄无用武之地，故刘豫州（指刘备）逃遁至此。请将军量力而处之：若能以吴越之众与曹操抗衡，不如趁早与之绝交，而不应该表面上归顺，而内心又犹豫不决；若不能抵抗，就应该放下武器，向他投降。你至今还犹豫不决，不久大祸就要临头了。"

孙权听了，马上反唇相讥道："如果真像你说的那样，刘豫州为什么不向曹操投降称臣呢？"

诸葛亮趁机激将孙权说："田横不过是齐国的一个壮士，尚且知道坚守节操，不肯向高祖刘邦投降。刘豫州是汉朝王室的后代，英才盖世，天下士人都仰慕他，就像江河流向大海一样。如果事情不能成功，这也是出于天意，哪里能够屈从曹操，拜倒在他脚下呢？"

这一激将果然奏效。孙权听后，马上激动地说："我不能拿江东这么大块地方和十万兵众去受别人控制。联合刘豫州抵抗曹操，我的主意拿定了！"

但过了不一会儿，孙权又担心地问道："除了刘将军，目前还没有能够同我们一起抵抗曹操的人。但刘将军刚刚打了败仗，哪有实力再打仗呢？"

诸葛亮对敌我双方的力量作了一番细致的分析："刘豫州虽然在长坂战败，但陆续返回的士兵和关羽的水军加起来还有精兵上万人，刘琦集合的江夏士兵也不少于万人。曹军远道而来，相当疲劳，已经成为强弩之末，而且北方人又不习惯水战。此外，荆州民众归附曹操是迫于兵威，并不是真心降服。现在将军如能派一猛将统兵数万，与刘将军同心

『鞠躬尽瘁』——三国时期蜀汉丞相诸葛亮

协力，是一定能够打败曹操的。曹操兵败后，一定会退回北方，这样荆州和东吴的势力就会大大增强，鼎足的局面就可以形成了。成败的关键，就看您今天如何决定了！"

诸葛亮实际上是告诉孙权：要生存就必须抗曹，犹豫是没有出路的，不在犹豫中投降，便在犹豫中灭亡。曹操远道而来，士兵疲惫，且士兵多数是北方人，不习水战，这就大大削弱了曹军的战斗力。孙权是以逸待劳，孙刘联军将占有天时地利，孙刘抗曹并非以卵击石，不一定会失败。

孙权听了这番入情入理的分析，大为高兴，表示自己不能受制于人。他进一步坚定了联吴抗曹的决心，于是便派周瑜、程普、鲁肃率三万精兵，和诸葛亮一道与刘备军队会师。

曹操大军过江后，初战失利，退回江北，双方在赤壁（今湖北蒲圻）一带形成对峙局面。

曹军不习水战，把战船用铁索连在一起。诸葛亮与周瑜、黄盖密谋，由黄盖向曹操诈降，然后火烧曹军战船，孙刘联军趁势攻杀，在赤壁大败曹操。曹操仅带数十名随从，狼狈逃回北方，从此不敢再轻易南下。

赤壁之战结束后，由于荆州的战略地理位置，曹刘孙三家开始争夺荆州，荆州先后被曹操、孙权、刘备三家三次进行瓜分。最终，在诸葛亮的谋划之下，刘备最终占有了荆州。至此，《隆中对》的第一个计划——占领荆州已经算是实现了。三分荆州的过程中，刘备最终能够占据荆州，多亏了诸葛亮的聪明才智和灵活高超的斗争技术。有了荆州，刘备就有了发展政治经济实力的基地，从而为进攻益州奠定了基础。

220年，曹操病死，他的儿子曹丕废汉献帝，自称皇帝，国号"魏"，定都洛阳。

群臣听到汉献帝被废的消息，劝已成为汉中王的刘备登基为帝，刘备不肯答应。诸葛亮便用耿纯游说刘秀登基的故事力劝刘备，刘备这才答应，于221年称帝，建立蜀汉政权，任命当时年仅四十一岁的诸葛亮为蜀国丞相。虽然当时蜀汉仅有益州全部及梁州一部分，约二十万户九十万人口，在三国中实力最弱，但诸葛亮设计的"霸业可成"的目标毕竟初步实现了。

222 年，孙权也称王，国号吴，定都建业。至此，三国鼎立的局面形成。

在夺取荆州后，刘备令诸葛亮主管荆州的内政。对荆州的管理为诸葛亮日后治理蜀汉积累了丰富的经验。

在这五年期间，诸葛亮所做的工作主要有以下几个方面。

第一、网罗荆州人才。

由于北方战乱以及刘表的闭关自守，使得荆州有过相当长时间的安宁，成为当时天下人才的汇集地，很多有识之士隐居在此。

刘备在荆州期间，先后有黄忠、庞统、马良、陈震、廖立、蒋琬、邓方、殷观、习祯、郝普等人归顺。廖立是诸葛亮提拔为荆州从事和长沙太守的，蒋琬是在诸葛亮的求情下而被刘备赦免的。另外，马良、庞统的出仕与诸葛亮更是有莫大的关联。马良曾经给诸葛亮写过一封信，内容大致是建议诸葛亮辅助刘备，选拔英才，施行仁政，实行教化，移风易俗，自己愿意像钟子期理解俞伯牙弹琴一样地支持诸葛亮。

刘巴向来属于亲曹派，诸葛亮为了留住他，写信劝他留下，甚至还亲自追赶劝说他加入刘备集团。虽然最后刘巴拒绝了，但是从中可以看出诸葛亮对人才的珍惜和重视，这些事情有力地击破了人们所说的诸葛亮嫉贤妒能的观点。

第二、进行荆州的人事安排。

根据《隆中对》中"跨有荆、益"的目标，诸葛亮任命关羽为襄阳太守，张飞为宜都太守，赵云为桂阳太守，廖立为长沙太守，郝普为零陵太守。秭归、胸道、夷陵、巫县是进攻益州的要道，也是荆益二州的门户，占有四县就等于掌握了西进益州的主动权，因此诸葛亮任用向朗掌管秭归、胸道、夷陵、巫县四县军民事。

为了确保江陵的安全，诸葛亮派关羽、张飞率部紧紧地围绕着江陵驻扎，而刘备则亲自驻守江陵。刘、关、张三人中，刘备是枭雄之主，关羽、张飞则是威武之将，三人聚在一起有如蛟龙得云雨，无疑是保住益州的最佳阵容，而且也兼顾了刘备集团内各种力量的合理组合，因为在这些人事任命当中既有刘备的旧部，也有荆州人士。

第三、妥善处理与东吴的关系。

联吴抗曹一直是《隆中对》中的目标。作为三国中势力最为弱小

的蜀汉，搞好与东吴的关系是十分重要的。在诸葛亮坐镇荆州期间，孙刘之间虽有冲突，但总体上保持了友好往来，为发展蜀汉经济争取了和平的局面。

第四、安抚荆南的少数民族。

诸葛亮在《隆中对》中说过"西和诸戎，南抚夷越"的政策，主张对少数民族实行安抚的策略，制定很多政策开发少数民族地区，改变了当地少数民族落后的面貌，使少数民族与汉人和睦相处。

第五、督领三郡，征调粮赋。

在此期间，刘备以诸葛亮为军师中郎将，督长沙、零陵、桂阳三郡，征调赋税，以充军实。

诸葛亮治理荆州期间，充分发挥了他作为一个政治家的才能和务实的精神，荆州在诸葛亮入蜀前始终安然无恙。从此以后，刘备有了一个经济基础丰厚的稳固根据地和一支颇有实力的军队，为日后打下益州和进入蜀地作了充分的实力准备。

219年冬天，关羽被孙权所杀。221年，也就是称帝后的三个月，刘备不听诸葛亮劝阻，率军沿江而下，讨伐东吴。此番一方面是为关羽报仇，更重要的是为了重新夺取荆州，恢复"跨有荆、益"的战略格局。

出兵初期，刘备收复了荆州的一部分土地，后来由于指挥失当，不久就在夷陵之战中被陆逊火烧连营四十座。蜀军大败，刘备率少数人突围，退回白帝城（今四川奉节）。刘备心情郁闷，一病不起。

223年二月，刘备病重，召诸葛亮到永安托付后事。刘备对诸葛亮说："丞相的才能是曹丕的十倍，必定能够安顿国家，终可成就大事。如果嗣子刘禅可以辅助，便辅助他；如果他没有才干，你可以自行取代他，自己来做一国之主吧。"

诸葛亮涕泣道："臣必定竭尽股肱的力量，报效忠贞的节气，直到死为止！"

刘备把儿子刘禅、刘永等叫到身边，叮嘱他们说："我死之后，你们兄弟要像对待父亲一样尊敬丞相！"

延至四月，刘备逝世，谥号为昭烈帝，终年六十三岁。五月，刘备遗体由永安运返成都，八月下葬。同时，十七岁的刘禅即位，史称后主，改元建兴，封诸葛亮为武乡侯，仍任丞相，主持政务。

不久，诸葛亮再领益州牧，全国的军、政、财方面事无大小，刘禅都依赖于诸葛亮决定。诸葛亮赏罚严明，兢兢业业，认真治理国家。

益州郡有个豪强名叫雍闿，听说刘备死去，就杀死了益州太守，发动叛变。他一面投靠东吴，一面又拉拢南中地区一个少数民族的首领孟获，鼓动孟获联络西南一些部族起来反抗蜀汉。

经过雍闿的煽动，西南很多少数民族首领纷纷响应叛乱。这样一来，蜀汉差不多丢了一半国土。

此时的蜀汉政权面临着严重的内忧外患。刘备东征失败以后，蜀汉军事力量大大削弱，政局很不稳定，又适逢刘备驾崩，地方豪强和雍闿等人乘机叛乱投敌。从外部来看，曹魏和孙吴都想趁机消灭蜀汉，尤其是邻居东吴一方面继续向魏称臣，另一方面陈大军于蜀的边境，蠢蠢欲动，对蜀汉造成很大威胁。

诸葛亮辅政后，首先要理顺外交关系，恢复和孙吴的联盟。他深知如果孙权被曹丕压服，投靠了曹魏，将对蜀汉构成生死威胁，于是他当机立断，派尚书邓芝出使东吴，与东吴重新修好，说服孙权与蜀联合，与魏断绝关系，恢复与东吴的外交关系。

此后，诸葛亮集中力量对内整顿吏治，奖励生产，兴修水利，积蓄粮食，发展经济，训练兵马，壮大军事力量。经过两年的调养，蜀国局面稳定，诸葛亮上书后主，决定发兵南征，平定南中（即现在的云南、贵州、四川的西南地区）。

公元225年三月，诸葛亮率领大军出发。诸葛亮好友马良的弟弟、参军马谡送诸葛亮出城，一直送了几十里地。

临别的时候，诸葛亮握住马谡的手，诚恳地问马谡："我们相处好几年了。今天临别，您有什么建议告诉我吗？"

马谡说："南中的人依仗地势险要，离开都城又远，早就不服管教。即使我们用大军把他们征服了，以后还是要闹事的。我听说，用兵的办法主要在于攻心，攻城是次要的。丞相这次南征，一定要叫南人心服口服，才能够一劳永逸。"

马谡的话，正合诸葛亮的心意。诸葛亮不禁连连点头说："谢谢您的良言，我一定这样做。"

诸葛亮率领蜀军向南进军，节节胜利。大军还在半路上，越嶲酋长高定和雍闿已经发生火并，高定的部下杀死了雍闿。蜀军打进越崩，又把高定杀了。

诸葛亮派李恢、马忠两员大将分两路进攻，四个郡的叛乱很快就平定了。

但是事情还没有结束。南中酋长孟获收罗了雍闿的散兵，继续反抗蜀兵。

诸葛亮一打听，知道孟获是大姓首领，掌握家族势力，为人豪迈慷慨而多智，打仗骁勇，在南中地区各族群众中很有威望，是个不怕死、敢出头而十分倔强的人物，非常不好对付。

诸葛亮想起马谡临别的话，决心把孟获争取过来。他下了一道命令，只许活捉孟获，不能伤害他。

好在诸葛亮善于用计谋，蜀军和孟获军队交锋的时候，蜀军故意败退下来。孟获仗着人多，一股劲儿追了过去，很快就中了蜀兵的埋伏，结果南兵被打得四处逃散，孟获本人被活捉。

孟获被押到大营，心里想，这回一定没有活路了。没想到进了大营，诸葛亮立刻叫人给他松了绑，好言好语劝说他归降。但是孟获不服气，说："我自己不小心才中了你的计，怎么能叫人心服？"

诸葛亮也不勉强他，陪着他一起骑着马在大营外兜了一圈，看看蜀军的营垒和阵容，然后又问孟获："您看我们的人马怎么样？"

孟获傲慢地说："以前我没弄清楚你们的虚实，所以败了。今天承蒙你给我机会看了你们的阵势，我看也不过如此。像这样的阵势，要打赢你们也不难。"

诸葛亮爽朗地笑了起来，说："既然这样，就让你回去好好准备一下再打吧！"

孟获被释放后，逃回自己部落，重整旗鼓，又一次进攻蜀军。但是他本是一个有勇无谋的人，哪里是诸葛亮的对手，第二次又被活捉了。

诸葛亮劝他，孟获还是不服，于是又放了他。

像这样又放又捉，捉了又放，一直把孟获捉了四次，又放了四次。

孟获第四次获释之后，改变了战术，不到一天便又带着几名勇士来到蜀营，他们身藏利刃，想用诈降的办法麻痹诸葛亮，然后伺机行刺。

孟获入营拜见诸葛亮，嘴上说已经想通，不愿再战，情愿归降。

　　诸葛亮知道他用的是诈降计，也不说破，只令人设宴接风。谁知刚刚入座，诸葛亮便将酒盅一掷，顿时武士拥上，将孟获等人抓住，从他们身上搜出利刃，并责问孟获还有何说。孟获理屈，低头不语，诸葛亮将手一挥，五擒又五纵孟获。

　　孟获谢过诸葛亮后，便组织人马来战，准备拼个死活。他哪里打得过训练有素的蜀军，结果大败，第六次当了俘虏。诸葛亮倒有耐心，又第六次将孟获放掉。

　　孟获回去，借助彝兵，又来与蜀军交锋。蜀军故意败退，将孟获诱入绝境，切断归路，然后反身猛攻。孟获和彝兵招架不住，举手投降。

　　诸葛亮一如既往，又要释放孟获回去。这次孟获反倒不走了，他深为诸葛亮的大度和足智多谋折服，痛哭流涕地表示真心降服，他说："丞相七擒七纵，待我可说是仁至义尽了。我打心底里敬服。从今以后，不敢再反了。"

　　诸葛亮明白他这次确实出于诚意，非常高兴，热情招待了孟获和众彝兵，并任命孟获为御史中丞，让他管理南方各部族事务，自己则带着人马返回成都。

　　有人对诸葛亮说："我们好不容易征服了南中，为什么不派自己的官吏来，反倒还让这些头领管理呢？"

　　诸葛亮说："我们若派官吏来管理南中，势必得留下大批兵士，万一粮食接济不上，叫他们吃什么呢？再说，刚刚打过仗，难免死伤了一些人，我们留下官吏统治，一定会发生祸患。现在我们让各部落自己管理南中，既不用留军队，又不需要运军粮，汉人和各部落又可以相安无事，岂不是更好吗？"

　　大家听了诸葛亮这番话，都钦佩他想得周到。

　　诸葛亮率领大军回到成都。后主和朝廷大臣都亲自到郊外迎接，大家都为平定南中而感到高兴。

　　孟获回去后，果真说服各部落全部投降，南中地区重新归蜀汉控制，一直平安无事，还岁岁朝贡，送来兵员以及金银、丹漆、耕牛、战马等军用物资。诸葛亮也让人给孟获部族送些粮食、药物等作为奖励。老百姓的日子过好了，他们就更加拥护蜀汉政权了。

诸葛亮以和抚为主的民族政策，辅之以必要的军事手段，既平定了南中，使汉族与各少数民族有了频繁交流，封闭的南中地区得以较快开发，出现了民族团结、长期和睦共处的安定局面，又使蜀汉获得了强国和北伐所必需的人力与物力资源。

蜀汉建兴四年（公元226年），魏文帝曹丕病死，年仅二十二岁的曹睿即位，成为魏明帝。诸葛亮认为魏国幼主当政，内部不稳，正是北伐的大好时机。

建兴五年，诸葛亮给后主刘禅上了一个奏章，也就是那篇传诵千古的《出师表》，里面充分体现了诸葛亮对蜀汉皇室的忠诚，对事业的殚精竭虑，对刘禅的苦口婆心，堪称一篇感人肺腑的政治宣言。

建兴六年（公元228年）春，诸葛亮安排好蜀汉内务，率十万大军由汉中出征北伐。蜀军北进，有两个方向可供选择：一是由汉中向西北经祁山，至天水，据陇右，这条路虽然偏远，但比较平坦；一是由汉中向北去关中，要跨越秦岭，道路险阻。诸葛亮聚集手下，商议如何进兵。

魏延进言说："镇守长安的夏侯楙怕死而且没有谋略，请丞相让我领兵五千，从褒中出发，不过十日即可到达长安，给他一个措手不及，他一定会逃跑，等到魏国援军来反攻，需要二十天工夫，到时丞相率领大军由斜谷赶来，完全能够到达。这样一来，咸阳以西之地就可以一举而定了。"

魏延的这个建议，过高估计了自己，过低估计了对方主将，带有一定的危险性。诸葛亮北伐，魏明帝是知道的，在军事上肯定做了准备。夏侯楙虽然没有什么本事，但是毕竟坐拥高城，手下兵精粮足，如果双方相持多日，魏军就会赶来支援，这样就容易失败。

诸葛亮是一个谨慎的人，没有赞同使用这个方案。他对魏延说："将军的这个建议太冒险，不如从平坦的大道直接进取陇右，这样比较容易获胜。"

魏延见诸葛亮拒绝了他的建议，很不高兴，便开始抱怨了。

当时蜀汉名将先后死去许多人，关羽死于219年，黄忠死于220年，张飞死于221年，马超死于222年，只有赵云还在世。

为了迷惑魏军，诸葛亮采用声东击西的办法，扬言由斜谷出兵，去攻郡城（今陕西眉县北），却派镇东将军赵云、扬武将军邓芝带领一支军队进军斜谷南面的箕谷。

赵云采用分散扎营的办法将千人的军队组成几百个作战小组，安排比人数更多的旗帜，如同诸葛亮大军驻扎在这里一样，表面上作出准备要进攻的样子。诸葛亮则率主力军三四万人向西北方向的祁山进发。

诸葛亮的战术很成功，魏明帝果然上当受骗，赶忙派曹真支援郡城，准备和诸葛亮决一雌雄。这样一来，曹军的主力就被牵制到东线上了。

与此同时，诸葛亮的主力军很快进发到祁山，由于是突然袭击，加上士气很高，蜀军所向披靡，祁山以北的天水（今甘肃谷县东）、南安（甘肃陇西东）、安定（甘肃径川北）等郡相继叛魏归附诸葛亮。蜀军顺利到达天水地区，在天水的翼城，获得了大将姜维。魏明帝知道后，马上派张郃去抵挡诸葛亮。

诸葛亮认为应派一名大将领兵渡过渭水去占据街亭（今甘肃庄琅东南）。街亭是当时西北地区的战略重镇，地势十分险要，占据街亭可以切断魏军进入陇西的道路，并可直接东下进入长安，因此诸葛亮很重视蜀军前锋的人选。众人都认为久经沙场的宿将魏延或吴懿是最合适的，诸葛亮正在迟疑的时候，大将马谡毛遂自荐了。

但是马谡驻守街亭后，并没有听诸葛亮的话，也不听部下王平的劝，没有将大军守在险要的地方，而是驻扎在山上。他的错误被张郃发现了。王平见劝不动马谡，于是让马谡给了他一千人，在山附近扎营。张郃带兵围住了山，时间一长，蜀军饥饿难耐，张郃看准时机，发动猛攻，蜀军抵挡不住，马谡大败而逃，士卒纷纷离散。王平见此情形，叫士兵拼命敲鼓，装出进攻的样子，张郃军队不敢靠近他们，王平这才率领军队从容撤退，一路上还收留了不少马谡的散兵。

街亭失守使蜀军失去了重要的据点和有利地形。这时在箕谷的蜀军也由于人数少，作战失利。还好有赵云敛兵固守，不仅没有大的损失，还带回了很多战利品。

诸葛亮意识到，连续的失败使蜀军士气低落，暂时不能再打了，于是撤兵回汉，在回师途中，将西县（今甘肃天水西南）的一千多家老百姓迁往汉中地区。不久，天水、南安、安定三郡又归附曹魏。这样，

『鞠躬尽瘁』——三国时期蜀汉丞相诸葛亮

第一次出祁山就以失败告终。

诸葛亮退回汉中后，为严肃军纪，挥泪忍痛把违反军令、导致战争失败的马谡处死（马谡时年三十九岁）。马谡在临死前向诸葛亮托孤。后来，诸葛亮对待马谡的儿子，就像对待自己的儿子一样。

在这次北伐中，赵云的部队虽然战败但是没有散乱，粮草军资也没有丢弃，跟赵云一起出箕谷的将领邓芝向诸葛亮说，全靠赵云在后面压阵，刺死了魏军前锋苏隅，震慑了敌人，所以才能从容地退回来。

诸葛亮见赵云带回的绢帛很多，建议他把东西分给部下。赵云说："军队没有打胜仗，为什么要赏赐呢？请把这些东西寄存在赤岸的仓库里，等到十月再作赏赐吧。"诸葛亮因此非常敬佩赵云。

街亭战中，王平劝阻了马谡，在马谡大败而逃时，又收留了马谡手下的散兵，减少了蜀军的损失，诸葛亮因此提拔他为参军。与此同时，诸葛亮把有关责任者将军张休、李盛处死，夺了将军黄袭的兵权，赵云在另外一个战场也作战失利，由镇东将军贬为镇军将军。

诸葛亮赏罚分明，以身作则，街亭的失守使他感到自己用人有误，作为军事统帅，自己有不可推卸的责任，于是上表自贬三级，后主刘禅以其为后将军，行丞相事（失去了丞相的官阶，但是做丞相的工作）。

第一次北伐失败后，诸葛亮一方面总结经验教训，一方面奖赏有功的人员，抚恤阵亡将士的家属。同时休整军队，厉兵讲武，等待再次出兵。

次率军北伐。蜀军此次出大散关，围攻陈仓二十余日不下，粮尽而退。

建兴七年（公元229年），诸葛亮第三次率军北伐。蜀军向西取得了魏武都、阴平二郡，并对当地的少数民族进行了安抚，然后率主力又退回汉中。这两次北伐，都局部地取得了一些胜利。后主刘禅认为诸葛亮立了功，就下诏恢复了诸葛亮的丞相职务。

在这一时期，诸葛亮与李严的矛盾成为引人关注的焦点。本来他们两人同受刘备托孤，共为辅臣。直到建兴四年（公元226年），两人关系还比较好，诸葛亮在致别人的信中还称赞李严。但不久后，李严写信给诸葛亮，建议诸葛亮利用掌握朝政大权的便利，像曹操那样晋爵封王，这样他也能捞到若干好处。诸葛亮对此非常生气，在回信中狠狠批评了李严一通。

不久，诸葛亮在即将伐魏前命令李严带着所辖的两万军队来镇守汉中。李严却讨价还价，要诸葛亮从益州东部划出五郡设立江州，让他当江州刺史，致使诸葛亮的调动未成功。诸葛亮以大局为重，妥协了。

建兴七年（公元229年），陈震在出使东吴前，专门找诸葛亮汇报李严的敲诈问题，特别谈到李严早年在家乡为官时的一些劣迹，但没有引起诸葛亮的足够重视。

建兴八年（公元230年），曹军欲三路攻蜀，诸葛亮再次要李严带两万军队到汉中坐镇，李严又讨价还价。诸葛亮又作出让步，任命李严儿子为江州都督督军，接替李严调走后的工作，李严这才执行调动命令。

建兴九年（公元231年），诸葛亮第四次伐魏，命李严在汉中负责后勤供应。李严未及时筹集到粮草，便写信给诸葛亮说皇上命令退兵。诸葛亮退军后，他又欺骗朝廷说此次退兵是为了诱敌。当诸葛亮回来后，他又故作惊问："军粮已经够用，为何突然退兵？"于是，诸葛亮在上朝时拿出李严的书信为据，与许多将士一道签名上表，弹劾李严，将他免为庶人，流放到梓潼。

建兴十二年（公元234年）二月，诸葛亮第五次北伐。蜀军开始自汉中沿斜谷向关中地区进兵。由于秦岭谷道崎岖难行，直到四月蜀军才到达关中一带。诸葛亮从第三次北伐开始，改变了基本战略——不以夺占魏国城市为重点，而是以围困魏国战略要地诱使魏军来援，自己控制强大的机动兵团以求在野战中歼灭魏军主力。此次战役中诸葛亮依然采取这一战略，希望寻求魏军主力决战。此时，魏国司马懿率军渡过渭河，在渭河南背水筑垒坚守。

此次出兵，蜀汉事先与东吴约好同时攻魏。但东吴迟迟不发兵，迄至五月，孙权才派陆逊、诸葛瑾率兵屯江夏、沔口（今湖北汉口），进攻襄阳，孙权自己则率大军围攻合肥新城。

对此，魏明帝的策略是先挫败东吴。魏明帝亲率水军东征，让西守的司马懿坚守不战，让蜀军粮尽自退。但当孙权得知魏主的意图后，认为自己一方成了主战场，吃了亏，即令全线撤军。

司马懿认为，若蜀军西上五丈原，则对魏军构不成什么危险。五丈原位于现在的陕西宝鸡市岐山县境内，南依棋盘山，北临渭河，东西两面为河流冲的深沟，地势险要。

魏将军郭淮认为蜀军下一步会从五丈原北进，占领北原，以切断陇道，威胁魏国的陇右与关中之联系，迫使魏军与其决战，因此建议魏军抢先占领该地。司马懿于是派郭淮率部进占北原。

诸葛亮率军出秦岭谷道后，看到魏军已经沿河筑垒坚守，于是西上五丈原。

当郭淮占领北原正在修筑堡垒时，蜀军前军已经开始向北原进攻了。在郭淮发起反击后，蜀军占领北原的计划没有成功。

接着，诸葛亮率大军假装向西前进，许多魏将均认为蜀军将进攻西面的防区。郭淮判断蜀军如此明显地西进，必定是声东击西，希望魏军主力西援，好趁机向东进攻阳遂。果然后来蜀军趁夜猛攻阳遂，由于魏军已有准备而没能成功。

这时的形势是，蜀军在五丈原一带的渭河南岸地区占据了一块阵地，其东面是司马懿的主力沿渭河一线筑垒坚守，其北面是郭淮军依托北原的地势筑垒防御，其西面是坚固的陈仓要塞，只有南面是通往汉中的斜谷。

从五月到八月，诸葛亮多次向魏军挑战，但是魏军坚守不出，这样渡过了一百多天。期间，诸葛亮考虑到魏军希望等蜀军粮尽自动撤兵，鉴于以往的教训，命令蜀军分兵屯田，打算久驻。

234年八月，诸葛亮终因多年积劳成疾，突患急病，病逝五丈原，时年五十四岁。

司马懿得到诸葛亮病死的消息，准备发起追击，结果被蜀军打出的诸葛亮旗号所欺骗，担心诸葛亮是诈死，自己中了蜀军的诱敌之计，便放弃了追击。

等到司马懿得知诸葛亮已死的确实情报后，蜀军已经安全全线撤走。当司马懿进兵诸葛亮指挥作战的地方时，看到蜀军阵地之险要，惊叹道："诸葛武侯真乃天下奇才也。"

后人为了纪念诸葛亮，在五丈原修建了寺庙。五丈原作为三国时诸葛亮的最后一个战场，由此闻名于世。

此次北伐战役自234年二月到八月共历时七个月，到此全部结束。

诸葛亮前后五次北伐中原（另有说法是诸葛亮一生六次北伐），最后免不了以失败告终，上演了"出师未捷身先死，长使英雄泪满襟"的千古历史悲剧。

当时曹魏有统一的中原大地，后方安定，兵多将广，经济力量充足。蜀汉虽然在刘备死后，经过诸葛亮的苦心经营，政治比较稳定，经济也有所发展，但是同魏国相比，根基不足，想后发制人，力量依然悬殊。此外，曹魏中原之地人力、物力极为充足，战线不仅广阔，而且有回旋余地。蜀汉地处关中地区，易守难攻，西蜀北伐通常战线太长，千里运粮，补给困难，国力、民力很快耗尽，一旦断粮，不战自退。诸葛亮的数次北伐皆因粮草问题而败归。

就将才来说，诸葛亮本人当然是奇世之才，才智超群，蜀汉早期又有关羽、张飞、黄忠、赵云等华夏名将，实力雄厚，但是与曹魏相比还是弱了些。到了后期，早期名将逐一去世，再加上长期征战，西蜀本来就地狭人少，人才匮乏，最后竟然出现了"蜀中无大将，廖化做先锋"的艰难局面。反观曹魏地广人众，人才济济，才智之士不断涌出，能征惯战的将才源源不断。

蜀汉早期因为有明主刘备，更有贤相诸葛亮，朝廷上下政治修明，国家势力稳固。后期虽然有诸葛亮、姜维辅佐，但是后主昏庸，国家势力减弱。第五次北伐时，蜀国内部出现动摇，宦官开始酿祸。而曹魏虽有曹氏、司马氏的权力争斗，但是政治法度始终比较稳定，国家治理井井有条，国力始终保持强盛之势，在这种形势下，西蜀怎么会有可乘之机呢？

既然蜀国当时不存在北伐魏国统一全国的条件，那么诸葛亮为什么还要多次进行北伐呢？

当诸葛亮第一次与刘备论天下形势时，便拟定了占领荆益二州，安抚益州西部诸戎、南部夷越，整顿内政，外与孙吴结好，等候北方有变，两路出兵进攻魏国，从而平定天下的战略方针。这个方针虽然几经挫折，特别是关羽大意失荆州，致使诸葛亮两路出兵进击中原的计划流产，但诸葛亮仍然矢志不渝，不改北伐之心。

刘备是汉室后裔，他生前立志要消灭曹魏政权，复兴汉室，可是这个宏愿尚未实现他便死去了。诸葛亮受其临终嘱托，始终把消灭曹魏、

『鞠躬尽瘁』——三国时期蜀汉丞相诸葛亮

恢复汉室作为向刘备报答知遇之恩的回馈。他向临终的刘备涕泣表示，愿"竭股肱之力，效忠贞之节，继之以死"。

后来，出师北伐前夕，诸葛亮在给后主刘禅的《出师表》中说："先帝知臣谨慎，故临崩寄臣以大事也。受命以来，夙夜忧叹，恐付托不效，以伤先帝之明。故五月渡泸，深入不毛。今南方已定，兵甲已足，当奖率三军，北定中原，庶竭驽钝，攘除奸凶，兴复汉室，还于旧都。此臣所以报先帝而忠陛下之职分也。"可以说，北伐魏国，匡扶汉室，统一天下既是诸葛亮平生夙愿，也是为了实现刘备复兴汉室的遗愿，同时是蜀国统治集团始终不渝的方针。

三国时代，社会动荡，仁君、奸臣、勇将、谋士纷纷登台亮相，也有醉月飞花的美貌佳人改写历史。

史书记载，诸葛孔明是"少有逸群之才，英霸之气，身长八尺，容貌甚伟，时人异焉"。按照古代的单位统计，诸葛亮的身高估计有一米八四左右，这样的身高，就算在现代，也算是十分高大，加上他兼有英霸之气，容貌甚伟，算得上是一名才貌双全的奇男子。

奇男子诸葛亮的择妻故事向来为人所津津乐道，这皆是因为诸葛亮在隆中的时候娶了当地名士黄承彦的女儿为妻，而这位黄氏夫人并非一个相貌出众的人，而是一个丑女。

诸葛亮父母早亡，由叔父抚养成人。叔父亡故后，大哥诸葛瑾远赴东吴做官，姐姐诸葛惠远嫁到南彰，家中只剩下诸葛亮和他的弟弟诸葛均。此后诸葛亮过着"苟全性命于乱世，不求闻达于诸侯"的隐居生活，转眼之间就二十五岁了。

在今天看来，一个男人二十五岁尚未婚配，实在是稀松平常的事。但是在古代，尤其在兵荒马乱的年月，一般人通常在十五六岁，甚至十三四岁就已经结婚了，像诸葛亮这样二十五岁还未成家就显得有些格格不入了。

以诸葛亮的自身条件，必定是名门世家选择乘龙快婿的理想对象。南阳黄承彦是诸葛亮敬重的亦师亦友的名士，黄承彦有一女儿名叫黄硕（也称黄月英），传说她身体壮硕，人如其名，黄头发、黑皮肤，总之相貌丑陋。

黄承彦很是欣赏诸葛亮的才干，他看准诸葛亮的心思，认为诸葛亮之所以对大家闺秀与美貌佳人都不屑一顾，唯一可以解释的理由就是他志在邦国，淡泊寡欲，需要的是一位才德俱备的贤内助。

黄承彦有意将女儿许配给他，就当面替自己的女儿说亲。谁知诸葛亮当即就允诺了。

看似随便的一答，实际上诸葛亮是经过深思熟虑的。诸葛亮对于黄承彦的道德文章，早已了解，对于黄硕的情况也略有所闻。对于他中意黄硕的过程，有这么一个故事。

传说早在先前，他去黄承彦家拜访时，黄承彦已作了充分准备，老早就吩咐家人："只要诸葛相公一到，不用通报，请其径行登堂入室。"这是一项特殊的礼遇，说明黄家把诸葛亮当成自己人看待。

诸葛亮兴冲冲地昂首而入，不料堂屋两廊间突然窜出两条猛犬，直往客人身上扑来，里厢闻声而出的丫环连忙朝两只猛犬的头上拍了一下，霎时两只猛犬就停止了扑跃之势；再把它们的耳朵拧一下，两只凶猛的猎犬竟然乖乖地退到廊下蹲了下来。仔细一看，原来这两只猛犬都是木头制的机械狗，诸葛亮不禁哑然失笑。

黄承彦盛情款待诸葛亮，诸葛亮盛赞两只木犬制作精巧。黄承彦哈哈大笑，说："木犬是小女没事时闹着玩的，不想累你受惊了，真是抱歉得很啊！"诸葛亮这才知道，原来木犬是黄家小姐制作的，他感到很惊奇。

席间，他游目四顾，见壁上一幅《曹大家宫苑授读图》。黄承彦立即解释："这画是小女信笔涂鸦，不值得行家一笑的。"接着他指着窗外如锦繁花说："这些花花草草也都是小女一手栽培、灌溉、剪枝、护理的。"

通过木犬、图画、花草，诸葛亮内心深处已经对黄家小姐的模样与才干暗自赞许了，他知道这就是他追求的目标。

诸葛亮把黄硕娶回家门，从外表看来，夫妇并不相配。他的邻居们以貌取人，甚至作了首打油诗来嘲笑孔明："莫作孔明择妇，只得阿承丑女。"他们哪里知道，诸葛亮正是得其所哉，庆幸自己娶到了一位贤德的媳妇呢。

黄硕到诸葛亮家后，亲操杵臼，兼顾农桑，里里外外的粗活儿与琐事，都按部就班地处理得妥妥帖帖。尽管外人认为黄氏其貌不扬，但她出生于名士世家，自幼受到良好的学术熏陶，有着寻常女子无可比拟的妇德和才情，不但做事干净利落，每当春花盛开或秋月皎洁的当晚，也能出言不俗地与丈夫娓娓清谈，堪称孔明的知己。

不止是诸葛亮本人受到了这个丑媳妇无微不至的照顾与侍候，就连他的朋友博陵崔州平、汝南孟公威、颖川石广元及徐庶等人，在隆中诸葛亮的茅屋盘桓期间，也时常受到这位嫂子亲切的照顾，人人都有宾至如归的感觉。久而久之，远近邻居对诸葛亮丑媳妇的态度逐渐改变，从嘲笑变成敬重。

诸葛亮的婚后生活并没有维持很长，随后他便出仕刘备，跟随刘备在各地辗转奔波。益州平定后，诸葛亮在成都安家，黄氏夫人很有可能在这个时候随夫入蜀。

不知是什么原因，诸葛亮在担任丞相的时候，夫妇间依然无子。这时的诸葛亮可能为无人继承自己的志向而担忧，故向东吴的大哥诸葛瑾提出请求，要收养诸葛瑾的二子诸葛乔。

诸葛瑾生子诸葛恪、诸葛乔，经鲁肃推荐，为东吴效力。诸葛瑾为人胸怀宽广，温厚诚信，得到孙权的深深信赖，他努力缓和蜀汉与东吴的关系。吕蒙去世后，诸葛瑾代吕蒙领南郡太守，驻守公安。孙权称帝后，诸葛瑾官至大将军，领豫州牧。

诸葛亮虽然与诸葛瑾各仕一主，但是兄弟感情相当好。在荆州问题上，诸葛亮与诸葛瑾代表各自的君主作最后谈判的时候，两人都本着公私分明的理念，据理力争，高洁人品受到了世人的推崇。也因为如此，两人在各自的国家都备受信任。

诸葛瑾在得到孙权同意之后，将诸葛乔遣赴蜀中，此时诸葛乔年纪在二十岁左右。诸葛乔被评价为"与兄元逊，俱有名于时。论者以为乔之才不及兄，而性业则过之"。元逊指的是诸葛瑾的长子、诸葛乔的大哥诸葛恪，诸葛恪自小相当聪明，颇有才华，但是其父诸葛瑾却十分担心，觉得他非保家之子，常以此忧虑。事实也证明了诸葛瑾的忧虑是正确的，诸葛恪在孙权死后掌握了吴国政权，后来又为政敌所杀，他确实成为吴国诸葛世家毁灭的根本原因。

诸葛世家代代很重品德，诸葛亮与诸葛瑾公私分明的工作态度，更加凸显两人高尚的品德。诸葛乔到了蜀国之后，改字柏松，不久官封驸马都尉。北伐的时候，诸葛亮也把诸葛乔带在身边，让他与诸将子弟一起工作。诸葛亮在给诸葛瑾的书信中也提到："乔本当还成都，今诸将子弟皆得传运，思惟宜同荣辱。今使乔督五六百兵，与诸子弟传于谷中。"

诸葛亮让诸葛乔在军中历练，对他怀抱有很大的期望，希望他能继承自己的志向。可惜的是，诸葛乔在二十五岁之龄早折，诸葛亮的期望便落空了。

诸葛乔死前二年，诸葛亮有了亲生儿子，名瞻，字思远。从亲生儿子的名字看来，诸葛亮对诸葛瞻的期望溢于言表。

诸葛瞻从小就是个很聪明的小孩，但是诸葛亮也有些担忧，他在给其兄诸葛瑾的书信中提到："瞻今已八岁，聪慧可爱，嫌其早成，恐不为重器耳。"在诸葛亮留给儿子的《诫子书》中，更是包含了相当大的教育意义，其文如下：

"夫君子之行，静以修身，俭以养德。非淡泊无以明志，非宁静无以致远。夫学须静也，才须学也，非学无以广才，非志无以成学。淫慢则不能励精，险躁则不能治性。年与时驰，意与日去，遂成枯落，多不接世，悲守穷庐，将复何及！"

《诫子书》短短几行字，包含的道理十分深刻，影响后世深远的"淡泊明志""宁静致远"的名言就是从《诫子书》中所取。此书虽然是教导其子的作品，但是诸葛亮的人品、作风可从中一览无遗，这恐怕也是诸葛亮一生持之以恒的做人道理吧。

诸葛亮离世时，诸葛瞻年仅八岁。诸葛瞻作为诸葛亮之子，自幼受到良好家教的陶冶，品德修高，在书法和绘画艺术上均有一定造诣，是三国时代屈指可数的才子之一。诸葛瞻十七岁时娶蜀汉公主，历任骑都尉、羽林中郎将、射声校尉、侍中、尚书仆射、军师将军等，后期还曾担任宰相。

在诸葛亮死后，蜀国人还是很记挂这位杰出的名相，同时也崇敬、爱惜诸葛瞻的品德、情操及才华，凡是有了重大的政绩，都归功于他，说是他建议倡导的。诸葛瞻得到的盛誉，与其说是其才能突出，不如说是诸葛亮的遗德所致。

后来蜀国黄皓乱政，国政为之而乱，朝廷几乎成了黄皓一人的天下。更兼有姜维每年皆伐，国势日衰。此刻诸葛瞻身处高位却未能做一点补救措施，终究未能成为诸葛亮所期盼的辅国人才。

蜀汉后主景耀六年（公元263年）冬，魏将邓艾自阴平由景谷道（今甘肃文县南）小路入川，诸葛瞻率领诸路军马至涪（今四川绵阳东）停驻，其先头部队被魏军打败，只好退军驻守绵竹。

此时，邓艾又遣使送信给他，劝降说："若你投降的话，可以上书魏王奏请你为琅邪王。"

诸葛瞻看了信件后大怒，斩了邓艾派去的使者。接着他率兵迎战魏军，最终战败死于沙场，终年三十七岁，其长子诸葛尚与诸葛瞻在此战中一同战死。邓艾怜其父子忠烈，将诸葛瞻父子合葬。

诸葛瞻虽然未能实现诸葛亮的遗愿，成为诸葛亮所期望的人，但最终继承了其父忠贞报国的志向，也算是对得起黄泉中的诸葛亮了。

诸葛瞻、诸葛恪死后，蜀国和东吴的诸葛世家也分别随之没落，再也没能在以后的历史中出现一位闻名于世的人物。

在中国历史上，三国时代的诸葛亮在历代人民的心中都有着让人无限景仰的传奇地位。

西和诸戎，南抚彝越，结孙权，修政理，运筹于帷幄之中，决胜于千里之外，诸葛亮一生谦虚谨慎，认真尽职，雄才大略，智谋无双，他的辉煌表现足以照亮青史，使东汉末年的魏、蜀、吴三国演绎了一段又一段荡气回肠的历史故事。

诸葛亮一生为人洁身修好，严于律己。街亭之役，马谡失误造成败局，但他主动承担责任，自贬三级，并几次发布鼓励将士直言敢谏的文告，要求大家批评自己的过失和缺漏。在他执政期间，如果出现失误，他首先自省自律，绝不诿过他人。李严等人罪责虽然深重，但他都引咎自责，检讨自己的过失。

身为蜀国军师和丞相，诸葛亮知人善任，以宽广的胸怀为蜀国选拔了大批人才。他取士用人的标准是德才兼备，不讲门第资历，大胆地授以要职，委以重任。为了广揽俊才，诸葛亮曾下令在成都南郊筑招贤台。刘备死后，他重用了一批德才俱佳的卓越人才，如蒋琬、李邵、马勋、宗预、杜微、马忠、秦宓、董允等，被人们赞为"德举"。

在《前出师表》中，他从"亲贤臣，远小人"的原则出发，向后主郑重推荐了董允、向宠等，其心之公明纯正实所罕见。诸葛亮所重用的文武大员中，既有荆楚之士，又有蜀地人才，既有刘璋旧部，也有魏国降将，从无结党之弊，大有包容一切之襟怀。何祗原为蜀郡太守杨洪手下的一个书佐小吏，杨洪原来也是犍为郡（今四川彭山、乐山、宜宾一带）太守李严之功曹小吏，诸葛亮不拘一格，先后将何、杨二人擢为太守，与李严同列。

在政事治理上，诸葛亮除在《隆中对》中提出了刘备政权的长期战略与外交规划外，早期常为刘备足食足兵。等到他开始独掌蜀汉军政大权以后，则以"法"为根本，带人制定法典《蜀科》，还拟出《八务》《七戒》《六恐》《五惧》等科条。当时诸葛亮治蜀刑法颇严，朝内纪律严明，朝外也民风朴实，在中国古代极为罕见。

诸葛亮很重视都江堰水利工程，创设"堰官"专职管理，采用以农养战、耕战结合的政策，解决军粮问题。他对手工业也非常关注，恢复盐铁专营，并亲自到现场视察利用天然气煮盐的情况；在成都城内设置"锦官"，专门管理织锦业，后世称成都为"锦官城"即源于此。诸葛亮不仅从征战的角度推动生产发展，更重要的是从稳定人民生活出发来着手制定政策，发展生产，其结果是蜀地"田畴辟，仓廪实，器械利，蓄积饶"，一片繁荣安定景象。

诸葛亮在技术发明上也有灵巧的构想，曾发明损益连弩（又称诸葛弩、元戎）、木牛流马、孔明灯等。诸葛亮推演兵法创作的八阵图，直至唐代名将李靖仍十分推崇。

诸葛亮位极人臣，不为名利权欲所惑，不以权势谋私利，也不居功自傲。他在割据一方的政权中大权独揽十余年，但是从不敛财，只靠俸禄为生，一生只以兴复汉室为任。

蜀汉另一位托孤重臣李严曾写信给诸葛亮，希望他受赐九锡，但诸葛亮拒绝了，他表示不能为汉室收复中原就不算有功。

诸葛亮曾上表说自己没有多余财产，只有八百株桑树、十五顷田地，而自己吃的、穿的都是朝廷给的，没有一点多余的私产，甚至在临死前，也吩咐属下下葬时挖一个墓坑，只要棺木能放进去便足够，自己穿平常的服装入殓，不许陪配贵重葬物。

在受刘备托孤后，诸葛亮一直对刘禅尽心尽力，做事亲力亲为，忧

公如家。他在《出师表》中表明心迹，一生踏踏实实，兢兢业业，事必躬亲，夙夜忧虑，振兴蜀汉，统一中国，直至最后病死军中。这种国家兴衰高于个人荣辱，其忠心不二，效死知己，堪称中国历代忠臣良吏之典范。

在历代文人笔下，诸葛亮有通天彻地的才干，有扭转乾坤的力量，他神机妙算，料事如神，草船借箭，借东风赢赤壁之战，六出祁山，七擒孟获，威震八方，连宿敌司马懿也不得不叹"真乃神人也！"他的头脑里有着层出不穷的智谋和计策，不管面对多么困难复杂的情况，均能应付自如，无论多么隐秘狡诈的伎俩，一眼就能识破。他远观近察，洞悉人情，精通世故，计无不中，算无遗漏，可谓人中之杰。在人们心中，他成了智慧的化身，甚至后世把他称为"智圣"。

诸葛亮病逝五丈原的消息传入蜀中之后，蜀国人痛哭流涕，并包白巾纪念，至今蜀人仍有包白头巾的习惯。

曾因骄奢无度而被诸葛亮奏明后主刘禅，而后被废为庶民的前任长水校尉廖立正徙放于汉山，听到噩耗，大为哀痛地表示："诸葛丞相死，我一辈子都要老死在这儿了！"

因伪造军情而被废为庶民的前尚书令李平被流放后，经常对友人表示，相信有一天诸葛亮一定会原谅他而再度重用他，听到诸葛亮去世的消息，竟然伤心得发病而死。

原蜀中老臣张高，本来对以空降身份掌握益州大权的诸葛亮颇不服气。但在出任丞相长史，和诸葛亮朝夕相处后，不禁感叹道："明公（诸葛亮）有赏时，远方之人只要有功，绝不会被遗漏；惩罚时，只要有罪，再亲近者也逃不掉；爵位绝不予无功之人，刑罪也不避尊贵大官，所以贤人、愚人均可感受他的大公无私而努力工作，不去计较个人利害。"且不以成败论英雄，光是这种让政敌都感动的磊落政风，诸葛亮的确称得上古今难得的大政治家。

"……亲贤臣，远小人，此先汉之所以兴隆也；亲小人，远贤臣，此后汉之所以倾颓也。……臣本布衣，躬耕于南阳，苟全性命于乱世，不求闻达于诸侯……"《出师表》中，诸葛亮希望用一个臣子的忠心唤起后主刘禅平天下的雄心。但很遗憾，刘禅眼中看到的不是锦绣河山，而是笙歌达旦。

明知后主刘禅是扶不起的阿斗，诸葛亮只好把所有的责任背负在肩上，顶着困难，踏上这条不归的忠君事主的丞相路。七年北伐，犹未踏入中原半步，饮马黄河也变成了南柯一梦，徒增后人一声长叹！有谁看得见他轻摇鹅毛扇背后的无奈，谁又听得到他遥望蜀道寒云时发出的那声辛酸的叹息呢？

　　当五丈原的秋风吹落满树枯叶时，一代贤相带着遗憾走了，带着对先主知遇的愧疚走了，锦官城的片片降幡也宣告着他苦心经营的蜀汉帝国终究瓦解的命运。

　　一个人可以谋定天下，却不可以成就天下。帝王之业不是一个人可以确立的，而是需要无数人的共谋、无数次的浴血纷争，才能成就寸土江山。但遗憾的是刘氏一家把一统的希望全部寄托在了诸葛亮的身上，而他骨子里那种忠君事主的思想也让他把自己的一生缚在了刘氏的江山上，鞠躬尽瘁，死而后已，这也就注定了他"出师未捷身先死，长使英雄泪满襟"的可叹结局。

　　千古名相诸葛武侯，其情，苍天可表，其义，大地为之动容，其智慧，千百年流传颂扬，其忠诚，为后世人所深深景仰。正如元微之有赞孔明的诗曰："拨乱扶危主，殷勤受托孤。英才过管乐，妙策胜孙吴。凛凛《出师表》，堂堂八阵图。如公全盛德，应叹古今无！"诸葛亮不愧是中国古代智慧第一、忠心无二的杰出的政治人物！

「鞠躬尽瘁」——三国时期蜀汉丞相诸葛亮

"良相谋臣"——唐太宗宰相房玄龄

🌸 宰相小传

房玄龄，名乔，字玄龄。齐州临淄（今山东淄博）人。房玄龄从小在家中受到良好的教育，他博览经书，开皇十六年（公元596年），"举进士，授羽骑尉，校群秘书省。"他跟随秦王李世民艰苦征战，尽心尽力辅佐太宗。房玄龄智功勋卓越、地位显赫。但他善用人才、任人唯贤，具有良相的风格气度。

隋炀帝大业十三年，太原留守李渊在太原起兵反隋，率军三万，进兵关中。李渊军队横渡黄河后，兵分二路。一路由李建成驻守送关，以防隋军救授；一路由李世民率军西进，占领渭北，逼近长安，李渊父子举兵反隋，得到人民的支持，一路势如破竹，沿途归顺者很多。

富有政治眼光的房玄龄，眼见隋朝大势已去，下定决心投奔李渊父子。他来到渭北军门拜见李世民，正好李世民广求贤才，收纳天下英俊，两人一见如故，李世民当即拜房玄龄为渭北道行军记室参军，成为他帐下的主要谋士。当年十一月，唐军攻占隋都长安第二年五月，李渊灭隋，做了皇帝，改元武德，是为唐高祖。武德元年（公元618年）六月，立李建成为皇太子，封李世民为秦王，李元吉为齐王。李世民拜房玄龄为秦王府记室，封临淄侯，李渊在长安建立唐政权后，以关中为基地，进行统一全国的战争。

李渊任命李世民挂帅，向各个地方割据势力和农民起义军进攻。房玄龄随同李世民转战南北，运筹帷幄，取得一个又一个的胜利。武德六年十一月，首先消灭了陇西的割据势力薛仁杲；武德三年（公元 620年）又打败了割据西北的刘武周。占领山西后，李世民继续挥师东进，进攻盘据洛阳的王世充。王世充被围，急忙向河北农民起义军窦建德求援。窦建德亲率十多万大军，火速开往洛阳，水陆并进，势不可挡。李世民让李元吉围困洛阳，自己则亲率精兵三千截击窦建德。

汜水一战，唐军大获全胜，窦建德受伤被俘。王世充眼见大势已去，只得投降了唐朝。武德五年（公元 622 年），李世民又继续镇压了窦建德余部刘黑闼。于是在短短的四五年间，李世民东征西讨，消灭了各种反唐势力，为唐王朝的统一，立下了赫赫战功。房玄龄随军出征，尽心辅助秦王，作出了卓越贡献。

在唐王朝的统一战争中，唐军每攻克一城池，诸将往往把眼光盯住库里的珍贵宝物。唯有房玄龄却不是这样做，他每到一地就首先物色人才，招入幕府，和他们结为朋友，千方百计将他们搜罗到秦王府来，这些人后来为李世民效劳，大大加强了秦王府的实力；这些人后来都能出死力帮助李世民夺得帝位。李世民说："汉光武得邓禹，门人益亲，我今有龄，犹禹也。"在各地征战中，房玄龄作为秦王府的记室，撰写了不少军书、表奏，他的文章"文约理赡"，又快又好，深得高祖李渊的赏识。

唐王朝统一全国的战争结束后，其内部又出现了新的一场战争。

武德末年，太子李建成与秦王李世民围绕着储位问题的激烈竞争，很快由暗争发展为明斗，势如水火，互不相容。在唐王朝的创建过程中，李世民立下了汗马功劳，无论太原起兵、进军长安，还是东征西讨，削平群雄，他都立下赫赫战功。司马光说："高祖所以有天下，皆太宗之功。"李世民才能出众，这也是无可争辩的事实。房玄龄曾说他："箭穿七札，弓贯六钧，加以留情坟典，属意篇什，笔迈钟、张，词穷贾、马。"他的父亲李渊对李世民的才干也是赏识的。在太原起兵时，曾面许李世民："若事成，则天下皆汝所致，当以汝为太子。"太子李建成虽没有像李世民那样的赫赫战功，但他自起兵太原，镇守道关，南进长安，东出洛阳，也立过一定的战功。再加上他位居东宫，联合其弟李元吉，其得到帝位的自然条件是相当优越的。

有锐敏政治眼光的房玄龄，对李世民兄弟之间事态的发展看得一清

『良相谋臣』——唐太宗宰相房玄龄

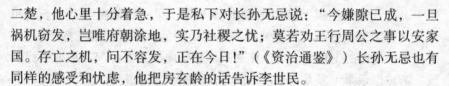

二楚，他心里十分着急，于是私下对长孙无忌说："今嫌隙已成，一旦祸机窃发，岂唯府朝涂地，实乃社稷之忧；莫若劝王行周公之事以安家国。存亡之机，间不容发，正在今日！"（《资治通鉴》）长孙无忌也有同样的感受和忧虑，他把房玄龄的话告诉李世民。

李世民深感忧虑，召房玄龄共同议事。房玄龄与杜如晦劝李世民尽快动手，诛杀李建成和李元吉，但李世民仍犹豫不定，李建成、李元吉为了除掉李世民，首先第一步就是清除李世民身边的人，他先用收买、拉拢的办法想将秦王府的勇将谋臣拉过去，没有获得成功。继而又在李渊面前中伤、挑拨，李建成最忌恨的就是房玄龄、杜如晦，结果，李渊偏听偏信，下令把房玄龄、杜如晦逐出秦王府，武德九年（公元 626 年）夏，突厥兵犯边，按惯例，大都由李世民督军御敌，但此时，李建成却提议由李元吉和李艺出征，以阻止李世民掌握兵权同时，李元吉还征调秦府将领尉迟敬德、程知节、段志玄、秦叔宝前往，借此把秦府精兵抓到自己手中。事成之后他们决定再来谋杀李世民。

李世民得知此事后，立即召集内弟长孙无忌、舅舅高士廉、尉迟敬德、侯君集等商议。尉迟敬德怂恿说："王今处事有疑，非智；临难不决，非勇。"李世民又秘密召回房玄龄和杜如晦，令二人穿戴道士服潜入秦府，共同议事。

房玄龄说："大王功盖天地，当承大业；今日忧危，乃天赞也，愿大王勿疑，"经过周密的策划，武德九年六月四日，李世民暗中在玄武门设下伏兵，射杀了李建成和李元吉，取得了"玄武门之变"的成功。

"玄武门之变"后，李渊把军国大事完全委托给李世民处理，并立李世民为太子。接着，李世民拜房玄龄为右庶子，不久，又提升房玄龄为中书今，当上了宰相。

八月，李渊把帝位传给李世民，李世民即皇帝位，改年号为贞观。

唐太宗即位后，对等论功行赏，房玄龄、杜如晦等五人功居第一。李世民的叔父、淮安王李神通不满，说："臣举兵关西，首应义旗，今房玄龄、杜如晦等专弄刀笔，功居里上，臣窃不服。"唐太宗说："叔父虽首唱举兵，盖自营脱祸。乃窦建德吞噬山东，叔父全军覆没，刘黑闼再合余烬，叔父望风败北，玄龄等运筹帷幄，坐安社稷，论功行赏，固宜居叔父之先。"说得李神通理屈词穷，羞愧无言，贞观三年（公元

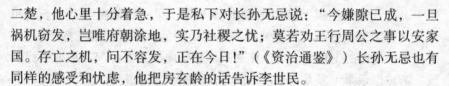

中国历代名相

ZHONGGUOLIDAIMINGXIANG

629年）二月，房玄龄改任尚书左仆射。唐初的左右仆射就是宰相。房玄龄是位卓越的实干家，在他的努力下，一批出色的高级官员被陆续荐举给朝廷。他担任宰相后，首先裁减大量的冗员。

唐太宗曾对房玄龄说："官在得人，不在员多。""若得其善者，虽少亦足矣；其不善者，纵多亦奚为。"根据唐太宗的诏令，房玄龄在贞观初年对在职官员进行大量裁并，全国根据地理位置的划分，设十道，三百余册，这是贞现初年全国性的一次重大行政改革，房玄龄不仅果断地裁去大量冗员，而且能因才授任、选贤任能。唐太宗重视选才用人，他认为"致治之术，在于得贤"。他确定宰相的首要职责是求访贤才，他曾对房玄龄和杜如晦说："公为仆射，当广求贤人，随才授任，此宰相之职也。"唐太宗还下令把宰相担负的具体政务交给左右丞处理。

宰相集中精力处理大事和挑选人才，这为房玄龄选贤任能创造了极好的条件。早在秦王府时，房玄龄就发现杜如晦聪明识达，有助王之才，就向秦王李世民推荐："必欲经营四方，非此人不可。"李世民说："尔不言，几失此人矣厂从此。"李世民开始重用杜如晦。后来果然证实，杜如晦辅佐太宗，功勋卓著。

房玄龄选用人才，重才也重德，他推荐的李大亮，不但文武全才，而且品德优异。房玄龄本人则为官清廉，生活俭朴，竭心奉公，"每当宿值，必通宵假寐"，房玄龄称李大亮"有王陵、周勃之才，可以当大位"，唐太宗拜任李大亮为左卫大将军、兼领太子右卫军，又兼工部尚书，身居三职，甚为器重，薛收是个卓有文才的读书人，经房玄龄的推荐，为太宗任用，太宗召见，"问以经略"，薛收"辩对纵横，皆会旨要"，太宗征伐时的檄文、捷报，大多出于薛收之手，可惜薛收只活了三十三岁。唐太宗悲叹地对房玄龄说："薛收若在，朕当以中书今处之。"房玄龄选才，不"以备取人"，张亮是个贫寒人士，"素寒贱，以农为业"，而张亮胆气不足，无将帅之才，房玄龄却只用其长，并不"以备求人"，对唐太宗任用的人，房玄龄认为不合适的，也不苟用。贞观二十一年（公元647年），太宗要拜李纬为支部尚书，想听听房玄龄的意见，房玄龄"但云李纬好说须，更无他语"，唐太宗明白了房玄龄的意思，便改变了原来的主意。改任李纬为洛州刺史，可见房的意见在当时何等重要！贞观时期人才济济，吏治清明，去冗员，对唐朝政

『良相谋臣』——唐太宗宰相房玄龄

治、经济的巩固和发展无疑有着重要的实际意义。

房玄龄精简官吏的做法，对经隋末大乱、人口锐减的唐初来说，既裁去了冗官滥职，避免了十羊九牧，有利于提高朝廷各部门的办事效率，同时也节省了国家的财政开支，有利于减轻人民的负担。使人民得以休养生息，发展生产，繁荣经济。这一道理唐太宗和房玄龄等是非常明白的。唐太宗和房玄龄从隋朝的灭亡吸取教训，他们深知："史良，则法平政成；不良，则王道弛而败美。"他们深知，"官得其人，民去叹愁"的道理。"民去叹愁"，则阶级矛盾缓和，国家就会长治久安，这是出现贞观之治的重要原因。为了进一步加强和巩固王朝的统治，唐太宗即位后，命长孙无忌、房玄龄与学士、法官一起，重新商议修定法律。

鉴于隋炀帝忌刻，"法令尤峻，人不堪命，遂至灭亡"的教训，在太原起兵时，李渊父子即"布宽大之令"。入长安后，为了取得民心，约法十二条："唯制杀人、劫盗、背军、叛逆者死，余并摘除之。"李渊称帝后，曾制定"武德律"，"尽削大业所用烦峻之法"。

唐太宗主张克简刑政，审慎法令。他在贞观元年对侍臣说："死者不可再生，用法务在宽简。"他还说，"国家法令，唯须简约，不可一罪作数种条。格式既多，官人不能尽记，更生奸诈，若欲出罪即引轻条，若欲人罪即引重条。数变法者，实不益道理。宜令审细，毋使在文。"（《贞观政要·赦令》）房玄龄等根据唐太宗的旨意修订成的唐代法律，即《贞观律》，有四个部分，即律、令、格、式。"律以正别定罪"，就是刑事法典。唐律所涉及的范围非常广泛，从国家的政治制度到百姓的户籍婚丧，都有极其详密的规范。其中"定律五百条，分为十二卷：一曰名例，二曰卫禁，三曰职制，四曰户婚，五曰厩库，六曰擅兴，七曰盗贼，八曰斗讼，九曰诈伪，十曰杂律，十一曰捕亡，十二曰断狱，有笞、杖、徒、流、死，为五刑。笞刑五条，自笞十至五十；杖刑五条，自杖六十五至一百；徒刑五条，自徒一年，遂加半年至三年；流刑三条，自流二千里，递加五百里，至三千里；死刑二条，绞、斩。大凡二十等。"（《新唐书·刑法志》）"令者，尊卑贵贱之等数，国家之制度也。"令是对各种制度的规定，如《户令》是对户籍和婚姻制度的规定；《田令》是对土地制度的规定。令只规定应该怎样，不应该怎样，但不包括对于违令行为后给予的刑事制裁。唐太宗时，"定令一千五百九十条，为三十卷。贞观十一年正月颁下之。"（《新唐书·刑法志》）"格者，百官有司之所常行之事也。"格是皇帝敕令的汇编，百官的职责范围，由房玄龄等在贞观十一年规定武德以来敕格七百条为《贞观格》，共有十八卷，颁行天下。（《资治通鉴·唐纪十》）"式者，其所常守之法也"，式是各种行政法规，国家机关办事的章程、条例，房玄龄等制定的《贞观律》的量刑定罪上有宽缓的方面，仅与隋律相比《贞观律》减大辟（死刑）者九十二条，减流刑为徒刑者七十一条。在官犯法，只夺官除名，仍同性伍。房玄龄因旧律的别重，"议绞刑之属五十，皆免死而断右趾。"但唐太宗哀其断毁肢体，令房玄龄等再议。王桂、萧瑀等认为改死刑为断趾，保存了生命，已放宽，而房玄龄主张再行放宽，他认为："左者五刑，刖居其一。及肉刑既废，今以笞、杖、徒、流、死为五刑，而又刖足，是六刑也。"（《新唐书·刑法》）于是决定将断趾改为加役流三千里，居作二年。

房玄龄还改变了旧律中因谋反罪而兄弟连坐得俱死的法律，规定为"反叛者，祖孙与兄弟缘坐，皆配没。恶言犯法者，兄弟流配而已。"（《新唐书·刑法》卷五六）死刑和古代相比，几乎去掉一大半。至于削烦去囊，变重为轻，更是不可胜记。

后来，长孙无忌对《唐律》作了具体说明，编成《唐律疏议》一书。此书是我国专制主义中央集权封建国家的一部较为完备的法典。

法与礼是统治者维护其统治的两个方面，所谓"德主刑辅"说的就是这个道理。贞观期间既重视法律的修订，也重视以礼的道德规范来约束人们的思想行为，以礼来制约各种社会关系，而且以礼制律，律礼相辅，"失礼之禁，著在刑法。"不忠者有罪，不孝者必诛。用法律的强制力量推行礼的道德规范，反过来，又用礼的道德来辅助法的推行。唐太宗即位之初，即诏令房玄龄等礼官学士修改隋礼，最后完成《贞观新礼》一百三十八篇，是唐代礼制的基础之作。

唐朝初年面临着极为复杂的民族关系问题，房玄龄在民族政策上，显示了他深思熟虑的外交能力，他主张结好各民族，以减少冲突。贞观十六年（公元 624 年），雄踞漠北的东突厥薛延陀部实力较强，太宗曾封其首长夷南为真珠可汗。但薛延陀部反复无常，出尔反尔，唐太宗派兵联合突厥的一部给以致命的打击后，真珠可汗派人来唐求婚。唐太宗虽对薛延陀并不放心，但是在以武力消灭，还是联姻这个问题上一时下不了决心。房玄龄权衡利弊。认为和亲为上策。理由是大乱之后，国家元气尚待恢复，用兵对国家不利。唐太宗采纳了房玄龄的意见，答应许以第十五个女儿新兴公主，但要求"厚纳聘和"，亲自到灵川迎亲。真珠可汗闻知，兴高采烈，"谓其国中曰：'我本铁勒小帅，天子立我可汗，今复嫁我公主……斯亦足矣。'"《新唐书·北狄》卷一九九）从而使薛延陀部归顺了唐朝，避免了一场战争，改善了民族关系。后来，真珠可汗一时无法集得聘礼，延误了迎亲日期。唐太宗以其轻侮中国，"下诏绝其婚"。

唐初，朝鲜半岛有三个国家。西半部的叫百济，中部的叫新罗，北部的叫高丽。其中以高丽最为强大，它占有汉江流域和辽东平原。隋文帝开直十八年，曾发兵三十万，大举进攻高丽，失败而回。隋炀帝也曾三次征高丽，结果都失败而回，并引起了农民大起义，走上了灭亡的道路。唐初，三国均遣使和唐朝来往。贞观十六年，高丽发生内乱，大臣盖苏文弑其君，独专国政。唐太宗想出兵以武力干预，但房玄龄以为不可。他对唐太宗说："臣观古之列国，无不强凌弱，众暴寡。今陛下抚养苍生，将士勇锐，力有余而不取之，所谓止戈为武者也。"他又以历史为鉴，劝谏唐太宗："昔汉武帝屡伐匈奴，隋主三征辽左，人贫困败，实此之由，唯陛下详察。"（《贞观政要·征伐》）唐太宗接受了意见，便中止了这次行动。后来，高丽联合百济进攻新罗，新罗向唐求救。唐太宗派人劝说，高丽不听，于是，唐太宗决定亲征高丽。他委令房玄龄筹办和运送军粮、军械，下手诏曰："公当萧何之任，朕无西顾之忧矣。"（《旧唐书·房玄龄传》）他屡次上言，提醒太宗，不要轻敌。房玄龄虽然没有强烈劝阻唐太宗东征，但他始终放心不下。唐太宗这次亲征高丽，虽然暂时取得了一些胜利，攻下了一些城池，但遇到顽强抵抗，只能屯兵广安东城下。此时正值隆冬严寒，草枯水冻，士马难以久留，且粮食将尽，于是，唐太宗决定班师回京。

对于此次征伐高丽的挫折，唐太宗耿耿于怀，他不甘心，还想举兵东征。此时房玄龄已年老多病，但他出于忧国之心。宰相之责，毅然上书，劝谏唐太宗，他说："进有退之义，存有亡之机，得有丧之理，老臣所以为陛下惜之者，盖此谓也。"他引用老子的话"知足不辱，知之不殆"来劝导唐太宗，他还说："威名功德，亦可足矣；拓地开疆，亦可上矣。"希望唐太宗放弃"天可汗"的迷梦，不再"驱使无罪之士卒，委之锋刃之下。"房玄龄认为，高丽的内乱是他们内部的事，他们并没有得罪中国，而唐王朝的出兵"内为前代雪耻，外为新罗报仇，岂非所存者小，所损者大乎广"（《资治通鉴》卷一九九）唐太宗对房玄龄的恳切之言深为感动。

房玄龄在辅佐唐太宗时多有进谏，他谏勿征高丽，谏勿用平庸之辈，以及谏减少民族冲突、改善民族关系方面，日后都证明他意见的正确，都收到过很好效果，房玄龄的进谏反映了他善于思谋，考虑效果的特点。

唐高祖李渊去世后，唐太宗要以汉高祖长陵的规模为父亲建陵，而汉长陵东西长一百二十步，高十三丈，工程浩大。秘书监虞世南劝唐太宗实行薄葬，认为薄葬并非不孝，厚葬反而为亲所累，他建议造的陵墓，陵内器物，尽量从简。虞世南的建议利国利民，但房玄龄考虑，唐太宗不会接受虞世南的建议，于是，他提出了以汉武帝的陵墓规格建造，唐太宗欣然接受了这一建议，房玄龄为相，通达政事，善于谋划，尽心尽责，唯恐失误，褚遂良说："人臣之助，玄龄为最。"王珪赞誉说："孜孜奉国，知无不为。"房玄龄治理国政，秉公守正，他始终认为："理国要道，在于公平正直。"加上他的作风忠谨谦恭，对人宽厚，对己严谨，晚年，他体弱多病，几次上表请求解除仆射职务，太宗不答应，贞观十六年（公元 642 年）太宗又晋升房玄龄为司空。司空为三公之一，品高位尊。房玄龄又上表辞让，太宗仍不允许，并说："国家久相任使，一朝忽无良相，如失两手，公若筋力不衰，无烦此让。"可以看出，唐太宗是离不开他的。

房玄龄是一个著名的政治家，也是一个优秀的历史学家，唐朝初年，为了修明政治，达到天下大治，非常重视历史经验，唐太宗有句名言："以古为镜，可以知兴替。"在重视总结历史经验的前提下，唐太宗任命房玄龄为史书的总监修，开了官修史书的先河，为此还专门成立了史馆。在总监修房玄龄的组织领导下，官修史书盛况空前，贞观期间，一共修撰史书八种，即令孤德棻和岑文本合修的《周书》、李白药

"良相谋臣"——唐太宗宰相房玄龄

修的《北齐书》，姚思康编撰的《梁书》和《陈书》、魏徵编撰的《隋书》。在中国官修的二十四部正史中，占了三分之一，其贡献之大，有目共睹，根据唐太宗的提议，房玄龄还开创了编纂本朝历史纪录的新制度。唐朝是编纂本朝诸帝实录的头一个王朝。贞观十七年（公元643年），高祖、太宗实录修成，唐太宗因房玄龄修史有功，"降玺书褒美，赐物一千五百段"。贞观二十二年（公元648年），房玄龄病重，唐太宗派名医为其医治，每日供给御膳，还亲临探望，当握手叙别时，不胜悲痛。七月，房玄龄与世长辞，终年七十岁。唐太宗庆朝三日以示哀悼，册赠太尉，并州都督，谥文昭，陪葬昭陵。

房玄龄一生辅佐唐太宗安定天下，他孜孜奉国，举贤任能，亲自主持制定了朝章国典，初创唐朝规模，权重而不专，位望崇隆而谦虚谨慎深切悼念他，唐太宗为了深切悼念他，特废朝三日，册赠太尉、并州都督，谥曰文昭，并陪葬昭陵。由此可见，房玄龄在唐初的重要作用，真可谓一代良相房玄龄也。

"功臣被赐死"——唐太宗宰相长孙无忌

宰相小传

　　长孙无忌，唐太宗时宰相。他勤奋好学，辅佐李世民，帮助李世民最终夺取皇位，是唐朝的开国功臣。他历任尚书仆射、司空。他是长孙皇后的哥哥，唐太宗的心腹，受到唐太宗的信赖，受托辅佐高宗，成为唐初政治史上的重要人物。后来，被武则天赐死。

　　隋末李渊起兵太原，长孙无忌年轻时就参与举义，被任命为渭北行军典签，唐初中央领导班子的重要成员。立唐不久，就鼎力参与玄武门之变，助李世民夺取帝位，开国功臣二十四人长孙无忌居第一。由于受到唐太宗的特殊信赖，长孙无忌不但在贞观朝发挥了特殊作用，且受托辅佐高宗，成为唐初政治史上的特殊人物。历任尚书仆射、司空，后改任司徒。力荐易于操控的小外孙李治即位，即唐高宗。李治登基后，长孙无忌被册封太尉，同中书门下三品。因反对高宗立武则天为皇后，被许敬宗诬构，削爵流黔州（今贵州），自缢而死，成为一个悲剧性历史人物。

　　每一部以初唐历史为背景的电视剧，都落不下一个人——长孙无忌。从李渊父子太原起兵反隋到建立唐朝，再到统一天下，长孙无忌一直追随老李家第一第二两代领导核心东征西讨，是唐太宗李世民面前的第一红人。不过，就才能而论，他在谋臣猛将、良宰贤相中绝对算不上突出。在军事方面，他虽有一定谋略，但并不善于统兵打仗，和李靖、李勣这些战功赫赫的人不是一个档次。唐太宗说他"总兵打仗，非其所

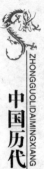
长"。在政治方面，他和能够"运筹帷幄之中，决胜千里之外"的房玄龄、杜如晦也不是一个档次，"贞观之治"基本上没他什么事，因为此时方针政策的总设计师是"牛鼻子"魏徵，主要执行者是房玄龄，而在这段时间长孙无忌由于避嫌没有担任实职，只挂了一些带一定级别的虚衔。

他在政治舞台上显露头角，与唐太宗的特殊关系在其中起了不小的作用。

长孙无忌的年龄与李世民相仿，二人从小交往友善，常在一起玩耍打马球。他既是李世民的发小，有"开裆之谊"，长大后还是李世民的老婆舅。早在李渊父子发迹之前，长孙无忌的妹妹就嫁给了李世民。有一天，无忌的父亲带回家一个喜讯，说他替无忌的妹妹订下了婚事，大有前途的李渊家的二公子李世民被他"抢"到手了。后来李世民做皇帝，仍然很重原配情义，下文件确定原配夫人长孙氏为皇后，长孙无忌就捡了个皇帝的大舅子当当。

李渊在太原"造反"才几个月，长孙无忌就正式和隋朝说"拜拜"了，一口气跑到李家军中，成为"渭北道行军典签"，专门给妹夫管理小本子、小册子。严格地说，隋朝要到第二年才算正式咽气。但对长孙无忌而言，"隋"在这一刻已经终止，李"唐"大业正在他脚下铺开一条鲜花着锦的光明大道。

长孙无忌的崛起，主要是靠玄武门事变。

当初，唐高祖李渊的几个儿子都很出色，都全面发展，要说接班，每个人都具备当皇帝的条件。李建成，李世民，李元吉，个个都精明能干，都能参政领军、独当一面，属于贼有才的一拨儿。按封建宗法制度和确定国家最高领导人继任人选的惯例，李渊称帝后立老大李建成为太子，而在建立唐王朝过程中战功显赫、有智有勇有才干的老二李世民却只被封为秦王，充其量不过是个带括弧注明某某级的有一定待遇级别的荣誉称号而已。世民同志论素质没话说，性格也是做大事的那种，可偏偏不是头一胎，而那头一胎又偏偏是个不缺胳膊不少腿的健全人。大哥李建成一直猫在首都长安，没上前线，长期在老爹身边，究竟做出了什么业绩无人知晓，似乎也不像他的名字那样有什么建树成就。李世民的才能、威望和接踵而至的显赫军功，不仅使其本人产生了觊觎皇位的野心，也引起太子李建成的忌妒和不安。眼见雄心勃勃的李世民日益强大，李建成如坐针毡。他怕自己法定接班人的地位夜长梦多、日久生变，就联合三弟李元吉排挤李世民，最大限度地孤立李世民。不久，房玄龄、杜如晦这些李世民的铁哥们就被朝廷以冠冕堂皇的理由调出了秦王府，李世民几乎成了光杆司令。武德九年（公元626年），突厥侵犯中原，李建成、李元吉兄弟二人向父王李渊提出要调用李世民手下的兵马，由李元吉统率出征突厥，想借机挖空李世民的军力，抽空秦王府的精兵猛将，并计划在为李元吉饯行时杀掉李世民。才干非凡的李世民比哥哥更有王者之气，他能甘心被除么？在极度敏感的夺嫡时刻，秦王府里明知只有"杀了李建成"一条路，可这样的话就连心腹老臣都不敢说出口。关键时刻，留在李世民身边的长孙无忌表现出了一个政治家应有的镇定，毫不起眼的"小文书"立即显示出关键作用。当时房玄龄对长孙无忌说："莫若劝王行周公之事，以安国家。"长孙无忌立即坚决地说："吾怀此久已，不敢发口，今吾子所言，正合吾心，谨当白之。"长孙无忌坚决支持房玄龄政变的动议，与舅父高士廉和秦王部将侯君集、尉迟敬德等人日夜劝李世民诛杀太子李建成与齐王元吉。他外出秘密找回房玄龄、杜如晦，共同谋划玄武门兵变。此时太子与齐王也在加紧活动，用重金收买李世民部将尉迟敬德，遭拒绝后又对李世民行刺，仍未得逞。千钧一发、性命攸关之际，李世民向父王揭发了李建成和李元吉的阴谋，李渊决定次日召三人上殿查问个水落石出。李建成获知阴谋败露，决定同弟弟李元吉先入皇宫，逼李渊表态。殊不知此时李世民已经亲率长孙无忌等人带了一支人马埋伏在进宫必经之地的玄武门。历史上的玄武门，是在唐长安城太极宫的正北，绝对是宫廷兵变的玄机要地。控制了玄武门，就是控制了宫廷，控制了御林军和守城禁军。埋伏于玄武门内的刀斧手、弓箭手，根本不知道明日一战将会改写中国历史。长孙无忌那一夜伏在玄武门内辗转反侧难以入眠。看着那半阴半缺的唐月，听着龙首塬夜幕低垂后的鹧鸪声声，想着和李渊打拼江山时的刀光剑影，又掂量着太子、齐王和秦王之间的勾股弦，猜测着明晨一场惊心动魄的生死之战，长孙无忌怎么也要赌上一场。

六月四日清晨，一切看起来都跟平常一样。李建成和李元吉汇合之

『功臣被赐死』——唐太宗宰相长孙无忌

后，一路骑马哼着小曲走近玄武门。快到城门口的时候，李建成忽然觉得不对劲，那个熟悉的城门值守不见了，其他人也很陌生。他立刻拨马回撤，但已来不及了，李世民一边高叫："站住，别走！"一边骑马赶了过来。李元吉首先摘下弓箭，但是他太紧张了，竟然连发不中。李世民沉稳地一箭射出，只听得一声弦响，箭头准准地穿过李建成的颈部，旁边的人都听到太子喉骨的破裂声，李建成当场毙命。这一箭就定了乾坤，确定了未来皇位的主人。长孙无忌也听到了箭射太子后发出喉骨破裂的声音，眼看着李建成死死盯着秦王后慢慢倒下，一代良佐竟然惊呆了，几乎没看见秦王马惊后跑到丛林后被挂到树上。李世民眼睁睁地看着大哥一声不响地从马上翻落，再也没有动弹过，喉咙上还插着自己刚刚射出的那一箭，内心不是滋味，方寸已乱，竟然忘记了控制坐骑，马受了惊，跑到丛林里，被挂到盘枝错节的树丛间，马腿被藤条绊住不能动弹。更节外生枝的是，他受困的地点，正好离李元吉很近。李元吉见状立刻奔来，取了李世民的弓箭，准备用弓弦勒死李世民。千钧一发之际，李世民部属尉迟敬德一边大喊，一边飞马赶到。李元吉一看敌我悬殊，转身逃跑，尉迟敬德立即从他的背后开弓发箭。奇怪的是，尉迟敬德和李元吉，都是最擅长使用长矛的人，但在最后决战关头，竟然两人都没长矛只有弓箭。长箭带着风声，深深地穿进李元吉的身体，李元吉一头跌倒在地。尉迟敬德不愧是战场上的老手，又两刀下去，从容取下李元吉和李建成的人头。这时，李建成、李元吉的人马也赶到了，开始攻打玄武门。尉迟敬德把李建成和李元吉的人头高高举起，来攻城门的士兵知道首领已死，再打已没有任何意义，于是自动溃散。

唐高祖李渊在宫中本来是等着三个儿子前来当面质询查证，却听到外面乱成一锅粥。正不知怎么回事，尉迟敬德已手持长矛进来，向李渊禀报说李建成、李元吉阴谋作乱，已被秦王李世民杀了，"秦王怕乱兵惊动皇上，特派我来护驾。"李渊听了，大吃一惊。面对这样的形势，他也只好顺势应变，两天后即颁诏改立李世民为太子。越过兄弟的尸骨，李世民成了储君。历代皇朝王子之间都是这样无不斗得你死我活，即使没野心也要小心再小心才能独善其身，真是活得不容易啊！也难怪历史上那些王子公主难得有长寿之人。

李世民成了皇太子后不久，李渊就把帝位让给了李世民，"一人飞升仙及鸡犬"，作为大舅子的长孙无忌的地位也很快直线上升，直至国家首席大臣——宰相。

在李世民夺取皇位继承权的兵变中，长孙无忌称得上是首功之人。在酝酿政变时，他态度坚决，竭诚劝谏；在准备政变时，他日夜奔波，内外联络；在政变之时，他不惧危难，亲至玄武门内安排埋伏。所以唐太宗至死不忘长孙无忌的佐命之功。

首先，李世民给了他很高的封赏，实封一千三百户，这是财力税源所在，是很少几个人才有的待遇。其次，是给了他很高的官职，任命他为吏部尚书，进封齐国公。最后，李世民还帮长孙无忌造势，扩大他的影响和知名度。长孙无忌本来没有什么资历，就因为李世民的关系才使他一下子走到了政坛的中心。

对于这个"暴发户"，很多人都不服。有一次，李世民在祭祀回来的路上，特令长孙无忌与曾经的国家"二把手"裴寂二人乘坐同他一样的专车，让他俩享受一下皇家的最高待遇。说白了，这并没啥实际效果，完全是给人长面子，给长孙无忌积攒政治资本。在新老权力交接中，李世民要扶新抑旧。初唐的中央机构人才济济，朝堂上是一方星光灿烂的天空，文臣武将各领风骚，仅有突出贡献领取国家特殊津贴的就有二十四位之多，而长孙无忌被列在第一位。贞观十七年（公元643年），李世民兴冲冲地叫来大画家阎立本，让他在凌烟阁给这二十四位开国功臣画像。阎大画家抬头一看，排第一位的长孙国舅长得离"玉树临风"实在差距太大，倒是有点像个球，于是辛辛苦苦若干天，第一功臣的肖像活灵活现地挂上了凌烟阁。从画像上看，长孙无忌是个胖子，一个"面团团"国舅爷，冲着大家微笑，既温情，又孤傲。李世民曾对褚遂良说："无忌尽忠于我。我有天下，多是此人之力。你辅政后，不要让谗毁之徒陷害无忌，否则，你就不是我李家忠臣。"几十年来，兄弟曾相煎、儿女曾反目，只有这位少年朋友、郎舅之亲，陪他走完了二十三年漫长的贞观路。有无忌在，贞观盛世就能延续下去。由于受到唐太宗特殊信赖，长孙无忌不但在贞观朝发挥了特殊作用，且受托辅佐高宗，成为唐初第二代领导集体中的特权重臣。

他在人事部长和国家总理的位置上只待了一年，就大刀阔斧办完了

『功臣被赐死』——唐太宗宰相长孙无忌

三件事：精简机构，确定朝廷定员六百四十三人；削弱宗室，把李家远亲从"郡王"队伍中降级；调整外交，国力没有恢复之前对外讲文明，构建和谐国际社会。一年下来，得罪人无数，朝堂上说什么的都有，是非褒贬一时纷纷议论起来。因为他是国舅，身兼外戚和元勋的双重身份，有了外戚干政的条件和可能。而外戚始终是很多朝代的乱源，历史上外戚干政的事例也是屡见不鲜，汉朝的吕氏、霍氏、何进就是先例。虽然李世民对长孙无忌毫无疑虑，但是也难保不会众口铄金，积毁销骨。所以谦和的长孙皇后深感不安，屡屡要求哥哥辞官远祸。长孙无忌本人也是谨慎小心，避嫌忌狂，很注意防止树大招风，远避是非，于是兄妹两人今天一个辞职、明天一个不妥，终于把所有的官帽扔给了朝廷，把李世民弄得头大如斗。他干脆写了篇《威凤赋》，传诸朝野，说当年夺嫡之时我连死的心都有了，要不是无忌哪有我的今天？以后谁也不要啰嗦云云，亲自堵大家的嘴。辞去实职以后，长孙无忌就挂了一大堆荣誉头衔：开府仪同三司、司空、司徒……不掌实权，只做顾问，更不屑于交结群臣。

奇怪的是，闲官长孙无忌，非但对长孙家的传家武学没啥兴趣，就是诗书文史，也不怎么用心。他大量的时间和精力，都花到了"法律"上。长孙无忌奉诏与房玄龄、杜如晦、于志宁等十九人，先后两次以省烦去蠹、变重为轻的原则重修《唐律》。从贞观元年开始，十年磨一剑，大唐《贞观律》问世。之后，又折腾出一部《大唐仪礼》。由于贯彻"先存百姓"、以人为本的指导思想及"安人宁国"的治国方针，立法宽平，顺乎历史潮流，因而促进了唐初经济的迅速恢复与发展，出现了"贞观之治"安定繁荣的新局面。一千三百多年后的今天，人们惊叹："西有罗马法，东有唐朝律。"然而，在贞观时代，人们并没有意识到，以"法""礼"为核心的制度建设，正是盛世之源。大家仍然在重人治、轻法治的路上徘徊，盛赞魏徵的铁骨铮铮，却忽视了长孙无忌的严密律条。长孙无忌因编修《唐律》、撰写《唐律疏义》而名垂史册，在法制史和文化史上都占有不可磨灭的地位。他在《唐律疏义序》中写道，法是伴随着国家、社会的产生而产生的，是为统治阶级利益服务的，是统治阶级意志的集中表现。之所以要设置刑法，是因为有的人性情庸愚，思想中充满了恶念，大则扰乱天下，小则违背等级秩序。如果不定出条例法度加以制裁，有碍统治阶级意志的体现，封建政权就有覆没的危险，于是就产生了刑罚。这就是长孙无忌所说的自然之理。政府和官吏是为了进行长期统怡的需要而制定和推行法律，关于量刑问题，长孙无忌反对以君王个人的情趣来量刑定罪。

闲归闲，一旦有了大家都管不了的事，长孙无忌还是会挺身而出的。唐太宗十分仰慕周代的分封制，一时头脑发热，不顾许多大臣（如魏徵、李百药、颜师古等）的反对，想要"复古"西周，把皇亲和功臣都封到各地去做"山大王"，诏令以荆州都督荆王李元景为首的二十一名亲王为世袭刺史，以赵州刺史长孙无忌为首的十四名功臣为世袭刺史。大唐朝廷因这道"英明决策"炸了锅，从老成持重的宰相房玄龄到怒气冲冲的小老头魏徵，凡重量级的大臣都排着队进谏，要求收回这反动的"割据政策"。侍御史马周和太子左庶子于志宁冒死谏诤，唐太宗根本不听。房玄龄叹口气，去找长孙国舅。巧得很，长孙无忌既然为凌烟阁二十四功臣之首，在分封名单上第一个自然也是他。"我不去还不行吗？"长孙无忌这轻描淡写的一句话，众人恍然大悟。最后，是以长孙无忌为首的被封功臣呈递了抗封的表文，所有受封的功臣都给皇帝写了联名信，表示"我们都不去封地"。一招釜底抽薪过后，长孙国舅又用了一招脉脉温情，派出儿媳妇长乐公主，让李世民的宝贝女儿回宫"撒娇"："你让公公到外地去当封建诸侯？这不是让我们离开您的身边吗？我可不干！我公公说了，要一辈子紧密团结在以您为核心的唐中央周围。"如此攻势，李世民终于败下阵来："我分封功臣本是一番好意，你们拒绝接受，难道我还能勉强你们不成？"

晚年，李世民最为闹心的事情是太子问题。玄武门之变过去了十八年，长安再一次陷入兄弟相残的血腥中。公元644年，李世民和长孙皇后的骨肉太子李承乾、次子李泰，走上了夺嫡的不归路。

贞观十七年（公元643年），李世民的长子李承乾因人品问题被废去太子称号。于是，群魔乱舞，众王子开始了你死我活的太子之争。此时，皇后已逝世七年，儿子没有了母亲的管教；喜欢唠叨的魏徵也去世了，皇帝没有了大臣的约束。只剩下做舅舅的长孙无忌，冷眼旁观几个外甥演的政治好戏：李承乾谋反，被废；李泰谋太子位，公然许诺"我当了皇帝，就杀了自己儿子，把皇位传给弟弟"；年幼柔弱的李治，只知道没命地哭。伤心到了极点的李世民，面对立嫡之争也黯然神伤，他是个多自信、多骄傲的人啊，对异族都坦然信任！可现在，太子、弟弟和旧臣联合起来，要篡他的位。前所未有的孤独和挫败席卷而来，李世民拔出佩刀，想要横颈自刎。长孙无忌等人惊惧交加，一拥而上，夺刀的夺刀，抓手的抓手，总算制服了哭闹的任性皇帝。最后，整个帝国只好退而求其次，把目光定格在了长孙皇后所生的另外两个儿子魏王李泰和晋王李治身上。这也是最有资格被立为太子的两人。两人相比，不论从年龄还是父子感情看，李泰的条件更为优越。唐太宗本来对李泰十分欣赏，甚至破例允许他在王府中置文学馆，赋予其用人聘任权，听任其招揽贤人学士，指点江山，激扬文字。即使在平时，唐太宗对李泰的封赏也超过别的儿子，且有意无意中常常暗示自己有立李泰的意向。李泰和李治都是长孙无忌的亲外甥，手心手背都是肉，在立哪个外甥为太子的问题上，长孙无忌应该保持高度的中立，至少表面上应该装得一视同仁才对。可是，长孙无忌却旗帜鲜明地亮出了自己的立场——支持李治，要求立李治为帝。

为什么呢？

自魏徵死后，长孙无忌就像被欲望充胀的气球，野心越来越大，开始独揽朝政，在朝臣中权重无比。为了在太宗之后仍能大权独揽，长孙无忌希望未来的皇帝即今日的太子，应该由一个仁孝听话的外甥充当，这样，自己才会得到尊重，权势才会有保障。晋王李治生性懦弱，内向柔顺，正是他理想的人选。而魏王李泰则不同，从小聪明绝伦，稍长善作诗文，成人后喜好经籍舆地之学，置文学馆收纳士人，文武官员纷投门下，形成一股政治势力。在李泰身边，早就聚集了一批文武官员，可以说，李泰早有了自己的政治班底。所以李泰恃才傲物，甚至连自己的亲舅父长孙无忌也不放在眼里，从不争取舅父对自己的支持。长孙无忌知道，如果李泰做皇帝，依靠重用的必定是他自己的党羽，绝不是他这个舅父，所以他几乎没有任何犹豫就一屁股坐在了李治一边。但是这种个人野心是拿不上台面的，更不能在每天的国务例会（上朝）上提出来，长孙无忌只好利用每次与最高领导个别谈话的机会"固请立晋王治"，终于促成李世民不得不舍爱立李治为太子。他估计皇上已基本同意了，就在皇上要刎颈自杀、觅死觅活之机问李世民："您现在到底想立谁为太子?"李世民想着面前这个咄咄逼人的大舅子几次三番地要求立李治为太子,为了使贞观之治在自己死后得以延续,保持政策的连续性和稳定性,红色江山永不倒,不得已对元老派作出让步,于是哽咽着说:"我看李治挺好的。"这正合长孙无忌心意,他不禁心头一松:还好,果然没说别人。他立即跪了下来:"臣听陛下诏命!如有异议者,请允许我为陛下斩之!"面对父王的"自杀",柔弱的"小九儿"李治,早吓呆了。李世民赶紧递眼色给他,"你舅舅已经同意你做太子,还不快点拜谢!"李治这才回过神来,向长孙无忌跪拜下去。

由于李治仁弱,不像自己刚强有力,唐太宗在立李治为太子后思想又有反复,在其他几个儿子之间左看右看又摇摆起来,但都被长孙无忌挡了回去,坚决不答应换人:"李治仁孝,是个守成之君的好人选。举棋不定尚且会输棋,何况是太子大事?"唐太宗最后只好作罢,临终前,将辅佐李治的重任托与长孙无忌和褚遂良。可以说,长孙无忌是帮助李世民和李治登上皇位的两朝功臣。

从此,长孙无忌为心爱的外甥耗尽十年心血,沿着贞观开辟的道路,向李唐的全盛时代稳步前进。李治虽然不能算是英明神武的皇帝,但他既不是昏君也不是暴君,而是一个很好的守成天子。他既没有损害大唐的国力,也没让老百姓民不聊生。李治和武则天共同延续了贞观之治的辉煌,把强国之运推向了另一个高潮——开元盛世。

唐高宗李治当皇帝之初的 648 年夏天,宰相房玄龄去世了。他的长子房遗直继承父亲的爵位,次子房遗爱的夫人、李世民最喜欢的高阳公主却要丈夫与大哥分家产并谋夺哥哥房遗直的梁国公爵位,遭大哥拒绝怒斥,公主于是告状称房遗直对自己非礼。国家重臣长孙无忌奉旨处理此案,硬是审出了震惊朝野的"四人帮"谋反案。审查结果:高阳公主是主谋,房遗爱则是个没头脑的高干子弟,跟着跑跑而已,既胆小又怕事。这夫妻俩联络了另外两个驸马都尉薛万彻(高祖女丹阳公主之夫)、柴令武(太宗女巴陵公主之夫)。但一帮金枝玉叶,搞不成什么事。其实,这本来只是房家的一桩家庭纠纷,长孙无忌可不管这些,但他却利用审案搞扩大化,趁机大开杀戒,打击一大片自己的政治对手。被翦除的那一帮,无不是李家的皇亲国戚,影响巨大。李治请求赦免他们的死罪,毕竟是自己的七大姑八大姨,却被长孙无忌一句冷冰冰的

"不可"挡了回去。李治拗不过长孙无忌，只好下诏将三驸马砍了头，二王二公主赐死。长孙无忌借房遗爱谋反一案杀害了名望素高、太宗"常以为类己，欲立为太子"的吴王李烙，以绝众望；并将与他不谐的江夏王李道宗流放岭表。为稳固自己的权势，长孙无忌用心良苦编织了一个巨大的权力网，抓紧填补处理此案后造成的权力空缺，把凡是忠诚自己的革命同志都安排到中央最高机构的中书省、门下省和尚书省担任要职。

长孙无忌既是李治的舅舅，又是托孤大臣，政治经验丰富。再加上唐太宗、高宗能够当上皇帝，他起的作用极大，所以长孙无忌这时候权力大点，似乎并不过分。但以国舅为代表的这些元老派的重重包围，让李治半点儿展不开手脚。长孙无忌的志得意满和高宗李治的落寞无奈形成鲜明对比，威权震主，长孙无忌也真太无忌了，这其实已经犯了做人臣的大忌。长孙无忌忘了一点：就算是再懦弱的人，也有他的尊严，何况是当今皇帝！终于，一场"甥舅之战"，拉开了大幕。

永徽元年（公元650年），唐高宗李治立妃王氏为皇后，后因王氏无子而渐渐失宠，而萧淑妃的肚子却十分争气，耀武扬威地为李治生了一个儿子，这令王皇后怀恨在心。正在嫉妒之时，王皇后突然想到高宗的一个隐私——李治与其父亲李世民的小蜜武媚娘曾有过不清不白的关系。李世民去世后，武媚娘按老规矩去庙中做了尼姑。然而，李治旧情难忘，偷偷摸摸去庙中和武氏约会。为了将李治的感情从萧淑妃身上拉回自己身边来，王皇后咬咬牙，顾不得吃醋，暗中让李治的情人武氏蓄发，并劝李治要敢爱敢恨，做一回真正的男人，大胆将武媚娘纳入后宫。果然，被纳入后宫的武氏很快取代了萧淑妃。

然而，王皇后不久就悲哀地发现，自己搬来的救兵很快成了自己的敌人——武氏有着强烈的进取欲，她一进宫门就对皇后的位置发起了总攻，要求李治改立自己为后。平静的朝廷被武氏搅得风生水起。李治也想把刚从尼姑庵弄进皇宫不久的武媚娘扶为皇后，但遭到国舅长孙无忌的反对，他以编制已满为由拒绝了。长孙无忌是高宗的舅父，太宗顾托掌权之臣，很有地位，所以，他的意见特别重要。一开始，武则天考虑到长孙无忌是两朝重臣，又是"贞观之治"和"永徽之治"的执行者，威望素高，希望能得到长孙无忌的支持，所以一而再、再而三地拉拢、讨好长孙无忌。但由于他反对立武的理由很充分，李治不能霸王硬上弓，就和武则天两人干脆直截了当去向长孙老舅行贿说情。这大概在中国历史上是唯一一个皇帝向大臣行贿的案例。李治与武则天乘坐不比捷达更高贵的便辇，专程来到崇德坊长孙府。长孙无忌开门一看，原来是领导亲自到访，连忙置酒招待，双方畅饮尽欢。李治还让带来的宫廷画师为长孙无忌画像，御笔亲题画赞，吹捧这位元舅的"定策之功。"席间，在武则天的提议下，高宗当场封了长孙宠姬生的三个幼儿（也是他的三个表兄弟）为朝散大夫。这是个从五品的散官衔，没有实职，但级别不低，在国家官员队伍中应算是中级干部了。一般唐代授予散官衔，起封点都很低，就是国公的儿子荫封也只能从正六品封起。这三个黄口小儿一家伙就当上了从五品，显然是高宗刻意笼络。就连封官的对象也别有深意，李治的潜台词是——我特别给你的小老婆面子，你对我小老婆也该有所表示吧？紧接着，高宗似乎"不经意"地提起："皇后（指王氏）无子，又无后得，何如？"长孙无忌收了"朝散大夫"之礼，谢了封荫之恩，但就是对换皇后的暗示避而不答，故意把话头转到别处，弄得皇帝和武昭仪很没趣，悻悻而去。皇帝卖官，三顶官帽一下子扔出去了，却得不到这顽固大臣的一点"回敬"，政治投入全打了水漂。回宫后，李治又秘密派人给长孙老舅送去金银、珠宝各一车，绸缎十车，想用糖衣炮弹腐蚀自己的大臣，但高官重金却换不来长孙无忌的一个承诺。瞧这原则性！要说这长孙无忌立场也够坚定的了。当然，长孙无忌这么油盐不进，倒也不是他真得有多么正直，多么铁骨铮铮，他不是魏徵会为了国家的利益而敢犯龙颜，作为权臣他没有那么高尚。

　　武则天忍住性子，又叫母亲杨氏亲往长孙府第，多次请求，长孙还是坚不吐口。李治也十分怨恨这位老舅的"非暴力不合作"态度，觉得若再跟那个老木头商讨铁定得黄，这块老顽固的石头，不搬掉看来是真的不行了。

　　武则天在外朝没有根基，要对付长孙无忌是不易的。夫妇俩利用长孙无忌排除异己，大搞统一战线，团结一切可以团结的力量，拉拢一些被长孙无忌疏远排挤出来的政治上失意的人，把他们全打点好，让他们为自己说话、造舆论。比如许敬宗算个老臣了，又是高宗的亲信，是个宰相材料。但高宗即位之初，许敬宗反而地位下降，被贬到郑州，心灰意冷，于是向李治打了个要求内退的申请报告。他这个告退的奏章，其实是以退为进，暗示皇帝：是否该用用我啦！经常代高宗批阅文件的武则天看见这份报告后，很快就把许敬宗调了回来，此后在立武后一事中卖力极大。高宗废王立武，以长孙无忌、褚遂良为代表的元老重臣们极力反对，而以许敬宗为代表的一批臣僚则全力拥护。许敬宗在上朝时对众人说："农村老汉多收了十来斗麦子尚且要换老婆，何况天子欲立皇后，这关别人屁事！"长期受长孙一派压制的机要秘书李义府，听说长孙无忌要把他贬到"老少边穷"地区的四川壁州当差，气恨不过，趁当夜在中书省值班之机，写了一个"请废王皇后、立武昭仪，以应兆民之心"的报告递了上去。高宗、武则天喜出望外，马上赐给珠宝，并把他提拔为中央办公厅副秘书长——中书省侍郎。武则天有了此"民意"，就开始向不可一世的长孙派挑战了！他们立即批转李义府的这一报告，中央机关广为传阅，各部委立刻就有响应表态支持的，忽喇喇冒出了一大批敢趟浑水的激进派。有了李义府劝进立马升官的有效鼓励，出头"申劝"的人就前仆后继，慢慢聚集起一股力量，成了武则天图谋"大业"的第一批功臣。废后的舆论渐渐公开化，长安县县令裴行俭对此舆论说了几句"这是国家之祸端"，就被贬到西州任都督府长史去了。这一脚，可就把他踹得远了——西州在今天的新疆吐鲁番！

永徽六年（公元 655 年）九月初一日，李治通知长孙无忌、李勣、褚遂良等人，在内殿召开政治协商会议。大家心知肚明仍是为换皇后的事，决心与李治死扛到底！会上，高宗鼓足勇气一步到位直奔主题："莫大之罪，以绝嗣为重。今皇后无嗣，昭仪（指武则天）有子，今欲立为皇后，公等以为如何？"皇帝的提议当即遭到众臣的抵制，一片否定之声哗然而起，会议无果而散。高宗极不高兴，好好郁闷呀！次日早班例会上，李治再次问大家想清楚没有，与长孙无忌同为顾命大佬兼宰相的褚遂良（一般人只知道他是大书法家）急了，说："你就是把我下锅煮了我也不同意！武氏曾侍奉先帝，天下所知。万代之后，后世对陛下会怎么评论呢？"他慷慨陈词，还用了妲己、褒姒、西施、赵飞燕的先例晓以后果，意思是你要选了这个娘们儿，国将不国！躲在帷幕后面的武昭仪当时就放声大骂："何不扑杀这个乡巴佬?"由于触及自己和老爸共用一妇的痛处，高宗大怒，命卫士把老头子拉出去。长孙无忌再也忍不住，喊道："遂良受先帝顾命，有罪不可加刑。"无奈之下，武昭仪撕破脸皮，诬称王皇后巫祝厌胜。高宗盛怒之下，再也不开会、不"协商"了，直接于永徽六年（公元 655 年）十月十二日下诏废除王氏皇后身份，十月十九日再次发出红头文件，正式立武昭仪为占行政编制的皇后，参预朝政，称为"天后"。

在长孙无忌看来，自己有绝对的把握打赢这场皇后保卫战。武氏只不过是个小女人，背后连一个像样的支持者都没有，而自己则拥有所有元老无条件的支持。更何况，长孙无忌觉得完全把握得住自己一手扶起来的亲外甥李治，仁弱的高宗没有力量也没有勇气和自己对抗啊！然而，李治在废立皇后这件事情上所展示的决心却让所有的人大吃一惊，他让所有的人看到了一个软弱的人固执起来会有多大的能量！

高宗朝最大的政治事件，当属这场废立皇后之争，这不是单纯的妻妾之斗、后宫争宠，而是有着深刻政治背景的。长孙无忌是这一事件的主要参与者，这场斗争的结果，使他及其家族的命运发生了彻底的转变，而取得胜利的武则天则开始了疯狂的秋后算账，那帮极右的元老保守派要么被远贬蛮荒，生不如死；要么为人所构陷，惨遭灭门。显庆四年（公元 659 年），在武则天的授意下，许敬宗费尽心机，把长孙无忌编织进一桩朋党案，促使唐高宗下诏削去了长孙无忌的廷内外一切职务，流徙偏远黔州，念其国舅身份保留一品官的待遇，算是对老舅当年为其争得帝位的报答。长孙无忌的儿子及宗族全被株连，或流或杀。长孙无忌立李治为太子的原因是因为他的软弱，容易被自己控制和操纵。但是李治的软弱不但可以为他所用，同时也可以为别人所用，这种软弱后来果然被武则天利用，这才导致了长孙无忌的政治悲剧，最后流落他乡。当初自己的苦心孤诣，不过是提前为自己挖了一个硕大的坟墓罢了。

长孙无忌接到中央最高领导层关于他的处分决定，只得带着剩余家人和仆从，含冤上路。他到黔州后的第一餐，是黔州都督李子和设宴为他洗尘。酒后吃饭时，他先闻到饭里有一股香气，吃在嘴里，粘而不糯，回味甜软，他就夸赞起来，问："这是什么米?"李子和对他说：

『功臣被赐死』——唐太宗宰相长孙无忌

"大人，这是彭水苗乡出产的细白米，是当地苗人种的。这种细白米，是彭水的特产。这里的苗人，擅长种田，他们精细地种植，精细地加工。经常吃这种米，可以祛病强身，益寿延年。十六年前，唐太宗的被废太子、大人的外甥李承乾，到黔州来也是吃的这种米，并大加夸奖。从那以后，黔州就把这种米作为贡米，向朝廷进贡了。"长孙回到寓所，嘱咐厨师，今后就吃这种苗乡细白米。但厨师做的饭不香。原来，北方的厨师，不会做"鼎罐焖饭"。于是，李子和专门派来工匠，按照彭水苗人风俗，在寓所里建了用来煮饭的"火铺"，送来铁三脚、鼎罐等厨具，还派厨师来传授做"鼎罐焖饭"的方法。黔州厨师特别叮嘱，只有用这种方法煮的饭，才能保留这种细白米的香气。从此，长孙就吃这种用细白米做的"鼎罐焖饭"了。

每天饭后，长孙无忌游山玩水，心旷神怡。他就这么清清闲闲、逍逍遥遥地过日子，无官一身轻的感觉真是很爽啊！不久，长孙无忌发现，自己右腹上部的硬块和隐痛都不知不觉消失了。武则天把他贬到黔州，是想置他于死地。连他自己也没有想到，这里，是神仙住的洞天福地，因祸得福啊！

武则天得知长孙身在蛮荒之域，又久患痼疾，一年多了却不但没死，还活得很滋润，健康指数反而比在京城时高许多，气得直咬牙，大怒："这个老不死的，他有什么资格吃贡米！"就派最高法院院长（大理寺卿）袁公瑜前往黔州，再次审讯长孙当年"谋反"的情况，并把一段白绸交给他，逼迫长孙无忌自杀。长孙无忌悬绳索于树上，套于脖颈，曾经红得发紫的一代权臣落得个自缢而死，却留下了苗乡细白米化解人体硬块的奇迹，成了千古之谜！

武则天听说黔州贡米有治病的功能，也吃起这种苗乡细白米来了。后来，她果然活到了八十一岁的高寿，成了中国历史上最长命的帝王之一。从此，历代朝廷都在彭水出产这种细白米的地方圈置官田，专门为皇室种植贡米。至今，这些地区，还有叫官田、官衙、长安等地名的。当地的苗家姑娘把好吃的东西称为"香香"，这种米煮的鼎罐饭特别的香，老百姓就把它叫做"苗乡米"。20世纪80年代，彭水开展土壤普查时，发现当年生产那种细白米的彭水东南各乡的土壤里，含有能够抑制癌细胞的微量元素硒，也难怪长孙无忌吃了一年多的这种米后，身体更健康了。

2006年，彭水县委、县人民政府相关领导到这一带考察大米生产情况时，把这种米正式命名为"苗妹香香"。

『功臣被赐死』——唐太宗宰相长孙无忌

"太宗的镜子"——唐太宗左丞魏徵

🌸 宰相小传

魏徵，字玄成，北周静帝二年（公元580年）出生于河北巨鹿，祖籍为四川省广元剑阁。他是唐初杰出政治家，在唐太宗即位后，任谏议大夫，后任秘书监、尚书省左丞等，参与朝政，实际上行使宰相的权力，成为"贞观之治"最大的功臣之一，被唐太宗封为"郑国公"。魏徵敢于直谏，多次否唐太宗之意，而唐太宗竟能容忍魏徵"犯上"，所言多被采纳。

魏徵小时候很聪明。有一次，有人有要事要找魏徵的爷爷，刚好魏徵在院子里玩，这人就让魏徵进去叫爷爷。

魏徵爷爷和孙子开玩笑说："你能把我骗出这个屋，我就出去。"

魏徵说："爷爷，这么大的事，你竟然在这和我开玩笑，我不和你说了，我要找小朋友玩了。"于是跑了出去，跑到院子里，摔了一跤，坐在地上哇哇大哭。

他爷爷闻声跑了出去，看看孙子有没有摔坏。谁知魏徵一笑说："爷爷，你出来啦，你中计了。"

魏徵爷爷这才反应过来，不禁夸奖孙子小小年纪就这么聪明机敏。

魏徵的父亲魏长贤曾担任过北周的县令。隋朝建立后不久，魏徵的父亲去世，魏家逐渐穷困，但他胸怀大志，总想干出一番事业来，于是刻苦读书，在学问和政治才干上打下了良好的基础。

青年时期，魏徵家里更加贫寒，由于家里没什么资产，他又不愿去种地，于是就出家当了道士，以解决生存之计。魏徵借助道士身份作掩护，不仅避了一时之乱，还借此来观望天下大势，结交了许多江湖中人，眼界渐开，也开始接触研习纵横家的学说。

当时正值隋炀帝时期，皇帝荒淫无道，天下英雄豪杰纷纷起兵反隋。在各路起义军中，李密的势力最大。李密原是隋朝名将李宽的儿子，出身于封建大贵族之家，自幼熟读史书，且富有才华，他看到隋朝灭亡已在所难免，就起兵反隋。

魏徵的朋友元宝藏是隋朝武阳（今河北大名东北）郡丞，在隋末大乱中跟随李密举兵起义。元宝藏赏识魏徵的才华，便邀请魏徵担任机要秘书，掌管文书，当时元宝藏写给李密的往来信件都出自魏徵之手。

李密收到元宝藏的信，竟被书信中深刻的见解、充沛的气势和富丽有力的文辞所吸引，觉得写信之人肯定既有才华，又有政治才能，绝非出自元宝藏之手。李密派人前去打听，这才知道起草这些书信的人原来是元宝藏的秘书魏徵。李密心中生出爱才之意，马上派人把魏徵召了过去，让他担任军中的文书。这时的魏徵已经三十八岁了。

魏徵胸怀大志，向李密提出十条治军夺天下的建议，但此时李密领导的瓦岗军形势一片大好，李密本人正志满意得，虽觉得魏徵的建议还不错，却没有采用。

后来掌握隋朝大权的王世充进攻李密的瓦岗军，地位还较低的魏徵清醒地看到了起义军中的许多不足，但又苦于无处进言，就找到李密的长史郑颋，对他说："起义军虽有重大胜利，但伤亡也很大，现在军中费用紧张，储备有限，且赏罚不均，不宜同隋军硬拼硬打。唯今之计，在于深沟高垒，以待敌军粮尽，等敌军撤兵，再行追击，可获大胜。"

郑颋十分藐视魏徵，认为他的话是"老生常谈"，没有独到见解。结果，李密决定与王世充大军速战，瓦岗大军列营而不设垒，被王世充火攻加奇袭，惨遭失败。经此一役，瓦岗军彻底覆灭。

李密兵败后，魏徵跟随李密降唐。李密降唐后，并未受到唐高祖李渊的重视，而魏徵作为李密的无名小卒手下，自然也没被文臣武将济济一堂的大唐朝放在眼里。

李密死后，他的一些旧部仍然在太行山以东的大片地区活动，进行起义。后来，魏徵向朝廷自请安抚河北一带的李密旧部。获得批准后，他亲自去劝说驻守黎阳（今河南浚县）的李密的老部下、拥有大片土地和兵力的徐世绩归降唐朝。魏徵果然像他崇拜的纵横家们一样，不费一兵一卒，仅仅用唇舌笔墨就帮唐朝得到了大片疆域，初步打响了知名度。

不久，另一个军阀窦建德攻占了浚县，魏徵被俘。俗语道："人怕出名。"窦建德听说了魏徵的才干，命他担任自己的起居舍人（为上司记录言行举止的秘书）。

两年后，窦建德被李世民打败，魏徵终于回到首都长安。这时他已经经历了元宝藏、李密、李渊和窦建德四任主公，是为四易其主了。

后来，太子李建成久闻魏徵的才名，任命他为太子洗马（相当于秘书之类的官职）。在这一阶段，魏徵虽有文名，实际上并未发挥多大的作用，只是给李建成提过一个建议，让他带兵去攻打不堪一击的刘黑闼，既可建立军功，又可暗结豪杰。李建成采纳了他的建议，结果取得了圆满的成功。

当时秦王李世民的功业蒸蒸日上，严重威胁李建成的皇位继承人地位。魏徵经常劝李建成要早点建立军功，缩小和李世民之间的差距。不过天命所归，玄武门之变中，李建成终被李世民杀死。

玄武门之变后，有人向李世民告发说，东宫有个官员名叫魏徵，曾经参加过李密和窦建德的起义军，李密和窦建德失败之后，魏徵到了长安，在太子李建成手下干过事，还曾经劝说李建成要尽早杀害秦王。

李世民听了，立刻派人把魏徵找来。

李世民见了魏徵，板起脸问他："你为什么在我们兄弟之间挑拨离间？"

左右大臣听到李世民这样发问，以为是要算魏徵的老账，都替魏徵捏了一把汗。但是魏徵却神态自若，不慌不忙地回答说："可惜那时候太子没听我的话，要不然，也不会发生这样的事了。"

李世民听了，觉得魏徵说话直爽，很有胆识，不但没有责怪魏徵，反而欣赏他的坦率，于是和颜悦色地说："这已经是过去的事，就不用再提了。"便对魏徵礼遇有加，任命他为自己的詹事主簿（机要秘书）。

魏徵曾是前任太子李建成的属下，曾多次劝说李建成及早下手除掉李世民，现在李世民非但不追究旧怨，还开始重用这个从前的政敌，这里面自然也是有一番原因的。

李世民发动玄武门流血政变，成功地逼退父皇李渊，继承皇位大统，但他知道，自己成为皇帝的过程毕竟不甚光彩，甚至在法统和道德上已输得干干净净，如若不在治国上作出成绩来，那么自己可能将会被后世人拿来和隋炀帝相提并论。但是对于如何治理天下，李世民心中却没有底，他也明白，治理天下光靠和他一起打江山的秦王府旧人是不行的，必须依靠能够以文治天下的有识之士。

其实，李世民之前就听魏徵的两位前任上司李密和窦建德说起过魏徵。李密认为自己没有听从魏徵的计策是失败的原因之一，窦建德则认为魏徵是治国的千古奇才，只是运气不佳，当年被自己俘虏过来，并不真心效力，不曾为攻唐设下一谋，却心怀天下苍生，采用了屯田垦殖的方法，结果收到相当好的效果，开垦了大量荒地，粮食增多，救活无数穷苦百姓，使当时的山东、河北成了乱世中国的一方乐土。

李世民又想起自己当年花了九牛二虎之力，在折损了多员大将的情况下才击溃了山东刘黑闼，可是不久刘黑闼再次造反，还是魏徵说服李建成挂帅出征采用攻心术，以柔克刚，几乎没打什么大仗，就彻底收服了山东、河北，使太子李建成在朝堂中留下了能文善武的好形象，从而使太子地位更加巩固。李世民自己前后和大哥李建成明争暗斗几个回合，李建成皆因有魏徵等谋士相助而侥幸占了上风，李世民本人也算见识过魏徵的能耐。

自此之后，换过好几个主公、年届四十六岁的魏徵总算是遇到了真命天子李世民，他的事业在中年以后终于进入了正途。

不断地归降、不断地更换主人，这成为魏徵早期政治生涯的突出特征。在封建时代，"好女不嫁二夫，忠臣不事二主"，魏徵的频繁易主不仅在古代忠臣中罕见，在奸臣队伍里也不易找到可以与之比肩者。魏徵易主的特点之一是无一例外地属于被动易主，这样，根据优胜劣汰的自然法则，最后到了最强的主人李世民手下。魏徵易主的特点之二是他一旦易主，不会受感情因素左右，公私不分，而是在每任领导手下尽心竭力：他在窦建德手下献屯田垦殖之策，使窦建德如虎添翼；而在太子李建成手下，他多次劝说李建成先下手为强，除掉李世民；最后在李世民手下更是兢兢业业，呕心沥血，成为群臣楷模。

当然，魏徵这样的频繁易主难免被高尚人士所不齿。李渊、李世民

都曾经当众发表过鄙视他的言论，大意是说他"有奶便是娘"。对此，魏徵作了自我辩护，比如关于在窦建德手下献计屯田一事，魏徵作出的最终解释是："民为国家之本，大唐天下波及四海，臣提出屯田垦殖之策，受益的是百姓，富庶的是国家。两军对阵，百姓无辜，岂能因兵戈之争而置百姓于水火？圣上向以爱惜民生而受万民敬仰，即便夏王（指窦建德）军队因此受益，但直正受益的是黎民苍生。所以臣以为，不是臣为窦建德做事，而是臣通过窦建德为百姓做事。"民为重、社稷次之、君为轻，魏徵的频繁跳槽体现出了孟子以人为本的思想，他患的不是君，而是广大天下百姓。

初登基时的唐太宗，踌躇满志，励精图治，由于器重魏徵的胆识才能，常常把魏徵带到寝殿里，与他讨论自己为政的得失。魏徵从此毫不客气地开始了为皇帝挑毛病的事业，成为这一行前无古人、后无来者的最出色人才之一，为中国历史树立了一个谏官的典范。

魏徵本就有经国济世的大才，性格耿直，喜逢知己之主，竭诚辅佐，知无不言，言无不尽，往往据理抗争，从不委曲求全。

然而魏徵毕竟未在李世民平定天下、争夺皇位的战争中作出过任何贡献，又恰恰曾是敌对阵营里的重要人物，如今却得到唐太宗如此的信任，快速升官，不免遭到一些人的妒忌和怨恨。

不少跟随唐太宗征战多年的老部下在太宗面前说魏徵的坏话，他们认为自己帮太宗多年，为夺得皇位立下汗马功劳，结果却是前任太子李建成的手下魏徵得到更多好处，这简直是"马打江山牛上殿"。后来连唐太宗的亲信重臣长孙无忌等人也对魏徵的迅速上升持不同看法。长孙无忌向唐太宗进言说："魏徵以前可是我们的敌人，现在跟他一起同桌吃饭，臣觉得很别扭。"

唐太宗向来很倚重长孙无忌等一帮老臣，不得不对老部下们解释说，魏徵是真正有才能的人，大唐治国要靠他。唐太宗利用自己皇帝的威望和权力暂时说服了这帮老部下，但他们的意见又不能不让他慎重地安排魏徵的职务，所以在贞观初年时，唐太宗只能任命魏徵为权位并不高的谏议大夫。

这一次，朝廷中又有人到太宗面前诬蔑魏徵跟亲戚结党营私。唐太宗立即派御史大夫温彦博调查此事，结果查无证据，纯属诬告。唐太宗只好派温彦博对魏徵提出："作为国家官员，必须注意自己的言行。你自己不检点，所以才遭到别人的诽谤，应该受到谴责。今后要远避嫌疑，不要再惹出这样的麻烦。"

魏徵当即面奏说："我听说君臣之间，相互协助，义同一体。如果不讲秉公办事，只讲远避嫌疑，那么国家兴亡，或未可知。"魏徵趁机继续进谏说："臣希望陛下让我当良臣，不要让我当忠臣。"

唐太宗奇怪地问忠臣和良臣有何区别。魏徵答道："良臣让自己获得好的名声，君主得到好的声誉，子孙世代相传，福禄无疆。忠臣就像比干一样，自己被杀了，君主得到恶名，国破家亡，光他自己得到了一个忠臣的空名。二者相去甚远。"

唐太宗觉得魏徵说得很对，便送给他许多赏赐。魏徵利用唐太宗心存愧疚的机会，表明了自身的政治抱负，说明自己并非是一味死谏的人物，消除了唐太宗的猜疑和顾虑。

后来，唐太宗再次提拔魏徵，任命魏徵为尚书省右丞（四品），在尚书省中官列第五，前头有尚书令、左右仆射、左丞。由于李世民担任过尚书令，尚书令此官职从此后就不再授人，而左丞空缺，那么魏徵作为尚书右丞，其上头还有左右仆射，左仆射是房玄龄，右仆射是杜如晦，作为下属的魏徵还是有所束缚，没法放开手脚工作。

唐太宗终于想出了一个变通的办法。有一天，唐太宗对房玄龄和杜如晦说："两位爱卿已经很久没有给朕推荐贤才了。"

房、杜二人忙解释说："最近尚书省事务繁忙，未有时间为皇上选举良才。"

唐太宗就顺水推舟地说："那么尚书省的事就让魏徵干吧，大事再向你们报告吧。"

房玄龄顿时心领神会。

原来唐太宗早先询问过房玄龄："魏徵其人才能如何？"

房玄龄回答说："魏徵先后跟过李密、窦建德、李建成，这些人最终都失败了，看来魏徵的才能不怎么样。"

唐太宗却纠正道："你们错了，他们正是没有听魏徵的建议才失败的。"

房玄龄何等聪明之人，从那时起就知道唐太宗想要重用魏徵，此番

『太宗的镜子』——唐太宗左丞魏徵

又有了唐太宗的明示，自然不敢不放手让魏徵施展才能，着手处理尚书省事务。

就这样，唐太宗轻描淡写、轻松地架空了左右仆射，魏徵以尚书省原第五官尚书右丞的身份，实际上总摄尚书省事务，掌管吏、户、礼、兵、刑、工六部，加上他又有谏议大夫的议事发言权，因此成了贞观初期事实上的宰相，从此朝廷内逐渐形成了表面上由房、杜主政，事实上由魏徵挑大梁的局面。

魏徵出身于书香门第，早期家贫，又曾为道士，云游四方，深知民间疾苦，如今有了行政权，自是如鱼得水。他上和唐太宗商定国家大计方针，下协调尚书省与中书省的关系，无论是给尚书省的诏令，还是六部上来的章奏，魏徵都有权审驳，然后才交皇帝御阅或交尚书省执行。在这一时期，他一心为公，宰相的政事堂会上，他发言最多，提出的治国建议和策略最多。唐太宗也最信服魏徵，常和他在皇宫内密谈治国大计，如果是魏徵点头认可了的事情，唐太宗皆赞同。在唐太宗的全力支持下，魏徵在政务上作出了一番骄人的成绩。

贞观初年时，天下大灾，魏徵采取积极措施，安抚百姓，与民休息，薄赋轻徭，兴修水利，鼓励开荒生产。就连之前从未接触过的刑部积案，魏徵也处理得妥妥当当，并恰当地修改了死刑的刑律。

在对待政治对手方面，魏徵主张招抚，反对镇压，使"玄武门之变"之后忠于太子李建成和李元吉的部下李治安和李思行等人得以招降。由于唐太宗采纳了魏徵的主张，很快就抚平了河北一带，由此唐太宗也就越加器重魏徵。

在治理国家的方略上，魏徵主张轻徭薄赋、休养生息的政策。在整个贞观年间，朝廷的赋税和徭役不算太重，这是贞观年间社会安定、经济发展的基本保障之一。

在执法方面，魏徵主张明正典刑，反对严刑峻法。当时濮州刺史庞相寿是唐太宗做秦王时的老部下，他在任上因贪污被人告发，受到了追回赃物、解除职务的处分。庞相寿向唐太宗求情，唐太宗觉得于心不忍，就送给他一百匹绢，让他继续去做刺史，只是告诉他以后千万不可再贪污了。

魏徵知道后，就对唐太宗说："臣认为陛下这是徇私枉法。庞相寿犯了罪，陛下还给他优厚的赏赐，容许他继续留任，如果陛下做秦王时的众多部下都以庞相寿为榜样的话，那该怎么办？"他还对唐太宗说："奖赏不忘疏远，惩罚不避亲贵。要一视同仁，才能让人心服。"在魏徵的坚持下，唐太宗不得不同意原来对庞相寿的处分。

在使用人才方面，魏徵主张把打天下与治天下的用人标准区别开来，并建议唐太宗说："天下未定，以才能为标准，可不考虑他的品德操行如何；天下平定，则非德才兼备之人不可。"在魏徵的影响下，唐太宗"内举不避亲，外举不避仇"，有一次，他还主动对魏徵说："选择任用官吏，是不能轻率马虎的。用了一个君子，那么其他君子们就会纷纷而来；如果用了一个小人，那么其他小人们也就会钻营而来。"

在魏徵等人及唐太宗的共同努力下，到贞观四年初，所谓"贞观之治"的太平盛世就出现了。唐朝国内土地得到大面积开垦，粮食增产，人民乐泰生平，安居乐业，路不拾遗，夜不闭户，对外又打退了突厥，突厥其余各部首脑也自带武器来京师为唐太宗护卫。

唐太宗很高兴，大宴群臣。他在宴会上说，"贞观天下之治，皆魏徵之力"，并明确肯定，"现在颉利被擒获，他的部落头领带着武器来宫中护卫，他的民众穿上唐人的服装，这都是魏徵的功劳。朕没有用错人啊"。值得注意的是，唐太宗既没有说是房玄龄、杜如晦等人的功劳，也没有归功于带兵击破突厥的李靖的功劳，只说是实际上主宰治国政务的魏徵的功劳，这是对魏徵政绩的最好肯定。

在封建社会中，普天之下，莫非王土，帝王通常有至高无上的权威，手握对臣民的生杀予夺大权，常常颐指气使，随时下达诏令，使统治集团内部关系紧张。隋炀帝即由于独断专行，偏听偏信，从而导致众叛亲离，迅速土崩瓦解。

李世民从隋朝灭亡中吸取教训，认识到一个人的能力有限，即便是君王，也不能遍知天下之事，要治理好国家，必须依靠忠良辅佐，听取各方面的不同意见，集思广益，才能把事情办好。

贞观元年（公元627年），唐太宗刚刚即位，对于为君之道还充满了疑惑。有一天他问魏徵："爱卿，你说何为明君，何为暗君？"

魏徵听到此问，心中一动，这不正是自己想提醒皇上的话吗？他从容答道："兼听则明，偏信则暗。君王如果能广泛地听取各方面的意见，

『太宗的镜子』——唐太宗左丞魏徵

就可称得上是一位明君，但要是只相信一个人的说法，那就不可避免地是昏聩的君王了。昔日尧经常咨询下民的意见，所以他才能了解苗的恶行；而舜善于听取四面八方的声音，故共、鲧这些奸臣都不能蒙蔽他的视听。反之，秦二世只相信赵高，最终导致亡国；梁武帝任用朱异一人，才引发侯景之乱；隋炀帝偏听虞世基之言，天下大乱而不自知。这都是反面的例子。所以君王应该兼听广纳，这样才能充分了解各方面的情况，而不会受到一两个大臣的蒙蔽啊。"

唐太宗点头称善，说："若不是因为有了爱卿，我听不到这样的话啊！"

对于君王的品德修养，魏徵直言不讳地对唐太宗说："居人上者，其身正，不令而行；其身不正，虽令不从。"他还引用荀子的话告诫太宗：君主似舟，人民似水，水能载舟，亦能覆舟。这句话对唐太宗震动很大，此后他一直牢记在心。

又有一天，唐太宗读完隋炀帝的文集，与左右大臣说："我看隋炀帝这个人，学问渊博，也懂得尧、舜好，桀、纣不好，为什么却做了许多荒唐之事？"

魏徵接口说："一个皇帝光靠聪明、渊博不行，还应该虚心倾听臣子的意见。隋炀帝自以为才高，骄傲自信，说的是尧舜的话，做的是桀纣的事，到后来糊里糊涂，就自取灭亡了。"

君王应该广泛听取各方面的意见，这也是儒家治国理念中非常重要的内容。魏徵继承了这种思想，并通过太宗运用到了贞观政治中。魏徵提出的"兼听则明，偏信则暗"这个原则在贞观前期的决策中得到了比较好的坚持，太宗遇事经常会与朝臣们广泛地讨论，贞观朝形成了开明的政治风气。

一天，唐太宗问魏徵："贤明的君王治理好国家需要百年的工夫吧？"

在国家大政方针上，尤其是大乱之后拨乱反正，魏徵主张宜快不宜慢，宜急不宜缓。因此，魏徵并不同意太宗的想法，他回答说："圣明的人治理国家，就像声音立刻有回音一样，一年之内就可见到效果，两年见效就太晚了，怎么要等百年才能治理好呢？"

尚书仆射封德彝等人嘲笑魏徵的看法。魏徵说："大乱之后治理国家，就像饿极了的人要吃东西一样，来得更快。行帝道则帝，行王道则王，事在人为，而不是人民是否可以教化的问题。"

太宗听从了魏徵的意见，积极采取有效措施，只过了两三年，唐朝就出现了贞观之治的盛世局面。

魏徵还主张皇帝应该取信于民，不要朝令夕改，让人无所适从。唐朝原定十八岁的男子才能参加征兵服役，一次，为了多征兵巩固边境，唐太宗要求十六岁以上的男子全部应征，魏徵坚决不同意。他说："涸泽而渔，焚林而猎，是杀鸡取卵的做法。兵不在多而在精，何必为了充数把不够年龄的人也弄来呢？况且这也是失信于民。"

唐太宗便问自己是否有失信于民的事，魏徵当即举了三个例子。唐太宗虽然觉得魏徵言词尖刻，难听刺耳，但心中仍很高兴，认为魏徵忠于朝廷，是以精诚之心辅佐自己信义治国，于是便下令停止执行征召十六岁男子入伍，同时奖赏魏徵金瓮一口，以资表彰。

贞观十二年（公元 638 年），有一次唐太宗大宴群臣，席间他问道："诸位爱卿，你们说说，是创业难啊还是守成难呢？"

尚书左仆射房玄龄回答说："隋末天下大乱，群雄竞起。陛下身经百战，历经重重危险，才打下今日江山，这么说来自然是创业更难。"

魏徵却说："帝王刚开始创业的时候，都是天下大乱。乱世方显英雄本色，也才能获得百姓的拥戴。而得天下之后，渐渐有了骄逸之心，为满足自己的欲望不断滥用民力，最终导致国家衰亡。以此而言，守成更难啊。"

唐太宗总结说："玄龄当初跟朕打天下，出生入死，备尝艰苦，所以觉得创业难。魏徵与朕一起治理天下，担心朕生出骄逸之心，把国家引向危亡之地，所以觉得守成更难。现在创业时期的困难已经成为往事了，守业的艰辛，朕跟大家一起谨慎面对吧。"

群臣都群起而贺："陛下能这样想，真是国家之幸、百姓之福啊！"

贞观十五年（公元 641 年），唐太宗再次提出守天下难易的问题，魏徵依旧说："守业很难啊。"

唐太宗反问："只要任用贤能之人，虚心接受进谏，不就可以了吗。为何说很难呢？"

魏徵进一步说："看看自古而来的帝王，在忧患危险的时候，往往能够任贤受谏。但到了天下安乐之时，必定会懈怠，这样日积月累，问题渐渐出现，最终导致国家危亡。这也就是居安思危的道理所在。天下安宁还能心怀忧惧，岂不是很难吗？"

其实，创业与守成，打天下与治天下，这是历史上经常讨论的有关君道的重要话题。辩证地看，创业与守成同样是艰难的。创业时期的出生入死，需要顽强的意志和坚忍不拔的精神。等到战胜了所有的敌手建立了新政权之后，如果还躺在过去的功劳簿上，变得骄傲自满，放纵自己的欲望，不再关心人民的疾苦，就会引起新的社会矛盾，导致政权的衰亡。魏徵认为，打天下还存在着"天授人与"的机遇，只要顺应时势人心，就一定能够取得胜利，而治天下就必须始终保持谨慎的头脑，不能对个人的欲望有丝毫的放纵，这才是最难的。

魏徵也经历过隋末动乱，只不过在唐太宗掌权以前，没有跟随他夺取皇位而已。他既懂得创业的艰难，又比其他人更明白创业之后更应该关注守成和治国。

在视魏徵如帝师的唐太宗治理下的大唐帝国，政治清明，百姓亲附，经济繁荣。对外反击长期侵扰内地的游牧民族，灭东突厥，败吐谷浑，开拓疆土，打通西域丝绸之路，使华夏声威远布，四方来朝，影响深远。至今，仍有西方人称中国人为唐人，海外华侨也以做唐人为骄傲。

魏徵性格忠直，敢于进言，堪称是中国历史上最成功、最出名的谏官。

唐太宗在群臣中倡导广开言路，献计献策。为了求谏，他诏令宰相入阁商议军国大事时，必须使谏官随入列席，以便谏官们对军国大事发表意见；要求大臣敢于直言，不要唯唯诺诺；对于敢于进谏提出合理意见的人，他予以提拔和鼓励。

魏徵进谏，凡是他认为正确的意见，必定当面直谏，坚持到底，绝不背后议论，这是他的可贵之处。

贞观六年（公元632年），群臣请求唐太宗举行泰山封禅大典，借此炫耀功德和国家富强。

唐太宗说："你们都认为封禅是帝王盛事，朕却不这么想。如果天下安定，家给人足，即使不搞封禅大典，又有什么关系呢？从前秦始皇举行了封禅，汉武帝从未举行过封禅，后世并不认为汉武帝不及秦始皇。而且向天地拜祭，何必非得上泰山之顶，封几尺高的土，这样就能表达诚敬了吗？"

但是群臣仍然一再请求唐太宗举行封禅大典，唐太宗几乎快要同意了，只有魏徵一人认为不可。

唐太宗问道："你不主张进行封禅，是不是认为朕的功劳不高、德行不尊、中国未安、四夷未服、年谷未丰、祥瑞未至呢？"

魏徵回答说："陛下虽有以上六德，但自从隋末天下大乱以来，直到现在，户口并未恢复，仓库尚为空虚，而车驾东巡，千骑万乘，耗费巨大，沿途百姓承受不了。况且陛下封禅，必然万国咸集，远夷君长也要扈从。而如今中原一带，人烟稀少，灌木丛生，万国使者和远夷君长看到我国如此虚弱，岂不产生轻视之心？如果赏赐不周，就不能满足这些人的欲望；免除赋役，也远远不能报偿百姓的破费。如此仅图虚名而受实害的事，陛下为什么执意要做呢？"

不久，正逢中原数州暴发了洪水，封禅之事从此停止。

贞观七年（公元 633 年），魏徵代王珪为侍中。同年底，中牟县丞皇甫德参向唐太宗上书说："修建洛阳宫，劳弊百姓；收取地租，数量太多；妇女喜梳高髻，宫中所化。"

太宗接书大怒，对宰相们说："德参想让国家不役一人，不收地租，富人无发，才符合他的心意。"于是想治皇甫德参诽谤之罪。

魏徵谏道："自古以来，臣子上书不偏激，不能触动人主之心。所谓狂夫之言，圣人择善而从。请陛下想想这个道理。"最后他还强调说："陛下最近不爱听直言，虽然勉强包涵，但已不能像从前那样豁达自然了。"

唐太宗觉得魏徵说得入情入理，便转怒为喜，不但没有对皇甫德参治罪，还把他提升为监察御史。

长孙皇后听说一位姓郑的官员有一位年仅十六七岁的女儿，才貌出众，京城之内绝无仅有，便告诉了唐太宗，请求将其纳入宫中，备为嫔妃。

唐太宗便下诏将这一女子聘为妃子。魏徵听说这位女子已经许配陆家，便立即入宫进谏："陛下为人父母，抚爱百姓，当忧其所忧，乐其

『太宗的镜子』——唐太宗左丞魏徵

所乐。居住在宫室台榭之中，要想到百姓都有屋宇之安；吃着山珍海味，要想到百姓无饥寒之患；嫔妃满院，要想到百姓有室家之欢。现在郑氏之女早已许配陆家，陛下未加详细查问，便将她纳入宫中，如果传闻出去，难道是为民父母的道理吗？"

唐太宗听后大惊，当即深表内疚，并决定收回成命。

但房玄龄等人却认为郑氏许人之事，子虚乌有，坚持诏令有效。陆家也派人递上表章，声明以前与郑家虽有资财往来，并无定亲之事。

这时，唐太宗半信半疑，又召来魏徵询问。

魏徵直截了当地说："陆家之所以否认此事，是害怕陛下以后借此加害于他，其中缘故十分清楚，不足为怪。"

唐太宗这才恍然大悟，便坚决收回了诏令。

在个人享乐方面，魏徵也经常犯颜直谏，即使唐太宗在大怒之际，他也敢面折廷争，从不退让，以至于唐太宗有时对他会产生敬畏之心。

有一次，唐太宗想去南山打猎，车马都准备好了，最后还是没敢去。

魏徵问他为什么没有出去，唐太宗说："我起初是想去打猎，可又怕你责备，就不敢出去了。"

据说还有一次，唐太宗得到一只非常英武的鹞鹰，得意扬扬地架在胳膊上把玩，忽然远远看见魏徵走了过来，心想这老头肯定又要怪他玩物丧志，就赶紧把心爱的鹞鹰藏到怀里。魏徵假装没看见，唠唠叨叨地向他汇报了半天工作。等魏徵事无巨细地汇报完走开后，唐太宗一看，那鹞鹰早就闷死了。

还有一次，唐太宗从长安去洛阳，因为当地供应的东西不好，唐太宗很生气。魏徵对唐太宗说："隋炀帝就是因为无限制地追求享乐而灭亡的。现在陛下因为供应不好就发脾气，以后必然上行下效，各地方拼命供奉陛下，以求陛下满意。供应是有限的，人的奢侈欲望是无限的，如此下去，隋朝的悲剧又该重演了。"

唐太宗听了这番话肃然心惊，以后很注意节俭。

唐太宗曾对长孙无忌说："魏徵每次向我进谏时，只要我没接受他的意见，他总是不答应，不知是何缘故？"

未等长孙无忌答话，魏徵接过话头说："陛下做事不对，我才进谏。

如果陛下不听我的劝告，我又立即顺从陛下的意见，那就只有依照陛下的旨意行事，岂不违背了我进谏的初衷了吗？"

太宗说："你当时应承一下，顾全我的体面，退朝之后，再单独向我进谏，难道不行吗？"

魏徵解释道："从前，舜告诫群臣，不要当面顺从我，背后又另讲一套，这不是臣下忠君的表现，而是阳奉阴违的奸佞行为。对于您的看法，为臣不敢苟同。"

唐太宗听了非常赞赏魏徵的意见。

不过魏徵也不是每次都成功的，他劝谏了那么多次，总有几次碰上皇帝心情不好，让他难受。有一次，魏徵在上朝的时候跟唐太宗争得面红耳赤，唐太宗实在听不下去，想要发作，又怕在大臣面前丢了自己善于接受意见的好名声，只好勉强忍住。退朝以后，他憋了一肚子气回到内宫，见了长孙皇后，气冲冲地说："总有一天，朕要杀死这个乡巴佬！"

长孙皇后很少见唐太宗发那么大的火，忙问他说："不知道陛下想杀哪一个？"

唐太宗说："还不是那个魏徵！他总是当着大家的面顶撞朕，叫朕实在忍受不了！"

长孙皇后听了，一声不吭，回到自己的内室，换了一套朝见的礼服，向唐太宗下拜。

唐太宗惊奇地问道："你这是干什么？"

长孙皇后说："妾听说只有英明的天子才有正直的大臣，现在魏徵这样正直，正说明陛下的英明，我怎么能不向陛下祝贺呢！"

这一番话就像一盆清凉的水，把唐太宗的满腔怒火浇灭了。

魏徵也知道自己是在刀尖上跳舞，他有一次对唐太宗说："实在是陛下鼓励我有什么说什么，我才敢这样，如果陛下完全不接受我的意见，我哪里敢屡次冒着冲撞龙颜的危险呢！"所以魏徵自己也很明白，臣子直言不讳的前提是有一个开明的君王。

魏徵虽以直谏著称，但并非不讲究讲话艺术，他有时以文才雅兴暗喻讽劝，委婉地开导唐太宗，使其醒悟改过。

贞观十一年（公元637年），唐太宗到洛阳巡视，魏徵随百官同行。

唐太宗在洛阳宫西苑宴请群臣，又带群臣泛舟积翠池。唐太宗指着两岸的景色和宫殿，对大臣们说："隋炀帝穷奢极欲，大兴土木，宫殿园苑遍布京都，结果官逼民反，身死异乡。而今这些宫殿、园苑尽归于朕。炀帝亡国，与佞臣阿谀奉承、弄虚作假、助纣为虐有很大关系，你们可要引以为戒啊！"

魏徵立即回答道："臣等以宇文述等佞臣为戒，理固当然；望陛下以炀帝为鉴，则国家太平，万民幸甚！"

唐太宗一听魏徵之言，觉得很有道理，主张君臣共勉。他又要求群臣赋诗助兴，群臣恭请唐太宗先赋，唐太宗略一沉思，立即朗声吟道：

日昃玩百篇，临灯披《五典》。

夏康既逸豫，商辛亦流湎。

恣情昏主多，克己明君鲜。

天身资累恶，成名由积善。

唐太宗把这首诗命名为《尚书》，以《尚书》中骄奢淫逸的昏君为例，指出他们身败名裂、国破家亡是由于他们作恶多端，咎由自取，那些克己俭朴、勤政爱民的明君，尽管历史上不多，但却名垂千古、青史流芳，这就在于他们注意修养，不断做好事，为民谋利。唐太宗通过此诗咏史，抒发了自己立志做一个"克己明君"的襟怀。群臣一听，齐声赞颂。

唐太宗要求群臣逐一赋诗，魏徵当仁不让，立赋《西汉》一诗，他朗诵道：

受降临轵道，争长趣鸿门。

驱传渭桥上，观兵细柳屯。

夜宴经柏谷，朝游出杜原。

终籍叔孙礼，方知皇帝尊。

在这首诗里，魏徵以西汉初年几个有作为的皇帝高祖、文帝、景帝、武帝为例，说明帝王贤明，勤劳国事，既建武功，又修文治，才能受到百姓的爱戴。魏徵希望唐太宗向刘邦等帝王学习，既"受降"于秦王子婴，建灭秦之武功，又礼遇儒生叔孙通，开文治之基业。

唐太宗聪颖过人，一听此诗，便知魏徵暗含讽意，他激动地说："魏徵忠心耿耿，不仅以奏疏谏我，而且赋诗时，又以礼仪开导于我，真可谓知古德的忠直之臣。"

贞观十年（公元 636 年），魏徵奉命主持编写的《隋书》《周书》《梁书》《陈书》《齐书》（时称五代史）历时七年，终于完稿。其中《隋书》的序论、《梁书》、《陈书》和《齐书》的总论都是魏徵所撰，时称良史。同年六月，魏徵因患眼疾，请求解除侍中之职，自请罢相。

唐太宗不肯，挽留说："我如果是一个富矿，你就是最高明的工匠，你虽然有病，但也没有衰老。"他还对大臣们说："朕登基以前，四处征战打天下的时候，房玄龄功劳最大。贞观以后，敢不停地献上忠言、安国利民、帮我纠正过错的，只有魏徵一个人啊！"

魏徵坚持罢相，唐太宗只好同意，加封魏徵为特进（优待元老重臣的散官），知门下事，其俸禄、赏赐等一切待遇都与侍中完全相同。

唐太宗虽然任命了新的侍中，但门下省的重要事情仍须由魏徵处理，俨然成了元老宰相，只是具体小事不太管了，国家大事照常执管，为大唐帝国掌舵护航直到贞观十七年去世。

纵观贞观名相，名列三甲无疑是魏徵、房玄龄、杜如晦。杜如晦早期是李世民的谋士，行事干练，贞观初居于相位一年多，但每次议事，多附从房玄龄的计策，自己少出谋略。杜如晦本人有一点懒、贪，曾被皇亲国戚暴打，直接导致他贞观三年（公元 629 年）就病了，贞观四年（公元 630 年）初就病逝，对长达二十三年的贞观朝，他的作用是有限的。

贞观朝只有魏徵、房玄龄两人做宰相的时间是最长的。房玄龄被唐太宗誉为"萧何"，魏徵被唐太宗誉为"管仲、诸葛亮"。当年玄武门政变之后，唐太宗大封功臣，房玄龄功居第一，引起勋戚武将李神通的不满。唐太宗不得不援引汉高祖刘邦封萧何功居第一的事来进行解释，称房玄龄为自己的"萧何"，这里面有应付李神通的意思。其实，房玄龄曾做过秦王府的总管多年，为相治国尚未开始，称之名相未免太早。魏徵则不同了，他被称为"管仲、诸葛亮"时已是他为相治国功成名就之时。

贞观六年（公元 632 年），唐太宗对魏徵说："你的罪比管仲射钩之罪大，我待你比齐桓公对管仲好，你作为我的管仲要尽心地教我，不要有所隐瞒。"

贞观十二年（公元638年），唐太宗当朝对大臣们说："你们认为魏徵和诸葛亮比如何？"意思是想当朝确立魏徵第一名相的地位，不料不识相的、长期妒忌魏徵的中书侍郎岑文本却说："诸葛亮文武全才，魏徵不能比啊。"

其他人如王圭、高士廉、李世绩等则极力推崇魏徵。高士廉更是声称"能名扬后世，贞观朝唯有千古一帝皇上、名相魏徵耳"，最后还是唐太宗出来一锤定音："论行师用兵，魏徵是没有机会施展，但魏徵治大国从而开创盛世，岂是诸葛亮这种小国之相能比的？"

就在这一年，唐太宗对大臣们说："贞观以前，房玄龄作为谋士，辅佐之功以房玄龄第一；贞观之后，为相治国以魏徵第一。"并解下佩剑亲手送给他们。

唐太宗还当着众大臣的面对房玄龄说："自即位以来，辅弼我躬，安我社稷，成我今日之功业为天下所称，你们都不能与魏徵比啊。"

这些足以说明魏徵才是大唐贞观朝第一功臣。平心而论，魏徵和房玄龄的功劳也只有唐太宗这位当事人才真正清楚，因为很多治国安邦的谋略是在君臣之间秘密完成的，是外人所不能知晓的。

尽管房玄龄和杜如晦也为贞观盛世的开创功不可没，后人亦有"房谋杜断"之论，但是一旦房、杜分开，房不能断、杜不能谋的缺点就暴露无遗了。贞观四年（公元630年）初，杜如晦病逝后，房玄龄因循守旧、优柔寡断及怕担当决策失误责任的弱点就显现出来，史书上说房玄龄每次上朝见皇帝都战战兢兢、胆小谨慎，有时甚至惧怕唐太宗到了面无人色、冷汗湿衣的地步，这些缺点对一个大国的宰相来说是致命的，这可能也是魏徵后来居上的一个重要原因。

而魏徵则不同，他为了公利民生可冒被杀的危险，与绝对权力的拥有者皇帝多次激烈谏诤，他既有房玄龄之谋，又兼有杜如晦之断，而谋国之忠，更是世间少有，因此论贞观首相，魏徵当之无愧。

魏徵和唐太宗相处十七年，一个以直言进谏著称，一个以虚怀纳谏出名，尽管有时争论激烈，互不相让。这种君臣关系在历史上极为罕见，堪称千古君臣之典范。

魏徵是个十分孝顺的人。他的母亲多年患咳嗽气喘病，虽四处求医，但无甚效果，魏徵心里十分不安。这事不知怎的让唐太宗知道了，唐太宗即派御医前往诊病。御医仔细地望、闻、问、切后，写下处方。可这位老夫人的性情却有些古怪，她只喝了一小口药汁，就连声说药汁太苦，难以下咽，任凭别人苦口婆心地劝说，就是不肯再吃药。魏徵也拿她没办法，只好百般劝慰。

这一天，老夫人把魏徵叫到面前，告诉魏徵她想吃梨。魏徵立即派人去买回梨，并把梨削去皮后切成小块，装在果盘中送给老夫人。

可老夫人却因年老，牙齿多已脱落，不便咀嚼，只吃了一小片梨后就不吃了。这又使魏徵犯了难，于是他就把梨片加糖煎水后让老夫人喝。老夫人不仅喝了半碗梨汁，还连声称赞好喝。

魏徵见老夫人对梨汁颇喜欢，但光喝梨汁是不能治好病的，因此他想了一个办法，就在为老夫人煎煮梨汁时顺手将按御医处方熬的一碗药汁倒进了梨汁中一起煮，为了避免老夫人说苦不肯喝，又特地多加了一些糖，一直熬到三更。

熬药时，魏徵有些疲惫了，他闭目养了一下神，谁知等他睁开眼揭开药罐盖，药汁已因熬得时间过长而成了糖块。他不知糖块口味如何，就先尝了一点，感到又香又甜，随即将糖块送到老夫人处，请老夫人品尝。这糖块奇酥无比，入口即自化，不仅香甜，又有清凉香味，老夫人很喜欢吃。

见老夫人喜欢，魏徵就每天给老夫人用中药汁和梨汁加糖熬成糖块。老夫人吃了近半个月，不仅胃口大开，食量增加，而且咳嗽、气喘的病也渐好了。

魏徵用药和梨汁治好了老夫人的病，这消息很快传开了，医生纷纷采用这一妙方来为病人治病疗疾，收到了较好的效果。后来人们就称这种糖块为"梨膏糖"。

魏徵乃贞观期间的宰相，因功绩很高经常受唐太宗赏赐。有一次，唐太宗说对魏徵好像什么都赏过，唯独女人没有赏过，于是就要赏女人给魏徵。

魏徵不敢答应，而是请求唐太宗允许他回家问一问夫人。

唐太宗很生气："天子赏臣子，如何不可？试问当时满朝文武哪个不是三妻四妾？"唐太宗决意要做主，让魏徵纳妾。

数日后，唐太宗没有忘记此事，就问起魏徵这件事。

魏徵回答说夫人不同意。

唐太宗不悦，于是设宴请近臣陪伴。席间特意请来魏徵夫人，唐太宗当面问道："朕赏赐魏徵女人，你为何不准？"

魏徵夫人答道："在外国事自然由他说了算，在家家事须听我的。"

唐太宗有气，又问："天子赏赐臣子，这是国事还是家事？"

魏徵夫人无言，沉默后，坚定地说："有她无我，有我无她！"

唐太宗很生气，觉得魏徵夫人太过霸道，于是命人取来毒酒一杯，厉声说道："如果夫人不允许魏爱卿纳妾，朕可赐你一死让你保全名节。你面前是一杯毒酒，你可以喝了它。"

谁知魏徵夫人举手就取过酒，一饮而尽。

魏徵在旁大惊失色，却挡之不住。

唐太宗问魏徵夫人："你饮这毒酒，味道如何？"

魏徵夫人稍定，答："这酒与我家醋味相似。"

群臣皆大笑，原来唐太宗给魏徵夫人喝的乃是一杯陈年老醋。

唐太宗亦忍禁不住，高声道："以后再遇此事，你就喝醋吧！"

"喝醋事件"之后，唐太宗为如此刚烈之女而折服，当然再也没提让魏徵纳妾的事。所以后人常用"吃醋"来比喻人们的嫉妒之情。

其实，魏徵的这位爱吃醋的夫人裴氏，除了有些霸道、强悍之外，也是一名廉洁、俭朴的好女人，更是历史上出了名的贤内助。

魏徵不断劝谏皇上节俭省费，爱惜民力，他自己在个人生活中自我要求更加严格。早在青年时代，魏徵就不置家产，到了官至卿相，他仍保持朴素作风。裴氏虽说是宰相的妻子，自嫁给丈夫之后，向来勤俭节约，跟随丈夫住着旧屋，每天纺纱织布度日，毫无怨言。

唐太宗听说魏徵家的房子又窄又旧，十分破烂，立即下令把为自己修建宫殿的材料，全部给魏徵构建大屋。

当负责的官员和工匠来到魏家时，魏夫人对来人说："我相公住惯了老房子，住不惯华丽大厦，请皇上原谅，不要给他换房了。"

由于魏夫人的再三辞谢，工匠们只好翻新了几间旧房子，便回去了。

唐贞观十七（公元 643 年）年，魏徵病重，起不了床。唐太宗派出御医为他治疗。

谁知御医到了魏家一看，简直不敢相信，魏徵盖的被子又破又旧，根本御不了寒，家里连一个待客的正厅都没有。

御医回来据实向皇上禀告。唐太宗听后，不禁为之"悲懑，辄之流涕"，立即下令限期为他建造了一个大的厅屋，又根据魏徵一贯俭朴的习惯，赐给他素色的褥子、布被、几案、手杖等生活用品，以补家中之缺。

魏夫人深知魏徵的性情，这回又出来挡驾了。她说："我家相公用惯了布被布褥，没有必要添加丝棉被，也请皇上见谅。"就这样，魏夫人常年辅佐丈夫料理家事，相互体贴，勤勤恳恳，任劳任怨。

魏徵病重弥留之际，唐太宗亲自去他家中探视，询问他还有什么要求。魏徵只说了一句话："嫠不恤纬，而忧宗周之亡！"意思是寡妇不愁织布的纬线少，只担心国家的兴亡，说明他临死之前还牵挂国家大事和百姓疾苦。

公元643年，六十四岁的大唐宰相魏徵去世。唐太宗听到噩耗后非常伤心，他认为这样一个好臣子理应受到隆重表彰与敬重，下令以一品官葬礼治丧（魏徵生前为二品官）。

这时魏夫人又出来讲话说："相公一生俭朴，葬礼排场太大，与他平生志愿有违。"

唐太宗细细想来，觉得她所说的也在情理，最终拗不过魏夫人，于是遵从魏徵遗志，改用薄葬、素车、白布幨帷、无涂车、刍灵，陪葬昭陵。

葬礼结束以后，魏徵夫人裴氏并没有去住皇上让人盖的新房子，她与儿子依旧住在原先翻修过的老房子里，过着清贫、淡泊而宁静的生活。

魏徵家这几间小偏房，成了以后唐朝官员们的廉政教育典范，感动了很多唐朝人。直到唐玄宗时期，这几间小偏房不慎着火，即将烧掉了，魏家子孙正惋惜时，一直效法贞观励精图治的唐玄宗君臣，自发地来到起火现场，凭吊贞观第一功臣、道德模范魏徵。

在魏徵染病卧床时，唐太宗曾亲自去他家探望，及魏徵病死，唐太宗很悲痛，亲自去他家吊唁，这在古代中国是至高无上的荣誉。

唐太宗吊唁时痛哭失声，并说："人们以铜为镜，可以正衣冠；以古为镜，可以知兴替；以人为镜，可以知得失。我常保此三镜，以防做下什么错事。今魏徵去世，朕痛失了一面镜子啊。"把魏徵比喻成镜子，堪称对魏徵人生价值的最佳比喻。

魏徵死后留有《魏郑公文集》与《魏郑公诗集》，《全唐诗》录存其诗一卷。

魏徵死后半年，可谓尸骨未寒之际，因魏徵在死之前曾经向唐太宗秘密推荐当时的中书侍郎杜正伦和吏部尚书侯君集，说他们有当宰相的才能，可是在魏徵死后，杜正伦因为负罪被罢免，侯君集因参与谋反而被抄家斩首，唐太宗于是开始怀疑魏徵这位他认为很老实的人在朝廷有因私营党的嫌疑。

后来，唐太宗又得知，魏徵曾把自己给皇帝提建议的书稿拿给当时记录历史的官员褚遂良观看，就怀疑魏徵此举是在故意博取清正的名声，心里很不高兴。先前唐太宗已经同意把衡山公主许配给魏徵长子魏叔玉，这时也后悔了，下旨解除婚约。到后来，加上有其他大臣借机对魏徵弹劾，他越想越恼火，竟然派人砸掉了魏徵的墓碑，也就是说，唐太宗自己砸毁了自己的"镜子"。一段君臣佳话，竟以此为终，让人叹息。

魏徵生前曾劝阻唐太宗东征高丽，当时唐太宗是听劝的。贞观十八年（公元644年）初，唐太宗又重启了东征高丽的念头，君臣在商议是否对高丽用兵时，唐太宗再次提到已经去世一年多的魏徵，他对群臣说："朕早知道魏徵的建议没有道理，但是为了不阻塞言路，当时错听了魏徵的劝。现在朕东征之意已决，要亲自带兵拿下高丽。"群臣皆不敢劝。于是唐太宗亲征高丽，不幸却铩羽而归。

痛定思痛，唐太宗不由得对群臣喟叹："倘若魏徵还在，必定不会让朕东征！"然而悔之晚矣。唐太宗经过反省，一边承认错误，一边下令魏徵儿子承袭国公爵位，并重新为魏徵墓立碑。

纵观唐太宗李世民的贞观朝，贞观十七年应该是一个重要转折点，在此之前唐朝一直国力上升，其后则开始下降。在这一年，李世民失去了魏徵这位"同与师傅，不以人臣处之"的治国导师、朋友和人镜，此后他的家事国事处理得一团糟，几个儿子因争夺皇位明争暗斗，导致一子被处死，二子被废，对外征讨四夷，远征朝鲜，劳民伤财，又不能取胜，虚耗国力。唐太宗本人日渐骄奢淫逸，大修宫殿，擅杀大臣，君臣关系再也没有以前融洽，朝堂上再也听不到魏徵那样正直激烈的声音，有的只是群臣对唐太宗的阿谀奉承的声音。

魏徵与唐太宗共事近二十年，这二十年间魏徵恪尽职守，向唐太宗提出治理国政的谏议前后二百多项，涉及政治、经济、文化、外交以及唐太宗私生活等各个方面，达到知无不言、言无不尽的程度，成为唐太宗的"一面镜子"。

唐太宗是个有为的明君，对魏徵的谏议一般都能采纳，并予以高度评价。在这一段时间，唐朝经济发展，人心安定，出现了一派欣欣向荣的新气象，史称"贞观之治"。圣主李世民与名臣魏徵可谓中国历史上盛世君明臣贤的典范，臣子尽谏诤之责，君王有纳谏之量，君臣之间互相敬重，这一段天子与臣子之间的佳话，永为后世称羡。

魏徵言谏唐太宗之所以可贵，首先在于意见正确。他一贯主张休养生息，反对铺张浪费，即使在群臣一致要求搞封禅大典，而唐太宗也倾向于搞封禅的形势下，只有他独自一人表示反对。他提醒唐太宗要听取各种不同意见，君臣要以诚相见，一些哲理性的名句，如"兼听则明，偏信则暗""居安思危"都十分精辟，被后世奉为治世、修身之格言。魏徵还善于吸取历史教训，尤其是隋炀帝杨广这个反面教训，时刻提醒唐太宗的为君处世，使唐太宗不敢骄傲和懈怠。

魏徵的可贵之处还表现在他从不唯上，不看唐太宗的脸色行事。俗话道，"伴君如伴虎"，在皇帝身边稍一不慎，臣子就有杀身之祸。可是魏徵不在乎，他坚持不说违心话，总是耿直进言，甚至不给唐太宗留一点面子。

贞观之治是唐太宗李世民和贞观群臣集体的功劳，太宗本人对手下众多文臣武将中给予最高评价的是并未立下任何战功的魏徵。魏徵在中国历史上树立了谏官的最佳榜样，为贞观之治起了良好的监察匡正作用，李世民最后成为历史上少见的明君，魏徵功不可没。

魏徵虽是贞观朝功列第一的宰相，但令人不解的是他却以谏臣而名世，而房、杜两人却以宰相而名世。究其原因，可能是房玄龄长期居左仆射之职，职位比魏徵的侍中高，后世人们按惯例猜想房玄龄才是首任宰相。其实不然，李世民并非一般皇帝，他治国宠信的恰恰就是魏徵，纵观贞观朝，魏徵无论担任何种职务都实权在握，任侍中时更是权倾朝野，门下省也成了权力的最核心部门。值得注意的是，最后盖棺论定功绩时，恰恰就是魏徵力压房玄龄，在凌烟阁贞观二十四功臣排位中，魏徵就排在房玄龄前面。

还有另外一个原因就是，魏徵难入后世大儒、当权者法眼。

宋朝的理学家朱、程二位夫子就以孔孟之道对魏徵进行了批判，认为魏徵劝原太子李建成杀弟李世民是不仁于兄弟，李建成死后，作为属下的魏徵不死是不忠于主人。后世当权者如明朝万历皇帝也对魏徵不满，认为魏徵先后事二主，而且相助李密这种反贼，是不宜树为宰相楷模的。

至于李密，以现在的观点来看，无疑是反抗暴隋的英雄，而房杜二人当年跟随李渊、李世民，基本上算是正统出身，慢慢地房杜二人就成了名相的楷模，而魏徵只能依靠他的特色"直谏"才能名传后世了。

其实，魏徵敢于向李建成献上杀弟李世民的非常之谋，这事在当时如有泄露，魏徵就是死罪，但魏徵对李建成是忠心耿耿才出此谋略。李建成死后，魏徵才归顺李世民。可能对于魏徵这个日后勤政爱民的宰相来说，忠于谁并不重要，重要的是能够有机会施展才能、勤政爱民，为国出力，他心中最根本的是忠于天下百姓。

当然，魏徵绝非圣贤，也存在着非议的地方。

首先，魏徵把自己的谏言拿给史官看，的确有抬高自己的嫌疑。魏徵很注重收集前人的治国经验，他收集自己的谏言，客观上也有保存历史、保存治国经验给后世的意思。作为一个读书人、位高权重的大臣，能够清廉自守、不贪财枉法，偶尔追求一个本就属于他的虚名，其实也并不为过。

其次，魏徵逃脱不掉荐人不当的嫌疑。魏徵曾经向唐太宗举荐杜正伦和候君集二人。杜正伦任中书侍郎兼太子左庶子，唐太宗要他随时报告太子李承乾的言行。李承乾有越制行为，杜正伦多次劝谏，可太子全不接受，杜正伦无奈，想吓一下太子，便把唐太宗要他报告太子言行的原话对太子讲了，太子则反告杜正伦，杜正伦因此获罪。候君集本就是唐太宗旧臣，还是玄武门功臣，打了胜仗，因贪财私取宝物而获罪下狱，心怀不满才为臣不忠举兵造反。

魏徵作为一个任职多年的盛世宰相，虽然择人不善，但他家中连个能会客的正堂屋也没有，只有几间简陋的小偏房，这与反对派们指责他结党营私实在相差甚远。

在当时，秉性刚烈的唐太宗在盛怒之下掀了魏徵墓碑，那上面可是有他自己亲手写的碑文，也可能爱之深而恨之切。当然，唐太宗也不是不明智之人，随着时间的流逝，他越发体会到失去魏徵是自己的巨大损失，所以唐太宗不久又复立了魏徵的墓碑，让魏徵的儿子袭了魏徵的爵位，还用祭祀诸侯的最隆重礼节——少牢礼来祭祀魏徵，也算是给地下的魏徵赔礼道歉了。

唐太宗李世民的昭陵位于今天陕西省礼泉县的一座山上，气势宏伟。在陪葬昭陵的诸大臣墓中，最靠近昭陵玄宫的就是建在半山上的魏徵墓。其余功臣如长孙无忌、房玄龄、杜如晦、尉迟敬德、秦叔宝、程咬金、高士廉等人的墓全在山下，呈众星拱大小双月之势。

在等级森严的封建王朝，这意味着李世民对魏徵"敬之重之，同于师傅，不以人臣处之"不是一句空话。上马能打天下、下马能治国的千古一帝唐太宗李世民一生内心真正心服的只有两个人，一个是治国天才魏徵，另一个是唐代战神李靖，这是能文善武的李世民不可能到达的文武两座高峰。所谓英雄重英雄，李世民极为敬重魏徵和李靖，不以人臣之礼来对待他们，唐太宗甚至称李靖为兄长，而在魏徵面前不称"朕"，而是直呼自己的名字"世民"，并执事实上的弟子礼。

如果没有唐太宗对魏徵的信任，那么魏徵也不可能有大的作为；如果没有唐太宗和魏徵的共同努力，也不可能成就"贞观之治"的千秋功业，二者缺一不可。李世民不愧为千古一帝，魏徵则不愧为千古一贤臣。

"举荐贤才"——唐武周宰相狄仁杰

❀ 宰相小传

　　狄仁杰，字怀英，并州太原（今山西太原）人。狄仁杰是一个封建统治阶级中杰出的政治家，心系民生，政绩卓著。在他身居宰相之位后，辅国安邦，对武则天弊政多有匡正。狄仁杰在上承贞观之治，下启开元之治的武则天时代，作出了卓越的贡献。

　　少年时代的狄仁杰刻苦攻读，专心致学。有一次，门人被害，县支下来调查案情，周围的人都争说与己无关，独狄仁杰仍伏案读书，不予理睬。县支很气愤，责问狄仁杰。狄仁杰回答说："我正在和书中的贤圣对话，哪有闲工夫和俗吏说话啊！"县支无言以对。后来，狄仁杰以明经中举，进入仕途。明经是唐代科举制度的重要科目之一，狄仁杰最初任汴州参军，不久为人所诬告，此时工部尚书阎立本为河南道黜陟使，他召狄仁杰查问，发现狄仁杰有奇特的才能，于是举荐他当并州法曹。在并州都督府，狄仁杰以孝而著称，很受时人尊重，称"狄公之贤，北斗以南，一人而已"。

　　高宗仪凤元年（公元676年），狄仁杰上调升任掌握刑狱的大理丞。狄仁杰处理刑狱，公正果断，效率极高，在短短的一年时间里，处理了一万七千人的案子，公平合法，没有一人上诉伸冤。时人都称他断案公正严明。

　　仪凤元年（公元676年），左威卫大将军权善才、右监门中郎将范怀义，误砍了太宗昭陵上的柏树，狄仁杰判两人免官，上奏高宗，高宗非要定两人死罪不可。狄仁杰认为，罪不当死。高宗发怒说："这是使我为不幸之子，必须杀了他才是。"狄仁杰对高宗晓之以理："皇上，自古以来顶撞皇帝的人都没有好下场，我并不以为然，而在尧舜时期就不是这样。我庆幸生活在尧舜一样的时代，不怕皇上听不进我的劝谏。汉代的时候，有一个盗贼盗取了高祖庙堂里的玉环，汉文帝大怒，要把盗贼一家全族诛灭。盗贼交与廷尉张释之处置。张释之按法判处弃市（杀头）罪，上奏文帝，文帝大怒，斥责张释之说：'人无道以至于此，竟敢盗取先帝明器！我交付廷尉，欲判他灭族之罪，而你却据守成法，有违我竟宗庙的原意。'张释之免冠叩头说：'法令该如此判处。今以盗宗庙而灭族，万一有一个愚民挖取了长陵上的一抔土，皇上将以何法惩治呢？'文帝终于认识到廷尉的判处是恰当的。今天依照大唐法律，权、范两人并没有犯死罪，陛下却下旨将二人处死，法令如此反复无常，以后还怎么治理国家呢？为昭陵上的一棵柏树而处死二位大臣，后世之人将如何看待陛下呢？"唐高宗觉得狄仁杰说得有理，怒意稍为缓解，遂免了权善才、范怀义的死罪，流放岭南。据理力争，免除权、范二人死罪之事使唐高宗认识到，狄仁杰是个有胆有识的人，不久便擢升他为侍御史，举劾非法，督察郡县。在传御史任上，他不顾个人安危，不畏显贵权势，敢于勇敢地向那些恃宠用事、违法乱纪的官员展开斗争。

调露元年（公元 679 年），司农卿韦弘执在洛阳为高宗建造宿羽、高山、上阳等几座豪华的宫殿。特别是上阳宫濒临洛水，一里长的画廊，画梁雕栋，流光溢彩，颇具皇家豪华气派。宫殿建成后，高宗移居东都洛阳。

狄仁杰上疏劾奏韦弘执，说他建造华丽宫殿，是在引诱皇帝追求奢侈。高宗猛然醒悟，免了韦弘执的官职。左司郎中王本立，倚仗皇帝的恩宠，在朝廷目光王法，肆无忌惮，朝中大臣没有一个人敢顶撞他。狄仁杰利用手中的监察权力，向高宗上奏弹劾王本立的罪行。但高宗却下旨赦免了他。

狄仁杰再次上奏，他对高宗说："国家假如缺乏英才，但像王本立这样的人也不少，陛下为什么要宽大他而违反国家的法律呢？臣愿先受斥逐，为群臣之戒。"高宗见狄仁杰说得有理，只得依了狄仁杰，定了

『举荐贤才』——唐武周宰相狄仁杰

王本立的罪，满朝文武十分佩服狄仁杰的胆量和勇气，对他肃然起敬。一次，高宗巡幸汾阳宫，狄仁杰也随行、车驾经过并州，并州长史李冲玄迷信旧俗，认为华服装过妒女祠，会遭致风雷之灾，他驱数万民夫改修驰道，以便皇帝通行，狄仁杰闻知，非常气愤，他说："天子之行十乘万骑，风伯清上，雨师洒道，何用回避妒女啊！"立即制止了这一愚蠢举动，命数万民工返归，唐高宗称赞狄仁杰办事果断，说他"真是大丈夫也！"弘道元年（公元 683 年），高宗病逝，其子李显即位，是为中宗，武则天以太后身份临朝执政，第二年，武则天把中宗废为庐陵王，立幼子李旦为帝，是为睿宗，武则天继续临前称制。

武则天垂拱二年（公元 686 年），狄仁杰调任宁州刺史，中州在甘肃境内，是汉民族和少数民族的杂居地区，民族矛盾错综复杂。狄仁杰到任后，体察民情，施政有方。因而使各民族和睦相处，深得民心。老百姓感其德，立碑记其政绩。

不久，右台监察使郭翰巡视陇右各地，一路所到之处，弹劾了不少贪官污吏。然而一到宁州，则面目一新，百姓安居乐业，人们纷纷称赞狄仁杰的德政，郭翰回到朝廷后，遂即向朝廷推荐狄仁杰，请求重用，不久，狄仁杰被提升为掌握工程建设的冬官侍郎，充任江南巡抚使。吴楚一带修建很多祠庙，祭力已很滥，狄仁杰对这种做法非常厌恶，他不惮非议，一举关闭和拆毁了一千七百多所调庙，只保留夏禹、吴太伯、季札、伍员四祠。在焚毁项羽祠时，他还写了一篇《檄告西楚霸王文》，文章大意是：崇高的名声不可假借谬误来取得，天下的帝王不能以力去争夺；顺应天命者才享有百姓拥戴的美名，背违时代者就不是明察物变的君主。垂拱四年（公元 688 年），狄仁杰转任文昌右丞，出为豫州刺史。

武则天当政之初，依靠李义府、许敬宗等贬杀了长孙无忌、褚遂良等元老重臣，杀了许多唐宗室皇戚，并且幽禁自己的亲生儿子，重用武氏家族武承嗣、武三思等人，这引起了李唐宗室的强烈不满。嗣圣元年（公元 684 年），柳州司马徐敬业在扬州起兵反对武则天，意图恢复后室。他以拥立庐陵王为号召，人数曾发展到十余万，最后被武则天镇压下去，垂拱四年，琅珲王李冲在博州。越王李贞在豫州又起兵反对武则天，但因力量悬殊很快就遭致失败。

为了尽快恢复豫州的局面，武则天派狄仁杰出任豫州刺史。当时武则天为惩治李贞余党，定罪六七百家，籍没五千口。狄仁杰为此密奏武则天，认为这些人仅仅是受牵累，并非存心要作乱狄仁杰说服了武则天，宽赦了这些人，把他们流放到丰州这些人深感狄仁杰的活命之恩，在路过宁州时，跪拜在狄公的德政碑前，"设斋三日而后行，"到了丰州又亲手为狄仁杰立下德政碑。当时，平定越王李贞的是宰相张光辅。张光辅的军队在豫州，到处勒索钱财，滥杀无辜。狄仁杰非常恼怒，他亲自出面制止官军的不法行为。为此，张光辅怀恨在心，回到朝廷后上奏武则天，说狄仁杰傲慢不逊，狄仁杰被调往夏州做刺史，后来又降为洛州司马。

武则天实行"武周革命"，改唐为周，她抛开傀儡皇帝李旦，自己登上了皇位。武则天是中国历史上第一个女皇帝，但也是一位唯才是举、任用贤能的女政治家，天授二年（公元 691 年），她重新起用狄仁杰，任命他为地官（户部）侍郎、同凤阁（中书省）鸾台（门下省）平章事，开始了他短暂的第一次宰相生涯。

一天，武则天问狄仁杰，你在豫州实行善政，但也有人说你坏话，你是否想知道，狄仁杰回答说："陛下，臣不愿知道，陛下以臣为过，臣愿改正，如臣无过，臣之幸也。"武则天大为赞赏，叹曰："狄仁杰真有长者风范啊！"狄仁杰当宰相后，常在武则天左右，他看到武则天经常要处理一些小事，况且大臣告假回乡也由武则天亲自处理。长期这样必然影响她处理国家大政的精力。狄仁杰上疏说，君王应该牢牢掌握赦免和诛杀大权，其他的一些事应该由有司处理，自己不必过问，狄仁杰劝诫武则天独揽大权，强化皇帝的专制统治。武则天对狄仁杰的建议很满意。

长寿元年正月，酷吏来俊臣诬告狄仁杰谋反。武则天不察详情，就把做了四个月宰相的狄仁杰罢相下狱。任用酷吏，以巩固政权，是武则天的统治手段。这些酷吏专门制造所谓谋反大案。他们制造许多刑具，对被告严刑逼供。这次，来俊臣为了诱使狄仁杰承认谋反，要他承认愿为武后的臣下就可免去他死罪。狄仁杰为了免于冤死，等待时机，他招认了谋反罪。他说："大周革了唐室的命，万物重生，我们是唐朝的旧臣，谋反确是实情。"其他几个被指控谋反的大臣，除魏元忠外，都和狄仁杰一样，全都服了罪。来俊臣见服了罪，没有用酷刑，只将被告收监。一天，判官王德寿受来俊臣指使，诱逼狄仁杰招供宰相杨执柔是同党，狄仁杰十分气愤，说："皇天后土，叫狄仁杰去干这种事情么！"说罢以头触柱，血流满地。王德寿害怕至极，不敢再说了。狄仁杰承认谋反，来俊臣等也就放松了对他看管，狄仁杰趁此机会，从狱吏那里借来笔砚，偷偷撕碎被子，写了一幅冤状，缝在棉衣里，请狱吏把棉衣送到家里，狄仁杰的儿子狄光远收到棉衣，折开棉絮见到父亲所写的冤状，急忙向武则天告发。

　　武则天召来俊臣询问，来俊臣对武则天说，狄仁杰下狱，并未动过刑，他住的地方也很舒服，如果不是事实，他怎么会乱承认谋反。武则天犹疑未定，派通事舍人周宝林到狄仁杰处察看。来俊臣要狄仁杰穿好朝服，会见通事舍人周宝林，又假造了一份请求赐死的《谢罪表》，让周宝林上交武则天。周宝林核查，完全受到来俊臣的利用。就在这关键时刻，凤阁侍郎乐思晦的儿子被武则天召见，他控告来俊臣谋害了他的父亲。他说，国家的王法为来俊臣所欺弄，任何一个亲信大臣，来俊臣都可以逼他承认谋反。听了这个才九岁小孩的话，武则天有所醒悟，他召来狄仁杰，亲自问他为什么承认造反。狄仁杰回答说，不承认早就死于酷刑之下了，哪里还有机会向陛下辩白？武则天又问，为什么写《谢罪表》，狄仁杰告说，并无此事。武则天这才真相大白，释放了狄仁杰等七名同案人。虽然如此，武则天还是没有让他们官复原职。狄仁杰贬为彭泽县令，同案的有的还流放到了岭南。狄仁杰当县令的彭泽县，是个穷地方。他一到任，亲眼看到老百姓穷苦不堪，就向武则天上疏，陈述百姓困苦，也免租税。他在疏中说："常年纵得全熟，纳官之外，半载无粮，今总不收，将何活路？"

　　万岁通天元年（公元696年），北方契丹孙万荣率军攻陷冀州，杀死刺史陆宝积，屠杀官兵数千人。契丹兵进而又攻打瀛洲，整个河北为之震动，人心恐慌。武则天下诏提升彭泽县令狄仁杰为魏州（今河北魏县、大名等地）刺史，前去平息战乱。狄仁杰上任后知道，前任刺史独孤思原因害怕契丹突然来袭，把老百姓全部迁入城里，修补城墙，巩固城防。与此做法相反，狄仁杰主任后打开城门，让老百姓出城耕作，他宣称，敌人离这里还很远，不必这样惊慌。如果放军到来，我自有退敌制胜之策，无须烦扰百姓。

契丹听狄仁杰到了魏州，慑于其威名，未敢冒犯，不战自退。魏州官民对狄仁杰的气势和胆略十分敬服，他们感谢狄仁杰的德政，为他立了碑。不久，狄仁杰改任幽州都督。武则天赐紫袍，龟带，并自制金字十二于袍，以表彰狄仁杰的忠心。神功元年（公元697年），狄仁杰晋升为鸾台侍郎，同凤阁鸾台平章事，第二次做了宰相。复相后，狄仁杰面临的第一个大问题是派兵镇守疏勒四镇。

当时王孝杰率军大破吐蕃军，夺回了西域的龟兹、疏勒、于阗、碎叶四郡，并在龟兹设安西都护府，派军驻防。这四镇是唐朝的西疆要塞。然而，狄仁杰认为，派兵驻扎四镇不是上策。因而他上疏朝廷，陈述用兵荒外，争不毛之地是"得其人不足以增赋，获其土不可以耕织"，可谓无益可得，无利可图，倘若一味用兵，必然耗费国家大量资财，"非但不爱民力，亦所以失无下之心也"。

狄仁杰建议，是模仿贞观年间唐太宗册封阿史思摩为可汗的做法，由他镇守四镇的旧例，封阴山贵族阿史那双瑟为可汗，委坐四镇。这样既省了大笔开支又能达到安边的目的。武则天并没有采纳狄仁杰的意见。圣历元年（公元698年）八月，狄仁杰再次得到提升，拜为纳言，兼右肃政御史大夫。同年，北方东突厥进犯河北，攻略定州（今河北定州）、赵州（河北赵县），杀死官兵无数。

武则天命太子为河北道元帅，狄仁杰为河北道行军副元帅，征讨东突厥，武则天亲自送军队出征。狄仁杰率十万大军猛追，东突厥迅速逃回漠北，曾经饱受突厥驱使的百姓恐惧至极，生怕受官兵杀害，纷纷逃匿。武则天任命狄仁杰为河北道安抚大使，妥善处理这一问题。

狄仁杰上疏武则天，请求把这些百姓一律赦免，不加追究。他在上疏中说，这些负罪百姓"露宿草行，潜窜山泽，救之则出，不赦则狂"。他提醒武则天："边远有事，还不足虑；如内地不安，就是大事了。"这是狄仁杰处理国家大事的出发点，努力淡化和消解矛盾，防止矛盾激化，力求国内的稳定。

武则天采纳了狄仁杰的建议，对被突厥驱使的百姓一律不问罪，许多逃匿的百姓纷纷回家。狄仁杰大量发放粮食，救济穷困百姓，百姓很快安定下来。狄仁杰还下令，严禁官兵侵扰百姓；若有违犯，定斩不

『举荐贤才』——唐武周宰相狄仁杰

赦。在秋仁杰安民做法的感召下，河北很快安定下来。狄仁杰回朝后，被授予内史。

武则天改唐为周，当上女皇帝后，萦绕在她心头的问题是：由谁来继承她的大业。唐睿宗虽是她的亲生儿子，又赐了武姓，但他毕竟是李唐王朝的后代。如果将她的侄子武承嗣或武三思册立为太子，但两人不具备品德和才能，不可能成为贤明君王。武承嗣在武则天改唐为周后，也蠢蠢欲动，想当太子，武则天对此也犹豫不决。

狄仁杰趁此机会，想说动武则天。他说："太宗皇帝不避风霜，甘冒枪林箭雨，九死一生，方平定了天下，创立大唐基业，传给后世子孙。先帝驾崩时，把两位皇子托付给陛下。陛下现在打算把天下移交给别人，这恐怕有违天意吧！况且，姑妈与侄儿。亲娘与儿子到底谁亲？立儿子为太子，皇位由儿子继承，陛下百年之后牌位送到皇家祖庙，陪伴先帝，代代相传；皇位如由侄儿继承，我从未听说过侄儿当皇帝把姑妈牌位送到皇家祖庙去的！"狄仁杰的话说到了武则天的心坎上，她无言以对，只好说："这是我的家务事，你不要管。"但狄仁杰还是再说下去："王者以四海为家，四海之内，孰非臣，何者不为陛下家事！君为元首，臣为股肱，义同一体况臣备位宰相，岂得不预知乎？"他还进一步启发武则天："依臣看，天意和百姓都没有厌弃唐朝匈奴犯边，梁王武三思公开招募勇士，一个多月还没有招足一千，后来庐陵王出面招募，不到十天工夫，就有五万人报名。由此可见，现在要立非庐陵王不可！"后来，驾台侍郎王方庆、内史王及善等也提出立庐陵王为太子的建议，武则天才有些心动。狄仁杰又说服张易之、张昌宗兄弟，劝武则天立庐陵王为太子，至此，武则天才下定了决心。

狄仁杰为相，先后荐举桓彦范、敬晖、窦怀贞、姚崇等数十人，有的后来当了宰相，如姚崇能够独当重任，明于交道，是玄宗时有名的宰相。有一次，武则天要狄仁杰推荐人才。狄仁杰说："文学蕴藉，则苏味道、李娇固可选矣，必欲取卓荦其才，则有荆州长史张柬之，其人真宰相才也。"于是武则天提升张柬之为洛州司马。

不过几日，武则天又问狄仁杰谁能当宰相，狄仁杰说，先前推荐的张柬之还没有用。武则天说，已经用了。狄仁杰说，我推荐张柬之可做宰相，不是推荐他做司马。于是，武则天任命张柬之为秋官侍郎，不久又任命为宰相，知人善任，用其所长，是狄仁杰的用人特点。契丹部落将领李楷固、骆务整归降唐朝后，有些大臣上表要求对他们处以极刑，诛灭九族。狄仁杰则上疏请求赦免李楷固、骆务整，武则天采纳了他的建议，不但赦免了他们，还任命李楷固为左玉铃工将军、骆务整为右武威卫将军，派他们率军攻打契丹残余部落。

得胜回朝，武则天非常高兴。她在庆祝平定契丹的庆功会上当着文武百官的面，祝贺狄仁杰说："这都是你知人之明！"狄仁杰举人，以德才为重，真正做到内举不避亲，外举不避仇。有一年，武则天要每位宰相各推举尚书郎一名，狄仁杰推荐其子狄光嗣，后拜为地官员外郎，很是称职。武则天称赞他有春秋祁奚举亲的遗风。由狄仁杰举贤任能，当时人称赞他："天下桃李，悉在公门矣，"狄仁杰说："荐贤为国，非为私也。"

『举荐贤才』——唐武周宰相狄仁杰

"口蜜腹剑"——唐玄宗宰相李林甫

宰相小传

> 李林甫，唐高祖李渊的堂弟，长平王李叔良的曾孙，父亲李思海曾为扬府参军，舅父是楚国公姜皎。李林甫当了十九年的宰相，恃权侍势，诬陷正直的大臣，擅长拍马溜须，深得玄宗宠信。李林甫独掌大权，劝说唐玄宗任用节度使，引发安史之乱，使得唐朝迅速衰落。李林甫是一个让后人唾骂的奸相。

李林甫从小游手好闲，斗鸡走狗，是个纨绔子弟，但深受舅父喜爱，并当了千牛直长的小官。

开元初年，升为太子中允。当时，担任侍中的源乾暇是李林甫的姻亲。李林甫便向他讨官，要求做司门郎中，源乾暇平素就看不上他，说："郎官应当有才望的担任，哥奴（李林甫小字）哪是做郎的材料？"不久升为谕德，这是规功太子官，不久又升迁为国子司业。开元十四年（公元 726 年）李林甫做了御史中丞，以后又当过刑部侍郎和吏部侍郎。当时，玄宗宠信武惠妃，其儿子寿王李瑁和盛王李球也特受宠信，却渐渐疏远太子李瑛。李林甫认为此时机有利可图，就向武惠妃献媚，表示愿意保护寿王，为他争取帝位。武惠妃十分感激，暗中处处帮助李林甫，李林甫还和侍中裴光廷的夫人（武三思的女儿）私相往来，巴结她。

开元二十一年（公元 733 年）裴光庭去世，这位武三思的女儿，就请求宦官高力士推荐李林甫当侍中，但当时玄宗已决定用韩休。高力士把此消息泄露给武氏，李林甫趁机向韩休献殷勤。后来，韩休任宰相后，在玄宗面前推荐李林甫说他有宰相的才能。不久，李林甫当了黄门侍郎。开元二十三年（公元735年）五月，李林甫被任命为礼部尚书，同中书门下三品，并加赐银青少禄大夫，登上相位，同时为相的有侍中裴耀卿和中书令张九龄。

起初，唐玄宗欲以李林甫为相，曾咨询过张九龄，张九龄回答说："宰相的位子关系到国家安危，陛下用李林甫为相，恐将来危及国家安危。"玄宗不听张九龄的意见。李林甫虽怀恨在心，但张九龄是诗人，以其文学才华为玄宗所倚重。

李林甫无奈，只好对他由意奉迎，以待时机整治他。李林甫为了实现政治上的野心，继续与宦官、妃嫔往来，他每次在奏请玄宗事之前，都要通过妃嫔，先摸清玄宗的旨意，所以每次奏疏，都能称玄宗的心。开元二十年（公元732年）十月，玄宗想提前从东都洛阳返回长安，召集宰相商议。裴耀卿、张九龄建议说："农夫的秋收未完，望陛下以农事为重，到冬天才可返回长安。"

李林甫早摸到了玄宗的意图，待裴耀卿、张九龄离开后，留下来对玄宗说："长安、洛阳是陛下的东西二宫，车驾往来，何必要等待时令？即使妨碍农民秋收，陛下可以单独赦免车驾路过地区的租赋就行了。我请皇上诏示百官，即日动身西还。"玄宗听后大喜，第二天便浩浩荡荡起驾西行。张九龄为人正直，遇事不论巨细皆为争之，渐渐不为玄宗所喜欢。

开元二十四年（公元736年）十月，玄宗以湖方节度使牛仙客勤于工作，并有政绩，欲以其为尚书，张九龄以为不可，他说："封赏大臣要等待有名臣大功，牛仙客是个边境小史，不能担此重任。"李林甫趁机上奏说："牛仙客任官勤恳，是难得的相才，张九龄是一介书生，不识大体。天子用人，有什么事情不可以做的？"第二天，牛仙客便受爵陇西县公，食封三百户。而张九龄固执如初。玄宗十分不高兴，说："事皆由卿耶广从此。"李林甫在玄宗面前，日夜说九龄的坏话，玄宗逐渐疏远张九龄。

这一年十一月，武惠妃哭泣着对玄宗说："太子暗中勾结党羽，将害妾母子，并且有害陛下之心。"玄宗大怒，欲废太子。张九龄苦谏，并说："陛下必欲为此，臣不敢奉诏。"玄宗十分不满。李林甫事后对

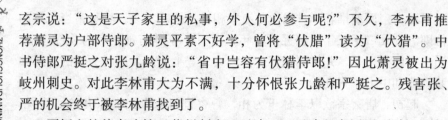

玄宗说："这是天子家里的私事，外人何必参与呢？"不久，李林甫推荐萧灵为户部侍郎。萧灵平素不好学，曾将"伏腊"读为"伏猎"。中书侍郎严挺之对张九龄说："省中岂容有伏猎侍郎！"因此萧灵被出为岐州刺史。对此李林甫大为不满，十分怀恨张九龄和严挺之。残害张、严的机会终于被李林甫找到了。

严挺之的前妻改嫁于蔚州刺史王元谈，王元谈犯贪污罪下狱，严挺之为之说情，也受到牵连而获罪。张九龄为严挺之辩解，这引起了玄宗不满。李林甫立即上书，弹劾裴耀卿、张九龄为同党。于是玄宗免去了张、裴的相权，授予他们尚书左、右丞。与此同时，李林甫为中书令，牛仙客为工部尚书，同中书门下三品，开元二十五年（公元737年）监察御史周子谅上书弹劾牛仙客不学无术，被流放到级州。李林甫趁势诬陷周子谅为张、严同党，是张所推举的人，于是，张九龄被贬为荆州刺史。李林甫当了中书令后，唐玄宗采纳了李林甫的意见，杀死了张九龄的三个儿子。天下人为他们鸣不平。

大理少卿徐蟒妄言上奏："大理寺监狱杀气较盛，鸟雀不敢栖息。现在刑部处理死囚，每年总共才五十八人，而乌鹊在狱中做窝，无人犯法，刑法搁置。"群臣纷纷上表称贺。于是，玄宗将功绩归于宰辅，下诏赐李林甫为晋国公，牛仙客为幽国公。

开元二十六年（公元738年），李林甫兼领陇右节度使和河西节度使。从此，李林甫独柄枢衡，涉足武备，总管满朝文武选事，处一人之下，万万人之上的地位。

李林甫为人阴险狡猾，脸上喜怒无常，对上一味奉承，对不合他意的人，则设计害之，决不心慈手软。所以，当时人称他："口有蜜，腹有刀。"天宝元年（公元742年）三月，兵部侍郎卢绚垂鞭按辔，从勤政殿下经过。卢绚体貌优美，精神抖擞，雄姿英发，玄宗以目送之，赞不绝口，流露出了要委以重任的意思。唐玄宗的神情、心思，李林甫揣摩得一清二楚，他生怕重用卢绚会危及自己的权势。便立即召来卢绚的儿子，对他说："尊府素望，皇帝要派他去交州。广州任职，如果不想去，可以说自己老了，恐怕身体吃不消。"卢绚怕任命到广州这样的边远地区，急忙上书玄宗，诉说自己年老不堪重任。

结果，卢绚被罢去兵部侍郎之职，出为华州刺史。后又授太子员外詹事。卢绚就这样被李林甫排挤出了朝廷。维州刺史严挺之，曾为尚书左丞，精于选举，因得罪李林甫被贬外任。天宝元年（公元742年）玄宗问李林甫："严挺之何在？此人亦堪进用。"李林甫马上叫来严挺之的弟弟严损之，对他说："皇上要重用你哥哥了，你得设法让你哥哥进京与皇帝见面。"严损之感激李林甫的好意，马上找来一纸，写了请求让哥哥入京就医的信，给了李林甫。李林甫拿着去见玄宗，说："挺之年高，近患风寒，须授闲散之官，便于在京城就医。"玄宗听后，叹息再三，感到非常遗憾。天宝六年（公元748年）四月，授严挺之太子詹子，在东都洛阳养病。宰相李适之与李林甫不和，李林甫想尽办法诬害他。一次，李林甫对李适之说："华山有金矿，主上未知之也。"过了几天，李适之把此事奏上。玄宗征求李林甫的意见，李林甫说："臣早已知道，只是由于华山是陛下本命，王气所在，不适合开采，故不敢言。"玄宗十分崇信道教，听了李林甫的话，就越加喜欢，反而讨厌李适之。

继而李林甫又诬告适之结为朋党，其中被株连而被贬的官员达数十人，后又逼之自杀身亡。李林甫对玄宗竭力阿谀奉承，唐玄宗对他十分宠信，政事无论巨细，都要和他商量。天宝三年（公元744年），唐玄宗对高力士说："现在天下无事，百姓安居乐业，我想把政事全部交给李林甫处理，你以为怎样？"高力士回答说："天子大权不可让他人掌握，李林甫权势咄咄逼人，一旦他大权在握，朝臣之中还有谁敢议论政事！"玄宗听后很不高兴，高力士急忙叩头谢罪，说自己是一时头脑发晕发热，口出胡言，罪该万死。

高力士是皇上极宠信的宦官，他尚且如此害怕，其他人再也不敢发表意见了。李林甫为了掩蔽玄宗耳目，竭力堵塞言路，他召集众谏官，向他们宣布说："当今皇上圣明，作为臣下应当只是顺从他的旨意，不必要去议论朝政。诸位没有看到立在那里的仗马，它的食料相当于三品官的俸禄，但它必须终日不叫，一旦嘶叫，就会被撵走，杀死，那时后悔就来不及了。"李林甫不学无术，他尤其忌恨那些有才能的文人。

天宝六年（公元747年），唐玄宗下诏广求天下有识之士，凡是有一技之长的都要到京城长安参加选拔。李林甫生怕士人对诏时有人会斥责自己，当即向玄宗建议说："士人都是草茅之人，不知道禁忌规矩，徒以狂言扰路圣德，请把这事全交到尚书省长官那里试问。"于是玄宗下令让御史中丞统一监督试问，结果没有一个符合要求的人。

李林甫因此上书向唐玄宗庆贺，认为朝野没有遗留人才，对于讨好自己而又平庸无能的人，李林甫尽心提携，竭力培植成自己的爪牙。左相陈希烈，政绩平平，光会讲点老庄玄学，李林甫看到玄宗喜欢这一套，加上陈希烈柔弱易于控制，就奏请唐玄宗让陈希烈做了尚书左丞相。从此，政事全由李林甫决断，陈希烈只是唯唯诺诺，是地地道道的李林甫的应声虫。

唐朝的惯例，宰相每天午后六刻退朝回府，李林甫奏请玄宗批准，每天提前退朝回家，这样许多国家事务就在家里处理，然后再由陈希烈部署，玄宗不理朝政时，朝官们都到李林甫家中听候指示，右相陈希烈虽然坐在府中，但却没有一个人去看望他。

李林甫表面上给人们以温和、可以亲近的样子，实际上犹如悬崖陷阱，深险难以得知。朝廷公卿如果不是由他提升的，必定会被定罪迁徙；凡是依附他的，虽然是小人奸佞也会被他引见重用。李林甫家中有中间厅堂，如同半弦月，称为"月堂"。每当他排挤大臣，就进去思谋策划；当他得意扬扬走出来时，不知哪一家又要遭殃了。

他在长安设立了推事院专治狱事，任用萧灵、吉温、罗希奭等一批酷吏，吉温生性残酷，六亲不认，他常说："如果遇上知己，即使南山白额虎也能为他缚得。"罗希奭是杭州人，以残忍著称，因为受到李林甫的赏识，由御史合主簿升为殿中侍御史。他们两人互相配合，按李林甫的旨意行事，凡是酿成狱案的，没有一个人能够逃脱，当时人们称他们为"罗钳吉网"。李林甫善于利用对方矛盾，消除异己，拉一派打一派，户部尚书裴宽和刑部尚书裴敦复有矛盾。当裴宽有可能当宰相时，李林甫就和裴敦复交好，让他揭发裴宽，使裴宽被贬为睢阳太守。李林甫又趋势派人去杀裴宽，"宽叩头祈请，"才免于一死。后来，裴敦复因有战功受到朝廷嘉奖，这一来又引起李林甫对他的忌恨，诬害他，裴宽也因此而被贬到淄川。刑部尚书韦坚，其妻子是李林甫舅舅姜皎的女儿，他的妹妹还是太子李峻的妃子，为官很早，深得玄宗赏识，后来被提拔为陕州太守，水陆转运使。当韦坚有人相之望时，李林甫便开始算计他。天宝五年（公元746年）春，河西节度使皇甫惟明国破吐蕃有功，入京献捷。他看到李林甫专权横行，就气愤不平，上疏劝谏玄宗除掉李林甫，李林甫听说后大吃一惊，暗使杨慎矜监视他们的行动。他们发现，元月十五日晚，太子出游和韦坚相见，他们又发现韦坚又和皇甫惟明会见于景龙观。于是李林甫参奏韦坚与皇甫惟明勾结，阴谋拥上太子为帝，把两人逮捕下狱，后分别贬为给云太守和播州太守。

将作监少匠韦兰，兵部员外郎韦芝是韦坚的弟弟，上书为韦坚喊冤，并请求太子站为之说情。玄宗十分气愤，太子见事不妙，为了摆脱干系，上表请与韦妃离婚，声称不要因为与韦氏有亲戚关系而徇私枉法。于是，玄宗下诏，再贬韦坚为江夏别驾，其弟韦兰、韦芝被贬到岭南，其他受到牵连而遭贬官、流放的达数十人，著名的是杨慎矜案，也是李林甫排斥异己的一个例子。

杨慎矜本是李林甫门下，因受玄宗重用，提升为户部侍郎。李林甫见他提升，十分妒忌。他利用杨慎矜和王洪的矛盾，让王洪参奏杨慎矜，说："杨慎矜是隋炀帝的玄孙，家中藏有隋书，阴谋复辟。"玄宗听后非常恼怒，下令将杨慎矜逮捕，太府少卿张道本因为由杨慎矜所荐，也同时受牵连被捕。杨慎矜屈打成招，但其家中始终搜查不出隋书来。李林甫派卢鹤再次入长安杨家搜书，他在袖中藏着隋书进入杨慎矜的书房。一会儿，手里拿着隋书走出来。杨慎矜看到后绝望地说："我不曾藏此隋书，今天必死无疑。"不久，玄宗诏赐杨慎矜及其弟杨慎余、杨慎名自尽，妻子儿女流放岭南。这一案件涉及数十人。

李林甫在位期间，还做了一件事，史学家认为这是导致"安史之乱"爆发的一个原因。唐玄宗在位前期，朝廷宰相有不少来自节度使。李林甫独掌大权后，为了杜绝出将入相之源，向玄宗建议用少数民族将军为节度使。他说："文臣为将，害怕矢石弹雨，不身先士卒。现在不如用武将带兵，他们天生雄健，在马上长大，善于冲锋陷阵，天性这样，如果陛下使他们受到感动，觉得受重用。他们一定会报效国家，夷狄就不足为虑了。"而李林甫的目的，是使掌握军权的人不能入朝为相，这样他的地位也可长保无虑了。

他在京城的府第楼台亭榭，十分奢华。晚年，他沉溺于声色，家中姬妾侍女不知有多少，然而他活得并不痛快。他自知结怨天下，常常惧怕刺客，每次出门总要有步骑百余人左右保护。住宅周围，岗哨林立。

一个晚上要换几个地方睡觉，甚至连他的家人也不知道他住在哪里。天宝十一载（公元751年）李林甫死了。在他死之前，杨国忠、陈希烈等开始揭发他们的罪行。他刚死还没有来得及下葬，杨国忠就上奏玄宗，告他有异谋。于是朝廷下令削夺李林甫的全部官爵。剖棺取含珠金紫，更以小棺，用庶民的礼节将他入葬。他的几个儿子也被流放到岭南，众女婿们也被贬官。

由于唐玄宗的昏庸，李林甫当了十九年宰相，一个个有才能的正直的大臣全都遭到排斥，一批批钻营拍马的小人都受到重用提拔。就在这个时期，唐朝的政治从兴旺转向衰败，"开元之治"的繁荣景象消失，这一切与李林甫有着直接的关系。李林甫一生的所作所为必将遭到后人的唾骂，真可谓丧尽天良、遗臭万年的奸相。

"以权谋私"——宋太祖宰相赵普

　　赵普，字则平，幽州蓟县（今北京大兴）人。赵普拥戴太祖有功，乾德二年（公元964年）便居宰相高位，从此为相十余年。赵普为相，刚毅果断，能以天下为己任，但性情深沉多虑，缺乏雄才大略。开宝六年（公元973年）因专断、以权谋私被罢相降职。太平兴国六年（公元981年）参与制造"金匮之盟"，游说杜太后命赵光义（太宗）即位，得以复相。又参与迫害秦王廷美。淳化三年（公元992年）病死，谥忠献，追封真定王。

　　赵普生于后梁末帝龙德二年（公元922年），父赵迥，因避后唐赵德钧兵戈乱，迁居洛阳。赵普读书不多，自幼学习吏事。成年后，被聘为永兴军节度使刘词幕僚，后举荐于朝廷，与赵匡胤同为后周世宗柴荣部下。赵匡胤部破滁州后，欲斩盗贼百余名，经赵普审讯，这些人大都非盗贼，因而存活之。赵匡胤奇之，遂用为同州节度使属下的司法推官，不久用为宋州的书记官。

　　显德六年（公元959年），后周世宗柴荣病死，由遗孀佐幼主柴宗训即位，年仅七岁，就是周恭帝。皇帝年幼，无法主持朝政，太后也是普通的妇人，没有什么政治主见，在这样的情况下，一些有野心的人开始蠢蠢欲动。

　　960年，后周君臣正在庆贺元旦，开封城中一派喜气洋洋。这时，边境突然传来急报，说是辽国与北汉联兵南侵。周恭帝吓得六神无主，

不知所措。当时后周朝中最德高望重的大臣为赵匡胤。赵匡胤担任殿前都点检之职，手握重兵。众望所归下，赵匡胤率领禁军前往边境防御敌人。大军开拔到开封城北二十里的陈桥驿时，天已经黑了，于是大军驻扎在陈桥驿一带。殿前都指挥使苗训夜观天象，突然宣布说天象有异，天命所归，该当"点检作天子"。点检就是赵匡胤的官职。当年后周世宗柴荣北征时，曾在文书囊中发现一块长三尺多的木块，上面写着"点检作天子"五个字。而当时担任殿前都点检一职的是柴荣的女婿张永德。柴荣开始猜忌张永德，于是夺取了张永德的兵权，改任张为宰相，而任命当时资望尚浅的赵匡胤担任殿前都点检一职。不久，后周世宗柴荣便病死。

后周大军听了苗训的话，骚动不安。赵匡胤之弟赵匡义（后来的宋太宗）、归德军掌书记赵普连夜策划兵变，联合禁军将领高怀德、慕容延钊、张令铎、张光翰、赵彦徽、潘美等，四处散布消息说："现在周帝幼小，不能主政，我们在外面出死力，为国家抵御外敌，谁又能知道！不如先立点检（赵匡胤）为天子，然后再北征也不迟。"众人都轰然答应。

而此时真正的主角赵匡胤却佯装不知，在屋里呼呼大睡。黎明时分，群情激愤的军士披甲执锐，团团围住了赵匡胤的寝所。赵匡胤出来一看，只见将士们拿着兵器，一齐大声喊："诸将无主，愿册太尉（赵匡胤兼任太尉一职）为皇帝。"赵匡胤还来不及回答，就有人将象征皇权的黄袍披在他身上。众人立即下拜，一起高呼万岁。这样，通过陈桥兵变，赵匡胤黄袍加身，被众将士拥立为帝。

当时有一种广为流传的说法是：其实辽军并未南下侵犯，不过是赵匡胤等人故意谎报军情，想借机煽动将士情绪，发动兵变。

赵匡胤被众将士簇拥着回到开封。赵匡胤装出有些不情愿的样子，勒住马缰绳说："你们这些人自己贪图富贵，立我为天子。如果能够听从我的命令，我才能答应当你们的皇帝。不然，我不能当皇帝。"诸将都下马说："愿意听从命令。"赵匡胤于是当众申明军纪：不得惊犯周恭帝、太后及公卿大臣，不得侵掠朝市、府库。

当时，开封守备空虚，而守卫京师和皇宫的殿前都指挥使石守信、都虞侯王审琦均为赵匡胤亲信，二人在宫中作内应，所以赵匡胤轻而易举地就控制了京师。赵匡胤的部下拥着后周重臣范质、王溥来到赵匡胤公署。赵匡胤一见到二人，立即流涕说："我受世宗（柴荣）厚恩，被六军所迫，一旦至此，惭负天地，将怎么办？"范质等未及回答，赵匡胤部将罗彦环已经拔剑在手，上前一步，厉声说："我们无主，今日一定要立天子！"范质等人面面相觑，不知所措。王溥反应快，先向赵匡胤下拜。随后，范质不得已也下拜。之后，赵匡胤到崇元殿行禅代礼，即皇帝位，是为宋太祖，奉周恭帝为郑王，符太后（周恭帝生母，符彦卿之女）为周太后。这就是历史上著名的"陈桥兵变"。

赵匡胤建立宋朝后，先后灭掉了南汉、后蜀、南唐等国，天下已呈一统之势。在论功行赏时，除了一批原来地位重要的拥戴赵匡胤的将领如石守信、高怀德等得到晋升要职以外，赵普仅得了个右谏议大夫、充枢密直学士的一般官职。之所以这样，工于心计的赵匡胤有他的考虑。他不能不继续重用后周宰执范质、王溥以及魏仁甫为相，以维系旧官员之心。对此，赵普也是心领神会，他依旧要为新王朝的稳固出力。

宋太祖取代后周，依然面临五代十国以来的武臣弄权局面。后周时义成军节度使李筠，本来是个网罗亡命之徒的野心勃勃的将领，他不甘居下，拒绝宋太祖授予的兼中书令的高官，而于建隆元年（公元960年）四月，勾结北汉刘钧起兵反宋。赵普看到形势可虑，力主太祖亲征并随同前往。六月，石守信、高怀德攻陷保泽州（今山西晋城），李筠自焚死。

时后周太祖郭威之甥、驻扬州之淮南道节度使李重进，已成为宋廷心腹之患。李派翟守珣联结北汉，中途被俘。宋太祖赐李重进铁券（免死牌），以稳其心，并令其移镇青州（今山东济南一带），以便就近约束。李重进扣押宋使，遂于七月起兵反宋。宋太祖派石守信、王审琦征讨，不克。赵普便以原后周之将士攻后周之贵戚为虑，劝太祖亲自带兵征讨。十一月从征扬州，一举攻克青州，李重进全家自焚死。

二李叛乱的平定，从献策亲征之意义上来说，赵普之功显著。宋太祖于是升迁赵普为兵部侍郎、枢密副使之职。

除去了内乱，刚刚建立的北宋建政权还面临着周边的割据：北方有强大的辽国、地处太原的北汉，南方还分布着南唐、吴越、后蜀、南汉等割据政权。采取什么样的策略实现统一，这是宋初君臣们焦虑的头等

『以权谋私』——宋太祖宰相赵普

大事。身为宰相的赵普更是"以天下事为己任"，竭诚竭力，呕心沥血。赵普认真分析了天下形势，权衡利弊，认为辽国实力强大，一时不宜进取，而南方的割据政权实力薄弱，便于击破，于是制定了"先南后北"的战略方针。他向太祖解释说，北汉地虽偏小，但却是大宋西北的天然屏障，如果将其攻克，则西北边患将由我们独立担当，所以，应该暂时留着它，待削平南方诸国后再挥师北上，灭掉北汉。宋太祖听罢，十分赞赏。

根据赵普的"先南后北"方略，宋太祖一方面派将士驻守北方和西北各州，以防御辽国和北汉，解除后顾之忧；同时遣主力向南方进军。经过数十年征战，统一南方。979年，北宋又挥师北上，灭掉北汉，从而结束了五代十国分裂割据的局面。

在我国封建时代，不乏有新王朝之开国君王杀功臣、夺兵权之事。西汉初定，遂有未央宫戮韩信之变，而后又有消灭异姓王之举，都是出于巩固君权之需要。赵匡胤深知自己是部将拥立，他不能采取武力解决的办法。赵普一再以石守信等执掌禁军为忧，认为石守信等人皆非能统驭部下之将才，一旦部下也来个黄袍加身，情况就不妙了。宋太祖颇然其说，并询以和平解决和长治久安之策。于是，赵普提出了"稍夺其权、制其钱粮、收其精兵"的方针。赵匡胤听其言，便着手加强君权、牵掣和削弱各方权力。

首要的任务当然是要解决将领拥兵以自重的问题。一天，下晚朝后，赵匡胤留下石守信等将领叙叙兄弟情谊。有点醉意时，宋太祖向将领吐露做皇帝的苦处：夜不能安，防范变乱，不及做臣下的高枕无忧。当石守信等人表示誓死效忠时，赵匡胤又说："假如你们的部下谋富贵而起兵，怎么办呢？人生在世，所重者不过是多积金钱、田宅，为子孙立不可动之产业；多置歌妓美女饮酒作乐，以终天年。我皇帝与你们结为亲家，大家相互都没有猜忌不是很好吗？"这一番话的意思大家都听明白了。于是，第二天将领们纷纷辞去军职，交出兵权，到地方做节度使去了。此乃"杯酒释兵权"。因为赵普献策有功，建隆三年（公元962年），宋太祖晋升赵普为枢密使、检校太保。

然而，"杯酒释兵权"还只是走完了解决兵权的第一步。中唐以来藩镇弄权的隐患和新执掌禁军的弄权问题，仍是赵匡胤面前的当务之急。关键是把赵普的十二字方针策略精神渗透到朝廷与地方的职官建置中去，改变权力结构中的独立性，使之必须依附君权而运转。在赵普的参赞下，这套相互制约的职权体制终于制订出来了。这就是中央设副相、枢密使副与三司，以分宰相之权，收相互牵掣之效。枢密使直属皇帝，而禁军之侍卫马、步军都指挥和殿前都指挥负责训练与护卫。乾德元年（公元963年），宋太祖又用赵普谋略，罢王彦超等地方节度使，渐渐削夺数十个异姓王之权力，安排他职，另以文臣取代武职。这样，武臣方镇失去了弄权的基础，另一方面，收厢兵之骁勇和荒年募精壮之了为禁军，于是天下精兵皆归枢密院指挥。地方虽无精兵，但地方厢兵合则仍可制约禁军。这就形成了强干弱枝而内外上下相互制约之体制。

地方则以文人任知州及副职通判为行政官员，重要文献需会签方可有效，通判为皇帝督察知州之耳目。

制其钱粮，是限制节度使的财政粮饷权限的又一种办法。该办法规定，地方钱粮大部输送中央，设转运使副主其事。至此，宋初的节度使问题业已解决。

总之，赵普提出的这套方略，在宋初的确起到了加强中央君主集权制及其军、政、财、文权力分立，防止藩镇跋扈与地方各自为政的重要作用；改变了五代十国时期武臣专权，政变频繁的局面，使宋朝成为一个高度集中统一的国家。但是，这套方针反过来又是宋朝长期存在养无用之冗兵、冗官而冗费负担沉重，导致自我削弱各种权力结构之有效职能，而走向"积贫""积弱"之境的重要原因。

宋太祖与赵普关系非同一般，赵普也敢于在宋太祖面前坚持自己的意见。赵普为相，既尽忠尽智，又敢于犯颜直谏。他对于应该坚持的意见，每每表现出异常的刚毅和果决。一次，赵普荐举某人为官，太祖不许；明日复奏，仍不许；次日又奏，太祖大怒，撕碎其奏章，掷之于地。赵普镇定自若，默默地跪在地上，把撕碎的奏章一一拾起，回家粘补修好。第四天，又奏上。太祖感悟前失，遂任用赵普所举之人，后来此人果然很称职。

又一次，赵普把几位按章应当升迁的臣僚的情况写成公牍，呈给太祖批阅。太祖一向厌恶这几个人，便不予批准。赵普毫不气馁，再三请命。太祖很不高兴，冷冷地说："朕偏不准此辈升迁，看你有何办法？"

『以权谋私』——宋太祖宰相赵普

赵普义正词严地质问："刑以惩恶，赏以酬功，古今通道也。且刑赏者，天下之刑赏，非陛下之刑赏也，岂得以喜怒专之?"太祖怒火万丈，起身回后宫。赵普紧跟不舍，来到寝宫前门，恭立等候，久久不肯离去。太祖无奈，只得应允。

天雄节度使符彦卿是后周遗老，其两女相继为周世宗的皇后，第六女又许嫁太祖之弟赵光义，于是，符彦卿在宋初专横一方。太祖几次欲使符彦卿主持军务，赵普屡屡谏阻，认为符氏名势过盛，不可再授军权。963年，太祖又欲起用符彦卿，赵普启奏道："符彦卿之事，仍请陛下深思利害，勿复后悔。"太祖反问："你总是怀疑彦卿，究竟是为什么? 朕待彦卿非常仁厚，彦卿难道会辜负朕吗?"赵普见太祖固执己见，不由得顶撞说："陛下为什么能辜负周世宗呢?"话语虽短，却力抵千钧，既尖刻，又辛辣，太祖听后，像被雷电击中一般，顿时清醒了许多，授军权之事也就告终止。

乾德五年（公元967年）春，赵普又得到右仆射和昭文殿大学士的职位与荣誉。开宝三年（公元970年）春，宋太祖亲自去看望病中的赵普。赵普当了十年宰相，权力很大，不少人都想走他的门路。开宝六年（公元973年），吴越王钱俶致书赵普，问候之余，还捎带了十瓶吴越的"海味"。赵普把这些瓶子放在堂前，还没来得及拆信阅读，刚好宋太祖到了。宋太祖看见厅堂前有十个瓶子，非常好奇，就问赵普瓶子里面是什么东西。赵普如实回答说："是吴越送来的海产。"宋太祖笑着说："既然是吴越送来的海产，海味必佳，把它打开来看看吧!"赵普便吩咐人打开瓶子，结果在场的人全都傻了眼。原来瓶子里放的不是什么海产，竟是一粒粒瓜子形状的金子。宋太祖向来痛恨大臣接受贿赂，滥用权力，脸色当即就沉了下来。赵普惊恐万分，满头大汗地向宋太祖请罪，说："臣还没有看信，实在不知道瓶子里面装的是什么东西，请陛下恕罪。"宋太祖说："你不妨直接收下吧!"但心中却很不痛快，在他看来，赵普此举不仅是收受贿赂，还触及了皇权的尊严。

赵匡胤是决不允许臣下来愚弄他或者暗中夺他的权的。随后，宋太祖又发现赵普违反禁令，私运木材扩展府第，又有官员冒充赵普名义经商等问题。随着考察的深入，还发现赵普儿子赵承宗竟然违反宰辅大臣间不得通婚的禁令，娶枢密使李崇矩之女为妻。宋太祖感到这有架空皇权的危险，立即命令他们分开。当时翰林学士卢多逊及雷有邻揭发赵普受贿。于是，宋太祖设副相与赵普分掌权力，并监督相权。不久，又贬赵普为河阳三城节度使。这些公忠其表、谋私其内的问题，使赵普逐渐失去宋太祖的宠信。

宋太祖共有四子，长子和第三子均早夭，赵德昭实为第二子，赵德芳为第四子。杜太后要求宋太祖传弟赵光义，其理由是"国赖长君"。其实，稍作推算便可知这理由相当牵强。杜太后病逝当年，宋太祖三十五岁，赵光义二十三岁，赵光美十五岁，赵德昭十二岁。除非是宋太祖活不过四十岁，才可以将"国赖长君"作为充分的理由传位给弟弟赵光义。而实际上，宋太祖是沙场出身，精通武艺与骑射，以他的体质和健壮程度，杜太后没有任何理由怀疑长子活不到六十岁。而到宋太祖六十岁时，赵光义四十八岁，赵光美四十岁，赵德昭三十七岁。显然，真到了宋太祖撒手归天时，长子赵德昭非但不是少君，而且正是年富力强的年龄。反倒是赵光义，已经年老体衰，几近是知天命的老人了。

宋太祖为人宽厚，友爱兄弟。赵光义生病时，宋太祖亲自去府中探望，还亲手为他烧艾草治病。赵光义觉得疼痛难忍，宋太祖便在自己身上试验以观药效。手足之情深，令人感动。杜太后病逝后不久，宋太祖就下诏任命赵光义为开封尹。开封尹为正三品，掌开封府（宋朝将首都、陪都及特别要害之地称"府"）之事，是京师开封的最高行政长官。根据五代旧制，储君一般都是先担任开封尹的职务。宋太祖这一举动，实际上已经是暗示弟弟赵光义就是未来的皇位继承人。他还曾经对近臣称赞赵光义说："光义有帝王之相，加上有福有德，将来必定能当一个太平皇帝。"

开宝六年（公元 973 年），宋太祖更是加封赵光义为晋王，班次在宰相之上，并且继续兼任开封尹的要职。尤其值得注意的是，赵光义封晋王一事在当年九月，而同年八月，曾经是"金匮誓书"见证人的赵普被罢去宰相之位，引起朝野侧目。

赵普是"金匮之盟"与"斧声烛影"两大谜案中的关键人物。

建隆二年（公元 961 年）六月，宋太祖生母杜太后病危，临终之际，急召枢密使赵普入宫记录遗命。据说当时宋太祖也在场。杜太后先是问宋太祖何以能得天下，宋太祖说是祖宗和太后的恩德与福荫。杜太后当即反驳说："你想错了。你能够得天下，只是由于周世宗把皇位传给了一个小孩子，使得国无长君，人心不归附。假设周世宗立一个中长的皇帝，天下岂能到你手中？"对于母亲的话，一向孝顺的宋太祖当然只能称是，何况杜太后的话确实有道理。杜太后这才语重心长地对宋太祖说出了关键的下文："所以，你要吸取教训，将来把帝位先传光义（赵匡胤弟），光义再传光美（赵匡胤次弟，后改名为廷美），光美传于德昭（赵匡胤长子），如此，则国家有长君，才是社稷之幸。"宋太祖泣拜，说："儿铭记教诲。"杜太后又对一旁的赵普说："你也要记住我的话，不可违背。"赵普便将杜太后的话以遗命的形式写成誓书，并在末尾署上"臣普记"，收藏在金匮之中，称"金匮誓书"。

开宝九年（公元976年）十月，宋太祖崩，弟赵光义（避匡字讳）即位，是为宋太宗。关于这段兄终弟继的历史，流传有"烛影斧声"的疑案。

据记载，开宝九年（公元976年）十月十九日夜，赵匡胤病重，宋皇后派亲信王继恩召次子赵德芳进宫，以便安排后事。宋太祖二弟赵光义早已窥伺帝位，收买王继恩为心腹。当他得知太祖病重后，即与亲信程玄德在晋王府通宵等待消息。王继恩奉诏后并未去召太祖的次子赵德芳，而是直接去通知赵光义。光义立即进宫，入宫后不等通报径自进入太祖的寝殿。王继恩回宫，宋皇后即问："德芳来了吗？"王继恩却说："晋王来了。"宋皇后见赵光义已到，大吃一惊，知道事有变故，而且已经无法挽回，只得以对皇帝称呼之一的"官家"称呼赵光义，乞求道："吾母子之命，皆托于官家。"赵光义答道："共保富贵，勿忧也！"史载，赵光义进入宋太祖寝殿后，"但遥见烛影下晋王时或离席"，以及"柱斧戳地"之声，随后，赵匡胤去世。二十一日晨，赵光义在灵柩前即位，是为宋太宗，改元太平兴国。

这个事件由于没有第三人在场，因此一直以来都有赵光义弑兄登基的传说，但是无法证实，成了千古疑案。

一种意见是，宋太宗"弑兄夺位"。持此说的人以《续湘山野录》所载为依据，认为宋太祖是在烛影斧声中突然死去的，而宋太宗当晚又留宿于禁中，次日便在灵柩前即位，实难脱弑兄之嫌。蔡东藩的《宋史通俗演义》和李逸侯的《宋宫十八朝演义》都沿袭了上述说法。另一种意见认为，宋太祖的死与宋太宗无关，持此说的人引用司马光《涑水纪闻》的记载为宋太宗辩解开脱。据《涑水纪闻》记载，宋太祖驾崩后，已是四鼓时分，孝章宋后派人召太祖的四子秦王赵德芳入宫，但使者却径趋开封府召赵光义。赵光义大惊，犹豫不敢前行，经使者催促，才于雪中步行进宫。据此，太祖死时，太宗并不在寝殿，因而不可能"弑兄"。毕沅的《续资治通鉴》即力主这一说法。还有一种意见，虽没有肯定宋太宗就是弑兄的凶手，但认为他无法开脱抢先夺位的嫌疑。在赵光义即位的过程中确实存在一系列的反常现象，即据《涑水纪闻》所载，宋后召的是秦王赵德芳，而赵光义却抢先进宫，造成既成事实。宋后为女流，见无回天之力，只得向他口呼"官家"了。《宋史·太宗本纪》也曾提出一串疑问：太宗即位后，为什么不照嗣统继位次年改元的惯例，急急忙忙将只剩两个月的开宝九年改为太平兴国元年？既然杜太后有"皇位传弟"的遗诏，太宗为何要一再迫害自己的弟弟赵廷美，使他郁郁而死？太宗即位后，太祖的次子武功郡王赵德昭为何自杀？太宗曾加封皇嫂宋后为"开宝皇后"，但她死后，为什么不按皇后的礼仪治丧？上述迹象表明，宋太宗即位是非正常继统。

近世学术界基本上肯定宋太祖确实死于非命，但有关具体的死因，则又有一些新的说法。然而有关宋太祖之死的真正死因，目前仍未找到确凿无疑的材料。

还有一种观点认为，金匮誓书与烛影斧声两者密切相关。人们认为，太祖不明不白地死后，太宗为了显示其即位的合法性，便炮制了其母杜太后遗命的说法，即所谓的"金匮誓书"，以掩人耳目。而赵普也参与了这场皇位传承之变。

太平兴国四年，宋太宗御驾亲征北汉。高梁河之役，宋师败于契丹援军。宋太宗一度失踪，于是军中有谋立太祖之子赵德昭之说，为太宗所忌。赵德昭又为北征将士请赏，遭到太宗怒斥而自杀。宋太祖父子之死，不能不引起宋太宗异母弟赵廷美之悲愤和自危。

太平兴国七年，朝中有人诬告赵廷美有不轨之谋，诬告之人皆受封赏，赵廷美则被贬往洛阳。这种情况对于郁郁不得志的赵普是有所触动的。他向宋太宗密陈，昭宪皇太后遗书由自己书写，命太祖传位于太宗，还有使太宗传位于廷美、廷美传位于太祖子德昭的意思。赵普又劝

『以权谋私』——宋太祖宰相赵普

说太宗道："难道太祖传弟不传子的历史教训你还不能吸取吗?"他又乘机说贬往洛阳的赵廷美毫无悔改之意，不能使之居于洛阳。于是宋太宗又贬赵廷美至房州涪陵小县。

赵普的这番密陈，第一，证明太宗承兄位之合乎祖宗遗旨；第二，拥护太宗传子不传弟；第三，为太宗清除赵廷美继位之威胁。这几点就使赵普与宋太宗结成了特殊的关系，而立即获得司徒兼侍中的职位，两度任相。而赵廷美却郁郁寡欢，诚惶诚恐，以三十八岁盛年而夭折。宋太宗长子赵元佐因为替赵廷美抱不平而发狂，成终身之疾。

从这里，可以看到赵普失宠于宋太祖，而又得宠于宋太宗，在两度任相、东山再起的历程中，赵普实际上扮演了一个墙头草甚至是落井下石的角色。以此看来，人们怀疑宋太祖之死与赵普有关，也并非无稽之谈。

太平兴国八年（公元983年）十月，赵普因故罢相，贬为武胜军节度使，具体原因不明。但从宋太宗作诗饯别，而赵普感激涕零表示要勒诗金石的情形看，赵普一定有什么短处而不得不贬谪。至于赵普说来世效犬马之力，则完全是政治表态。雍熙三年（公元986年），宋太宗为报高梁河之耻而亲征幽蓟，战事迁延，进退维艰。赵普看到这又是自己表忠的好机会。他向太宗提出"兵久生变"，要求班师。宋太宗为嘉奖他三进疏陈，而在次年移赵普为山南东道节度使，改封梁国公为许国公。与此同时，宋太宗次子昭成太子、陈王元僖也表请再委政于元老赵普。当然，德昭之死、廷美之死为元僖提供了继位的机会，而赵普劝宋太宗传子不传弟，使赵普赢得了元僖的美言和任太保兼侍中的相位。

从赵普的三次任相中，可以看到赵普善于攀附于有政治前途者，并不惜牺牲人格去趋奉。

淳化三年（公元992年），赵普三次上表，以年老多病请求告老。太宗下诏慰留，并加太师衔、封魏国公，享受宰相待遇。是年七月，为北宋的建立和国家的统一，也为自己的权位而殚精竭虑的赵普，走完了生命的历程，终年七十一岁。太宗赠其为尚书令，追封真定王，谥号"忠献"。

赵普有一子名承宗，羽林大将军，曾知潭、郓州，颇有政声。有女二人，皆已成年。赵普死后，其妻坚请准予出家为尼。诏授以智果、智园大师。

　　赵普一生在政治舞台上活动了五十年。作为封建时代地主阶级的政治家来说，赵普是一个有一定远见的历史人物。他所佐治制定的巩固中央君主集权和地方分权的方针、政策，对于结束长期政治动乱、实现中原统一是有贡献的。他忠于所事奉的君主，体现了一个封建社会的臣子的品性。但他身为两代宰相，为了个人私欲而见风使舵，却不能不说是人格上的一个污点。在他居相期间，也看不到他造福人民的政绩，不免是他为相的最大的缺憾。

『以权谋私』——宋太祖宰相赵普

"直言敢谏"——宋真宗宰相寇准

❀ 宰相小传

    寇准，北宋的政治家、诗人。字平仲。华州下邽（今陕西渭南）人。寇准十九岁进士及第，由于政绩卓著，处理政事果断干练，深得宋太宗赵光义的器重。后因刚直不阿，遭到同僚的诋毁，被排斥出朝廷。宋真宗赵恒即位后，召寇准回朝。景德元年（公元1004年），任同中书门下平章事。当年冬天，辽军大举入侵，直逼澶州，大臣们多数主张迁都以避敌锋，唯独寇准力排众议，劝真宗亲临澶州前线。真宗采纳了寇准的建议，御驾亲征，并最终取得了辉煌的战果，促使辽宋订立澶渊之盟。因王钦若的挑拨，寇准于景德三年（公元1006年）被罢相，到陕西等地任地方官。天禧三年（公元1019年），再度被起用，不久罢为太子太傅。后来遭到奸相丁谓的诬陷，被一再贬逐，死于衡州任上。

    寇准的父亲寇相大约生于五代后唐时期，在石敬瑭建立的后晋，考取了进士。当时的中国，政治上四分五裂，烽烟四起，人口流散，外族虎视眈眈。内有军阀纷争，外有强敌犯境，统治者积极备战，以防不测，人们生活在水深火热之中。在这种内地里军阀相互威胁、表面安定的形势下，人们生活贫困，寇相的家庭就是生活在贫困线上的家庭之一。

    虽然寇相学问很好，在五代后晋开运年间中过进士，做过魏王府记室参军，掌管文秘一类的工作，但是好景不长，其后仅仅一年左右的时间，后晋就灭亡了。国之不存，功名安在？他和妻子依然过着清贫的生活。又经历了后汉、后周两代，进入大宋朝。眼看就要过上安定的生活，寇相却一病不起了。就在大宋建立的第二年，寇准出生了。寇准的出生给这个贫困的家庭带来了欢乐，寇相看着刚出生的孩子，双目有神，面带聪慧之相，非常欣慰。他感到自己恐怕没有多少时间了，就把妻子叫到床前，嘱咐妻子说："你一定要把孩子培养成才，教孩子求取功名，也好光宗耀祖。这样，我在九泉之下也就瞑目了。"妻子哭着说道："你放心吧，再苦再累，我也要把他培养成才。"听了妻子的话，寇相放心地闭上了眼睛，走完了他饱经战乱、颠沛流离的一生。

寇相的去世，使寇家的生活雪上加霜，生活极度清贫的寇家，全靠寇准的母亲织布度日。她用织的布换柴换米，自己节衣缩食，从牙缝里省出一些钱，好让小寇准吃得好一些。孩子也很争气，从小就聪明伶俐，非常招人喜欢。另外，深受书香世家影响的寇准的母亲十分重视寇准的学习。寇母常常于深夜一边纺纱一边给寇准讲故事，种田织布的闲暇之余，还教他读书识字。当时，战乱不断，哪里能买到笔墨纸砚啊。寇母就在树上折些树枝，在外面取来些沙子铺在地上，用木板刮平，用树枝画字来教寇准。寇准学得特别快，只要一两遍就记住了。于是，平时寇准就帮助母亲干活，料理家务，干完活以后，就在地上练字。在他六岁的时候，就能自己看古书了，遇到不懂的地方，就向母亲请教。对于古代的典籍，只要寇母自己知道的，都讲给少年寇准听，同时还教他做人的道理，讲孔子的"仁者爱人"，讲孟子的"舍生取义"，要寇准堂堂正正做人，做一个顶天立地的男子汉。

少年时期的寇准，很懂事，知道母亲持家教子很不容易，因而也更加勤奋好学，从书本上学到许多知识和道理，尤其对《春秋》、三传，读得烂熟，理解得很透彻，任意抽出一段都能背诵下来，而且讲得头头是道。邻居们听说寇家出了一个神童，能够背诵讲解《左传》，都来看寇准。有一个秀才觉得自己有点墨水，就向寇准问起《左传》第一篇——《郑伯克段于鄢》。寇准不慌不忙高声背诵，一字不差，众人无不称奇。秀才不服气，以为这是第一篇，可能是寇准经常诵读的缘故，就提问别的篇目，只要秀才读出篇目，寇准无不熟诵，从此更是闻名乡里。

『直言敢谏』——宋真宗宰相寇准

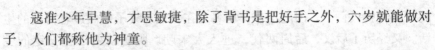
寇准少年早慧，才思敏捷，除了背书是把好手之外，六岁就能做对子，人们都称他为神童。

有一天，小寇准跟随母亲从地里干活回家，路上遇到一位老先生跟他的学生正在谈论一副对子。上联是：鹦鹉能言难似凤。他的学生都开始试对，可是，过了好半天，也没有人能对出来。又过了一会儿，有几个衣着光鲜的富家子弟，对出了几个不伦不类的对子，老先生听了，频频摇头，感到不满意。这时，寇准在旁边听得真真切切，早已成竹在胸，就赶紧上前几步，走到老先生的近前，礼貌地说："老先生，我可以对吗？"老先生一惊，见是一个小孩，外表清秀，二目有神，挺招人喜爱。于是就和蔼地说："好啊，只要你能对出来，我就收你为徒。"小寇准看着老先生，知道他在当地很有名望，只是由于家里贫穷，上不起私塾。听老先生这么一说，小寇准半信半疑地问："此话当真？"老先生哈哈大笑："我什么时候骗过人啊。"于是寇准朗声答道："蜘蛛虽巧不如蚕。"众人无不露出羡慕的神情。老先生又惊又喜，连忙说："好好好，我今天就收你为徒，这孩子才思敏捷，将来必成大器。"寇准的母亲过来千恩万谢。从此，小寇准的学业更是如虎添翼，神童的名声不胫而走。

寇准出身于书香门第，虽然因为父亲早逝，家境贫寒，但他自幼聪慧，十六岁乡试得中，十七岁为华州贡举。宋太宗太平兴国五年（公元980年），十九岁的寇准考中进士。

按以往的经验，宋太宗面试的时候，往往要把年龄较小的考生黜落。因为，年龄较小的考生可能只有才华而缺少社会经验，不能委以重任。这时候，有人给寇准出主意，让他把年龄报的大一些，这样就有更大的考取的把握。谁知寇准却正色说道："我刚刚踏上仕进之路，读的是圣贤之书，怎能欺君呢？这不是明知故犯，大逆不道吗？"那个人惭愧的无地自容，知趣地走开了。

殿试那一天终于来了。在那些参加殿试的举子中，寇准是年龄最小的，但他如实通报了自己的年龄。太宗听了不仅一惊：小小年纪就能过关斩将，来参加殿试，我倒要看看他到底有没有真才实学。于是就让他做一诗、一赋、一论共三题，没想到寇准当场作论竟然从容不迫，侃侃而谈，联系现实，引经据典，切中时弊，颇有见地。吟诗作赋更是挥笔而就，真可谓有"七步之才"，太宗不由得暗暗称奇，于是就破例录取了寇准。

寇准先任大理评事，次年任归州巴东县（今四川奉节东）知事。昔日韦应物有"野渡无人舟自横"句，寇准增字改为"野水无人渡，孤舟尽日横"，抒发自己在巴东大干一场的远大志向。在任上寇准革除以往临时摊派差役扰民的惯例，按各乡劳力情况，于农闲时便分派好，并公示于衙门前，使乡民提早知晓。既不误农时，又能使各乡派来合适的人。他还迅速处理积案，安定地方秩序，此举深得民心，百姓争相服差役，没有出现违犯者。

当寇准离任进京的时候，百姓们依依不舍，洒泪相送，当时的情景真是万人空巷。寇准在人们心目中就是观音在世，就是救苦救难的菩萨。寇准还在衙门庭前亲手植下双柏，他离开巴东以后，人们想念他的时候，常来这里看看柏树。后来百姓为这两棵柏树取了个名字，叫作"莱公柏"。由于寇准在巴东政绩显著，百姓誉他为"寇巴东"。

此后，寇准又先后升任盐铁判官、尚书虞部郎中、枢密院直学士等官。寇准官运亨通，并不是由于阿谀逢迎、依附权贵，相反，寇准的青云直上靠的是自己的忠诚与智谋，他刚正廉明不畏权，做人讲究"直"，做事讲究"智"，事君讲究"忠"。用宋太宗的话来说就是"临事明敏"。

有一次，太宗召集百官议论朝政，讨论关于抗击契丹的事，大多数官员发言平庸，无关痛痒。有的认为现在没有战事，不必往边境多派军队；有的说大宋兵多将广，威名远镇，契丹不敢轻易出兵。唯有寇准慷慨陈词、痛陈厉害，深深打动了太宗。他说："契丹之所以按兵不动，与我们相安无事，并不是因为契丹没有南下之心，而是他们现在刚刚统一北方，立足未稳，力量不足。等到时机成熟，定会率军南下，争我大宋江山。为今之计，只有扩军备战，派精兵良将驻守要塞，才是上策。"寇准深谋远虑，未雨绸缪，太宗深感钦佩。从此，太宗对寇准就更加器重了。

还有一次，太宗想在京城北部修一处宫殿，事情刚刚提出来，太宗叫来大臣准备议一下。寇准不等别人讲话，出班上奏："以前，纣王修建鹿台而亡国，秦始皇修建阿房宫二世而亡国，隋炀帝开凿运河游玩而亡国，希望您收回成命，不做亡国之君。"他把宋太宗比作历代的昏君、亡国之君，不留一点面子。这一下可激怒了太宗，太宗忍着怒气拂袖而起，就要下朝回宫，寇准紧跑几步，上前拉住皇帝的衣襟，再次请皇帝归坐，对皇帝说："您让我把话说完，再回宫也不迟，不然陛下就没有机会听到臣的忠言了，就会贻误大事啊！"太宗皇帝被寇准的忠直精神和胆识所感动，就放弃了修建宫殿的计划。他感慨地说："朕得到你寇准，就好像唐太宗李世民得到魏徵一样啊！"寇准被钦誉为魏徵，可见他在宋太宗智囊团中占有相当重要的地位。

寇准性格刚直，但并不鲁莽，他办事讲究策略，足智多谋。

淳化初年，北宋朝廷处理了两桩受贿案。情节严重的王淮，赃钱以千万计，仅被撤职杖责，不久又恢复了原职；而情节较轻的祖吉，却被处以死刑。寇准知道这是王淮的哥哥、参政王沔搞的鬼，于是心中愤愤不平。

淳化二年（公元991年）春天发生了一次大旱灾，宋太宗召集近臣询问时政得失。群臣多认为是天数所致，寇准则借用当时十分流行的天人感应学说，指出旱灾是上天对朝廷刑罚不平的警告。宋太宗听后，生气地转入禁中，但又觉得寇准的话必有根据，就私下召问寇准朝廷的刑罚怎么不平？寇准回答说："请将二府大臣都叫来，我当面解释。"当王沔等人上殿后，寇准就把王淮、祖吉二案述说了一遍，然后看了王沔一眼问道："这难道不是刑罚不平吗？"宋太宗当即责问王沔。王沔吓得魂不附体，连连谢罪。从此寇准更加受到太宗的赏识，被任命为左谏议大夫、同知枢密院事，开始直接参与北宋朝廷的军国大事。

在经历了基层的种种锻炼后，寇准这个人才也终于炼成了，从此，他走上了通往宰相的康庄大道。

随着年事日益增高，宋太宗心头最大的隐忧是由谁来继承他的皇位。作为大宋的第二代核心，他对权力交接的担心不是没有道理的。首先，他的哥哥，开国的第一代皇帝——太祖赵匡胤就是在一场政变闹剧中黄袍加身，从幼儿寡母的手中夺得天下的；而当时他正是全部过程的策划人和参与人。然后，到老将要退出历史舞台的关键时刻，又是他以遵照皇太后懿旨的理由，硬是把传统的传位于子的传统变成了传位于弟的事实，留下了千古也无法说清楚的"烛影斧声"疑案。现在，他也老了，他要在自己死前，把这个继承人的事办好，让抢班夺权的历史，从他开始，也随他而终止。

寇准是太宗的智囊，太宗有一些自己迟疑不决的事总要找寇准商量。废太子一事，寇准即在其中起到了关键的作用。

楚王赵元佐是宋太宗的嫡长子，武艺高强，但性情暴躁。《宋史》载：楚王赵元佐自幼聪明机警，有王者风范，深得太宗欢心。太宗曾经说："我死之后，大宋就靠这孩子了。"赵元佐长大以后，练就了一身好武功，做事果断，可谓是智勇双全，在太宗的儿子中无人能比。太宗一直认为，元佐实在是接替自己帝位的理想人选，于是就将他立为太子。但是，后来元佐因为援救皇叔赵廷美（太宗的弟弟）失败，精神受了很大刺激，性情变得很残忍。身边的人稍有过失，他就用箭射杀或用者其他种种酷刑折磨他们。太宗屡次教训他都不悔改，并且有时还故意抗旨。重阳节时，太宗宴请诸王，赵元佐公然借口生病而不参加，到了半夜又忽然发怒，把侍妾关闭在宫中，并纵火焚宫，惹得太宗很生气，打算废除他太子的身份。但太子有自己的军队，又骁勇善战，双方万一闹僵，恐怕引起内乱，伤及无辜。

寇准那时正在郓州任通判，太宗特地从郓州把他找来，对他说："找你来和朕一起商议一件大事，太子的所作所为让朕太失望了，他将来如果登上帝位不是祸国殃民、断送江山吗？朕想废掉他，又怕他用兵，而且他武艺高强，擅长带兵打仗。这件事一旦处理不好，他趁机作乱，局面就不好收拾。现在废他又没有理由，你说如何是好？"寇准思索了片刻，想了一个主意，说："您选一个日子，命令太子代替您去祭祀，太子的左右侍从也都跟着去。陛下再趁机派人去搜查东宫，若果真有不法的证物，等太子回来再当着他的面公布出来。如此罪证确凿，要废太子，只需派个黄门侍郎宣布一下就行了，您还担心什么呢？"太宗说："太好了，真是妙计。"于是，太宗就采用了寇准的计策，等太子离去后，派人进入东宫。果然搜得一些残酷的刑具，包括挖眼、挑筋、割舌等刑具。太子回来后，太宗命人当场展示出来，宣布废除太子和废除的理由。太子无话可说，只好接受了这个处罚。

自从太子赵元佐被废以后，立储之事一直悬而未决，这件事一直令太宗很头疼。因为太祖赵匡胤死后，其子德昭未能继位，太宗赵光义以

『直言敢谏』——宋真宗宰相寇准

·233·

皇弟身份继承皇位，并且有杀兄夺位之嫌。因此太宗传位，就面临两个选择：立自己的儿子，还是立太祖的儿子。太祖赵匡胤去世后，留下了两个儿子：德昭和德芳，因为太宗的猜忌，德昭自刎身亡，不久之后，德芳也突然死去。而太宗的长子元佐发疯被废，次子许王元僖也于淳化三年（公元 992 年）暴死，储位空缺，朝野上下议论纷纷。

至道元年（公元 995 年），冯拯、黄裳和王世则等上疏，请立太子。但太宗晚年多疑，动不动就猜忌别人的用意，容不得臣下在他面前谈立储这样的大事。再加上自己行的不正，坐的不端，因此举棋不定，心中烦闷。大臣参奏，说立也不是，不立也不是，太宗非常恼火。一怒之下，把冯拯贬到了端州。

从此，为了不再惹起太宗的心病，朝廷内外没有人再敢提立皇储的事情。

一天，太宗见实在不能拖下去了，便向寇准问起立皇储的事。寇准已猜到太宗这次召见他的目的，对此事可谓早已成竹在胸，而当着那些对寇准没有好感的侍从宦官的面，寇准当然不想直接回答。他向太宗提出，选皇储时应避免向三种人咨询，一是女人，也就是皇帝的后妃；二是中官，也就是宦官；三是近臣，"因为陛下是在为全天下选储君啊"。言外之意是所提到的这三种人只知道狭隘的小集团利益。寇准这段充满政治睿智的话，虽然没有正面回答太宗的问题，却含有极为深刻的道理，也是对以往历史的总结。

太宗低头沉思良久，然后让身边的所有的人都退下，只剩他和寇准。这次皇帝是动真格的了："你看襄王可以吗？"太宗问。襄王赵元侃（后改为赵恒），是太宗的第三个儿子。寇准心中有数，揣摩圣意，知道太宗始终想立赵恒为太子，只是顾虑到朝野的议论，才不便开口，迟疑未决。于是，便顺水推舟地说："知子莫若父。陛下既然认为襄王可以，就请决定吧。"第二天，太宗便宣布襄王赵恒为开封尹，改封寿王，立为皇太子。

但皇帝就是皇帝，生怕自己的威望和权力被别人夺走，哪怕这个人是自己的亲儿子。

一次，太宗与太子拜谒祖庙回来，京城的人们拥挤在道路两旁喜气洋洋，争着看皇太子。这时人群中有人喊了声："真社稷之主也！"太宗听后很不高兴地问寇准："人心归向太子，将把我放在什么位置？"寇准却连连拜贺说："陛下选择的太子深得人心，这是国家的福气。"一句话使太宗恍然大悟，于是转忧为喜。回宫以后，立刻摆宴庆贺，赏寇准对饮，寇准也不推辞，喝了个尽兴才回府。此后太宗更加倚重寇准。有人给太宗献了个宝物——通天犀，太宗命人加工成两条犀带，一条自用，另一条赐给了寇准。由此可见，寇准得到的荣耀可谓是人臣之极。

性格主宰人生，性格决定命运，寇准的"刚直"和"坚持"在皇帝高兴的时候可算是优点，但皇帝不高兴时就面临着危险。伴君如伴虎，可一点也不假。接下来的事情就是最好的证明。

有道是："人怕出名猪怕壮。"寇准因为太过出色了，所以招来了他人的眼红。当然，人在官场，身不由己，难免会有是非纷争。寇准是一代治国能臣，立朝有本末，做事有原则。不幸的是，他摊上了一位工于心计、做事小心谨慎的同事——枢密院副使张逊，张逊的升迁完全是靠攀附权贵、玩弄权术得来的，实际上没有什么真才实学，寇准特别讨厌他，一直看不惯他的所作所为，只要他在太宗面前说一句话，寇准就立马驳斥他，从不给他留一点情面，弄得他很没面子，因此他怀恨在心。

有一天，寇准和温仲舒在一起骑马并行，不知道是有人故意安排，还是偶然的巧合，突然，一个疯疯癫癫的人，蓬头垢面，大呼小叫的从道旁跑过来，迎着寇准的马头高喊"万岁"。这下可坏了，在封建时代，朝廷是最忌讳这个的，这可是谋反罪哪！就是这种玩笑也开不得，轻则入狱，重则杀头。恰在此时，张逊正在回家的路上，亲眼目睹了这一幕。他暗自高兴，心想：这一下我可要置你于死地，出出我心中的这口恶气了。张逊有一个好朋友叫王宾，官至左金吾，专管皇城的安全。张逊就唆使王宾奏寇准一本。王宾是个武人，不懂什么政治斗争，就很爽快地答应了。在大殿上，王宾花言巧语，添油加醋地把事情的经过说了一遍，攻击寇准不遗余力。寇准大呼冤枉，就让温仲舒为自己作证，请万岁明断。张逊哪里能容，他凭着事实已经发生，证据确凿，厉声质问寇准，不准他有发言的机会。寇准据理力争，说张逊栽赃陷害。于是两个人就在朝堂之上，你一言我一语，互不相让，最后，当着太宗的面就争吵了起来，一时难以分清谁是谁非，场面非常尴尬。太宗一看他们当着自己的面就干架，这不是完全不把皇帝放在眼里吗，于是龙颜大怒，认为他们作为大臣有失体统。既然分不清谁是谁非，干脆就各打五十。把两个人全都贬官降职，寇准被贬到青州做知州，张逊也被降为右领军卫将军。

其实，太宗心里很明白寇准的为人，决不会犯下忤逆之事。但是，事情到了这种地步，也是覆水难收，只好如此了。

这次被贬官是寇准在仕途上的第一次失利。当时，他才三十一岁。不过，太宗深知寇准的才干和秉性，当然，把他外放还有一个目的，就是想让他收敛一点，老道一些，说白了就是到基层挂职锻炼锻炼，过段时间还会回到太宗身边做事。

寇准同志一走，周围很多大臣都很开心。原因很简单，寇准当时负责人事管理，也就是各级官员的考核、奖惩、罢免，要做好这些选拔任命工作，须从高官重臣做起，而皇帝身边的人就是突破口，难就难在这里。这项工作做好了得罪人，做不好则没有业绩。这个"刺儿头"一走，自然皆大欢喜。

但寇准走了以后，朝堂之上缺了一个直言敢谏的大臣，剩下的多半都是唯唯诺诺之辈，太宗根本就瞧不起他们这些爱谄媚、钻营之人。皇帝少了"一面镜子"，一个敢于向自己开炮的对手甚至朋友，不免感到有些孤寂，于是他经常不由然地长吁短叹，闷闷不乐地想念起寇准的好来。有时还情不自禁地在大臣面前提起寇准："你们知道寇准的消息吗？他在青州高兴不高兴啊？他过得怎么样啊？"诸如此类的问题，过不了几天，就再问上几遍，时时如此。左右大臣早已揣摩出了圣上的言外之意，知道太宗有再次起用寇准的意思。但他们可不想让寇准回来找自己的麻烦，于是就说道："您天天思念寇准，我们听说那寇准在青州可是每天纵情喝酒，不知道他是不是在思念陛下。"太宗知道寇准刚直的个性得罪了不少人，于是就沉默不语，只是对寇准的思念却越来越深。到了第二年，便忍不住找了一个理由，召寇准回京，官拜参知政事。

寇准刚从青州还朝，入见太宗。太宗当时正患脚病，让寇准看过病情之后，动情地问道："你怎么现在才回来？"太宗这句话是想有意显示和寇准的亲昵情感，没想到寇准很不识相，他并不领太宗的情，仍旧表现出一贯耿直的性格，没说一句奉承讨好的话，也没表示"永不翻案"、痛改前非，而是不冷不热地说："臣非召不得至京师。"差点儿没把皇帝噎死，整个一个死不改悔！

"人无千日好，花无百日红"，盛极必衰是千古不变的道理。寇准如此受太宗的器重，成了太宗身边炙手可热的红人，自然招来种种非议。

有一年，太宗在南郊立祠祭祀。无论在中央为官，还是在地方为官者，依次进用。恰好是寇准平时喜欢的人大多得到了台省级的要职，寇准厌恶的或不认识的就很少升迁，这给想攻击他的人留下了口实。

彭惟节与寇准关系好，但官位一直都在虞部员外郎冯拯之下，后来寇准提拔他任屯田员外郎。有一次冯拯写奏章时，还像以前一样把彭惟节列在了自己的后面，寇准看后大怒，当众谴责他扰乱朝制，致使冯拯恼羞成怒，在朝堂之上指责寇准专权揽政，结党营私，官员的升降，全凭自己的好恶，其他一些平时对寇准有意见的人，也乘机上奏，说目前把持朝政的要员吕端、张洎、李昌龄都是寇准所荐，吕端属于有德而应该晋升；张洎则属于能曲意逢迎寇准；李昌龄胆小怕事，不敢与寇准对抗。所以寇准任意进退官员，独霸朝纲，乱了朝廷的规矩。太宗听说以后大怒，把吕端等人招来训话。吕端解释说："寇准性情刚愎自用，听不得不同意见，我如果跟他争执，怕有失体统。臣懦弱无能，望皇上降罪。"太宗听后，大怒，又把寇准招来，问冯拯的事是怎么回事。还没责备他几句，他就自辩不止。太宗说："如此在朝堂上辩论不止，有失你作为一个宰相的身份。"寇准不听，还是反复辩解，坚持己见。寇准的狂妄深深伤了太宗的心，因为他一直眷顾和培养寇准的。太宗最后伤感地说："鼠雀尚知人意，而你怎么这样不识大体呢！"这次，太宗对寇准失望到底了，他把寇准再一次逐出京城，贬到邓州去了。

真是成也刚直，败也刚直。寇准的刚直使他又一次开始了新的流放生涯。

转眼就到了宋真宗赵恒即位的时候。新皇登基，按照常理，必然要大赦天下，以安抚和收买民心。同时也选拔一部分有能力的官吏充实朝纲。寇准与真宗素无怨恕，真宗当初被立为太子的时候还曾得到寇准的支持，并为此事与先皇痛饮，大醉而归。所以，真宗即位以后，寇准不

· 237 ·

久即得到了升迁，官至尚书工部侍郎。后来，又出任地方官，去凤翔做知府，治理一方百姓。当然，寇准又以出众的才能，刚直的个性，方正的为人，赢得了当地民众的一致称赞。

有一年，真宗巡察民情来到大名府，听说寇准在民间声望很高，爱民如子，断案如神，就把寇准召到行营，也就是真宗临时办公下榻的地方，问及当地的政事民情，寇准如数家珍，对答如流，而且很有政治眼光。真宗很满意，就调寇准进京并且权知开封府。

开封府掌管京师的民政、司法、捕盗捉贼、赋役、户口等政务，历来以公正无私闻名。宋太宗赵光义、宋真宗赵恒、宋钦宗赵桓三位皇帝登基前均曾执政于开封府；寇准、欧阳修、范仲淹、苏轼、司马光、苏颂、蔡襄、宗泽等一批杰出的宋代政治家、思想家、文学家及军事家均曾先后主事开封府。他们公正廉洁、不畏权贵，给后人留下了许多脍炙人口的故事和传说。在宋代，平民有冤无处申的时候，往往想到开封府。因此，这次让寇准权知开封府，既是对寇准的磨炼，以期有更大的作为，更是对寇准的信任。寇准到任以后继续发扬自己的长处，捕盗抓贼，办案如神，公正廉明，被人誉为"寇青天"，成平六年（公元1003年），寇准又升迁到兵部做三司使。

三司是北宋前期最高财政机构，号称"计省"。五代后唐明宗始设盐铁、度支和户部"三司"，宋初沿之。三司的职权是总管全国各地之贡赋和国家的财政。长官是三司使，其权位之重，与执政无殊，号称"计相"。

真宗时，三司中的每司设置一名史官，并没有一个统一的管理体系，彼此各成一家，各自为政，动辄相互矛盾，经常不得不麻烦皇帝亲自解决。有时两个单位发的文件不一致，让下属机构无所适从，他们各执一词，皇帝也难以裁决。

对三司制度的改革，又一次显示了寇准的经世之才。他自己统领全局，其余三司盐铁、度支、户部各设一名副使。他还把所有的规章制度，从新审核修订，报请皇帝批准。从此以后，三司事务井井有条，这个制度和体例就一直沿用了下来。

宋真宗看到寇准的这些成就，知道他确实是个人才，无论你把他放到哪里，他都做得很出色，真是应了那句老话："是金子到哪里都会发光的。"寇准也确实不负众望，从县令到知府，从刑部到三司，每到一处，都颇有政绩。真宗早就有让寇准做参知政事的想法，只是有一点让真宗不放心，那就是寇准太过刚直，恐怕难以独自担当这样的重任，不做参知政事吧，又可惜了这个人才。

景德元年（公元1004年），真宗在多方权衡之下，终于让毕士安作了参知政事，一个月以后，寇准被任命为集贤殿大学士，职位在毕士安之下。

宋王朝是在兵变的情况下建立的。所以大宋皇族很怕有朝一日，大臣们也用同样的方法取得政权。北宋的前两个皇帝太祖、太宗均把外族入侵视为"四肢之癣"，而把人民"谋反"和军事政变，看作"心腹之患"。因此，宋王朝的一系列法度，大多是针对防范内患而制定的。这样一来，北宋政权的绝大部分力量都消耗在对内控制上，而对于外部强敌契丹，却表现得异常软弱，这给契丹后来的发展壮大提供了时机。

契丹是10世纪初由契丹族耶律氏在我国北方建立的一个少数民族政权，后称辽。唐末五代，中原割据混战，契丹借机迅速发展。

公元923年，后梁灭亡后，河北一片混乱，辽太祖耶律阿保机率领骑兵南下，攻占了幽州和安次、潞、三河、渔阳、怀柔、密云等县。后唐清泰三年（公元936年），后唐大将石敬瑭为了做皇帝，向辽太宗耶律德光求援。石氏在辽兵帮助下建立了后晋，割燕云十六州给辽，使中原失去北方屏藩，后周世宗柴荣曾为收复失地，重振国防而致力北伐。宋太祖时，辽朝正值穆宗耶律景在位，耶律景沉湎于酒色，不理国事，对宋采取保守战略。大宋乘机得以发展势力，平定了南方的割据政权，等到辽景宗耶律贤即位，辽的国力一时尚未恢复，因此还能与宋相安。开宝七年（公元974年）至太平兴国四年（公元979年），宋辽遣使通好达五年之久。然而这个友好局面终因宋太宗亲征北汉，辽兵援助北汉而破裂。

宋太宗时，宋、辽之间在太平兴国四年和雍熙三年（公元986年）发生过两次大规模战争，在这两次战争中，宋军都遭到严重失败，从此北宋朝"守内虚外"的倾向就更加严重，宋朝廷内消极妥协的情绪也因此而日益增长。契丹骑兵隔一年就南下一次，河北大平原经常遭受侵扰，人民的生产和生活遭到严重破坏。

　　至道三年（公元 997 年），宋太宗赵光义驾崩，太子赵恒继位，即宋真宗。契丹骑兵乘宋主新立，更加频繁地骚扰边境。咸平二年（公元999 年），辽军大败宋军于高阳关，骑兵深入到河北邢台等地，大掠而还。成平六年，辽军再侵高阳关，宋军副都部署王继忠又被俘降辽。这两次战争极大地震惊了北宋朝廷。

　　景德元年（公元 1004 年），边境告急文书频传，说辽军又准备大规模入侵了。宰相李沆、毕士安面对强敌压境，束手无策。这年六月，毕士安向宋真宗推荐寇准为相。毕士安说："寇准天资忠义，能断大事；志身殉国，秉道嫉邪。眼下北强入侵，只有寇准可以御敌保国。"八月，寇准被任命为集贤殿大学士，和毕士安同为宰相。

　　这一年九月，辽圣宗耶律隆绪和他的母亲萧太后，亲率二十万大军，从幽州出发，一路向南推进。辽军由威虏军攻定州，在遭到宋兵阻击后，便把兵锋转向东南。当敌骑南下侵犯的消息一到，北宋统治集团的上层人物大多只会惊惶恐惧，毫无办法。当时的参知政事王钦若是江南人，极力主张迁都金陵；枢密院事陈尧叟是四川人，却提议迁都成都。他们一再坚持用躲避敌人的办法，应付敌人的入侵宋真宗本来就很害怕，也无心抗敌，更表现得惶恐不安。只有寇准坚决主张抵抗，当真宗问他的意见时，王钦若、陈尧叟二人正好在场。寇准心里明白。迁都之议就是他们提出的，但他却假装不知，愤然地对真宗说："不知谁给陛下出此迁都之策？罪可杀头！"他进一步提出，皇帝应该亲征以决胜。他分析后指出，如果御驾亲征，敌人自当遁去；否则也可以出奇兵打乱敌人的战略部署，同时坚守都城以使敌疲困，这样就可使敌劳而我逸，最后我们必然胜利。寇准的意见最终阻止了妥协派逃跑避敌的主张。为了消除王钦若对真宗的影响，寇准还把他从真宗身边调到天雄军前线去防辽兵。

　　在消除了前边的绊脚石后，寇准迅速派探子到前线侦察敌情，经过仔细分析制定了一套抗敌方略。他指出："目前敌人已至深州、祁州以东，我方大军在定州及威虏等地，东路别无驻军。应一面调天雄军步骑万人，驻守贝州，派孙全照指挥，遇敌掩杀；另一方面招募民兵，深入敌后据点，袭击敌人，兼以报告敌情。这样就可以振奋军威，安定人心，打乱敌人的军事战略部署，并可与荆州和沼州的军事据点构成掎角之势，以便攻守。万一敌骑南下攻入贝州，即应增援定州，向东北进攻，牵制敌人后方，使敌兵不敢纵深作战。"同时寇准特别强调指出：为了鼓舞士气，争取更大的胜利，真宗必须渡过黄河，亲临前线！

与此同时，寇准一方面同妥协派不断斗争，另一方面积极备战。他派人到河北把农民中的优秀青年组织起来，加以训练，发展民兵队伍，并规定：河北民兵杀敌，所在官军应给以声援；民兵中有杀敌立功者，同样给予奖赏，寇准还派人携带钱物慰劳河北驻军，并出银三十万两交给河北转运使，用来收购军粮，充实军资，做足后勤保障。

在寇准为战事忙碌的同时，辽兵却已攻下祁州，向东南推进，经贝州，直扑澶州城下。如此一来，不仅河北大片领土陷入敌手，而且仅隔一河的都城汴京也暴露在敌骑威胁之下。事实摆在面前，只有坚决抗敌才是唯一的出路。怯弱的宋真宗在寇准的坚持督促下最终决定亲征。但统治集团内部仍然有不少人对抗敌没有信心，甚至当时的宰相毕士安也以自己抱病在身，以及太白星白天出现对大臣不祥为借口，不愿随驾北征，并对寇准的行为说三道四。

但在寇准的一再坚持和督促下，宋真宗终于决定让雍王留守京师，自己北上亲征。当真宗的车驾缓慢行到韦城时，辽军节节胜利、日益迫近的消息如雪片似的从前方不断飞来，军心开始大乱。于是，臣僚中又有人开始劝真宗到金陵躲避敌锋，这使宋真宗又动摇起来。但寇准非常懂得把握军心民心和"取威决胜"的军事法则，他提醒真宗在大敌压境、四方危机的情况下，只可进尺、不可退寸。拿现在的话说，就是置之死地而后生。寇准进一步明确指出，进则士气倍增，退则万众瓦解。殿前都指挥使高琼也支持寇准的意见，真宗车驾终于北行到达澶州。

北宋的时候，黄河还是从澶州流过的，将澶州城一分为二，称为南城和北城。此时辽军已抵北城附近，真宗听到消息后畏缩不前，只愿驻扎在南城。寇准极力请求真宗渡河，真宗心里害怕犹豫不决。寇准正在想办法时，殿前指挥使高琼说："我是军人，愿以死殉国。"于是寇准和高琼商议了一番，便一同去见真宗。寇准对真宗说："陛下如果认为我刚才的话不足凭信，可以问问高琼。"没等真宗开口，高琼便说："寇准的话不无道理，随军将士的父母妻子都在京师，他们不会愿意抛弃家中老小随您迁都而只身逃往江南的。"接着高琼便请真宗立即动身渡河。枢密院事冯拯却在一旁大声呵责高琼对真宗鲁莽。高琼愤怒地驳斥道："你冯拯只因为会写文章、官做到两府大臣。眼下敌兵向我们挑衅，我劝皇上出征，你却责备我无礼，你有本事，为何不写一首诗使敌人撤退呢？"随即高琼命令卫士把真宗的车驾转向北城行进。渡过浮桥时高琼简直是在驱赶卫士前进。当真宗的黄龙旗在澶州北城楼上一出现，城下北宋的兵民立即欢声雷动，气势倍增。

契丹士兵耳闻目见这种声势，吓得目瞪口呆，顿时乱了阵脚。当时，真宗把所有的军事指挥权都交给了寇准，准其临机专断。这时，约有数千敌军向城门逼近。寇准下令，全力出击。就见士兵人人奋勇、个个争先，势如猛虎，扑向敌军。就在城门前面，双方展开了激战，直杀了个天昏地暗，血流成河。敌军伤亡惨重，大半被斩或被捕，其余的狼狈逃窜，宋军大获全胜。

此仗得胜后，真宗回去休息，寇准留在城上镇守。虽然宋军取得了胜利，但他们也见识了辽兵的凶猛。现在，辽兵一定在调整兵力，组织力量反扑。因此真宗仍是忧心忡忡，他暗地派人探察寇准的动向，看他做些什么。当回来的人回报说，寇准正在和杨亿喝酒取乐，相互逗笑，歌唱欢呼，全然不像大敌当前的样子。当真宗知道寇准胸有成竹时，便不再恐慌了，心中稍稍有了些安慰："寇准能这样临危不乱，我还担心什么呢。"

辽军大举入侵北宋，虽然号称拥军二十万，但却是孤军深入腹地，因供给线太长，粮草早已供应不继。十月以后，辽军在战场上节节失利，败迹渐渐开始有所表现。加上真宗亲临北城时，辽军先锋萧挞览在澶州城下被宋将李继隆部将张环用精锐的床子弩射杀，这也极大地动摇了辽兵军心。萧太后及大丞相耶律隆运估计在战场上是捞不到什么便宜了，于是便转而向北宋统治者"议和"，企图再从谈判桌上获得在战场上得不到的利益。

宋真宗一开始就没有坚持抗敌的决心。差不多在他离京亲征的同时，宋朝的议和使节曹利用就已被派往对方军营。双方一拍即合，都同意战。契丹提出的议和条件是要宋"归还"后周世宗北伐夺得的"关南之地"。宋方的条件是，只要辽国退兵就可以每年给辽一些银、绢，但不答应领土要求。谈判在两军对峙中进行，僵持一段时间后，契丹终于松口，同意按宋方的条件达成协议。接下来的问题就是每年给辽银绢的数量。曹利用临行前请示宋真宗，真宗说："逼不得已，一百万也可。"结果，曹利用从真宗的行宫一出来就被一直守候在门外的寇准拦住。寇准叮咛他说："虽然有圣上的旨意，但你去交涉，答应所给银绢不得超过三十万。否则，你就不必再来见我！"曹利用被寇准这样训斥，虽不敢顶撞，却在心里埋下了仇恨的种子。

虽然寇准始终反对议和，坚持主张乘势出兵，收复失地。但由于真宗铁了心不想再战，致使妥协派气焰嚣张。他们攻击寇准拥兵自重，甚至说他图谋不轨。寇准在这班人的毁谤下，被迫放弃了主战的主张。于是，在妥协派的策划下，十二月，宋辽双方订立了和约，这就是历史上著名的"澶渊之盟"。虽然，"澶渊退敌"的结果并非寇准理想中的结局，但不可否认的是它成就了寇准的一世英名。

"澶渊之盟"签订后，宋辽边境干戈宁息，贸易繁荣，人民生活安定了许多。从积极抗敌到澶渊之盟的最终签定，寇准功冠朝臣，朝野上下有目共睹。正如宋神宗时的宰相王安石曾在《澶州》一诗中所歌颂的："欢盟从此至今日，丞相莱公功第一。"但是功臣的结局却并不那么美好，甚至由此招来了不测之祸。

寇准对北宋王朝功重如山，真宗对寇准也十分敬重，这引起了妥协派官僚的眼红嫉恨。王钦若这个曾被寇准斥之为"罪可斩首"的妥协派首领，对寇准更是恨之入骨。

一次退朝之后，王钦若故意留了下来，并乘机对真宗说："陛下敬重寇准，是因为他对国家有功吗？"真宗点头肯定。王钦若说："我想不到陛下竟有这样的看法。澶渊之役，陛下不以为耻，反而说寇准有功。"真宗一愣，问他缘故。王钦若说："《春秋》一书都把城下之盟当作一种耻辱。澶渊之盟实际上就是城下之盟，陛下不以为耻吗？"王钦若见真宗开始不高兴，反而接着说："陛下听说过赌博吧。那些赌徒在钱快要输完时，就尽其所有押了上去，输赢在此一着，这就叫'孤注一掷'。陛下在澶州时不过是寇准的'孤注'罢了，真是危险啊！"听了这些话，糊涂的真宗顿时觉得自己被寇准利用了，于是对寇准就慢慢冷淡起来。

寇准在任宰相期间，选拔人才时不讲门第出身，喜欢进用出身贫寒

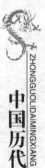

而有真才实学的人。御史台是专门批评朝政得失的机构，每当御史台官员有缺额时，他就让平时敢于直言的、具有批评精神的人去担任。如此一来，他就更成为王钦若等人的眼中钉、肉中刺。后来，在王钦若一伙的恣意攻击下，景德三年（公元1006年）二月，寇准被真宗免去相职，到陕州去做了知州。

寇准离开东京后，相继在河南和陕西等地做了多年的地方官，此时朝中大权早已落入了王钦若、丁谓一伙人手中。丁谓与王钦若一样，也是一个善于奉迎的无耻之徒。为了博得真宗的欢心与信任，王钦若、丁谓等人大搞封建迷信活动，以伪造所谓"天书"、编造祥异等事，粉饰太平、迷惑视听。真宗晚年卧病不起，便越发迷信和糊涂起来，后来，对王钦若与丁谓简直到了言听计从的地步。

天禧三年（公元1019年），形势发生了有趣的、让人意想不到的变化。丁谓主动邀请寇准回朝再当宰相。此举并非一片好心，而是别有用意。因为，无论从资历还是从声望上讲，当时丁谓实在不够资格当宰相，因而他以参知政事的名义请寇准回朝为相，以便假借寇准的资望为自己的权势服务。这一点，局外人是非常清楚的。当时，寇准的一个门生就曾十分恳切地对寇准说，老师称病不去为上策，而"再入中书"当宰相为下策。然而耿直的寇准不听劝阻，一意孤行，终于还是在六月间赴京上任了。

起初丁谓一心想把寇准拉为同党。在一次宴会上，寇准的胡须沾了些菜汤，丁谓马上起身为寇准擦须。寇准不但不领情，反而十分恼火，当场训斥丁谓有失大臣之体。于是，丁谓恼羞成怒，发誓要报复寇准。

天禧三年（公元1019年）真宗已经病入膏肓，大权实际上落在了刘太后手中。刘太后派人以看护真宗为名，把后宫控制了起来，到处是刘太后的亲信和眼线。任何探视真宗的大臣，他们的一举一动、一言一行，刘太后都掌握得一清二楚。

当时，寇准、王旦、向敏中等元老重臣都上奏建议应选择正大光明的大臣来辅佐太子监国。寇准还特别指出："丁谓、钱惟演是奸佞之人，不能辅佐少主。"其实是间接反对刘太后干政，反对丁谓专权。其实，病中的真宗也意识到丁谓专权的严重形势，批准了寇准等人的上奏。于是寇准密令杨亿草拟奏章，请太子监国，而且让杨亿辅政。谁知道，他们密谋的事不久就传到了刘太后的耳朵里。刘太后一听火冒三丈："什么？寇准说怎么办就怎么办，也不征求我的意见！太子是我的亲生儿子，太子监国我没有意见，由谁辅政可得我说了算。寇准眼里竟敢没有本宫，明天上朝就罢了他的官。"于是寇准再一次被罢相位。

恰恰在这个节骨眼上，曾和丁谓有私怨的太监周怀政联络同党，企图发动政变，斩杀丁谓，尊真宗为太上皇，拥立皇太子即位。没想到这件事却被客省使杨崇勋出卖。于是，丁谓连夜化装乘牛车到曹利用那里商量对策接着，丁谓、曹利用派兵包围了周怀政的住处，周怀政被俘后自杀。丁谓意图乘机把寇准也置于死地，就诬告寇准参与密谋。寇准虽没被问成死罪，却再次被逐出了京城。先是降为太常卿、相州知州，又转为安州知州，再贬为道州司马。

寇准遭贬，据说宋真宗并不知情，都是丁谓等人一手操纵的。据《宋史·寇准传》记载，寇准被贬时，真宗正重病，有一天想起寇准，问左右的人为什么多日没见他，左右臣僚都不敢据实回答寇准离开京城那天，大臣们由于害怕丁谓，都不敢去给寇准送行，只有王曙以"朋友之义"为寇准饯行。另外还有个叫李迪的人对寇准被罢相十分愤懑，公然宣布自己与丁谓不共戴天，甚至持手板击打丁谓。李迪当着皇帝的面痛斥了丁谓的奸邪，极力向真宗诉说寇准的冤情，可惜当时的真宗已经糊涂，政权已被丁谓控制，李迪也是无力回天，只能眼睁睁看着奸臣横行，好友蒙冤。

乾兴元年（公元1022年），寇准被再次贬为雷州司户参军。雷州就是今天的雷州半岛，按当时的交通条件来说，那里离京城简直就是天涯海角了。

天圣元年（公元1023年），太子赵祯登基执政，是为仁宗。寇准被贬不久，丁谓也在政治斗争中被挫败，被贬到琼州，就是今天的海南岛。不知道是不是真的有报应，丁谓被贬之前，皇帝又咨询宰相们的意见，这时的宰相冯拯毫不犹豫地写上琼州两个字，贬得比寇准还要远，也算是为寇准报了仇。

丁谓在去琼州的路上要经过雷州。路上，寇准派人带着一只蒸羊送给丁谓。丁谓想见寇准，叙说为官的感慨和自己的苦衷，被寇准拒绝了。家童们都说像这种忘恩负义的东西，就应该杀了他。寇准说："算

「直言敢谏」——宋真宗宰相寇准

了，人在官场，身不由己，我们也曾经在朝共事一场，就由他去吧。"家童们还是不解气，非要杀了丁谓不可，寇准就把他们锁在屋子里，直到丁谓走远了，才放他们出来。这在当地还传为美谈。丁谓到了琼州后，由于经历了宫廷纷争、宦海沉浮，他好像看破红尘，变得处乱不惊。善恶到头终有报，只争来早与来迟。

寇准到雷州后，生活艰难，气候恶劣，身体很快就垮了下来，他失去了往日的风采，变得苍老了许多。想起一幕幕往事，寇准常常独自叹息。他想到了在巴州的风风雨雨，身为进士却当了个县令，秋风亭上虽备觉苍凉却踌躇满志；想到了澶渊城上临风观战，指挥千军万马，是何等的威风；想到了立废太子，桩桩件件由自己策划的事，也想到了象征着信任与荣耀的玉带。而现在，山川依旧，人事已非。往日的荣耀已经如微风飘散了，往日叱咤风云的一代名相如今也变成了一个糟老头。他决定派人把玉带从京城取来，作为永久的留念。

家人把玉带取来了，寇准手抚玉带，深深的叹息，老泪纵横。这一天，他预感到自己将不久于人世，于是全身沐浴，穿上往日的朝服，束好心爱的玉带，命家人排摆香案，寇准缓缓地走到香案之前，神色凝重。然后，手执香火举过头顶，缓缓跪倒，望北一拜、再拜……然后对家人说："我的心愿已了，我要休息了。"就让左右的人摆好卧具，躺在上面缓缓地说："我累了。"就永远地闭上了眼睛。

寇准去世后，经他夫人宋氏请求并得到朝廷恩准，将灵柩运到洛阳安葬，途径公安（今湖北公安）等县时，人们都在路边摆上祭品，哭拜寇准。据说哭丧的竹杖插在地上，后来都成活了，形成了一片竹林，后人称为"相公竹"。众人都以为寇准在天有灵，人们又在竹林旁建了"寇公祠"，每年定时祭拜供养，纪念这位品行忠直，不顾身家的政治家。

时有民谣："欲得天下宁，拔得眼前丁，欲得天下好，无如召寇老。"这一"丁"说的是权相丁谓，"寇老"自然就是寇准寇平仲了。这时，仁宗才认识到寇准在民间的声望。想起寇准为了自己能立为太子所作的努力，也是为了激励朝臣们尽忠报国，寇准死后十一年，仁宗传旨，让寇准官复太子太傅，赠中书令、莱国公，后又赐谥号"忠愍"。皇祐四年（公元1053年），诏翰林学士孙抃撰写神道碑，仁宗亲自在碑的上部撰写"旌忠"两个大字。

"王安石变法"——宋神宗丞相王安石

宰相小传

　　王安石，字介甫，晚号半山，小字獾郎，封荆国公，世人又称王荆公。抚州临川人（今江西临川）。王安石是北宋的名相，同时也是一名杰出的思想家、文学家。庆历二年（公元1042年）登进士第四名，先后任淮南判官、鄞县知县、舒州通判、常州知州、提点江东刑狱等地方官吏。治平四年（公元1067年）神宗初即位，诏王安石知江宁府，旋召为翰林学士。熙宁二年（公元1069年）提为参知政事。从熙宁三年起，王安石两度任同中书门下平章事，推行新法。熙宁九年罢相后，隐居江宁（今江苏南京市）钟山。元祐元年公元四月（公元1086年）逝世。谥曰文。王安石的诗文造诣也很高，名列唐宋散文八大家。

　　天禧五军（公元1021年）十一月，王安石诞生在北宋临江军（今江西清江等地）判官王益官署的后院里。王安石这位宦家子弟就读于斯，开始接受儒家思想孔孟之道的熏陶。天圣八年（公元1030年），父亲王益调任韶州，王安石随父南下，进一步开阔了视野，增长了识见。岭南居留不过三载，王安石就随父守孝而回到了原籍江西临川。十六岁那年，又随父至京师候命。第二年，王益被任命为江宁（今南京）通判，王安石在此继续进学。此时的王安石，慨然有鹏飞万里的青云之志。

　　仁宗庆历二年（公元1042年），王安石应试汴梁，本来可以名列进士第一名，但枢密使晏殊之婿杨察之弟也应试，遂由杨绘取得了状元，王安石列为第四名进士。

按宋代的制度，中选的进士立即任命为官员。王安石走马上任，到扬州知州韩琦的官署去当佥书判官事，负责审理案件。到职后的王安石仍然勤奋好学，通宵不寐，常常稍作假寐，来不及梳洗就去官府上班。韩琦疑心王安石夜来饮酒冶游，训诫他年轻时应多读书，甚至不分配公事给他。王安石并不辩白，但对韩琦之官僚作风很不满，从而影响到后来他俩的关系。

庆历五年（公元 1045 年），王安石三年的签书淮南判官的任期已满，他又来到京师听候新的任命。正当王安石高中进士与签判扬州之际，范仲淹正好担任副相。在仁宗的动员下，范仲淹上了"陈十事疏"，发动庆历新政，锐意改革，但新政很快就失败了。此次，王安石重临皇城，看到弊政依然严重。

庆历七年（公元 1047 年），王安石来到鄞县，他看到这块滨海的地方虽然环境很好，但百姓同样穷困。一种身为父母官的责任心驱使他顾不上休息，立即考察农田水利生产受到破坏的情况，并且马上向上级官员条陈东南百姓饥馑的状况，指出其原因是官员豪绅只知鱼肉乡民，而从不问民众疾苦和关心生产。他要从改变这种县官脱离民生实际的弊病做起，因此，他组织和带领县吏参加生产和水利情况的考察队，历时十三日，查访万灵乡、育王山、东海滨、芦江、洪水湾、桃源、青道等十四个乡，行程数百里，摸清情况后立即着手兴惠除弊，动员百姓不分老少投入水利工程的修治，川渠河港的疏导，堤坝坡堰的兴筑，蓄水泄洪的兼顾，以谋求旱涝两利，有利农业生产的。考虑到当地渔农春汛出海捕鱼而青黄不接的困难，王安石决定储粮，低惠贷与农民，秋收还粮付息，从而为渔农解决了春荒的困难。

三年之后，鄞县的农田水利得到修复，生产与生活的面貌有所改观。王安石跨出社会改革第一步的尝试大告成功。

皇祐元年（公元 1049 年），任满的王安石离开鄞县，突然兴起"千里归来倦宦舟，欲求田宅预求邻。能将孝友传家业，乡邑如君有几人"的归耕退隐的情思。

皇祐三年（公元 1051 年），王安石被任命为舒州（今安徽中部）

通判。皇祐六年（公元1054年），他再次拒绝任命他为集贤校理，而是回到家乡临川。

至和三年（公元1056年）二月，王安石被任命为开封群牧司判官。群牧司是全国马政的管理机构，由包公孝肃为制置使，与司马光同领判官。第二年改任常州知州。到任后，王安石锐意改革。他亲自说服富绅出钱集资，为子孙万年计而开挖运河，兴修水利。富绅迫于太守督促而勉强出了些钱，但在背后却向上级告讦而要调走王安石。王安石临被调走时尚不知内情，还在督导水利。结果他刚离开，水利工程就停了。

嘉祐三年（公元1058年）三月，王安石自常州移提典江东刑狱。这是个刑审、监察兼事劝农的职使，王安石最关心的是民生经济。第二年，他上书皇帝"为民请命"，极言茶叶专卖制度与先王之法相违，与民不便，指出那些以搜刮为能事的官员，会从一切细小环节上来剥掠民财。奏章呈上不久，东南的茶叶专卖便取消了。

嘉祐四年（公元1059年）四月，宋朝任命王安石为直集贤院。王安石几经辞谢，最后还是赴任了。是午，王安石三十九岁，从他二十二岁担任地方官到现在，已经历了十八个年头，自此开始了他的京官生涯。次年，朝廷以其善于理财，改任命他为三司度支判官，这是个掌管财政预决算收支的要缺。

北宋初年，统治阶级为了缓和阶级矛盾，采取了发展生产等一系列措施的积极作用。至宋真宗时，社会环境呈现相对稳定，经济比较繁荣的局面。然而，与此同时，北宋建立以来固有的社会矛盾不断加剧，集权统治所造成的消极影响也开始显露出来。到北宋中期，针对封建政权所生的政治和经济危机已经十分显露。

嘉祐三年（公元1058年），王安石在上宋仁宗赵祯的"万言书"中，要求对宋初以来的法度进行全盘改革，以扭转积贫积弱的局势。他以历史上晋武帝司马炎、唐玄宗李隆基等人只图"逸豫"，不求改革，终于覆灭的事实为例，大声疾呼："以古准今，则天下安危治乱尚可以有为，有为之时莫急于今日"，要求立即实现对法度的变革；否则汉亡于黄巾、唐亡于黄巢的历史必将重演，宋王朝也必将走上覆灭的道路。而一些封建士大夫也把治国太平的厚望寄托于王安石，期待他能早日登台执政。

『王安石变法』——宋神宗丞相王安石

・ 249 ・

《万言书》的主要内容有：（一）朝廷面临内忧外患，财力穷困、风气日坏、法度不合先前三代之政，说明变法是事势要求；（二）庆历年间范仲淹主持的改革之所以失败，在于人才不足，而真正让皇帝信赖的人几乎没有；（三）当务之急在于培养有用的人才，要有一整套的教养之道，养廉之法，纪律约束，法律制裁以及考察、赏罚的办法；（四）当今不能泛泛而学，需要根据国家的要求来培养文武兼能、德才兼备的专业人才；（五）善于治理财政的，从未以开支不足为问题，主要应通其变，治财要有正确的方法；（六）当前朝政的严重问题是从中枢到地方都是奸吏充斥、狼狈为奸、官官相护，贤者受法律束缚而不肖者逍遥法外的情形必须改变。

　　王安石系统地提出了变法意见。他提出："现在社会财力一天天缺乏，风俗一天天衰败，士大夫们不能不为社稷担忧。造成这种形势的症结在于如今的法度多不合时宜。现在应该从实质上学习先王的政治，进行改革。"他还指出，针对吏治腐败、人才缺乏的问题，要改革学校、科举、恩荫，要从地方提拔有用的人才来治理天下；针对财政困难、官吏贪污等问题，王安石也提出了自己独到的见解。"万言书"最后指出，改革的关键在于皇帝，皇帝要坚持改革，不能因流俗侥幸之人的反对而半途废止。

　　但王安石的上书并没有引起仁宗皇帝的重视。仁宗本来就懦弱平庸，晚年又沉溺深宫，几乎不问政事，于是万言书犹如石沉大海，毫无音信。

　　北宋中期，内忧外患日益严重。

　　阶级矛盾尖锐化的突出表现是土地兼并的剧烈发展。北宋建立伊始，统治者就实行"不抑兼并"的政策，放任地主阶级肆无忌惮地兼并土地，却享有不交纳赋税的特权。一方面是土地高度集中，另一方面却是国家财政收入不断减少。太宗时，土地的集中已十分严重，"富者有弥望之田，贫者无立锥之地"。至仁宗时，更是"势官富姓，占田无限，兼并冒伪，习以成俗"。至英宗时全国土地总数中的三分之二已经集中在官户、形势户以及僧侣地主的手中，使大批农民失去田产，沦为佃户，遭受沉重的剥削和压迫。为了争取生存的权利，他们只有拿起武器铤而走险。至仁宗庆历之初，农民阶级的反抗斗争已经是此起彼伏，极大震动了统治阶级。其中影响较大的有陕南商山张海领导的农民起义，湖南桂阳监的瑶汉人民起义。

"三冗"问题也是构成北宋中叶统治危机的重要内容之一，即"冗官""冗兵""冗费"。北宋官僚机构臃肿庞大，官员众多，许多官员只享受俸禄，而无实际职事，此外，还有人数众多的等待差遣的官僚预备队。宋朝文武官员的俸禄十分优厚，"恩逮于百官者，唯恐其不足；采取于万民者，不留其有余"。北宋军队数量与年俱增，太祖时仅有禁军19.3万人，太宗时增至35.8万人，真宗时增至43.2人，仁宗时猛增至82.6万人，全国军队包括厢军在内已有125.9万人。北宋军队数量虽多，但由于实行"守内虚外"等政策和"更戍法"，军队得不到很好的训练，战斗力大大削弱。为维持庞大的官僚机构和军队的开支，再加上"澶渊之盟"之后，宋廷每年都要向辽和西夏缴纳大量"岁币"，朝廷的财政负担日益沉重，其中尤以军费支出数额巨大，天下"六分之财，兵占其五"。到英宗治平二年，已经是寅吃卯粮，财政赤字达1570余万缗。由此可见，北宋存在着严重的财政危机。深重的外患和尖锐的阶级矛盾，使得改弦更张、变法改革已经是势在必行。

1068年，宋神宗赵顼即位，他想改变国家积贫积弱的局面，这为王安石的变法提供了契机。

早在当太子时，宋神宗就对王安石的《万言书》十分赞赏。太子府掌文书的记事官韩维是王安石的好友。每当他在神宗面前讲的意见得到称赞时，就说："这其实都是我朋友王安石的观点。"后来，韩维升为太子庶子，便推荐王安石替代自己原来的位置。神宗刚即位，就立即起用王安石为江宁知府，几个月后又召为翰林学士兼侍讲。这样，神宗可以直接倾听王安石的改革建议了。

第一次召见王安石时，神宗就问："治理国家，首先要抓什么？"王安石回答道："首先要选择方法。"又问："唐太宗如何？"答道："陛下应当效法尧舜，何必说唐太宗呢？尧舜的方法，非常简便，非常关键，非常容易。只是后来的学者不能理解，就以为高不可测了。"神宗对王安石的回答非常满意，叮嘱他全心全意辅佐改革。一次，讲席完后，神宗将王安石单独留下，咨询变法措施，王安石趁机要宋神宗坚决排斥反对变法的人。这一年，河北大旱，国家财政由于救灾费用剧增而出现紧张局面。十一月，在祭天活动中，神宗让学士们议论救济的方法时，王安石与司马光争论起来。神宗看出两人争论的焦点反映出了两条根本不同的救弊路线。司马光主张缓变；而王安石主张剧变，从根本上解决问题。宋神宗很赞赏王安石的魄力，下决心排除各种干扰，启用王安石变法。

1069 年二月，宋神宗任命王安石为参知政事，并设置了整顿财政、商议变法的专门机构——三司条例司，由王安石主持，开始实行变法。1070 年十二月，又任命王安石为同中书门下平章事，即宰相，赋予他更大的权力以推动变法。

在任宰相执政期间，王安石辅佐神宗实行变法，掀起了持续十六年之久的熙丰改革运动。这场改革发起于熙宁二年（公元 1069 年），至元丰八年（公元 1085 年）神宗病逝而结束。它可分为熙宁新法与元丰改制两个阶段。宋神宗自始至终是变法的领导者，他对王安石非常信任，甚至王安石顶撞他也不计较。王安石更是感激皇上的恩遇，以天下事为己任，倾全力实行变法。熙丰改革的目的是富国强兵。为此，王安石围绕财政和军政两个核心问题，陆续推出青苗法、均输法、农田水利法、募役法、市易法等理财富国之类的措施；又推出改革兵法、保甲法、保马法等治军强兵的措施；与此同时，又更贡举、兴学校，整顿吏治，培养人才。

青苗法于 1069 年九月颁布，该法规定，在青黄不接时，政府主动向农民发放贷款救急，一年按春、秋发放两次，收二分的利息。春天分发出去的须秋天收回。农田水利法（或称农田利害条约）于 1069 年 11 月颁布，规定各地兴修农田水利工程，工料由当地居民照户分派。均输法发布于 1069 年七月。该法规定朝廷征调财物时，考虑到富商垄断物资，抬高物价，从而使百姓困苦不堪，于是均输法规定征调权统归发运使，由发运使掌管六路、京师生产和府库的储备等状况，然后根据实际需要和各地产品情况征收，由国家调剂有无、权衡贵贱、统一运输，从而打击商人牟取暴利的行为，减轻了农民一些负担。

募役法是熙丰变法中影响最大的一项改革。王安石在制订过程中慎之又慎，与神宗商议两年才颁行，从熙宁二年（公元 1069 年）到熙宁四年（公元 1071 年）才付诸实施。这是王安石最得意的一项新法。募役法又称免役法。北宋中期，差役的危害极大，但官户、将吏、僧道户、女户、单丁户、城市居民户和商贾均可享受免役仅，繁重的兵役就落到农村中的小地主和自耕农身上，对农村生产力摧残极大。王安石改革时规定，按百姓家庭财产多少，分别让他们出钱雇人充役，使本来不服役的家庭也都一律出钱。这样，自耕农免除了差役，而朝廷增加了收入。

保甲法，王安石在上万言书中就已经提出过。保甲法实行的目的之一在于镇压农民各种形式的反抗。该法规定，把乡村人口编入籍簿，两名男丁取一人，十家为一保，保丁都发给弓弩，农闲时操练，教给他们战斗的方法。保甲法作为改革冗兵弊病的措施，为国家节省了巨额经费。作为封建社会的政治家，王安石的远见卓识，从此可窥见一斑。

在培养人才上，王安石整顿学校，改组太学，扩大太学生名额，增至一千人。为统一上下思想，以推动变法的开展，王安石亲自编订各学校使用的统一教材。他注解了《诗经》《尚书》《周礼》三部书，作为科举考试的教材。

熙丰变法使"富国强兵"收到了一定效果，尤以富国成效最大。1078—1085 间，"中外府库无不充盈"，"可以支二十年"；边防方面也取得成效。1072 年，在变法高潮中，经略安抚使王韶曾取得了打败西夏、收复熙河等五州两千里土地的胜利，使唐中叶以后失陷两百年的旧疆重归故土。由此可见，变法在一定程度上扭转了"积贫积弱"的局势。

各项新法的实施，或多或少地触犯了中上级官员、皇室、豪强和高利贷者的利益。因此，在每一项新法的推行过程中，都无例外地遭受到他们的阻挠和反对。

守旧派反对改革，首先制造谣言，阻挠王安石上台参预大政，王安石以身许国，义无反顾，面对流言，毫不畏缩。1067 年，神宗刚把王安石调到京师，守旧派就预感到力主改革的他将被重用。一时间，朝廷中刮起一股阻挠王安石参政的阴风。当他被任命为参知政事后，御史中臣吕海急不可待地捏造了王安石的十大"罪状"，攻击他"大奸似忠，大诈似信"。当时王安石刚上任几个月，连司马光也感到惊讶，觉得吕海操之过急。神宗看完吕海的弹劾文，立即退还，弄得吕海难以下台，

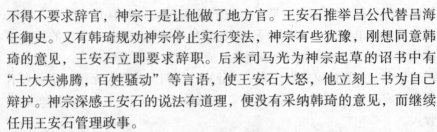

不得不要求辞官，神宗于是让他做了地方官。王安石推举吕公代替吕海任御史。又有韩琦规劝神宗停止实行变法，神宗有些犹豫，刚想同意韩琦的意见，王安石立即要求辞职。后来司马光为神宗起草的诏书中有"士大夫沸腾，百姓骚动"等言语，使王安石大怒，他立刻上书为自己辩护。神宗深感王安石的说法有道理，便没有采纳韩琦的意见，而继续任用王安石管理政事。

反对派认为，变法不应该针对那些地方富豪，因为他们是国家政权的基础，如果把他们都搞垮，一旦边境形势紧张，需要兴师动众，军需的钱粮将没有着落。他们反对保甲法，担心保丁习武，一旦灾荒出现，保丁就会拿起武器，成为国家的大患。对于青苗法，反对派认为政府实际上是在放高利贷，有损国家体面，而且荒年借贷肯定要亏本。在推行免役法上，两宫皇太后亲自到神宗面前哭诉，说她们的亲属被强迫交纳很重的免役钱，恐怕京城会因此发生动乱。

对于反对派的责难，王安石据理进行反驳。1070 年三月，宋神宗问王安石："外边传言，朝廷认为'天变不足惧，人言不足恤，祖宗之法不足守'，这是什么话？朝廷哪有过这样的话？"王安石没有正面回答自己是否说过"三不足"，而是写了《上五事札子》，对反对派攻击最厉害的五件事进行了反驳。"三不足"口号是 1072 年王安石提出来的。熙宁五年（公元 1072 年）春，司天监灵台郎元瑛奏言："天久阳，星失度，这是由于强臣擅国，政失民心之故，应当罢免王安石。"枢密使文彦博为了阻挠市易法，居然上书说："市易，招民怨，致使华山都崩塌了，这难道不是上天在警告吗？"反对派企图借一些自然异常现象动摇神宗，打败王安石，以废新法。因此，王安石勇敢地提出了"天变不足畏"的响亮口号。1075 年十月，彗星出现，反对派趁机又掀起一次反对变法的高潮。由于王安石对天象有朴素的唯物论知识，保守派的阴谋才未能得逞。反对变法的元瑛被发配到英州，文彦博的奏章被扣压并被派出去任魏地的留守。

但宋神宗在反对派的强大攻势面前还是开始动摇了。1074 年四月，天下大旱已经八个月了，反对派声言这是上天不满的表现。王安石的一个学生郑侠在反对派的支持下，上书神宗，并献上《流民图》说："旱灾主要是新法招来的，罢了王安石的官，天就会下雨。"宋神宗反复观看该图，因此对变法有些怀疑。王安石不得不自请辞退。于是神宗罢免了他的宰相职务，而任命他为观文殿大学士、江宁知府。吕惠卿服丧期满后，王安石不停地推荐他，神宗便任用吕惠卿为参知政事，又经王安石举荐，韩绛被封为宰相。这二人坚决支持王安石制定的成法，继续推行新法。但吕惠卿是个品德不佳的人，他早就想取代王安石，很怕王安石再度被重用，于是千方百计寻找机会打击王安石。他借办理郑侠案件陷害王安石的弟弟王安国，又制造李士宁狱案，想进一步陷害王安石。他的阴谋被韩绛发现了。韩绛利用自己的权力加以阻挡，并向神宗揭发此事，密奏神宗召回王安石执政。神宗也深感变法少不了王安石，于是，1075 年二月又下诏恢复王安石同中书门下平章事之职。

王安石复相后，吕惠卿不但不协助王安石推行新法，反而伺机打击王安石。变法派内部出现裂缝。1076 年六月，王安石的儿子因吕惠卿等人的攻击而生病死去。王安石再次出任宰相后，曾多次托病请求离职。儿子的死，使他更加悲伤不已，加上身体有病，他极力请求辞职。王安石想，新法已初具规模，只要神宗在改革上方向不变，新法就不会废。神宗明白，此次王安石求退之心不可回，再三挽留不住，1076 年十月，神宗同意他辞职，兼判江宁府，王安石回到金陵。1079 年又封他为荆国公。这是王安石第二次罢相。

王安石罢相后，宋神宗仍坚持进行了一些变法。选用的执政大臣，都是和王安石共事多年或制定新法的人，基本上都能遵循王安石的改革方向。1085 年三月，神宗病逝，年仅三十八岁，其子十岁的赵煦即位，称宋哲宗。因哲宗年幼，向太后垂帘听政，以司马光为首的守旧派掌握了政权。在太皇太后和歧王赵颢的支持下，司马光等人对新法进行了全面的攻击，新法在元祐初期被全部废除。王安石心情十分忧愤，于1086 年逝世。这场被列宁称为中世纪的最伟大的轰轰烈烈的熙丰变法，就这样葬身于守旧派的攻击中。

王安石不仅是一位杰出的政治家和思想家，同时也是一位卓越的文学家。他为了实现自己的政治理想，把文学创作和政治活动密切地联系起来，强调文学的作用首先在于为社会服务。他反对西昆派杨亿、刘筠等人空泛的靡弱文风，认为"所谓文者，务为有补于世而已矣。所谓辞者，犹器之有刻镂绘画也。诚使巧且华，不必适用；诚使适用，亦不必

『王安石变法』——宋神宗丞相王安石

巧且华。要之以适用为本，以刻镂绘画为之容也"。(《二人书》) 正因为王安石以"务为有补于世"的"适用"观点视为文学创作的根本，因此，他的作品多揭露时弊、反映社会矛盾，具有较浓厚的政治色彩。今存《王临川集》《临川集拾遗》《临川先生歌曲》等。

王安石为唐宋散文八大家之一。他的散文雄健简练，奇崛峭拔，大都是书、表、记、序等体式的论说文，阐述政治见解与主张，为变法革新服务。这些文章针对时政或社会问题，观点鲜明，分析深刻，长篇则横铺而不力单，短篇则纡折而不味薄。如《上仁皇帝言事书》，是主张社会变革的一篇代表作。文章根据对北宋王朝内外交困形势的深入分析，提出了完整的变法主张，表现出作者"起民之病，治国之疵"的进步思想。《本朝百年无事札子》，在叙述并阐释宋初百余年间太平无事的情况与原因的同时，尖锐地揭示了当时危机四伏的社会问题，期望神宗在政治上有所建树，认为"大有为之时，正在今日"。此文对第二年开始施行的变法，无疑吹起了一支前奏曲。《答司马谏议书》，以数百字的篇幅，针对司马光指责新法为侵官、生事、征利、拒谏四事，严加剖驳，短小精悍，言简意赅，措辞得体，体现了作者刚毅果断和坚持原则的政治家风度。王安石的政论文，不论长篇还是短制，结构都很谨严，主意超卓，说理透彻，语言朴素精练，"只用一二语，便可扫却他人数大段"(刘熙载《艺概·文概》)，具有较强的概括性与逻辑力量。这对推动变法和巩固北宋诗文革新运动的成果起了积极的作用。王安石的一些小品文，脍炙人口，《鲧说》《读孟尝君传》《书刺客传后》《伤仲永》等，评价人物，笔力劲健，文风峭刻，富有感情色彩，给人以显豁的新鲜觉。他的一部分山水游记散文，如《城陂院兴造记》，简洁明快而省力，酷似柳宗元；《游褒禅山记》，亦记游，亦说理，二者结合得紧密自然，既使抽象的道理生动、形象，又使具体的记事增加思想深度，显得布局灵活而又曲折多变。

王安石的诗歌，大致可以罢相(公元 1076 年左右)划界而分为前事、后期，在内容和风格上有较明显的区别。他前期的诗歌，长于说理，倾向性十分鲜明，涉及许多重大而尖锐的社会问题，注意到下层人民的痛苦，替他们发出了不平之声。《感事》《兼并》《省兵》等，从政治、经济、军事等方面描写和提示了宋代国势的积弱或内政的腐败，指出了大地主、大商人兼并土地对于国家和人民的危害，提出"精兵择将"的建议；《收盐》《河北民》等，反映了当时人民群众备受统治者迫害、压榨的悲惨遭遇；《试院中》《评定试卷》等，则直接抨击以诗、赋取士的科举制度，要求起用具有经世济国之才能的人才；《元日》《歌元丰》等，热情地讴歌了变法带来的新气象和人民的欢乐；《商鞅》《贾生》等，通过对历史人物功过得失的评价，表达了自己对变法的进步意义的认识，抒发了自己坚持变法的决心。王安石后期的隐居生活，带来了他的诗歌创作上的便化。他流连、陶醉于山水田园中，题材内容比较狭窄，大量的写景诗、咏物诗取代了前期的政治诗，抒发一种闲恬的情趣，但艺术表现上却臻于圆熟，《泊船瓜洲》《江上》《梅花》《书湖阴先生壁》等诗，观察细致，精工巧丽，意境幽远清新，表现了对大自然美的歌颂和热爱，历来为人们所传诵。

从诗体说来，王安石的古体诗虽然多用典故，好发议论，但像《明妃曲》《桃源行》篇，立意新颖，充满着情感和丰富的想像。律诗则用字工稳，对偶贴切，但有时不免失于过多的雕刻。五绝和七绝尤负盛誉。他的诗对当代和后世都有影响，被称为"王荆公体"（严羽《沧浪诗话》）。

王安石的词，今存约二十余首。王安石虽不以词名家，但其"作品瘦削雅素，一洗五代旧习"（刘熙载《艺概·词曲概》）。《桂枝香·金陵怀古》一词，通过描写金陵（今江苏南京）壮景及怀古，揭露六朝统治阶级"繁华竞逐"的腐朽生活，豪纵沉郁，被赞为咏古绝唱。它同范仲淹的《渔家傲》"塞下秋来风景异"一词，开了苏东坡豪放的先声，给后来词坛以良好的影响。

从文学角度综观王安石的作品，无论诗、文、词都有杰出的成就。北宋中期开展的诗文革新运动，在他手里得到了有力的推动，对扫除宋初风靡一时的浮华余风作出了贡献。然而他的诗文在很大程度上服务于他的政治改革的实用目的，而这种过于强调"实用"的主张，常常使他的作品表现得议论说理成分过重，风格瘦硬而缺少形象性和韵味。

在中国古代士人中，能集杰出的政治家、深刻的思想家和优秀的文学家于一身的人，毕竟少有，而王安石就是这样的一个奇才。

"史学巨擘"——宋神宗宰相司马光

🌸 宰相小传

　　司马光，字君实，北宋陕州夏县（今山西夏县）涑水乡人，学人称"涑水先生"，生于宋真宗天禧三年（公元1019年），卒于宋哲宗元祐元年（公元1086年）。司马光是封建时代一位伟大历史学家、政治家和思想家，在其德行、政事、文史等许多方面给我们留下了很多可供学习和借鉴的精神遗产。

　　司马光的家世代贵胄，远祖是西晋皇族平安献王司马孚，原籍河内（今河南沁阳）。司马孚之裔司马阳，是北魏的征东大将军，死后葬于陕州夏县涑水乡的高堁里，其子孙便于此地家居，因以为籍贯。此后这个家族的政治地位开始下降，司马光的高祖司马休，曾祖司马政、伯祖司马炳皆因五代战乱没有做官。到了北宋初年，司马光的祖父司马炫又考中了进士，当了官。司马炫虽然只做过县官，但却是一位很有名气的人，此人"以气节著乡里"，他在陕州富平县为县令不久，就使"境内大治"（《富平县志》卷七）。司马光的父亲司马池，官居四品，位至天章阁待制，"以清直仁厚闻于天下，号称一时名臣。"（苏轼《司马文正公行状》）司马光的堂兄司马里，也是进士出身，官至太常寺少卿。

　　司马光的先辈和堂兄六七人都是进士出身，他们多是好学之士，爱好诗文，其家族世代书香，"笃学力行"，是一个具有文化传统和学问素养的文明家族。他自小就受到了很好的熏陶。司马光就是生长在这样一个贵胄之家和书香门第，又是在品行端方，为官清廉，很有素养的父亲严格培育下成长起来的。

司马池对子女的家教很严，他有三个儿子，司马光最小，但他并不溺爱，从小就注意从多方面进行严格的教育，使他从小就养成了诚实、节俭和刻苦学习的良好习惯。有一次，司马光想吃青胡桃，姐姐给他剥皮，没有剥开，就走开了，一个心灵手巧的女仆先用开水汤了一会儿，就剥开了，后来姐姐走来，问他是谁剥开的，司马光谎称是自己剥开的。这话被父亲听到了，便严厉地训斥他说："小子何得谩语！"此后，他再也不说假话了。这时他只有五岁。许多年后，司马光做了官，有人问他待人律己以何为重？他答的是一个"诚"字，再问他从何做起，他说：从不说假话做起。由于他以诚为一生处事的信条，后来的朱熹说他是"脚踏实地之人"（朱熹《三朝名臣言行录》卷七）。

司马光六岁的时候，父亲就教他读书，还常常讲些少年有为，勤奋好学的人的事迹来鼓励他努力上进，使他逐渐养成了勤奋学习的习惯。开始读书时，他不懂书中的意思，记得不快，往往同伴都背熟了，他还不会，于是他便加倍努力，不参加游戏活动，独自苦读，直到烂熟为止。他懂得时间的宝贵，不贪睡眠，用一截圆木做枕，称为"警枕"。每天晚上，"警枕"一滚动，他便立刻起来开始读书。七岁时开始学习《左氏春秋》，"太爱之"，刚听老师讲完，便讲给家里人听，"即了其大义，自是手不释书；至不知饥寒渴暑。"（顾栋高《司马温公年谱》，以下简称《年谱》）这样，他到十五岁时，便"于书无所不通，文辞醇深，有两汉风。"（顾栋高《司马温公年谱》）并且学得很扎实，以至"终身不忘"。到成年以后一直保持着这种刻苦学习的习惯，尽量不放过一点学习时间，甚至在马上，或夜不成寐之时，他不是读书，就是思考问题。

他在学习上不只是死记硬背，更能开动脑筋，勤于思考，坚持了"朝诵之，夕思之"的诵读与理解并重的方法。司马光从勤读善思中产生了学习的癖好，这在他后来的一首诗中写道："圣贤述事业，细大无不实，高出万古表，远穷四海端。于中苟待趣，自可忘寝餐。"（《传家集》卷二）由于他勤于思考，很早就表现出自己的聪明和才华，在他七岁时，一天同几个小孩在院子里玩，院子里放着一个盛满了水的大缸，伙伴们正玩得高兴时，一个爬上大缸的小孩不小心掉入了缸中，其他的小孩看到这种情景，吓得纷纷跑掉。这时，只有司马光十分冷静，他搬起一块石头，击破大缸，水流出来后，那小孩便得救了。这件事很快被传布出来，有人把它画成《小儿击瓮图》，在京都（开封）、洛阳一带广为流传。

司马光的家庭虽然很富裕，但在他父亲的节俭之风影响之下，从小就不喜华靡，大人给他金银美服，他不愿接受。以至考中进士，去参加闻喜宴时，别人都戴了花，他却不戴，当时一个同年告诉他，这花是皇帝所赐，不可违抗，他才戴上。以后他做了大官，在生活上仍然保持了俭朴作风，"食不敢常有肉，衣不敢纯有帛"（丁传靖《宋人轶事汇编》卷十一）。节俭作风在司马光身上确是事实，人们从 1961 年文物出版社影印的《宋司马光通鉴稿》中可以看到，他用的稿纸竟是用过的废纸，是先用淡墨将原来的字迹涂掉，晾干后再写书稿。这种节约的作风在封建士大夫中确实罕见，直到晚年，他还给儿子写了《训俭示康》，对儿子进行廉洁俭朴的教育。他在这封书信中说，穿衣无非是为了御寒，吃饭无非是为了充腹。他举出历史上许多以俭朴而成大业，扬名后世和因奢侈而一事无成，甚至身败名裂的事例，说明"以俭立名，以侈自败"的道理，告诫儿子坚持俭朴的家风。作为一个读书之人，司马光对书籍十分珍爱，翻阅时小心谨慎，生怕弄脏弄坏，天气好的时候，还取出去晾晒，因此，被他翻读了几十年，仍保存得完好如新。他训告儿子说："商贾收藏的是金钱货币，我们儒生只不过有些书籍而已。"这种爱护书籍的习惯，也为读书人树立了榜样。当然，司马光的俭朴之风，比之千百万劳动人民，不可同日而语。只是比他同一阶级的许多人简朴得多一些，可这仍然是值得学习和称赞的。

按照宋朝的恩荫制度，中级以上（五六品以上）大臣的子弟和后人都享有补官的特权，司马光的父亲官居四品，宋仁宗明道二年（公元 1033 年），十五岁的司马光就得到了恩补郊社郎的官位，不久，又改授他为将作监主簿。这个职位是很低的小官，实际上并没有多少事做，他一面以学习为主，一面干一些公事，受到了初步锻炼。但是，受恩补入仕的人，往往不受重视，胸怀大志，饱读经书的司马光，毕竟不是平庸之辈，宋仁宗宝元元年（公元 1038 年）三月，刚满二十岁的司马光便一举高中进士甲科，显示了他自幼刻苦学习而造就成才的丰硕成果。这样年轻就中了进士，在当时是少见的。然而，他却不以此自满自傲，而是豪迈地提出："贤者居世，会当履义蹈仁，以德自显，区区外名何足传邪。"这一席话反映出青年司马光不图虚名，立志以仁德建功立业，成圣称贤。此后，他也一直朝这个方向努力。中进士后，朝廷授他以奉礼郎，华州判官之职，他在华州任职不到一年，又随他父亲到苏州做官，不久母亲、父亲相继病逝，他按制度服丧数年，于宋仁宗庆历四年（公元1044年）结束了五年的丁忧闲居生活，继续做官，庆历四年担任了武成军（今河南滑县）判官之职，次年改任宣德郎将作监主簿，权知韦城（治所在今河南东）县事，在那里一年多就得到了"政声赫然，民称之"的美誉，在此期间，他还利用政务之暇读了许多典籍，写出了历史论文数十篇。自此以后，他更加热爱史学，集中精力研究历史，用他敏捷的才思评议历史人物和事件，意图从中探索历代统治者的治国得失之道。

庆历五年（公元1045年），二十七岁的司马光被调到京城做官，改授为大理寺评事，补国子监直讲，不久又迁任大理寺丞，宋仁宗皇祐三年（公元1051年）由他父亲生前好友、当时任宰相的庞籍推荐担任了馆阁校勘并同知太常寺礼院。馆阁校勘是负责编校图书典籍工作的职务，这对爱好经史的司马光来说，是一个很好的职务，为他借阅朝廷秘阁藏书提供了方便，对于他经史研究十分有利。在这期间，他写了《古文孝经指解》，并约同馆阁僚友集体上疏请求把荀子和扬子的书加以考订印行，不致使先贤之经典湮没不传。在同知太常寺礼院的职事中，他对于维护封建礼法制度也很认真负责。司马光是北宋著名政治家、伟大史学家，他是我国第一部编年体通史《资治通鉴》的编辑者。司马光为人温良谦恭、刚正不阿，其人格堪称儒学教化下的典范，历来受人景仰。

司马光还是一个有情有义的人。他担任并州通判时，西夏人经常入侵这里，成为当地一大祸患。于是，司马光向上司庞籍建议说："修筑两个城堡来控制西夏人，然后招募百姓来此地耕种。"庞籍听从了他的建议，派郭恩去办理此事。但郭恩是一个莽汉，带领部队连夜过河，因为不注意设防，被敌人消灭。庞籍因为此事被罢免了。司马光过意不去，三次上书朝廷自责，并要求辞职，没得到允许。庞籍死后，司马光便把他的妻子拜为自己的母亲，抚养庞籍的儿子像抚养自己的亲兄弟一

"史学巨擘"——宋神宗宰相司马光

样，当时人们一致认为司马光是一个贤德之人。

步入仕途后的司马光仍然潜心学习，力求博古通今，他通晓音乐、律历、天文、数学，而对经学和史学的研究尤其用心。然而当时北宋建国近百年，已出现种种危机，具有浓厚儒家思想的司马光，以积极入世的态度，参与政事，力图拯救国家。

他是直谏忠臣，司马光从二十岁入仕做官直到六十八岁病死，其间除有十五年时间从事《资治通鉴》编修工作，其余三十余年担任官职。在这三十多年的政治活动中，最突出的表现，就是他以一个忠君、忧国和直言敢谏的贤臣的形象表现了他的政治见解并以此显扬于当世。特别是在他五年的谏官（公元1061—1065年）任上，认真履行了一个言官的职责，关心政事，对朝廷竭尽忠诚，五年之中，前后共上奏章一百七十七余诏，其中对有些重大事件一奏再奏，多重奏至六七次，表现他为北宋政权的巩固而出谋划策不惜呕心沥血。在这一时期，他的进言主要表现在以下几件大事上：

第一件大事，首先是他按照儒家传统的治国之道的要求进陈了"三言""五规"。他的"三言"是指关系国家盛衰的君道、官吏、军队三大关键问题如何改进。他把三个问题分别称之"陈三德""言御臣""言练兵"。关于君道问题他提出了仁君大德有三，曰仁，曰明，曰武。其大意是作为一个好的君主，必须搞好自己的修养，提出人君的标准之一是"仁"，主要是"兴教化，修政治，养百姓，利万物"；标准之二是"明"，主要是"知道义，识安危，别贤愚，辨是非"，第三是"武"，是要做到"唯道所在，断之不疑，奸不能惑，佞不能疑"。他认为，上述三条是人君治好国家的根本条件，因为在他看来，国家之盛衰系于人君一身。他把国家命运完全寄托于皇帝。所谓"御臣"，主要讲的是对官吏的选拔和赏罚，他说："臣闻致治之道无他在，三而已。一曰任官，二曰信赏，三曰必罚。"在"言练兵"一条中，他提出了整顿军队的意见，主张精简军队，提高战斗素质。关于"正规"之谏，是在"陈三德"的基础上进行规劝人君治理好国家，提出的一些补充意见。所谓"五规"，第一规谓之"保业"，劝诫皇帝要"夙兴夜寐，兢兢业业"地求治，说明国家政权"得之至艰，守之至难"的道理。第二规谓之"惜时"，就是要求皇帝不失时机"立纲布纪，定万世之业"，他把皇帝基业比作一座巨室，要求守巨室将以传其子孙的皇帝"实其基堂，壮其柱石，强其栋梁，高其垣塘，严其关键"。巨室筑成之后，要求做到使其"亘千万年无颓坏"。他说："夫君者国之堂基也；礼法者，柱石也；公卿者，栋梁也；百吏者，茨盖也；将帅者，垣塘也；甲兵者，关键也。是六者不可不朝念而夕思也。"这段话表明了司马光治国思想的基本观点，完全是一派封建贤臣的金玉良言。第三规谓之"远谋"，劝皇帝要有深谋远虑，"制治于未乱，保邦于未危。"第四规谓之"重微"，劝皇帝时时警惕，做到防微杜渐，"销恶于未萌，弭祸于未形。"第五规谓之"务实"，强调"为国家者必先实而后文"，凡一切政教设施，必须讲求实际，做到"拨去浮文，悉敦本实。"以上五规均以"保业"为目的，其中四规都是为实现这一目的的具体途径。"三言""五规"的提出，构成了司马光治国之道的方案，也是他的政论思想之纲目和明确的施政纲领。这些建议虽不曾被最高统治者所采用，但却在统治者集团内部产生了较好的影响。

　　第二件大事是继续恳请建储。这是司马光为谏官之后所关注的第二件大事。作谏官之前，他曾接连三次上疏，力陈早日建储的必要性和迫切性。任谏官后的第一次面见仁宗皇帝，就当面提醒他说："臣昔通判并州，所上三章，愿陛下果断力行。"（顾栋高《司马温公年谱》卷二）仁宗帝也当面赞扬了他的上疏是"忠臣之言"。后来仁宗得病，皇位继承人还没确定下来。因为怕提起即位的事会触犯正在病中的皇上的忌讳，群臣都缄口不言。司马光此前在并州任通判时就三次上奏提及此事，这次又当面跟仁宗说起。仁宗没有批评他，但还是迟迟不下诏书。司马光沉不住气，又一次上书说："我从前上呈给您的建议，应马上实行，现在寂无声息，不见动静，这一定是有小人说陛下正当壮年，何必马上做这种不吉利的事。那些小人们都没远见，只想在匆忙的时候，拥立一个和他们关系好的王子当继承人，像'定策国老''门生天子'这样大权旁落的灾祸，真是说都说不完。"仁宗看后大为感动，终于下了决心，把他的奏章发送中书省会议定实行。事隔不久，仁宗将其堂兄濮安懿王赵允让的第十三子赵曙立为皇太子。两年以后，仁宗就死了，遗诏命赵曙即位，他就是宋英宗。这个关系到统治核心是否稳固的大问题，在司马光的努力下，终于得到了解决。

　　第三件大事是调解英宗和皇太后的皇室内部矛盾。宋仁宗于嘉祐八年（公元1063年）三月病故，赵曙于四月一日正式即皇位，几天之后生了重病，不能亲政，由皇太后曹氏垂帘，代管军国大事。当时北宋统治表面平静，实际上是内外矛盾尖锐，处在危机四伏之中。司马光等人为此忧心忡忡，深怕不是亲生母子的曹太后同英宗皇帝不和，造成统治核心的分裂。情况确实如此，英宗多病，同母太后的关系时好时坏，在病重时对母后"时有不逊语"，加上有人从中离间，弄得太后大不高兴，一些曾反对立英宗为太子的大臣就"乘机言进废立之说"（朱熹《三朝名臣言行录》卷一）。在这种情况下，使得两宫的矛盾日益加深，司马光绞尽脑汁，一再上疏调和两宫的关系，重点是明陈两宫不和的危害性，苦口婆心地劝导英宗孝谨太后，在他的调停下终于收到很好的效果，从而巩固了统治核心的内部团结，避免了一场危机的发生。后来，太后终于还政于英宗，而母子和好的情况继续加强。

　　第四件大事是在任谏官期间，本着"安国家，利百姓"的原则为民请命。司马光有较长时期在地方做官，对老百姓的困苦有所了解，他有一首名为《道傍田家》（《皇朝文鉴》卷二一）的诗，道出了农民的艰苦情况：

　　田家翁妪俱垂白，败屋萧条无壮息。

　　翁携镰索妪携箕，自向薄田收黍稷。

　　静夜偷舂避债家，比明门外已如麻。

　　筋疲力敝不入腹，未议县官租税促。

　　这首诗的内容表明司马光对下层农民的疾苦是很关心的，他对城市贫民也很同情，在另一首诗中写道：

　　因思闉阓民，糊仰执薄技。

　　束手已连旬，妻儿日憔悴。

　　囊钱与盎米，薪木同时匮。

　　败衣不足准，搏手坐相视。

　　（《传家集》卷三，《八月十七夜省·纪事呈同舍》）

　　鉴于这种情况，司马光想到自己负有解救斯民之责，深深感到有愧于心，认为必须设法富民，使之能得到温饱，于是又写道："一夫有不获，伊尹深为羞。何当富斯民，比屋困仓稠。"（《传家集》卷三二，

《言蓄积札子》）很想在这方面实现他的愿望。他在谏官任上，除了关注于巩固国家基业的大事之外，也本着"国以民为本"的原则，进谏了一些要求关心人民疾苦，减轻人民负担的意见，其主要内容是根据孔子"节用而爱民"的思想，请求统治者带头崇尚节俭紧缩财政开支，禁止乱摊乱派和惩治横征暴敛之官，同时还要求统治者爱惜民力，不要滥征百姓当兵。遗憾的是他的这一番苦心献策，却未得到采纳。以上谏议，虽然是本着忠君、利国、养民的儒家政治原则，为统治阶段的根本利益着想，但比起当时多数昏庸腐败贪婪的统治者成员来，算得上是一位为民请命的正直、清明的好官。

北宋时期在用人方面存在着相当多的弊端，这也是宋代历来积贫积弱的一个主要原因。司马光针对弊端提出过不少好的见解和主张。首先，他认为用人当以"德"为先。熙宁元年（公元1068年），司马光向神宗荐举谏官时就根据这个原则提出三个具体的条件：一是"不爱富贵"，二是"顾惜名节"，三是"晓知治体"。前两条是德，后一条是才。他也反对近世以来，专尚文辞，以文辞代百能的取士方法，他认为，文辞只能是艺能的人一个方面，不足以穷尽天下士之百能。司马光还主张选才用人应破除论资排辈、重门第的陈腐观念，治平四年（公元1067年）五月，司马光上疏神宗，指出如果按照国家原先选御史官的资历范围规定，不但选中者不多，而且弊端不少。对于以门第高低来选择官员，司马光更是深恶痛绝，他提出只要有贤才就应推举，对于魏晋以来历代相因的"选举之法，先门第而后贤才"的严重弊端，认为一个人的德才，不在于世禄与贫贱，不能以门第划分，他主张建立和健全选人、用人制度；改革科举制度，设十科举士；改进延访荐举和按察制度。司马光重视推荐人才，荐举过苏武、刘恕等。当然，司马光也错举过人，他曾为此上书自责晚年做宰相时，也信任过蔡京这样的人。

司马光经常上书陈述自己的治国主张，大致是以人才、礼治、仁政、信义作为安邦治国的根本措施。他曾说修心有三条要旨：仁义，明智，武略；治国也有三要旨：善于用人，有功必赏，有罪必罚。司马光的这一主张很完备，在当时有一定积极意义。

朝廷下诏在陕西征兵二十万，民心大乱。司马光认为此举不妥当，便向掌管军事的韩琦询问。

韩琦说想用突然增兵二十万来吓唬敌人。司马光认为这只能欺骗一时，而且庆历年间征兵戍守边地，已经把老百姓吓怕了。韩琦说他不会用老百姓戍边，司马光表示不信。不出十年，事情果然如司马光所料。

还有一件事表明司马光是很有军事眼光的。

西戎部将鬼名山打算帮助朝廷捉住敌人谅祚。司马光上书反对，他认为：鬼名山的兵力不足，未必能胜谅祚。即使侥幸得胜，治标不治本，以后还会产生另一个谅祚。而且鬼名山如果失败后来投奔我们，不被接纳的话，穷途末路，就会突然占据边城来活命，成为我们的祸患。

皇帝没有听从他的意见，从此西边狼烟四起。

治平四年（公元 1097 年）英宗去世，神宗即位。这位年仅二十岁、风华正茂的皇帝很想有所作为。他欣赏王安石的变法主张，熙宁二年（公元 1069 年）起用王安石为参知政事，主持变法、王安石在神宗的支持下提出一套急进、大胆的改革方案，成为变法的领袖，北宋很快掀起了一阵变法的浪潮，史称为"王安石变法"。

面对着北宋王朝内忧外患的腐败局面，面对着千疮百孔的社会现实，司马光和王安石都从维持封建王朝的统治出发，都尽力想去"补天"，都想改革，但涉及到改革的内容、改革的方法，两人就势同水火，存在着极为严重的分歧了。

司马光与王安石是老相识而且是好朋友，嘉祐年间在朝中同修起居注，神宗即位后二人又同居翰林学士之职，当时人们所称的"嘉裙四友"，就是他们俩外加吕公著和韩维。两人同为州牧判官的时候一天被包拯请到家里饮酒赏牡丹。当包拯亲自举杯劝酒时，司马光虽然平素不爱喝酒，但碍于情面，不得不勉强喝了一点，而王安石却能够坚持"终席不饮"，这种自制力使司马光后来谈起来还很佩服。司马光与王安石最大的分歧是在理财方面。

北宋中期，尽管税收比开国之初增加了几倍，但由于冗兵、冗费和冗官等庞大开支，造成了国库空虚、入不出敷的严重局面。神宗即位后首先遇到就是财政上的巨大亏缺。他向司马光、王安石等征询解决财政困难的办法。司马光主张从节约入手，他认为首先应该节省朝廷开支，注意节流，例如减少对于皇亲大臣的大量赐物等。司马光不同意这种看法，他提出节省开支不能解决根本问题，而应该从理财上着眼。两人在神宗面前曾经有过一次激烈的争论。当时河朔旱灾，国用不足，神宗下诏让司马光与王安石一同进见，商量应对办法，司马光说："救灾节用，宜"从近臣开始。"王安石反对说："唐代常衮请免去政事堂宰相日常办事时饮食供应，时人认为常衮如果自觉不称职，应该辞去宰相的职位，不宜辞免禄食一况且府库空虚、国用不足，不是当世急务，所以造成不足的，是没有得到一位善于理财的人。"司马光说："善于理财的，也不过赋税苛重而已。"王安石反对说："并不如此，善于理财者，不加赋税而可以使国用充裕。"司马光说："天下哪里会有这个道理？天地生产的财货百物，不在于民间，就在于官府，如夺民所有，充实官府，造成的祸患比增加赋役还要大。这是桑弘羊欺骗汉武帝刘彻的话，太史公司马迁将它写在《史记》上，是要证明桑弘羊不明事理。"

二人真是唇枪剑舌，互不相让。对于市易法与均输法司马光认为是与商人争利，不利于商品流通，对于保甲法，司马光认为实行下去会使农民不安心种地。司马光对解决宋的财政危机主张持重缓进，与王安石大刀阔斧的做法明显不同，他们二人曾有过形象的比喻，司马光说："治天下有如处理房屋，破了则要修理，除了坏得很厉害是不重建的。而且重建非得要好的工匠和材料，如今两样都没有，我怕连风雨都不能挡蔽。"而王安石则认为："治天下有如医生用药，要知道虚实热寒，当用治虚寒的方子时，纯用乌头附子也不嫌过热。"针对当时社会的严重病症，他们都开出了自己的医症药方，他们都是站在维护封建统治的立场上，为北宋王朝的长治久安而出谋划策。正如司马光对王安石说的："我和你趋向虽然不同，但大的目标是一样的。"王安石也说，自己与司马光"商议事情时常有分歧，是因为各人的方法不同"，可见他们的分歧，最初是源于解决问题的思想方法不同，司马光思想倾向沉稳持重，虑事缜密，但传统保守是很明显的；王安石则思想活跃激进、勇于标新立异，而慎重不足，在变法中有时操之过急，出现了一些失误，同时也用人不当，如对吕惠卿这样的人就缺乏全面了解、考验司马光在反对王安石推行的一系列新法时，持全盘否定的态度，这是很不对的，他在反对王安石变法中出现的某些消极的方面的同时，也反对了王安石的积极方面，这就导致了他们成为政敌的原因。而司马光在给王安石的三封长信中反复说明自己的观点，王安石却拒不接受一点，这种刚愎自

『史学巨擘』——宋神宗宰相司马光

用的态度也不对，两位本来在政治上都想有所作为的政治家都固执偏拗，使北宋的改革蒙受很大损失。

以后变法派与反对派已经势同水火，许多反对新法的辅仍大臣都被王安石赶出朝廷或主动提出辞职请求外任。司马光也被罢了翰林学士等职，又一次离开朝廷，于熙宁三年（公元 1070 年）到永兴军（今陕西西安）任地方官去了。

司马光的主张虽然偏于保守，但实际上是一种在"宋常"基础上的改革方略。王安石变法中出现的偏差和用人不当等情况，从侧面证明司马光在政治上还是老练稳健的。著史，也是司马光从政治国的一种方式。1071 年，王安石为相，在政见不同、难于合作的情况下，司马光请求担任西京留守御史台这个闲差，退居洛阳，专门研究历史，希望通过编写史著，从历史的兴衰成败中提取治国的经验。

早在仁宗嘉祐年间（公元 1056—1063 年），司马光担任天章阁待制兼侍讲官时，看到几间屋子都是史书，浩如烟海的史籍，即使一个人穷其一生也是看不过来的。于是他逐渐产生了一个编写一本既系统又简明扼要的通史的想法，使人读了之后能了解几千年历史的兴衰得失。他的想法得到好友——历史学家刘恕的赞同和支持。

宋英宗治平元年（公元 1064 年），司马光把自己创作的史书《历年图》二十五卷呈献给英宗，过了两年又呈上《通志》八卷本。英宗看后，非常满意，要他继续写下去，并下诏设置书局，供给费用，增补人员，专门进行编写工作。司马光深受鼓舞，召集了当时著名的历史学家，共同讨论书的宗旨、提纲，并分工由刘班撰写两汉部分、刘恕撰写魏晋南北朝部分、范祖禹撰写隋唐五代部分，最后由司马光总成其书，由其子司马康担任校对。

神宗即位后，认为《通志》比其他的史书更便于阅读，也易于借鉴，就召见司马光，大加赞赏，并赐书名为《资治通鉴》，说它"鉴于往事，有资于治道"，还亲自为此书作序。神宗还将颍邸旧书三千四百卷赏给司马光参考，写书所需的笔墨纸砚以及伙食住宿等费用都由国家供给，这给司马光提供了优厚的著书条件，同时也促进了这部史书的编修工作。到神宗元丰七年（公元 1084 年），此书终于完稿，这部书的修订前后共用了十九年时间。

《资治通鉴》是我国历史上第一本编年体通史，记述了从周烈王二十三年（公元 403 年）到五代后周显德六年（公元 959 年），共计一千三百六十二个年头的历史。全书共计二百九十四卷，另三十卷，《考异》三十卷。这部书选材广泛，除了有依据的正史外，还采用了野史杂书三百二十多种，而且对史料的取舍非常严格，力求真实。这部书所记述的内容也的确比较翔实可信，历来为历史学家所推崇。而且《通鉴》记事简明扼要，文笔生动流畅，质朴精练，不仅可以作为史学著作阅读，有些篇章也可以作为文学作品来欣赏。

　　《通鉴》的著述意义已远远超过了司马光著史治国的本意，它不仅为统治者提供借鉴，也为全社会提供了一笔知识财富。清代学者王鸣成说："此天地间必不可无之书，亦学者必不可不读之书。"《通鉴》已和《史记》一样，被人们称为史学瑰宝，广为流传，教益大众。而研究者也代代相沿，使其成为一门专门的学问，即"通鉴学"。

　　当然，这些都与司马光的呕心沥血分不开。在洛阳的十五年，他几乎耗尽了全部心血。在完书后他曾上表皇上说："臣现在骨瘦如柴，老眼昏花，牙齿也没几颗了，而且神经衰弱，刚刚做过的事情，转过身就忘记。臣的精力全都耗费在这部书里了！"司马光为编书经常废寝忘食，有时家里实在等不到他回来吃饭，便将饭送至书局，还要几次催促，他才吃。他每天修改的稿子有一丈多长，而且上面没有一个草书，全是一丝不苟的楷书。书成之后，仅在洛阳存放的残稿就堆满了两间屋子，可见他为这本书付出了多么艰辛的劳动。

　　司马光一生著述很多，除《资治通鉴》外，还有《通鉴举要历》八十卷、《稽古录》二十卷、《本朝百官公卿表》六卷。此外，他在文学、经学、哲学乃至医学方面都进行过钻研和著述，主要代表作有《翰林诗草》《注古文学经》《易说》《注太玄经》《注扬子》《书仪》《游山行记》《续诗治》《医问》《凉水纪闻》《类篇》《司马文正公集》等。

　　《资治通鉴》写成以后，司马光官升为资政殿学士。他在洛阳居住了十五年，天下人都认为他才是真正的宰相，老百姓都尊称他为司马相公，而司马君实这个名字，妇孺皆知。神宗逝世时，司马光赴丧，卫士望见他，都说："这就是司马相公。"他所到之处，百姓夹道欢迎，以至于马都不能前行，老百姓对司马光说："您不要返回洛阳，留下来辅佐天子，救救百姓吧。"

等到哲宗即位、太皇太后临政时，司马光已是经历了仁宗、英宗、神宗的四朝元老，颇具威望。他建议太后广开言路，于是上书奏事的人数以千计。当时天下百姓，都拭目以待，盼望革新政治。但有些人却说："三年之内不能改变先皇的政策。"于是，只改革了一些细小的事，堵堵人们的嘴巴。

此时，司马光上书直言："先帝之法好的即使是百世也不能改变。而像王安石、吕惠卿所制定的制度，已经成了天下祸害，应该像救火灾、水灾一样急迫地去改变它。况且太皇太后是以母亲的身份改变儿子的法令制度，并不是儿子改变父亲的法律。"这样大家的意见才统一下来。于是，废除保甲团教，不再设保伍；废除市量法，把所储藏的物资都卖掉，不取利息，免除所欠钱物；京东铁钱及莱盐的法律都恢复其原有的制度。

晚年的司马光疾病缠身，但是不把新法完全废除，他死不瞑目。于是他写信给吕公著说："我把身体托付给医生，把家事托付给儿子，只有国事还没有托付，今天就把它交给您吧。"于是上书论免役法五大害处，请皇上下诏废除，并请求废除提举常平司；边地的策略以与西戎讲和为主；又建议设立十科荐士之法。这些建议都被朝廷采纳。

司马光被任命为尚书左仆射兼门下侍郎时，又废除了青苗法。两宫太后听任司马光行事。当时司马光功高盖主、权重无边，连辽国、西夏派来的使者也必定要询问司马光的身体起居，他们的国君对戍守边境的将官说："大宋用司马光做宰相，你们轻易不要惹出事非，使边境出问题。"

司马光对于朝廷可谓"鞠躬尽瘁，死而后已"。他带病处理各种事务，不分昼夜地工作。别人劝他注意身体，他却说："人的生死是命中注定的。"病危时，他在失去知觉的情况下，还不停地呓语，说的全是有关国计民生的大事。

元祐元年（公元1086年），司马光逝世，终年六十八岁。太皇太后听到消息后，和哲宗亲自去吊唁，追赠司马光为太师、温国公，谥号"文正"，赐碑"忠清粹德"。京城的人听到噩耗，都停工前往吊祭；岭南封州的父老乡亲，也都备办祭祖；都城和周围地区都画了司马光的遗像祭祖，吃饭时必定为之祈祷。

司马光一生忠孝节义、恭俭正直，他安居有法、行事有礼。在洛阳时，司马光每回去夏县老家扫墓，都要去看他的哥哥司马旦。司马旦年近八十，司马光不仅像尊敬父亲一样尊敬他，还像照顾婴孩一样照顾他。

司马光一生从不说谎话，他评价自己时说："我没有什么过人之处，只是平生的所作所为，皆问心无愧。"百姓全部敬仰信服他，陕州、洛阳一带的百姓被他的德行所感化，一做错事，就说："司马君实会不知道吗？"

司马光一生清廉简朴，不喜奢靡。史书上记载着他这方面的许多小故事，传为美谈。就连他的政敌王安石也很钦佩他的品德，愿意与他为邻。据说，司马光的妻子死后，家里没有钱办丧事，儿子司马康和亲戚主张借些钱，把丧事办得排场一点，司马光不同意，并且教训儿子处世立身应以节俭为可贵，不能动不动就借贷。最后，他还是把自己的一块地典当出去，才草草办了丧事。这就是民间流传的所谓司马光"典地葬妻"的故事。

司马光的品格德行、修学治史，一直受到人们的高度评价。但对他的政绩，人们却时褒时贬。

保守派主政的时候，对其政绩大加褒扬，宋哲宗还赦令保守派的翰林学士苏东坡撰写神道碑文，洋洋几千言尽是赞美之词。

而改革派当政时，司马光不仅没有政绩可言，而且被列入奸相之列。宋绍圣年间，御史周铁首论"温公（司马光死后谥号）诬谤先帝，尽废其法，当以罪及"。朝廷不仅夺去了所有封号，而且还把其墓前所立的巨碑推倒。王安石的学生章淳、蔡京主政时，为报复司马光等人尽废新法的做法，将其与三百零九名朝臣列入"元祐奸党"，并要在朝堂和各州郡立"奸党碑"。

但是在立碑时，发生了一件意想不到的事，石匠安民对蔡京说："小人是愚民，不知道立碑的意图。但司马相公海内都称道他为人正直，现在却要列入奸党，小人不忍心做。"蔡京一怒之下便要处罚他，吓得安民一面求饶，一面哭诉："大人的命令，小人不敢违抗。只是小人有一个请求：碑上刻匠人名字时，不要把小人安民的名字署上，以免留下

千载骂名。"蔡京仔细一想，司马光虽然有错，但毕竟为人正直，享有威望，于是改变了主意，将司马光排除在奸人之外。

可见，司马光的人格不仅为百姓所称道，甚至连对手也为之折服。在封建时代，司马光是孔门的第三个圣人，位列孔子、孟子之下，同样在孔庙享配。时至今日，人们仍记得历史上有一"涑水先生"，他给后人留下了一笔巨大的精神财富。

在对待王安石变法上，司马光是反对派，但他作为封建君主专制制度下的一位大政治家，同样具有忧国忧民之心。司马光说过"祖宗之法不可变"的话，但他并不主张消极地维持现状，他只是要求对改革持慎重态度，对不合时用的旧制度进行"损益"，要"精心审虑"，不应大刀阔斧，只能逐渐改善。就这一点说，司马光的主张不无道理。对于他的局限和不足之处，应该用历史唯物主义的观点，以实事求是的态度加以对待。

"罪不可恕"——宋钦宗宰相秦桧

宰相小传

　　秦桧，字会之，江宁（今南京）人。南宋时向金俯首称臣，秦桧陷害忠良，杀死爱国名将岳飞。独掌朝政，独断专行，大发国难财。生活奢侈，聚敛搜刮民间财富，将南宋人民推入水深火热中。

　　秦桧少年出身于一个小官僚家庭，其父秦敏学做过县令。秦桧少年曾经拜汪伯彦为师，以后入太学就读，因他善于干一些跑腿的小事，同学每次出外游玩时都事先让秦桧筹划操办，因此得了"秦长脚"的绰号。政和五年（公元1115年）二十五岁的秦桧考中进士，补密州（山东诸城）教授，任太学学正，秦桧的妻子王氏是北宋名臣王励的孙女，王氏的亲姑夫就是曾任枢密使、又是徽宗郑妃堂兄的郑居中。夫以妻贵，尽管秦桧只是一个正九品的小官，却和许多达官显宦有密切的往来。秦桧自小"天资狡险"，又从江伯彦那里学得一套玩弄权术的本领，以至于在朝廷中很吃得开。

　　靖康元年（公元1126年），金兵进攻汴京（今河南开封），要求宋徽宗割让三镇：太原、中山（今河北定县）、河间。这时身为职方员外郎的秦桧，提出了较为重要的四条意见。一是金人贪得无厌，要割地只能给燕山一路；二是金人狡诈，要加强守备，不可松懈；三是召集百官详细讨论，选择正确意见写进盟书中；四是把金朝代表安置在外面，不让他们进朝门上殿堂。当时要弭兵就得割地。南宋派秦桧和程璃为割地代表同金人进行谈判。秦桧在谈判中尚能坚持上述意见，于是又升为殿中侍御史、左司谏。后来，金统治者"坚欲得地，不然，进兵取汴京"。朝中百官在讨论中，范宗尹等七十人同意割地，秦桧等三十六人认为不可。

在宋徽宗、宋钦宗被俘后，女真贵族要宋朝遗臣推立张邦昌为傀儡，秦桧持反对态度。他认为张邦昌过去附会有权势者，干的是有损国家利益的事。而大宋江山倾危，人民苦不堪命，这尽管不是一个人造成的，但张邦昌是推卸不掉他的责任的。对此，人民群众痛恨他像痛恨仇敌似的。如果给他地盘，又让他主宰人民，那么，各地的英雄豪杰定会联合起来鞭责讨伐，张邦昌最后也成不了大金的重臣。下立张邦昌为帝，"则京师之民可服，天下之民不可服，京师之宗子可灭，天下之宗子不可灭"。从秦桧提出对金的意见，割地问题上的主张以及反立张邦昌为帝来看，还没有发现他这时有投降活动的迹象。他的官位已提到了御史中丞，威权颇重。靖康二年（公元 1127 年），金人以秦桧反立张邦昌为借口，将他捉去，同去的还有他的妻子王氏及侍从等。这时宋徽宗得知康王赵构即位，就致书金帅粘罕，与约和议，叫秦桧将和议书修改加工润色。秦桧还以厚礼贿赂粘罕，金太宗把秦桧送给他弟弟挞懒。从此，秦桧亦步亦趋地追随着挞懒，逐渐成为他的亲信。建炎四年（公元 1130 年），金将挞懒带兵进攻淮北重镇山阳（即楚州，今江苏淮安），命秦桧同行。为什么要秦桧同行呢？从挞懒的策略看，诱以和议，内外勾结，才能致南宋于亡国之境。这个"内"，只有秦桧可用。而秦桧卖身投靠女真贵族的面目在南宋朝野还未彻底暴露，所以金统治者把秦桧作为合适的人选了。因此，秦桧南行前与妻子王氏密商计议，作了一番戏剧性表演。王氏故意大喊大叫说："家父把我嫁给你，当时有资财二十万贯，要你我同甘苦。现在大金国信用你，你就把我丢在路上。"争吵不休，挞懒妻子车婆听到了，就请王氏到家里问个究竟，王氏全告诉了。这一车婆又说给挞懒，于是也叫王氏以及侍从同秦桧南行。山阳城被攻陷后，金兵纷纷入城。秦桧等则登船而去，行到附近的涟水（今江苏涟水），被南宋水寨统领丁祀的巡逻兵抓住，并要杀他，秦桧说："我是御史中丞秦桧。这里有没有秀才，应该知道我的姓名。"有个卖酒的王秀才，从不认识秦桧，但装作认得秦桧的样子，一见就作个大揖说："中丞劳苦，回来不容易啊。"大家以王秀才既然认识秦桧，就不杀他了，而以礼相待，后来把他们送到临安（今浙江杭州）。

秦桧南归后，自称是杀死监视他们的金兵夺船而来的。臣僚们随即提出一连串的问题：孙傅、何㮚、司马朴是同秦桧一起被俘的，为什么只有秦桧独回？从燕山府（今北京城西南）到楚州二千八百里，要跋山涉水，难道路上没有碰上盘查询问，能杀死监守人员，一帆风顺地南归？就算是跟着金将挞懒军队南下，金人有意放纵他，也要把他家眷作为人质扣留，为什么能与王氏偕行而南呢？这些疑问只有他的密友、宰相范宗尹和李回为他辩解，并竭力举荐他忠于赵家皇朝。

《金史》中记载，金宣宗贞祐二年（公元1214年），中书舍人孙大鼎上书追述秦桧被女真贵族纵归南宋的事，金太宗天会八年（公元1130年），大臣们在黑龙江柳林集会，担心宋朝复兴，宋朝臣赵鼎、张浚志在复仇，宋将韩世忠、吴阶知于兵事。这样既不可威取，又要看到结仇已深，势难使南宋人民屈服，还是暗中先放纵为好。另在《金国南迁录》中记载，金国大臣考虑南宋复仇事，议及放纵秦桧归国，鲁王说，只有放宋臣先回，才能使他"顺我"。忠献王粘罕说，这件事在我心里已酝酿三年了。只有一个秦桧可用，我喜欢这个人"置之军前，试之以事"，表面上虽然拒绝，而内心中经常能"委曲顺从"。秦桧始终主张"南人归南，北人归北"的政策，今天如能放他回南宋，他必得志。就这样金人决定放秦桧南归。结果不出粘罕所料，秦桧回到临安就力主和议，窃居相位，专权擅国，残杀抗金将领。其后，使南北对峙局势基本形成。

《宋史·秦桧传》记载，南宋政府虽几次派代表与金朝谈判，但仍是一边防守，一边议和。而专与金人解仇议和，实际是从秦桧开始的。因为秦桧在金朝时，首倡和议，所以他南归后，就成为女真贵族的代理人。

宋高宗对秦桧也极为重视，第二天就亲自召见了他。秦桧一见高宗就首先提出："如果想求得天下安然无事，宋金二朝就要划归各自的领地，南自南，北自北，互不干扰。"同时首奏自己草拟的、送交挞懒的求和书。宋高宗说："秦桧朴实、忠诚超过了一般的人，我得到他后，高兴得晚上都睡不着觉。"高宗任命秦桧为礼部尚书，不久推参知政事。

以后秦桧的目标就是图谋相位，保证其议和投降阴谋的落实。当时的宰相范宗尹，秦桧表面上虽尊重他，暗地里却想方设法排挤他。范宗尹原来的宰相位缺空了一段时间，秦桧憋不住了，到处放出风声说："我有二条计策，可以轰动天下。"别人问他为何不讲，他露骨地回答说现在没有合适的宰相，因此无法实行。后来他干脆对高宗说："如果用我当宰相，我有耸动天下事。"秦桧所谓的两条妙计，其实就是南北的士大夫互相联系和将原来山东、河北的人送回北方，实际就是"南自南，北自北"投降方针的具体实施。宋高宗为早日达成和议，遂在绍兴元年（公元1131年）八月任秦桧为右仆射同中书门下平章事，兼知枢密院事，也就是将国家军政大权全部交给了他。

秦桧上台以后，为了加强自己的地位，一方面设法把左宰相吕颐浩排到镇江去建立起都督府，专学军事，一面设置了"修政局"，自任提举，收罗党羽，安插其中，逐步培植自己的力量。秦桧刚担任宰相的时候，凭借过去所谓"存忠赵氏"的经历，欺世盗名，的确迷惑了不少人，人们以为他一定能够完成拯扶宋室的重任。然而，一年下来，秦桧除了一些行政事务以外，主要是不遗余力地独断专行，任人唯亲，排斥异己。他的所作所为激起朝官士人的强烈抨击，所谓二策也招致了广大军民的纷纷反对，连宋高宗也因和议并未迅速达成而对秦桧表示不满。于是，在吕颐浩的反击和御使黄龟年的弹劾之下，宋高宗迫于舆论，在绍兴二年（公元1132年）八月罢免了秦桧的宰相职位，把他贬为观文殿学士，负责江州的太平观里的事务。

秦桧被罢相位之后，人虽赋闲，但贼心不死，时刻图谋东山再起。绍兴二年之后，金兵在陕西中原战场上打了败仗，局势向有利于南宋的方向发展，金朝被迫又重弹和议老调，这也正中一向期望和议的宋高宗的下怀，在他目中，秦桧始终是他"诚实可倚"的得力助手，于是秦桧又被重新重用，绍兴七年（公元1137年）正月，拜秦桧为枢密使，又有了相当宰相的权力。

秦桧的再次出山，得益于右相张浚的牵引，但身为宰相又是抗金派的张浚自然又成了对秦桧的绊脚石，秦桧再次暗中捣鬼，使张浚因委任将帅措置失当引咎辞职。张浚原先对秦桧评价很高，认为他在靖康中建议立赵氏，忠诚可靠，有办事能力，可与共天下事。但经过几个月的共事使他看清了秦桧奸诈阴险的嘴脸。这时候高宗有意立秦桧为宰相，却又怕群臣反对，便试探地问张浚的意见，张浚直言不讳地回答说："我与他在一起共事，始知秦桧的阴暗。"高宗只好改任赵鼎为相。张浚的态度更激起了秦桧的忌恨，当张浚被流放岭南时，赵鼎等人奋力营救，秦桧非但默不作声，反而以造谣诬陷的手法离间原本亲密的张赵关系，他对赵鼎说："皇帝升你为相，但张浚却从中进行阻挠。"一句话即使赵鼎不满于张浚，又改变了他素来讨厌秦桧为人的看法，收得一箭双雕之效。此后，秦桧表面上极力奉承赵鼎，一切都按赵的意思办理，骗取了赵鼎的进一步信任，在起点支持下，绍兴八年（公元1138年）三月，秦桧再次被宋高宗任命为右相。几个月后秦桧就设法将赵鼎排挤出朝，这样朝政大权也就完全落入了秦桧手中，晚年赵鼎和张浚在福建相遇，谈及此事时，二人才知道当时他俩被秦桧出卖了。

秦桧从再次任相到绍兴二十五年（公元1155年）死去时为止，一直窃居相位达十八年之久，能够如此久居相位，最主要的原因，就是他能够迎合高宗苟且偷安的心理，坚决贯彻宋高宗一贯奉行的和议投降国策，倡行和议，卖国投降，并因此得到金朝主子的支持。

复相不久，秦桧看到宋金形势在不断地向有利于自己推行乞和求降政策的方向发展，认为此其机也。于是在宋金谈判前夕，以女真贵族代理人的威势，一而再、再而三地对赵构进行反复试探和考察，增强其求和信心，坚定其投降立场。南宋大臣在朝见赵构之后，只有秦桧留下面奏。秦桧说："臣僚们对议和畏首畏尾，首鼠两端，这就不能够决断大事。如果陛下决心想讲和，请专与我讨论，不要允许群臣干预。"赵构说："我只委派你主持。"秦桧说："我恐怕有不方便之处，希望陛下认真考虑三天，容许我向您另作报告。"过了三天，秦桧又留在赵构身边奏事，赵构想讲和的思想已经很坚定了，但秦桧还以为没有达到火候，他说："我恐怕别的方面还有不方便，想请陛下再认真考虑三天，容我向您另作报告。"赵构说："好吧！"又过三天，秦桧就像当初一样，独自留在赵构身边奏事。他清楚地掌握了赵构确实坚定不移地要讲和了，于是拿出早已草拟好的向金求和书，声称不许群臣干预。

绍兴八年（公元1138年）十月，张通古、萧哲等使臣携带金熙宗的诏书来南宋议和。他们不仅要求沿途南宋的州县守臣对金朝的诏书以臣子的礼节来迎接他们，到了临安那天，而且要求宋高宗也要像金朝臣子一样"再拜亲爱之"。这遭到了南宋广大爱国臣民的强烈反对。秦桧生怕得罪金人，要求宋高宗同意行跪拜礼。消息一传出，京城内外民众群情激愤，军士甚至要兵变，夜间街头上贴出指责秦桧为金间谍的传单。迫于南宋军民的压力，金使也不得已接受了高宗、秦桧的变通办法，由秦桧代理家宰接受金朝的国书。秦桧便在三省、枢密院官员的陪同下，来到金人下榻的馆驿，跪拜在金使脚下叩头，接受了金朝诏书。这次宋金议和达成的条款规定：宋对金称臣，每年向金纳银、绢各五十万两、匹；金则归还河南、陕西之地。根据这个和约，南宋实际变成了金的属国，宋高宗也做了金的儿皇帝。南宋军民遭此奇耻大辱，无不痛心疾首、义愤填膺，但高宗和秦桧却大庆其功，命令百官进表称贺，大赦天下。

在南宋朝廷庆祝和约的欢呼声还未停歇的时候，金朝内部主战派首领兀术等人重掌实权，在绍兴十年（公元 1140 年）五月，他们撕毁了墨迹未干的和约，兵分四路，大举南侵。金兵的进攻很快遭到了南宋著名爱国将领岳飞、刘锜、韩世忠等的猛烈还击，宋军在正面战场上连连得胜，而此时在北方敌后的义军也掀起了汹涌澎湃的抗金斗争；两者相互配合，形成了对南侵金兵的内外大包围，兀术惶惶不可终日准备撤兵北归了，抗金形势一派大好。

然而，抗金仅是高宗的权宜之计，当金南犯、对其统治构成威胁时，他就不得已而支持抗金；而当军民将士的浴血奋战维护了他的统治之后，他又担心这种抗金力量的壮大会使将领们功高盖主，尾大不掉，对他形成另一种威胁，因而他时刻提心吊胆，加以限制。高宗的做法成了秦桧破坏抗金、迫害忠良的保护伞；随着抗金斗争的发展，秦桧的捣鬼也就更为残酷、不择手段了。

抗金战场上战斗力最强、最勇猛、战功最为卓著的是岳飞率领的"岳家军"，秦桧捣鬼的主要目标自然也就对准了岳飞。为削弱岳家军的力量，秦桧施出极为阴险毒辣的手法，首先唆使高宗下诏，命本来与岳飞协同作战的刘锜、张浚部调回淮南，使岳飞陷于孤军深入的境地，这是借刀杀人，用金兵之手消灭岳家军的阴险一着。岳飞的雄才大略未使这一阴谋得逞，即便是孤军奋战，岳家依然取得了郾城、颍昌大捷。秦桧一计不成又施一计，让高宗连降十二道金牌，强令岳飞班师南撤，使岳飞抗金的十年之功，毁于一旦。

秦桧深知，要想从根本上清除投降议和的障碍，必须除掉手握兵权的岳飞等抗金将领。绍兴十年（公元1140年）四月，秦桧秘密奏请高宗把韩世忠、张浚、岳飞三人召到临安。名义上是论功行赏，分别授予三人枢密使、副使的职位，实际上是剥夺了他们的军权。这三个人当中，抗金最奋力而且反对投降最坚决的是岳飞。岳飞自小献身抗金，驰骋半生，戎马倥偬，为抗金大业立下了汗马功劳，他自然成了秦桧的眼中钉、肉中刺。秦桧认为岳飞不死，终将阻碍和议，对自己不利，必须杀之以后快。他首先指使党羽对岳飞进行造谣中伤，说他屡次违抗诏旨、沮丧士气、妄自尊大，迫使岳飞上章辞职。紧接着又唆使张浚诬陷岳飞的旧将张宪谋反，并用极其卑劣的手段收买了张宪的部将王贵，伪造张宪谋反的证据。最后将所谓"十恶不赦"的罪名硬加在岳飞头上，在绍兴十一年（公元1141年）十月将岳飞和他的儿子岳云逮捕，下到大理专狱中。刑讯逼供，百般折磨。最后终于在当年十二月将岳飞以"莫须有"的罪名杀害在狱中，岳云和张宪也被杀于都市。岳飞被害的噩耗一传出，天下人无不认为这是奇冤，为之痛哭流涕。

秦桧为巩固自己的权势，进一步控制南宋朝政，迫害异己，消灭政敌，就是他任相以后的主要目的。凡是不逢迎他，或对其职位构成威胁的人，都成为他打击陷害的对象。张浚被秦桧排挤出朝廷以后，依然挂念国事，上疏揭露秦桧的阴谋伎俩，秦桧因此更为耿耿于怀，遂即免去张浚节度使的闲职，把他贬到连州（广东连县），又贬到永州（湖南零陵），此后一再加以迫害。赵鼎被贬之后，秦桧始终不放过他，找不到新罪状，就翻捡出赵鼎当年曾反对和议的旧账，让高宗降了让赵鼎永世不得翻身的旨意，不久又将赵鼎流放吉阳。秦桧还嫌不够，下令当地官吏每月报告一次赵鼎的一举一动，赵鼎被逼不过，绝食而死。当时在朝廷，人们那怕只言片语得罪了秦桧，秦桧就绝不轻饶，加以迫害。右武大夫白鳄被刺配充军、胡舜陟被下狱致死、张九成的被贬等都是因不小心话语之中得罪了秦桧。

秦桧诬陷的手法极其阴柔险恶，他有时通过自己操纵的台谏弹劾政敌，而证据不过"曰谤讪，曰指斥、曰怨望、曰立党沽名，甚则曰无有君心"，罪名是可以随心所欲捏造的。有时他还亲自书写奏疏交给爪牙出面代奏，人们一看便知这是秦桧的笔法。秦桧居心叵测，凡是和朝臣在高宗面前发生争执时，他往往并不极为辩解，而是最后以只言片语把对方一棍子打死。有一次，秦桧和李光争持，李光说了许多针对秦桧的意见，秦桧沉默不语，等李光说完后，他才慢悠悠地摔出了一句"李光没有人臣之礼"，言外之意是不尊重皇帝。就这一句话使高宗对李光大为不满。秦桧还大搞恐怖政治，他的走卒布满京城，官吏百姓稍微说几句不满的话就有可能立即锒铛入狱。

在排斥异己钳制舆论的同时，秦桧还竭力培植党羽，搜罗亲信，凡是依附自己的人立即予以任用，即使是品德下流的不肖之徒，一言契合，立刻授予高官巨职。朝散郎王扬英迎合秦桧的旨意上书举荐秦桧的儿子秦禧为相，秦桧就"报以桃李"，推荐王扬英知泰州。其他像孙近、詹大方等人都因卖身投靠而相继跻身政要。顺我者昌、逆我者亡，是秦桧处世的哲学。即便对于其亲信爪牙，也是生杀予夺，随心所欲，用得着时甜言蜜语，收买笼络；用不着或稍有猜忌时，狠下毒手，六亲不认。郑刚中曾因对秦桧歌功颂德被提拔为监察御史，后出任四月宣抚副使，只因处理一件事情未请示秦桧就直奏高宗，惹恼了秦桧，把郑刚中一贬再贬，最后凌虐而死。一些亲信党羽为秦桧出谋划策，跑腿出力，被授予高官之后，在秦桧的威慑下，都不敢说话，成为秦桧的陪衬。即使这样，秦桧仍然不会让他们久在其位。在秦桧独相期间，先后用过二十八个执政副职，还企图让其子子孙孙永葆富贵。绍兴十二年（公元1142年），他指令科举考官将其儿子秦禧录取为状元，及后秦禧步步高升，不出三年就当上了知枢密院事。秦桧还想让孙子秦埙也当状元，绍兴二十四年（公元1154年），将其亲信魏师逊、汤思退任为主考官，这些人一看到秦埙的试卷就得意地说："这一下我们可以富贵了！"于是共同作弊，将秦埙定为第一名，只是到殿试时由于高宗看到秦埙答问试卷上的话语都是秦桧和秦禧的语言，才将他降为第三名。秦桧奸党的干儿子周青、沈兴杰也都在这次考试中得进士头衔。秦桧另外的几个孙子，大的不过九岁，小的尚襁褓之中，也被赐为"三品服"。秦桧父子亲党就这样布满了朝廷，成为显要人物。

秦桧替金朝做内奸，实现了金人"以和议佐攻战"的目的，金人因此也十分感激他。绍兴十一年签订和约时，金朝坚持要在盟书中写上

"勿得擅易大臣"的条款，肆无忌惮地要求南宋王朝永远保住秦桧的地位。秦桧于是"外有女真以为援引，内有群奸以为佐命"，像只蜘蛛一样在朝野上下到处结满了他的专政之网。他暗中结纳了宫廷内侍以及医师王继先等，让他们留意和观察宋高宗的动静，将高宗置于自己的控制之下。他要求天下郡县所上的奏章必须先由他处理，没有一件能直接送到皇帝面前。有一次，高宗觉着不对头，就问秦桧："最近国中难道什么事情都没有？"秦桧说："从您面前的奏章可以看到。"其实高宗面前已经见不到多少奏章了。高宗也慢慢地看出了秦桧欺君罔上的行为，他曾对人说过秦桧任意所为，不想让自己知道天下事，但明知被架空，高宗此时也只能作无可奈何之状了。当时符州爆发了俞八领导的农民起义，秦桧没有报告高宗，而是擅自派兵前去镇压。高宗的儿子晋安郡王（即后来的宋孝宗）把这件事情告诉了高宗，高宗大惊，质问秦桧，秦桧回答说是这件事不足给皇帝添麻烦，等平以后会再报告。退朝后秦桧马上追查消息来源，知道是告密后，竟以居丧期不应当发给俸禄为由，用每月扣除赵昚二百钱的薪俸的办法来对其示威，高宗也没办法，只好用内空进行补贴。一个宗室亲王尚且如此受到秦桧的威逼，一般人就更不敢轻议其非了。因而一时间献言者不是称颂秦桧的功德，就是攻击秦桧的政敌。即使有所建议，也唯恐触犯秦桧的忌讳，畏言国事，只能说些不痛不痒的话语了。

　　绍兴和议签订后，宋高宗和秦桧把向金朝贡纳银、绢各五十万两、匹的负担全部强加到了南宋人民头上。秦桧在各地增加了名目繁多的苛捐杂税，如两浙州县百姓要缴绵、绸、税捐、茶捐、杂钱、白米等杂税，有的一亩地要缴纳到四五斗；湖南有土户钱、醋息钱、曲引线等，各色不一。秦桧当相之后，又秘密要求各地暗增民税近一倍，南宋的老百姓真是生活在水深火热之中。

　　宋高宗实现了苟且偷安、偏安一隅的凤愿，为了表彰秦桧，对他步步加封。绍兴十一年六月，拜左相、封庆国公；次年九月加太师，进封魏国公。同年十月，又进封秦、魏两国公。只因秦桧觉着这两个封号与蔡京、童贯相同，不太光彩，就请改封其母为秦、魏国夫人。高宗对秦桧的物质赏赐更为优厚，金银财宝不可胜计，后来还把占田三顷，年收租三万石的永封圩赐给了他。

『罪不可恕』——宋钦宗宰相秦桧

　　秦桧独霸朝政，在政治玩弄权术，在经济上大肆聚敛财富，他大发国难财，绍兴十年（公元1140年），以为宋金战争中的将士预备犒赏为名，向百姓什库征钱，贫民也不能豁免。然而这批钱款全被秦桧自己中饱私囊，秦桧每逢生日，必然让各州县贡献财物为他祝寿，这笔钱每年多达几十万。地方官给他写信一般都要或多或少地捎上些礼物。秦桧还公开卖官鬻爵，监司帅守等大员进见时，都要送钱送物，没有几万贯是得不到新差事的。秦桧家门庭若市，各地运送贡献的黄金、白璧、明珠、大贝、象犀、锦绫等珍奇物品的车子塞满了街巷；各地来的送礼的车船首尾相连，水陆并进，昼夜不绝。外国进贡的珍宝，直到秦桧死后还在上门。当时南宋国库空虚，财政拮据，而秦桧通过各种方式聚敛来的家财竟富可敌国。秦桧家搞一次宴会就花掉数万贯钱，一件衣服只穿几天就当废物扔掉，奢侈铺张到了无以复加的地步。在秦桧贪得无厌的影响下，各地官吏除了盘剥百姓、媚奉秦桧以外，自己也纷纷效仿，各显神通，竞相聚敛搜刮。南宋赃官恣意横行，百姓日益贫困，就是当时严酷的现实。

　　作恶多端的秦桧激起了人民的仇恨和憎恶。绍兴二十年（公元1150年）正月，在秦桧乘轿上朝的时候，殿前司后军小校施全手持斩马刀，埋伏在望仙桥下准备刺杀秦桧，可惜只砍断了桥柱。施全被捕后，慷慨激昂地怒斥秦桧："举国上下都与金为仇，只有你一个人想投降，所以我要杀你！"秦桧做贼心虚，此后每逢外出都要带五十名武装士兵保护自己。

　　绍兴二十五年（公元1155年）十月二十二日，六十六岁的秦桧因病结束了自己的罪恶生涯。

"坎坷一生"——南宋度宗宰相文天祥

✿ 宰相小传

　　文天祥，字宋瑞，又字履善，别号文山，吉州庐陵（今江西吉安）人。文天祥的仕途生涯坎坷曲折，在政治上一直受到排挤，不为重用。他敢于向皇上直谏，不怕其他朝廷重臣。元朝军队攻入之后，他被俘虏，一直抱着视死如归的态度，忠于南宋朝廷，后来被杀，留下"自古人生谁无死，留取丹心照汗青"的千古名句。

　　文天祥的父亲文仪是一个未登仕途的文人，喜欢读书藏书。生有三男四女，文天祥是长子，下面有两个弟弟和四个妹妹。文天祥身材高大壮实，肤色洁白，眉清目秀，顾盼间炯炯有神。少时在孔庙看到乡先贤欧阳修、杨邦义、胡桂的塑像，都说曰"忠"，十分仰慕说："我死后不配享于他们之中，非大丈夫。"

　　宝祐元年（公元 1253 年），文天祥参加庐陵邑校"帘试"，结果名列榜首。两年后入学吉州著名的白鹭书院，同年选为吉州贡士，于岁末年初赴临安（今浙江杭州）应试，考试结果，二十岁的文天祥高中了进士第一名。他对策集英殿所做的《御试策》，针砭时弊，洋洋万言，没有起草，一挥而就，提出了"法天不息"的改革主张，被理宗认为是'切至之论'，愿意亲自听一听文天祥详细谈一下自己的见解。但就在文天祥中魁后还没有任职的时候，他的父亲病发逝于临安。文天祥随即扶枢还乡，在家治丧守制。

　　开庆元年（公元 1259 年）。文天祥守丧期满，年初陪弟弟文壁进京应试。到临安以后，文天祥被朝廷任命为承事郎，签书宁海军节度制官厅公事，自此开始了他光明正大而又艰难坎坷的仕途生涯。

从公元1259年出仕到1275年起兵勤王，整整十五年，文天祥屡遭当朝权臣的打击排挤，因而数度沉浮。

开庆元年（公元1259年）九月，忽必烈率蒙古军队突破长江天险，包围了鄂州。南宋朝野大为震惊，当时在朝中掌权的宦官董宋臣等人不是考虑如何稳定人心、认真部署抵抗，反而提出迁都四明（令浙江宁波）的逃跑主张。相当多的官员也都认为这一提议是可耻的，但迫于权势不敢提出反对意见。时为宁海节度判官的文天祥，不计个人得失安危，写了《己未上皇帝书》冒死进谏，他在上书中请求皇帝"悔悟"，并指出：如果听从董宋臣的提议，则"六师一动，变生无方"，京畿便可能"为血为肉"，因此必须"斩董宋臣以谢宗庙神灵"。奏疏中还提出了四个方面的改革建议，以求救亡图存。但文天祥的提议并没有被皇帝采纳。忧心忡忡的文天祥于景定元年（公元1260年）坚辞了朝廷改授的签书镇南军（今江西南昌）节度制官厅公事的职务，请求担任主管道观香火的"祠禄"，这是一种闲职，他的要求得到了批准，出任建昌军（今江西南城）仙都观主管。

景定二年（公元1261年）十月，朝廷任命文天祥为秘书省正字兼太子府教授，这一职务按惯例是由前科状元担任，文天祥两次提出辞职都没有得到批准，次年又充任殿试考官，不久又转任著作佐郎兼权型部郎官。此时朝廷决定重新启用被罢免的奸宦董宋臣，文天祥对此决定大为反感，考虑再三，又呈了《癸亥上皇帝书》，劝皇帝以史为鉴，不要宠信宦官，竭力劝阻起用董宋臣这种奸佞人物，大胆直言："陛下为中国主，则当守中国；为百姓父母，则当卫百姓。"请斩董宋臣以安人心。然而他的建议仍然没有被采纳，文天祥愤而辞职，决心不和坏人共事。后来在朋友的斡旋下出知瑞州（今江西高安），以后又任江西提刑，在江西提刑任上，他因仗义平反冤狱遭人诬陷，于咸淳元年（公元1265年）四月被弹劾罢官。郁郁不得志的文天祥返回老家，决意遁迹山林，隐居在文山，其"文山"的别号也是由此而来。

咸淳三年（公元1267年）九月，朝廷重新起用文天祥为支部尚书左司郎官，他又提出辞职未获批准；继任军器监兼权直学士院、国史院编修、实录院检讨官。但文天祥上任仅一个多月就遭忌被参劾，罢职再回文山。

贾似道以称病也请归老，要挟天子，有诏不准。文天祥值班起草诏书，用语多讽喻贾似道。照当时宫内规定诏书草稿都要送给贾似道阅看，文天祥这样做，贾似道很不高兴，要御史张志立弹劾，罢文天祥的官。

公元咸淳九年（公元1273年）春，文天祥又复出任职湖南提刑，当年冬季文天祥以便于奉养祖母、母亲为名，要求调往江西，获准迁知赣州事。

忽必烈取得了汗位，稳定了蒙古内部，于公元1271年（宋咸淳七年，元至元八年）改国号为大元。公元1274年六月，忽必烈下诏要对南宋"兴师问罪"，再次大举进军南宋。二十万元军分东西两路，沿汉水运河南攻长江；十二月，西路元军攻克鄂州，南宋军情紧急。当月二十日，南宋主政的太皇太后发出《哀痛诏》，号召各地迅速组织勤王之师抵抗蒙古军队的进攻。

德祐元年（公元1275年）正月，文天祥接到了《哀痛诏》以及朝廷令他"疾速起发勤王义士"的专旨，文天禅捧诏涕泣，首倡勤王，为纽建勤王军呕心沥血，接诏三天后，任赣州（今江西赣州）知州的文天祥，散尽家资招兵买马，数月内组织义军三万，以"正义在我，谋无不立；人多势众，自能成功"的信心和勇气，开始了戎马生涯。他发布文告在江西全省征集义士粮草，他把家中老母送往惠州交弟弟奉养，并捐出全部家产充作义军费用。在师友百姓的支持努力下，江西一带各路英雄豪杰，少数民族纷纷来归。到了四月，一万多名义师已经集中在吉安整装待发。当时有友人劝阻说："如今元军分三路进攻，破京郊，夺取内地，你以乌合之众一万余人赶去，无异驱羊群与猛虎搏斗。"文天祥答道："我也知道这样，但国家养育臣民三百余年，一旦有难，征召天下兵勤王，竟没有一人一骑而响应，我深以此为憾。所以不自量力，而以身许国，天下忠臣义士也许会闻风而动，如能做到这一点，则社稷还有保住的希望。"

由于种种原因，文天祥的勤王军很晚才遵旨从江西开拔，抵达临安时已经是八月下旬了，这时宋元两军对峙于常州一带，临安十分危急。

『坎坷一生』——南宋度宗宰相文天祥

文天祥到京后被任命为知平江府（今江苏苏州）。在向恭宗陛辞时，上奏疏说："朝廷姑息牵制的用意多，奋发进取的主张少，乞斩吕师益（当时的投降派人物）以振作将士之气。"还说："宋朝鉴戒五代之乱，削藩慎，连郡县，一时虽足以矫正尾大捧之弊，但国势也因而衰弱不堪。所以一旦敌人进攻，到一州破一州，到一县破一县，中原陆沉，痛悔何及广他建议天下分为四镇，这样做就能诸镇地域大，力量强，足以抵御敌人。约期进攻，有进无退，照这样下去，打败元兵并不困难。

在常州，义军苦战，淮将张全却率官军先隔岸观火，又临阵脱逃，致义军五百人除四人脱险外皆壮烈殉国。这年冬天，文天祥奉命火速增援临安门户独松关，离平江三天后，平江城降。未到目的地，关已失守。急返临安，准备死战，却见满朝文武纷纷弃官而逃，文班官员仅剩六人。

文天祥率领军队到达平江时，元军已由建康兵分三路向前进攻临安，正当中路元军攻陷常州、平江危在旦夕之际，朝廷突然下命令让文天祥移师西线，保卫临安西北的独松关；而当文天祥的部队还在移军途中时，独松关、平江就都已相继失守。文天祥只得退回临安，元军也随即兵临城下。这时，以太皇太后为首的南宋皇室已决定投降。他们先后向元军提出称侄纳币、奉表称臣、也存小国等投降方式，力因保存宋室宗庙。在对方的强硬态度下，最后只好呈送传国玉玺，派大员正式议降。

景炎元年（公元1276年）正月二十日，元将伯颜指定须由丞相出城商议，丞相陈宜中竟连夜遁逃，文天祥即被任右丞相兼枢密使都督出使议和。文天祥受命怀着极其复杂的心情出使元营，他向元军统帅伯颜提出先撤军后议和的权宜之计。文天祥见了伯颜，根本不提求和的事，反而严正地责问伯颜说："你们究竟是想跟我朝友好呢，还是存心消灭我朝？"伯颜说："我们皇上（指元世祖）的意思很清楚，并不是要消灭宋朝。"文天祥说："既然是这样，那么请你们立刻把军队撤退到平江或者嘉兴。如果你们硬要消灭我朝，南方军民一定跟你们打到底，对你们未必有好处。"伯颜把脸一沉，用威胁的口气说："你们再不老实投降，只怕饶不得你们。"文天祥也气愤地说："我身为大宋状元宰相，至今只欠一死以报国，我誓与大宋共存亡，即便刀锯在前，鼎镬在后，也绝不皱一眉头。"文天祥洪亮的声音，庄严的语言，把伯颜的威胁顶了回去。周围的元将个个吓得惊奇失色。

双方会见之后，伯颜传出话来，让别的使者先回临安去跟谢太后商量，却把文天祥留下来。文天祥知道伯颜不怀好意，向伯颜抗议。伯颜装出若无其事的样子说："您别发火。两国和议大事，正需要您留下商量嘛。"随同文天祥到元营的吴坚、贾余庆回到临安，把文天祥拒绝投降的事回奏谢太后。谢太后一心投降，改任贾余庆做右丞相，到元营去求降。伯颜接受降表后，再请文天祥进营帐，告诉他朝廷已另外派人来投降。文天祥气得把贾余庆痛骂一顿，但是投降的事已无法挽回了。公元 1276 年，伯颜带兵占领临安。谢太后和赵㬎出宫投降，元军把赵㬎当作俘虏押送大都（今北京），文天祥也被押到大都去。一路上，他一直在考虑怎样从敌人手里逃脱。路过镇江的时候，他和几个随从人员商量好，瞅元军没防备，逃出了元营，乘小船到了真州。

真州的守将苗再成听到文丞相到来，十分高兴，打开城门迎接。苗再成从文天祥那里知道临安已经陷落，表示愿意跟文天祥一起，集合淮河东西的兵力，打退元兵。文天祥正在高兴，哪儿知道守扬州的宋军主帅李庭芝听信谣言，以为文天祥已经投降，是元军派到真州去的内奸，命令苗再成把他杀死。苗再成不相信文天祥是这样的人，但是又不敢违抗李庭芝的命令，只好把文天祥骗出真州城外，把扬州的来文给他看了，叫文天祥赶快离开。文天祥没办法，又带着随从连夜赶到扬州。第二天天没亮，到了扬州城下，等候开门进城。城门边一些等着进城的人坐着没事都在闲谈。文天祥一听，知道扬州正在悬赏缉拿他，不能进城了。文天祥等十二个人为了免得被缉拿，改名换姓，化了装，专拣僻静的小路走，想往东到海边去，找船向南转移。十几个人走了一程，正遇到一队元朝的骑兵赶了上来。他们躲进一座土围子里，幸亏没被元兵发现。

文天祥等日行夜宿，历尽千难万险，终于在农民的帮助下，从海口乘船到了温州。在那儿，他得到张世杰和陈宜中在福州拥立新皇帝即位的消息，就决定到福州去。

文天祥到达永嘉时，广王已经抵达福安府（今福建福州），并被拥立为帝，即端宗，文天祥应召前往，被任命为同都督五府南剑州，他在

『坎坷一生』——南宋度宗宰相文天祥

那里招兵买马。再举义旗，计划以闽赣为基地恢复发展。不久，福安府行在命令文天祥移驻汀州。以后南剑州、福安府相继失陷，端宗皇帝在陆秀夫等人保护下随船入海，文天祥的督府军在闽赣又出师不利，军心动摇。文天祥处决了叛徒吴俊等，重新整顿军纪，稳定局势提高了督府军战斗力。第二年二月文天祥收复了梅州（今广东梅县）；五月再次入赣，收复了赣南十县、吉州四县，军事形势为之一振，史称赣南大捷。文天祥的胜利引起了敌人的重视，元军调江西宣慰使李恒猛扑督府军。八月督府军在永丰县的空坑这个地方遭到元军的突袭，损失惨重。文天祥的家属也大都在此被俘，他本人在战友和百姓的掩护下再次脱险。

空坑兵败，宋军的元气大伤，但文天祥抗元的斗志与信心一如既往。他收拾残部，转战闽粤赣地区。景炎三年（公元1278年），朝廷封文天祥为少保信国公以示嘉奖，但对文天祥的军事计划并不十分赞同。

当年十二月，文天祥从俘房的元军口中得知元军重兵将由闽南进攻粤东督府军；元水军将由秀州、明州南下，进攻南宋行朝。文天祥一面飞报行朝，一面率领都府军撤往南岭山脉。十二月二十日，元军在当地奸盗陈懿引导下，对正在海丰五坡岭吃饭的督府军进行了突袭。文天祥兵败被俘，他决心以身殉国，当场吞下了早已准备好的二两冰片，但因药力失效而没能成功。他随军的母亲、长子、三女、四女先后死于战乱之中。文天祥的军事失败，使元军最终摧毁了这支撑着南宋残局的东南一柱。

公元1279年正月初，元军水陆并举，扑向位于海岛的南宋行朝。文天祥随元舰被押前往。元军统帅张弘范令人给文天祥送去纸笔，要他修书劝降张世杰。文天祥心潮起伏，抄录了自己所作的《过零丁洋》诗以明其志："辛苦遭逢起一经，干戈寥落四周星。山河破碎风飘絮，身世浮沉雨打萍。惶恐滩头说惶恐，零丁洋里叹零丁。人生自古谁无死，留取丹心照汗青。"

公元1279年二月六日，元军与行朝军队进行了决战。文天祥被押在元舰观战。他亲眼目睹了南宋行朝的覆灭，心中"痛苦酷罚，无以胜堪"。当日陆秀夫背负九岁的小皇帝起而跳海而死；几天后已经突围出去的杨太后、张世杰等闻讯也纷纷投海殉国；到此宋朝最终灭亡。

元朝至元十九年（公元1282年）底，身陷图圄三年有余、时年四十七岁的文天祥在大都柴市慷慨就义。元朝统治者之所以迟迟不杀文天祥，是因为"既壮其节，又惜其才"。当时宋朝虽亡，但元朝的统治并不稳固，倘若文天祥能稽首皈依，凭借他的威望，天下不难传檄而定。因此，元朝君臣使尽了浑身解数，软硬兼施，逼他就范。但是，文天祥"如虎兕在柙，百计驯之，终不可得"，表现出一个政治家富贵不能淫、威武不能屈的高尚民族气节。元朝统治者面对如此硬汉，只能徒叹奈何！

在大都作楚囚的三年多时间里，劝降的人纷至沓来。他们大体上可分作三类：降元的南宋君臣、文天祥的亲属和元朝统治者。当南宋国势岌危、风雨飘摇之时，不少大臣为觊觎功名富贵而典见颜降元，甘作儿臣，文天祥对他们深恶痛绝，对来劝降者从不假以颜色。那些人自知即便口若悬河，舌粲莲花，也不可能使其回心转意，但受人驱遣，又不敢不来。降元的宋朝左丞相留梦炎，因与文天祥一样是状元宰相，被派来做第一个说客。文天祥不等他摇唇鼓舌，一阵唾骂，便把留梦炎骂得抱头鼠窜。后来文天祥诗中"龙首黄扉真一梦，梦回何面见江东"的句子，就是讥讽他将来何颜见江东父老。劝降受挫，元朝又搬出已经降元并被封为瀛国公的宋恭帝赵㬎，其时赵㬎只有九岁，还是个不谙世事的孩子。文天祥一眼便看出元朝统治者的险恶用心，他先是"北面拜号"，然后又不卑不亢地说出"乞回圣驾"四个字。显然，"北面拜号"是出于君臣之义，"乞回圣驾"则是明确表示自己决心殉国，无意降元。第三个前来劝降的王积翁也是贪生怕死的软骨头。他原知南剑川（今福建南平），见元军势大，弃城而走，纳款于元，元军攻福安（今属福建），积翁为内应，献城作为赘见之礼。元世祖忽必烈欲招致有才干的南人为己所用，王积翁遂献言南人无出文天祥之右者，忽必烈于是命他劝降，结果自然也吃了闭门羹。《宋史·文天祥传》记载，文天祥对王积翁说："倘缘宽假，得以黄冠归故乡，他日以方外备顾问，可也。"这纯系不实之词，文天祥是个视死如归的铮铮汉子，岂会如此自污清白，与敌人同流合污？

用亲属劝降是元朝统治者的第二招杀手锏，已经在元朝居官的天祥之弟文璧、天祥的女儿柳娘、环娘及两妾均被当作劝降的筹码，他们"哀哭劝公叛"。文天祥没有犹豫彷徨，先是写诗讽刺文璧："去年我别旋出岭，今年汝来亦至燕。弟兄一囚一乘马，同父同母不同天。"继之又拒绝了文璧送来的四百贯元钞。他对妻妾子女说："汝非我妻妾子女也，果曰真我妻妾子女，宁肯叛我而从贼耶？"又说："人谁无妻儿骨肉之情，但今事到这里，于义当死，乃是命也。"高风亮节，义薄云天，今日读这段文字，犹使人潸然泪下！

"自身分为齑粉碎，房中方作丈夫看。"面对元朝统治者的威胁利诱，文天祥从容应对，大义凛然。当俘虏文天祥的元将张弘范前来劝降时，天祥先是说："吾不能扞父母，乃教人叛父母，可乎？"继而又书写《过零丁洋》诗与之，其中有"人生自古谁无死，留取丹心照汗青"的誓言。张弘范知道自己无能为力，只得把他押解大都，交给元世祖忽必烈发落。忽必烈对文天祥的到来极为重视，先后派出平章政事（副宰相）阿合马、丞相孛罗谕降。文天祥舌战二人，侃侃而谈，语惊四座，言辞之犀利，斗志之昂扬，使两人瞠目结舌，先后败下阵来。当阿合马强行要他下跪时，他说："南朝宰相见北朝宰相，何跪？"阿合马语塞。当孛罗诘问他：明知拥立赵昰、赵昺二王也保不住社稷、又何必拼死抵抗时，文天祥答："父母有疾，虽不可为，无不下药之理，尽吾心焉，不救则天命也。天祥今日至此，有死而已，何必多言！"在气势上完全压倒了对方。

劝降不成，元朝统治者把文天祥从馆驿移至兵马司，枷颈缚手，恶衣菲食，想以此消磨他的斗志，逼他改弦更张。但是，丹可磨而不可夺其色，兰可燔而不可灭芳香，文天祥对这一切都甘之如饴。"朝餐食淡薄神还爽，夜睡崎岖梦自安。亡国大夫谁为传，只饶野史与人看。"这首诗表达了他矢志不渝忠于宋朝的信念。元朝统治者黔驴技穷，忽必烈只得亲自出马。他诚恳地对文天祥说："汝移所以事宋者事我，当以汝为相矣。"文天祥仍只求一死。到此山穷水尽之时，忽必烈才不得不下令杀他。行刑之际，"俄有诏使止之"，而文天祥已死。事后忽必烈不无惋惜地说："好男子，不为吾用，杀之诚可惜也。"敬重之情，溢于言表。

公元1282年十二月九日，四十七岁的文天祥被绑赴大都柴市处死。临别前。他从容地对人说："我文天祥走完了该走的路。"朝南深情跪拜后英勇就义。死后，其妻欧阳氏收尸时，在其衣带中发现一篇早已写好赞言："孔曰成仁，孟曰取义，惟其义尽，所以仁至。读圣贤书，所学何事？而今而后，庶几无愧。宋丞相文天祥绝笔。"第二年文天祥的灵柩归葬吉州庐陵。

　　文天祥是一位伟大的爱国诗人。他的爱国诗篇被收入《指南录》《指南后录》《吟啸集》等集中；另有《集杜诗》传世。他所作的《过零丁洋》《正气歌》《衣带赞》等是人们世代传诵的佳作。

"社稷重臣"——元太祖宰相耶律楚材

宰相小传

　　耶律楚材是十三世纪蒙古汗国时期的杰出政治家，一代名相。他在成吉思汗时，长期掌管文书；在窝阔台汗时，官至中书令。为用兵西域，统一北方，出谋划策；也为引导蒙古走向汉化，建立各种规章制度，出过不少力，对蒙古立国中原起过不少积极的作用，为推动蒙古人学习和接受中原农业文明做出了卓越贡献，给后人留下了深刻的印象。在出身于少数民族的政治家中，耶律楚材是一位享有美誉、倍受世人缅怀和景仰的人。

　　耶律楚材原本是辽朝的宗室，他的父亲名叫耶律履，为金章宗所器重，做到宰相。他六十岁才生下楚材，年近花甲，老来得子，使他非常高兴。他常常对家人说："这孩子是我们家的千里驹，将来必定能够成就一番伟大的事业。"可是，他仔细想一想，大金国昔日的威风虽然还勉强支撑着，但种种腐败的迹象都已逐渐显露出来了，国势日微，这孩子的才干再大，恐怕也发挥不了什么作用。古人不是说过"楚虽有材，晋实用之"吗？金国既然没有他施展才干的机会，就让他到其他地方去干一番事业吧。于是给这孩子取了个寓意深远的名字：楚材，字晋卿。这个名字，既寄托了当父亲的美好愿望，也反映了那个时代艰难的形势。

　　耶律楚材三岁时，父亲耶律履去世，母亲杨氏是当时名士杨昙之女，出身于书香门第，具有较高的文化修养，被封为漆水国夫人。她谨遵丈夫希望楚材学有所成、光宗耀祖的遗愿，带着他从上都（今北京）回到老家东丹（今辽宁北镇一带）。在医巫闾山的桃花洞南部的悬崖上建了两间小屋，教儿子刻苦读书。医巫闾山是一个风景秀丽、人迹罕至的地方。在那里，耶律楚材"继夜诵诗书，废时毋博奕"，而杨夫人"挑灯教子哦新句，冷淡生涯乐有余"，母子俩虽穷苦但也其乐融融。

耶律楚材有一个好妈妈，受母亲的影响，他的汉学根基极深，短短几年，他便学到了不少知识，凡史籍、儒家经典、诗词歌赋无所不通，另外，他对天文、地理、律历、术数及释道、医卜之书也都有涉猎，而且才思敏捷，下笔成文，一挥而就，很少改动，好像头一天就做好了似的。他精通经学、佛理、天算、医学，又通晓契丹、女真、蒙古语文，还会写一手好诗。

金章宗泰和六年（公元1206年），耶律楚材十七岁，根据他学习的情况可以出仕了。按照当时的制度规定，宰相之子享有赐补政府机关佐武官的特权，可是耶律楚材宁可不要这个特权，希望参加正规的进二科考试。章宗认为旧的制度不应轻易更改，特别下了一道敕令要当面对他考试，亲自询问了几件疑难案件的处理。同时参加考试的十七个人中，耶律楚材回答得最好，章宗便正式任命他为某个政府部门的掾官，协助长官，掌管文书，办理日常行政事务。权力虽然不大，但对一个十七岁的青年来说，初入仕途，锻炼锻炼，也是大有好处的。不久，他便又升任开州同知。

自此，耶律楚材正式进入了仕途，然而这条道路对他来说却并非十分通畅平坦。当时的官场已经非常腐败，而真正有才干的人是很难得到重用的。耶律楚材在一首诗中曾经谈到他的侄儿耶律正卿，"学书写尽千林叶，习射能穿百步杨，"文武双全，完全靠自己的本事，"曾陪剑佩待明昌"，当上了章宗的侍卫，可是仍然不被重用，结果还是"荣枯枕上梦黄粱。"耶律楚材自己当然也不会有更好的遭遇，尽管他工作得很努力，然而干了六七年，却仍只不过是一个开州同知，除了协助知州处理一些日常事务外，实际上没有多少事情可干。这当然会让一个志欲"辅翊英主"、精力旺盛的青年产生生不逢时的感叹，他觉得自己前途渺茫，心灰意冷了。

贞祐二年（公元1214年），为了逃避蒙古南下的威胁，金宣宗把首

『社稷重臣』——元太祖宰相耶律楚材

都迁往南京（今开封），耶律楚材的全家也随同南下，只有他本人被燕京留守完颜承晖留了下来，被任命为左右司员外郎。名义上的职务是分掌尚书省所属六部的日常章奏，实际上只不过是一种寄禄官，并无实际职掌，还是白拿钱吃闲饭，不干事。不久，蒙古兵围困燕京，形势越来越紧张。耶律楚材被困城中，绝粮六十余日，公元1215年五月，燕京城被攻陷。从此，耶律楚材便与金政权和家人失去了联系。

耶律楚材眼看金朝的大势已去，国破家亡，前途渺茫得很，便"将功名之心束之高阁，"拜万松老人（行秀）为师，学习佛理。他杜绝人迹，屏斥家务，专心一意，参禅礼佛，虽遇大寒大热，也从不间断。废寝忘餐的修炼了三年之后，他终于参透了禅理，接受万松老人授予的显诀，成了燕京城中著名的佛教信徒。不过，遁世脱俗并不是他的最高理想，致主泽民才是他的根本志向。他认为，"穷理尽性，莫尚佛法；济世安民，无如儒教。"简单地说，就是艰难的时世，磨炼了耶律楚材，经过他自己的刻苦学习，不仅树立了经邦治国的雄心壮志，而且做好了两种准备："否，则以简易之道治一心；达，则以仁义之道治四海。"他在等待着时局的发展，等待着机会的到来。

蒙古太祖十三年（公元1218年），成吉思汗在南征北战过程中，逐渐感到人才的重要。为了征服战争的继续进行和扩大化，他需要各种人才。这时，打听到在他统治下的燕京城中，有个博学多艺的耶律楚材，便派专使前来礼聘，耶律楚材陷在燕京城中已经三年了，过着隐居式的生活，除了礼佛参禅而外，无事可干，这时得知有雄才大略的成吉思汗要召见他，感到是一个图谋进取的好机会，不应轻易放过，便立即应召，跟随来使欣然上道了。后来，他有一首诗讲到这件事，"圣主得中原，明诏求王佐，胡然北海游，不得南阳卧。"可以看得出，他心情是很愉快的。

当时，成吉思汗正准备西征，其行止远在克鲁伦河的上游与臣赫尔河合流之处（今属蒙古肯特省）。耶律楚材于三月十六日从燕京出发，过居庸（今居庸关），历武川（今河北宣德），出云中（今山西大同），抵天山（今呼和浩特北大青山），穿越浩瀚的大沙漠，于六月二十日左右到达行止。耶律楚材看见这里车帐如云，将士如雨，马牛被野，兵甲赫天，烟火相望，连营万里，真是一个千古少有的盛大场面，心中非常高兴。

　　成吉思汗久闻耶律楚材的大名，特别召见。一见之下，发现耶律楚材身长八尺，美髯当胸，声如洪钟，仪表非凡，立刻豪气万千地说："辽金世仇，我今天为你雪耻!"耶律楚材答道："那是很早以前的事了。从我的祖父开始已经入侍金朝，既然做了臣下，怎敢与君为仇呢?"这几句话讲得非常得体，成吉思汗听了很满意，认为耶律楚材光明磊落，十分欣赏，就把他留了下来，做自己的亲随，不离左右。耶律楚材也很快便以自己渊博的学识，受到成吉思汗的宠信。成吉思汗对他很亲切，经常不叫他的名字，而称为"吾图撒合里"，蒙古语就是"长胡子"的意思，也就是美髯公。耶律楚材终于在风云变幻的年代里，找到一个可以施展才干的机会了。

　　然而，一个新来归顺的儒生，想在以武力取天下的军事贵族中，取得充分的信任和巩固的地位，是很不容易的。有个名叫常八斤的人，以善造弓，受到成吉思汗的重用，因而非常矜骄。有一次竟然当着耶律楚材的面对成吉思汗说："现在正是用武的时候，耶律楚材是个儒生，对打仗的事一窍不通，有什么用处?"耶律楚材听了并不生气，从容答道："治弓尚且须用治弓匠，难道治天下就不需用治天下匠吗?"成吉思汗听了觉得有理，对耶律楚材更加信任重用了。从此，耶律楚材就一直随军征战。

　　公元1219年夏六月，成吉思汗西征，耶律楚材奉命随行。祭旗那天，暴雪三尺。有人以为这是不良征兆，耶律楚材为鼓舞士气，便说："隆冬之气，见于盛夏，恰是打败敌军，获取胜利的好兆头。"第二年冬，有一天忽然雷声大震，军兵骚动，成吉思汗于是又问耶律楚材："这又是什么兆头呢?"耶律楚材回答说："回回国主马上将要死去，露尸荒野。"后来果应验。耶律楚材因为能占卜星象，又知书识字，了解天下大势，医术也好，得到成吉思汗的信任。

　　公元1222年的八月，西天现彗星，有人以为成吉思汗将有不测，耶律楚材赶忙上奏说："此是金宣宗快要死了的异象。"成吉思汗听了很高兴，后来果然又应验。当然，耶律楚材绝非有未卜先知之能，比较精准的预言都来自于他丰富的学识、过人的才智和对人心的准确把握。

　　元太祖成吉思汗在行军之前，每次都要请楚材占卜得失，预言常能

应验如神，所以成吉思汗对他十分倚重信任。

有一次成吉思汗指着耶律楚材对儿子窝阔台说："耶律楚材是上天送给我们的礼物，皇天委派他来帮助我们打江山。我死之后，你主持国政，军国大小事务，你都可以放心交付给他去办理。"由此可见，耶律楚材用自己的知识为蒙古统治者服务，已经获得了很高的评价，取得了充分的信任。

耶律楚材是一名虔诚的佛教徒，生平无书不读，学问很渊博，尤精通佛教内典。

当他看到蒙古兵每夺下一城一地都杀人抢掠，心里非常痛苦。为了尽量减少杀戮，减少战争对平民的损伤和对社会生产力的破坏，他决心借助神佛的名义来设法对成吉思汗施加影响。

有一回，当蒙古铁骑行军到铁门关（今乌兹别克斯坦境内）时，成吉思汗的一个侍卫看到一个鹿形马尾、能说人语的绿色独角怪兽（可能是犀牛），这只怪兽仿佛对侍卫说："你的君主应当及早回去。"成吉思汗听了侍卫的陈述，心里十分奇怪，就去问耶律楚材。耶律楚材借机向成吉思汗谏道："此兽是祥瑞之兽也，它的名字也叫角端，它能够说四方语言，性好生恶杀。它今天跑到这里，是上天派它来告诫大汗的，陛下您是天的儿子，天下的人都是您的子民，您应当顺承上天的心意，爱惜和保全老百姓的生命。"成吉思汗采纳了耶律楚材的建议，当天就立刻收兵回国。

当时，元太祖统治下的各地州郡官吏，大多很暴虐，常常任意杀人，甚至奸人妻女，取人货财，楚材听到各地政治黑暗的情形，不禁痛哭流涕，就向元太祖上奏，下令各地州郡，官吏不能随便杀人，凡死刑一定要报经皇上核准，违者官吏处死。这以后，各地官吏暴虐的恶风，才渐渐的改变。元太祖南征的时候，楚材奏请制备招降的旗数百面，发给降顺的民众，使他们各归故里，因此保全了很多人的性命。

后来元太祖率军攻打汴梁（今河南开封），带兵的武将为了报复金人的持久顽抗，主张要烧杀全城，楚材就向太祖上奏说："皇上用兵的目的，是要获得土地与人民，如果烧杀全城，那么得了土地而无人民，又有什么用呢？"成吉思汗还是犹豫不决，楚材又继续进谏说："奇巧精美的工程，厚藏财宝的富户，都汇聚在这城中，倘若烧杀全城，我们将一无所获，岂不可惜！"太祖听了很有道理，就取消屠城的原议，下令只办城内颜氏的罪，其余一概不究，这样就保全了一百四十七万人的性命。

当时被俘而逃亡的人很多，元军下令，凡收留或资助逃俘的人，必灭其全家，楚材又向太祖上奏说："河南既已平定，人民都是皇上的赤子，他们逃也没有地方可以去，怎么可以为了一个俘囚，因而连死数十人数百人呢？"太祖听了楚材的奏言，就解除了原来的命令。

成吉思汗最重视技术人才，尤其是擅长于制造武器以及工程建设的人，所以他虽然屠城掠地，遇有这类人才，总是一律留用不杀。

成吉思汗攻下灵武以后，众人忙着抢金帛子女，耶律楚材却只收图书和药材（大黄），人们都以为无用。大黄是一种中药，根部可以做特效止泻药。后来，士卒遇到瘟疫，一万多人都在闹肚子，耶律楚材所收的药材救活了绝大多数人，人们又惊以为神。

耶律楚材虽在官位，但他并不是以做官为目的，而以救国救民为急务。他为了阻止元军烧杀汴梁全城，因正谏不能使元太祖接受，就以"奇巧厚藏"的物欲，打动了元太祖的心，使汴梁免除了大屠杀的灾难，至于逃俘免究，更保全了不知多少的人命。当蒙古人初入中原的时候，本来要杀尽汉人，把中原变为牧场，幸而耶律楚材谏止了蒙古人的杀机，汉族才能存留于天地之间。在诸将贪婪抢掠之时，耶律楚材丝毫不为钱财所动，他保护图书文物，收集经籍，为传承中华文明立下了大功。

元太祖二十二年（公元1227年）的冬天，耶律楚材在经过长达十年之久的西征之后，又回到了燕京。不过，应当特别指出的是，在整个西征过程中，成吉思汗进行战争的主要目的，仍然在于掠夺财富。因此，在成吉思汗的眼中，耶律楚材的这点本领，比起两军对垒斩将攀旗的武功来，分量究竟要轻得多。同时，戎马倥偬的时代，遐荒异域的环境，也使得他这个只懂得中原文化，意欲以儒治国的书生，一时难以施展自己的才华。英雄无用武之地的冷落感，在耶律楚材的思想深处，还有较多的存在，并且不时在自己的诗文中流露出来。

"天涯流落从西征""十年沦落困边城""赢得飘萧双鬓雪""今日龙种返帝京"。这些诗句中既有无限的感慨，也有对于未来的期望。

"再行不惮风沙恶"，"尚期晚节回天意"。很显然，他对万里西征，未能发挥更大的作用，作出更大的贡献，从内心来说是很不满意的。他还想在未来的岁月里，做一番更大的事业。

元太祖二十二年（公元1227年七月，一代天骄成吉思汗病逝。他去世之前没有立新主，暂时由他的第四个儿子拖雷监国。这次，耶律楚材回到燕京，就是奉了拖雷之命，前往搜索经籍的。耶律楚材对图书经籍，素来就很爱好。燕京是辽金两朝的旧都，珍藏的图书经籍很多，又是耶律楚材的故乡。拖雷派耶律楚材到燕京搜集图书，是再恰当不过了。

与此同时，耶律楚材在燕京又发现那里道教的势力极度膨胀，好些佛寺都被改为道观，并且存在着不法行为与欺骗性，这使他很不愉快。前面说过，耶律楚材原先在燕京时曾经学习过佛理，废寝忘餐，三年不倦，是一个虔诚的佛教信徒，因而对以丘处机为首的道教徒非常不满。他写了一本《西游录》，上半部叙述了他西征的经过，下半部便对道教进行了猛烈的攻击。主要是揭露丘处机利用道教思想欺骗民众的不法行为。

当时风传丘处机有长生不老的秘术，已经三百多岁了，成吉思汗知道后很感兴趣，派人把他接往住处，细细询问当问到他究竟有多大岁数时，他竟然不肯老实回答，伪称不知确数。当问到道教的极理时，他又故弄玄虚，用"出神入梦""提真性遨游异域"等假话骗取信任。他还违背诏旨，广收徒众，滥发符印，自出师号，扩大实力。又骗取军用的牌符，悬牌跃马，横行诸州，招摇撞骗。甚至以权谋私，当成吉思汗准许僧道修善之士皆免赋役后，竟然在执行时只给道人免役，不及其他。特别不能容忍的是，他竟然在许多地方折毁夫子庙和佛寺，改为道观。所有这些，耶律楚材认为都是小人之辈鼠窃狗盗的行为，是严重的违法乱纪，应该处以严刑。他最后表示，应该找一个积极的办法，使"三圣人"之道，能够像权衡一样，不偏不倚，平等地共同发展，用佛教的"因果之诚化其心"，用道教的"慈俭自然之道化其迹"，用儒家的"君君臣臣父父子子之名教化其身"，太平之世就指日可待了。这当然只是耶律楚材追求的理想，在现实生活中是很难做到的。后来，他反对道教的努力，没有收到显著的效果，却起到了一些改善社会状况的作用。

耶律楚材在燕京做的另一件事，则比较现实，而且效果也很好，当时，蒙古最高统治者忙于东征西讨，来不及制订必要的规章制度，因此派往各州郡的长吏，便生杀任情，奸人妻女，掠取货财，兼并田地，无所不为其中，燕京留后长官石抹咸得卜尤为贪暴，杀人如麻，市场挂满了示众的人头，耶律楚材了解到这个情况后，不觉凄然泣泪，立即入奏，发出禁令，各州郡如果没有奉到盖有皇帝玉玺的文书，不得擅自向人民征发，囚犯需判死刑必须上报。违背这项命令的，其罪当死，决不轻贷。于是各地贪暴之风稍有收敛。

当时，燕京城中社会秩序也很不好，每天傍晚，尚未天黑，就有一些盗贼驾着牛车闯入富家，搬取财物，如果反抗不给，则杀人劫货而去，谁也不敢阻拦追究。看来这些盗贼决非一般普通人物，处理起来可能棘手。拖雷特派中使塔察儿偕同耶律楚材前往治理。耶律楚材经过仔细查询，了解到这些盗贼的姓名，原来都是留后的亲属和势家子弟。耶律楚材毫不手软，将他们一网打尽，投入监狱。这些人的家属贿赂中使，准备从轻发落。耶律楚材知道后，晓以利害祸福，中使害怕了，只得听耶律楚材的意见，依法处理，最后结案，将十六个罪大恶极的首犯，绑赴刑场，斩首示众。从此以后，巨盗消失了，燕京城的百姓得到了安宁的生活，社会秩序日益好转。

耶律楚材回到燕京处理的这几件事，都取得了特别好的社会效果，这使他获得了燕京城百姓的一致好评。当然，这也从另一方面表明他确实是很有才干，因而当时的蒙古最高统治集团，不仅很尊重他，更增强了对他的信任感，而他在民众中的威信也越来越高。

元太宗元年（公元1229年）的秋天，这时拖雷监国已经有两年了，在耶律楚材的辅助下，社会秩序也已经稳定下来，于是，他建议召集宗亲推举大汗。

成吉思汗有四个儿子，长子术赤（成吉思汗夫人被蔑儿乞人抓去受孕回来生的，其实不是成吉思汗的儿子，成吉思汗平日里也不怎么喜欢他），次子察合台，三子窝阔台，四子拖雷。大汗曾经与四个儿子讨论过继承汗位的事，暗示由忠厚能干的三子窝阔台继位。大汗死后，四个儿子明争暗斗，使汗位空缺二年，一直由拖雷监国，两年中由于国家无主，盗贼四起，形势十分混乱，虽经耶律楚材治理后越来越向好的方面

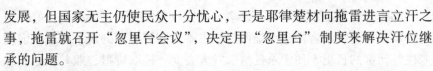

发展，但国家无主仍使民众十分忧心，于是耶律楚材向拖雷进言立汗之事，拖雷就召开"忽里台会议"，决定用"忽里台"制度来解决汗位继承的问题。

蒙古"忽里台"制度就是召开蒙古诸王、重臣大会来研究决定汗位继承等重大问题，虽有成吉思汗遗命，但大会可以否决。公元1229年秋天，"忽里台"大会召开，会议开了四十多天，最后也没有做出决定。

为了避免内乱，使国家能尽快地稳定下来，耶律楚材认为会议不能再这样无限期地拖下去了，于是对拖雷说："推举大汗，是宗社的大事，应该根据成吉思汗的遗命，由窝阔台继承汗位，早做决定，以免发生不必要的争端。"拖雷说："意见还没有统一，能不能再等几天？"为了能让拖雷快点做出决定，耶律楚材说："过了明天，就没有吉利的日子了。"当时的蒙古统治者还非常迷信，听信了耶律楚材的话。耶律楚材又在大会上对众人说："先皇是经过反复考虑才立下遗诏，让窝阔台继位的。"由于耶律楚材的特殊地位，众人只好都支持，大汗终于得立。

登基大典由耶律楚材拟订。耶律楚材对窝阔台说，大汗登基就要有一个新的面貌出现，建议要完全按照中原传统的册立礼仪举行大典。按着中原礼仪，皇帝登基所有的人都得行跪拜礼，而蒙古习惯就没那么严格。为了完成好登基大典，为了使会议开得威严庄重，让所有宗亲都能恭敬顺从，耶律楚材事先对亲王察合台说："你虽是大汗的兄长，但从职位上来看仍然是臣，臣下对君按照礼节应当跪拜。只要你带头拜，其他的人就不敢不拜了。"察合台认为他说得有道理，在窝阔台正式的即位大典上，便率领皇族及臣僚在帐下跪拜。在耶律楚材的主持下，登基大典举行得非常成功，蒙古人见识了中原礼仪的规模和尊严，都夸耶律楚材礼仪制定得好。会后，察合台对耶律楚材说："你真是社稷的功臣呵！"自此以后，蒙古汗国才开始对大汗朝拜。

窝阔台汗即位后，为了树立自己的威望，准备对那些没有按时前来朝拜的王公大臣处以死刑。耶律楚材知道后便对他说："陛下新即位，应当力求安定，对犯错误的人，应当宽宥，否则矛盾扩大，政局反而不稳。"窝阔台采纳了耶律楚材的意见，果然取得了很好的效果，从前不拥护他的人，后来都拥护他了，政权得到了巩固和稳定。耶律楚材本人也日益获得元太宗窝阔台的信任。

窝阔台对耶律楚材十分重用，不仅是因为耶律楚材扶持他登上了汗位，更重要的是要治理好那些被蒙古征服的文明地区，也必须重用具有较高文化修养的耶律楚材，同时耶律楚材曾经得过他父亲成吉思汗重用，父亲生前曾对自己说过："这个胡子（成吉思汗对耶律楚材的爱称）是老天赐给我们的，你以后要把治国的大事委托给他。"耶律楚材也愿意的把毕生所学为蒙古汗国做贡献。

耶律楚材辅佐元太宗窝阔台治理国家最伟大的贡献在帮助蒙古国建立典章制度，让治理国家有了制度可以遵循，管理逐渐有序化。当时，蒙古立国不久，各项措施都在草创阶段，许多必要的制度都没有建立起来，需要改革的事真是太多了，于是，耶律楚材选择了一些急需办理的，写成《便宜十八事》一疏上奏，这封奏疏的内容很广，包括了官吏设置、赋役征收、财政管理、刑法执行等许多方面，并且特别指出当时官场上盛行的送礼之风为害不小，希望下令禁止。窝阔台汗看了奏疏以后认为所奏各事，皆可听从，唯有送礼一事难于禁绝，便对耶律楚材说："如果是自愿馈赠的，可以不追究吧！"耶律楚材说："这是蛀政害民的开头呵！哪能听任不管呢？"窝阔台汗说："凡你所奏，我都依从了，你就不能依从我这一件吗？"耶律楚材坚执己见，窝阔台也只得听从。

耶律楚材的许多建议都得到窝阔台汗的首肯，作为诏令颁布施行，都收到了很好的效果。

公元 1231 年春天，窝阔台颁布了劝农诏书，这年秋天，窝阔台来到云中，耶律楚材的新税法已取得了预期效果楚材让十路使者，呈现了粮仓的簿册和金银、帛绢，摆在朝廷上，让窝阔台验收，窝阔台见了很高兴地对楚材说："你没离开我身边却使国家费用充足，真是我的治国栋梁啊！南方金国大臣，有像你这样的人才吗？"楚材回答："在那里比我强的人很多，我才能不够，只是留在燕京被陛下用上了。"窝阔台见他如此谦虚更加高兴，当即就赐他一壶美酒，并升他为中书令，把典颁百官、会决庶务的大权交给他，事无巨细，都先向他报告，再由他转请皇帝处理。

耶律楚材担任中书令，辅佐天子治理国家，位高权重，需要管理的

『社稷重臣』——元太祖宰相耶律楚材

事情很多，他写过一篇《陈时务十策》，主要内容有：信赏罚，正名：分，给俸禄，官功臣，考殿最，均科差，选工匠，务农桑，定土贡，制漕运等。范围确实是非常广泛的，可以算得上一篇内容全面的施政纲领。

但是耶律楚材治理国家的政策，一开始实施的并不顺利。他的政治改革一出台就遭到守旧贵族的反对。从耶律楚材开始推行新税法起，地方豪强反抗声就不断。元代初期的地方豪强、掌握着中原蒙古统治区的地方政权，在自己辖区内，既统军又管民，自己任命下属官吏，征收赋税，施加刑罚，且父死子继，专制一方。耶律楚材提出了限制、打击这些豪强势力，在地方州郡、府县实行军、民、财三权分立的政策，遭到了权贵们的强烈反对。燕京一带的权贵石抹咸得卜竟然在窝阔台面前诬陷楚材说："耶律中书令都用自己的亲信和旧好，他的两个哥哥耶律辨才、耶律善才现在都在汴京做官，恐怕他心怀异志。"巧合的是，石抹咸得卜这时被人状告，窝阔台派楚材去查这些事，楚材查出了他的大量犯罪事实，但他并没趁机打击报复，而是对窝阔台说："此人傲慢，所以容易招人攻击，现在可以将他派到南方去打仗，以后再处理他的问题也不晚。"窝阔台对楚材以大局为重，不计较个人得失的品德十分赞赏，对别人说："耶律楚材真是个君子，你们要好好向他学习。"

曾有一次，楚材与其他王侯一道宴会喝酒，没料到喝了个大醉，窝阔台汗碰巧莅临平野，就直接驾临楚材醉宿的营帐，登上了楚材卧躺的车子，用手摇了摇楚材。楚材熟睡未醒，对他人打扰他睡觉很恼火，睁开眼睛看，才知道是窝阔台汗来了，惊吓得赶紧爬起来谢罪，窝阔台汗说："有酒独醉，不与朕同乐耶？"大笑着离开了。楚材来不及束冠系带，立即驰马进宫拜诣，窝阔台汗亲为置酒，君臣两人把酒言欢，宵罢乃归。从这件事情可以看出两人虽为君臣，实际上就像朋友一样，这是他们共同治理国家的基础。也正是元太宗窝阔台的这份信任，使耶律楚材能够很好地实施自己的变革想法。

耶律楚材利用其有利的地位和权力，在促使蒙古统治者接受"汉法"、适应中原地区封建社会的要求、建立必要的政治经济制度、促进社会经济文化的恢复和发展等方面，做了许多有益的工作。史称窝阔台汗的统治"量时度力，举无过事，华夏富庶，羊马成群，旅不赍粮，时称治平"。而这其中耶律楚材功不可没。

元太宗十三年（公元 1241 年）窝阔台汗逝世后，皇后乃马真氏行使皇帝权力，她尊崇信任回人中的邪恶分子，并且坚决地排斥汉法，把所有的政事都搞乱了。耶律楚材看不过去，就站出来批评时政，许多人为他担心，皇后也很记恨他，并对推行汉法的耶律楚材一派官员极力排挤打击，使蒙古汗国出现了动乱与倒退的局面。

皇后自知主政不能长久，要通过合法程序确立一个对自己有利的汗位继承人。她知道耶律楚材威望很高，想拉拢利用他，于是下令召见楚材征求意见。耶律楚材懂得皇后的意思，就委婉地说："这种事情不是我们外姓臣子们敢议论的。"皇后又说："大汗活着的时候，曾立皇孙失烈门为汗位继承人，但失烈门太小，不如让皇子贵由继位。"贵由是皇后所生，他继位，当然得听皇后的，耶律楚材说："既然大汗有遗命，还是应该按大汗意思办。"这实际上是反对皇后，由此招来了皇后更大的忌恨。皇后为了进一步排斥楚材，开始重用奥都剌合蛮等人。

一次，乃马真皇后将盖了御宝的空白纸交给奥都剌合蛮，让他自行填写颁发。耶律楚材虽处境不利，但不利于蒙古汗国的事，照样出来反对，他进谏说："天下是先帝的天下，先帝在世时已制定了明确的典章号令，今天谁要轻易改变，恕我不能遵奉执行。"这事才算中止。不久皇后又下一道旨意说："今后凡奥都剌合蛮奏准的事，令史如不填写办理，就砍断他的手。"耶律楚材一看对国家不利，又冒死进谏说："国家典制的事，先帝全都委托给老臣了，与令史毫无关系。事情如果合理，自然应该奉行，如果不合理，当然不执行。我死都不怕，难道还怕断手吗？"皇后非常生气，但也无可奈何，只是下令耶律楚材退下。

虽然恨耶律楚材，但因他是先朝有功的老臣，皇后也不敢把他怎么样。既然不好轻易处理，皇后便采取了敬而远之的办法，实际上是排挤他，不让他掌权。耶律楚材得不到信任，眼见奸邪当道，政事日非，心中很不愉快，他的晚年就是在这种凄苦悲凉中度过的。乃马真氏三年（公元 1244 年）五月十四日，耶律楚材"愤惋"而死，死的时候才刚刚五十五岁。

耶律楚材病逝的消息传出后，汗国内悲声震天，人们如同失去亲人一样悲痛。耶律楚材历经元代三朝，均为重臣，对于蒙古立国中原，是

『社稷重臣』——元太祖宰相耶律楚材

很有贡献的，因而在他死后，许多蒙古人痛哭流涕，如丧其亲戚，接连几天听不到奏乐唱歌的声音。全国各地的士大夫听说耶律楚材死了，也莫不涕泣相吊。

然而，就在这个时候，有人却站出来揭发说："耶律楚材身居相位数十年，天下的贡赋财物半数以上都落入他家里，皇后应该派人清查他家。"皇后于是下令查抄楚材住所。结果楚材家只有琴阮十多张，以及古今书画、金石、遗文几千卷，人们都赞叹他是一位廉洁高尚的政治家。

耶律楚材去世后，蒙古汗国经历了一段争汗位的动荡时期，直到忽必烈继承汗位才又走向强大。在忽必烈领导下，元朝建立，蒙古实现了统一，耶律楚材推行的汉法也得到了继承和发扬。

公元1261年，遵照耶律楚材的遗愿，他被移葬在北京西郊万寿山上，忽必烈还为他建立了祠堂，塑了耶律楚材和他夫人的石像。清朝建立颐和园，耶律楚材墓被圈入园内。乾隆皇帝非常赞赏耶律楚材，公元1750年，耶律楚材被追封为广宁王，谥号文正。

耶律楚材廉洁为政，且大有作为，特别是作为一个契丹族的政治家，在我国历史上更是不多见的，由于他在中国历史上做出的卓越贡献，所以一直受到后人敬仰和怀念。许多评论家对他的一生也有很高的评价。元朝的宋子贞认为耶律楚材在那个"大乱之后，天纲绝，八理灭"的时代，"以一书生，孤立于庙堂之上，而欲行其所学"，确实是很困难的。但他终于发挥他的才干，取得蒙古统治者的信任，在政治经济文化等方面进行广泛的改革，使"天下之人固已均受其赐"，贡献之大是非同一般的。明朝的张溥则认为他"相二帝，辟草昧，开基元德"，其功绩可与周召二公相比。沈德符对他的评价也很高，认为他"功德塞天地"，是一个"大有造于中国"的人。

"开国大将"——明太祖丞相徐达

徐达，字天德，生于元至顺三年（公元1332年），濠州钟离（今安徽凤阳）人，与朱元璋同乡，明朝的开国功臣。徐达小的时候没有学习的机会，长大之后，勤奋好学。他严于律己、嫉恶如仇。有古大将之风，运筹帷幄、审时度势，其军事思想仍值得人学习。

徐达是农民家庭出身，家境贫寒，小时候常和朱元璋、汤和等一起替地主放牛，他们是一伙自小在苦水中泡大的好朋友。徐达虽然比朱元璋小四岁，但他生得"长身高颧，刚毅武勇"，且"少有大志"，因而与朱元璋很合得来。元末之时，到处是天灾、瘟疫、饥荒蔓延，安徽地方更是厉害。穷人实在无法活下去，纷纷举行起义反抗元朝的黑暗统治，其中尤以红巾军的声势最大。朱元璋在元至正十一年（公元1351年）参加了郭子兴的义军队伍，当上了红巾军的九夫长，并在次年夏回乡募兵。徐达听说后十分高兴，"仗剑往从"，决意投效红巾军。当时徐达已有二十二岁，由于他英勇善战，又略懂韬略，很快便成了朱元璋的得力助手。

朱元璋参加郭子兴义军后，不久被郭子兴提升为镇抚。但徐达却感到濠州地小粮少，而且诸帅不和，郭子兴与孙德崖等人经常为争权而发生冲突，终非久留之地，遂"时时以王霸之略进"，建议朱元璋趁早分兵别处，再图发展，这一见解正与朱元璋不谋而合。至正十四年春，朱元璋以所募兵七百人都留给了别的将领，唯独单单留下徐达、汤和等二十四名家乡兄弟南攻打定远，先计降张空堡民兵三千，开始先是用计纳降了张空堡的三千民兵，继而向东夜袭元兵于横涧山，迫使"义兵"元帅缪大亨率两万精壮士卒归降。这样一来，朱元璋算有了一支自己掌握的武装力量，为其后的开创基业奠定了良好的基础，这一切的发展与徐达颇具远识的建议是分不开的。

不久徐达在攻取滁州、和州等战役中，又充分地表现了他杰出的军事才能，被授予镇抚之职，成了统军的将领。至正十五年三月，孙德崖率部就到和州掠夺军粮，与郭子兴发生火并，孙德崖在城中被郭子兴所擒拿，但朱元璋在城外亦为孙的部众扣做人质，双方虽然同意交换，但谁也不肯先放人。在这僵持的情势下，徐达不惜冒着自己随时被杀害的危险，"挺身诣德崖军请代"。就这样，朱元璋被换回来，孙德崖被放回去，随后徐达才得以获释。朱元璋对徐达这一行为当然非常感激，从此对他更加信任和倚重了。

不久，郭子兴病亡，朱元璋继统率郭部，成为南方红巾军的主要首领，并随即实施了他攻取集庆（即南京），稳居东南，进而逐鹿中原，成就霸业的宏伟战略计划。徐达在实施这一战略计划中一直被委以重任，至正十五年六月，徐达奉命南渡长江，攻打采石矶和太平，这是进取集庆必争之地，这次战役双方争夺十分激烈，在攻占太平时，起义军一举俘获守城的元万户纳哈出。

朱元璋既扼制了集庆的江上咽喉，从八月开始，就发起向集庆总攻，徐达肩负重任，首先率众突破了元军层层防线，深入敌后，连续攻占溧水、溧阳、句容、芜湖等诸重镇，廓清了集庆外围。次年三月，徐部与朱元璋的主力会合，对集庆实行两面夹击，先破陈兆选大营，尽降其众使其部队全部归降；再攻元兵于蒋山，终于攻克集庆，直到元水寨元帅康茂才率众投降，朱元璋在此次战斗中共赢得军民五十余万。集庆就是现在的南京，自古就是乃"占帝王之都，龙盘虎踞"，因而南定集庆的意义十分重大，它为朱元璋的奠基立业赢得了一个巩固的根据地，并由此而开创了中国历史上第一个由南向北统一天下的先例。朱元璋把集庆改名为应天府，以表示他的崛起乃上应天意。在这次战役中，徐达立下累累战功，功居诸将之首，赢得了朱元璋的全面信任，及后朱元璋"营四方，多命达为大将"，他所显现出的卓越军事才能促使朱元璋在今后的许多战役中都任命他为主将，徐达也就成了朱元璋打天下最重要的助手。

朱元璋在占领集庆后，虽说已拥有一块根据地，但他的势力在割据诸雄中，相对来说还是较弱的，所面临的形势也十分严峻，当时大江南北不仅还有元军重兵镇守，而且同是反元义军的东面的张士诚自恃地富粮足，西面的陈友谅倚仗兵强地广，他们时刻都想把朱元璋势力给吞并掉。为求得生存和发展，朱元璋必须首先巩固东西两面防线，然后伺机突破，并最终对两大势力给以毁灭性的打击，而要肩负这一重大任务，自然非智勇双全的徐达莫属。

当时东面争夺的焦点是长江下游的军事重镇镇江。假如镇江落入张士诚手里，他便可以随时出兵威胁应天。于是朱元璋决定先下手为强，"命徐达为大将军，委以东下之任"。徐达亦不负重视，旗开得胜，以少数兵力，勇夺镇江，徐达一向十分重视军风军纪，"达等号令严肃，城中晏然"，良明的军纪营的了百姓的拥戴，从而扩大了政治影响，赢得了人心，徐达一鼓作气，徐达又分兵攻下金坛、丹阳诸县，在应天东面筑起一道坚固的军事屏障，为巩固以应天为中心的根据地作出了卓著的贡献，以功升任淮兴翼统军元帅。

张士诚对朱元璋夺得镇江当然是不甘心的，镇江的位置太重要了，镇江落入朱元璋之手，无疑对他是一大威胁，他必须拔之而后快，于是在据有常州后便挥师进攻镇江。至正十六年七月，徐达在龙潭一战，击败张士诚军，乘胜进围常州。张士诚急调重兵增援，兵力占有明显的优势，徐达深知对方的兵力与勇猛程度，便决定"以计取之"避敌锋芒，用计取胜，先是在距城十八里处分设伏兵，然后亲率中军出战，结果士诚军受伏大败。徐达"获其张、汤二将"，致使张士诚元气大伤。这一战役使一向自负甚高的张士诚再也不敢小看朱元璋的势力，并派使臣到应天议和，表示愿意每年输粮二十万石、黄金五百两、白金三百斤，作为犒军之费，然而志在天下的朱元璋却不为满足，故意抬高价格，狮子口大开，最终双方未能达成协议。徐达奉命继续进军。终于在第二年三月攻克常州，以功晋升知枢密院事。

当年七月，徐达率军进逼宜兴，另遣先锋赵德胜攻常熟，常熟是由张士诚的弟弟张士德镇守。张士德"善战有谋，能得士心，浙西地皆其

所略定"，所以在进军前，徐达特别叮咛赵德胜说："张士德狡而善斗，有勇有谋，如果在战斗中让他胜利了，他的锋锐必然更加不可抵挡，所以必须用计取胜。"赵德胜遵从徐达指示，把军队驻扎在常熟城下，稳妥的设置埋伏，战斗打响之后终于擒获了马失前蹄的张士德，接着又攻下了常熟。接着随后，徐达又接连攻克宜兴、江阴等地，从而在东起常熟、中经江阴、常州，西至宜兴，沿太湖北岸构筑起一道弧形的东部防线，既完全堵死了张士诚西犯应天的通道，又随时随地可以进击平江，直捣张士诚的老巢。

徐达在东线节节取胜，但是西线却突然紧张起来，陈友谅趁徐达大军向东进攻之机率领几十万大兵向安徽进击，于至正十八年正月袭破安庆后，又遣将赵普连陷极阳、池州，在那里建立了强大的水寨。从西面对应天构成了严重的威胁。在此关键时刻，徐达再次挑起重任，奉命西调迎击陈友谅军队，他先在应天据守，继而投入了第一线的战斗，至正十九年三月大破赵普胜栅江营，四月攻克池州，缴获陈军战舰无数，以功晋升秦国上将军、同知枢密院事，

至正二十年五月，徐达与常遇春共同设谋，大败陈友谅军于池州东南的九华山，歼敌万余人，生俘三千人。在战斗结束后，常遇春大开杀戒，虐杀俘虏，徐达坚决反对这种不人道的做法，两人产生了争执。

至正二十年闰五月，陈友谅率水师十万，一举攻占太平，自立为汉王，并约张士诚东西夹攻朱元璋，一时之间应天告急，江东大震。在这危急时刻，徐达设伏于南门外，待陈友谅进至江边渡口龙湾时，诸路伏兵齐发，一举重创陈友谅，生俘七千余人，获战舰百余艘，战船数百，陈友谅夺舟逃回江州，徐达乘胜收复太平，攻占安庆。这一战役解除了应天的危急，彻底粉碎了陈友谅对西线的进攻；张士诚见陈友谅惨败，于是不敢轻举妄动了。连年来徐达在危难时机东西征战，使朱元璋东西两翼防线得到巩固，大大扩展了应天根据地，为其后削平群雄、顺利北伐、统一全国奠定了胜利的基础。

至正二十一年七月，陈友谅部将张定边重新占领安庆。朱元璋率水师亲征，徐达负责主攻陈友谅的老巢江州。徐军迅猛异常，友谅大惊，以为神兵从天而降，仓促之中不能整束军队，仅仅携带着妻子儿女连夜逃到武昌，于是徐达又顺利地拿下了江州。徐达穷追不舍，沿江而上，

接连占领薪州、黄州、黄梅、广济，直趋汉阳，于汉口扎下大营，有力地遏止了陈友谅的东下。朱元璋得以偷袭收复安庆，并攻陷龙兴，将其改名洪都，又连下袁州、瑞州、临江、吉安等府，将势力范围扩大到江西，徐达以功晋封中书右丞。

至五二十三年正月，张士诚遣其弟士信率大兵围攻韩林儿、刘福通的根据地安丰。当时朱元璋在名义上仍奉韩林儿的龙凤年号，同时也考虑到一旦安丰被攻破，张士诚的势力就会扩张，难以遏制，因而决定亲率徐达等渡江北上支援。然而此时陈友谅却乘虚而入，大举向洪都反扑，"空国而至，兵号六十万"，气势汹汹，吉安、临江、无为等州府，数月之中，竟都被陈友谅所攻陷。朱元璋不得不挥师回击，双方决战于鄱阳湖。中在这次具有决定意义的战斗中，徐达又立了大功，他"身先诸将，击败友谅前军，杀一千五百人"；在激战中，徐达战船着火，但他毫不畏惧，一面指挥灭火，一面坚持战斗，终于挫败了陈友谅的猛烈进攻。经此一战，朱元璋对战胜陈友谅已充满了信心，同时为了严防张士诚乘虚偷袭后方，便把留守应天的重任交给了徐达，并说："吾以达留守，缓急可百全也"，朱元璋对徐达办事是绝对放心的。徐达回到应天，兢兢业业，恪尽职守，"申约束，严斥堠，示以镇静，若不知有外兵者"。张士诚见无隙可乘也不敢轻举妄动，因而使朱元璋解除了后顾之忧，得以全力对付陈友谅。朱元璋在与陈友谅决战中，虽然几经艰险，但最后还是取得了鄱阳湖决战的胜利，不仅全歼陈友谅的六十万大军，而且杀死了陈友谅。不久，徐达奉调回到西线，迫使陈友谅之次子陈理献出武昌归降，并进而攻取了江陵、辰州、衡州、宝庆诸路。陈友谅的残余势力既被肃清，朱元璋的势力范围也扩展到湖北、湖南。至正二十四年正月，朱元璋在应天即吴王位，建置百官，设中书省，徐达以卓越功勋任左相国之职。从此，徐达"出将入相"，在军事与政治两个方面，都发挥着越来越重要的作用。

陈友谅被消灭以后，朱元璋的下一个战略目标自然是东灭张士诚了。至正二十五年十月，徐达被委任为总兵官，率水陆大军东征。徐达针对张士诚辖境南北狭长二千余里，中隔长江，江北守备力量相对薄弱的实际情况，确定了"先取通、泰诸郡，剪其羽翼"，然后专事浙西的战略方针然后专攻浙西的战略方针，迅速渡江北上。徐军首先攻下苏北重镇泰州。然后进围兴化和高邮，这样就使张士诚陷入了南北隔绝的困境。张士诚当然不甘心坐以待毙，他从江南出击宜兴，以牵制徐达在江北攻势。然而徐达审时度势，进据都慎重考虑，予以取舍，在回师宜兴击溃张士诚军后，继续向江北挺进，并于次年三四月间攻下高邮、淮安、兴化。徐达还奉命破安丰，俘元将忻都，再战徐州，俘斩元兵万计。至此，"淮南、北悉平"。徐达仅用了半年左右的时间，不仅完成了攻取江北，剪除张士诚羽翼的任务，而且打通东控齐鲁、北进中原的通道。

同年七月，朱元璋与李善长、徐达等一起商议讨伐张士诚的大计。左相国李善长认为张氏"势虽屡屈而兵力未衰，土沃民富，又多积储，恐难猝拔，宜候隙而动"。但徐达久经战阵，对张士诚的虚实了如指掌，他反对这种错失战机的保守决策，他指出："张氏骄横，暴珍者奢侈，此天亡之时也。其所任骄将，皆龌龊不足数，黄、蔡、叶三参军辈，是迂阔书生，不知大计。臣奉主上威德，率精锐之师，声罪致讨，三吴可计日而定。"徐达的意见非常适合朱元璋的意愿，他遂即任命徐达为大将军，率师二十万讨伐张士诚。

徐达还是从"剪其羽翼"的战略出发，首先攻打太湖南岸的湖州，把吕珍的六万援军阻击于城东之旧馆，紧接着又分兵击败张士诚以及徐志坚所率的援军于皂林和姑嫂桥，俘获志坚及兵众三千余人，迫使吕珍等于十一月献出了湖州。把湖州占领以后，徐达引兵北上，于当月包围了张士诚的大本营平江。在围城期间，徐达每遇大事均事先向朱元璋请示。朱元璋亲笔手书安慰徐达，说："将军自昔相从，忠义出自天性，沈毅有谋，定能戡乱定难。虽古豪杰何以加兹……然将在外，君不御，古之道也。自今军中缓急，唯将军便宜行之。"徐达得书后，便檄令各路大军，向平江城发动总功击。张士诚内无粮草，外无援兵，曾先后两次拼死突围，但都被徐军杀回。至正二十七年九月，徐达首先攻破葑门，常遇春亦攻入阊门，平江遂克至此平定了平江。张士诚在此战中被俘虏，送应天后自缢而死。当徐达大捷凯旋回到应天时，朱元璋亲到城门论功行赏，徐达晋封为信国公，升为右丞相。朱元璋还特意谕诸将说："灭汉灭吴，皆公等之力，古之名将，何以加诸！今当北定中原，各努力进取。"

至正二十七年十月，朱元璋任命徐达为征讨大将军，常遇春为副将军，率领二十五万人马北伐中原。在任命徐、常时朱元璋对他们有过一段评价："命将出师，必在得人，师有纪律，战胜攻取，得为将之体者，无如大将军达；当百万之众，勇敢先登，摧锋陷阵，所向披靡，无如副将军遇春，然吾不患遇春不能战，但患其轻敌耳。身为大将，好与小校争能，甚非吾所望也。"当时徐达和常遇春虽同属朱元璋所倚重的名将，但在朱元璋心目中，徐达还是要胜出一筹的，在"长于谋略"和"严于律己"方面尤其如此。

徐达根据既定的"先取山东，撤其屏蔽，旋师河南，断其羽翼，拔潼关而守之……然后进兵元都"的北伐总战略，从淮安挺进山东首先攻克沂、莒、密、海诸州，分兵扼守古黄河要道，阻敌增援，主力部队继续北上，于十一月攻克山东重镇益都以及临淄、寿光等州县。十二月，济南及登、莱守将献城，山东全境平定，"撤其屏蔽"的任务顺利地完成了。

元至正二十八年正月，朱元璋在应天正式即皇帝位，国号明，建元洪武，徐达以"首功"被封为右丞相兼太子少傅，同年三月，北伐进到了第二阶段，徐达率水陆大军，溯河南上，进军河南，攻克永城、归德、许州，对梁守将左君弼献城降，四月，明军自虎牢关直趋偃师、洛阳。洛水一战，元兵损失惨重，洛阳守将李克彝弃城逃往陕西，梁王阿鲁温开门迎降。五月，潼关守将、张思道亦战败西奔。至此，"剪其羽翼"，"控扼潼关"的战略任务，亦告胜利完成，"元都孤立，幽蓟自倾"，灭元是指日可待的了。

同月，朱元璋亲自赴汴梁和北伐众将领一起商讨进取元都。在会上，徐达充满自信地说："臣自平齐、鲁，扫河、洛，元将王保何逡巡太原，观望不进，及潼关既克，元军失势西窜，元之声援已绝，今乘势直捣元都，可不战有也。"朱元璋非常赞同他的主张，马上批准了他们的作战计划。闰七月，徐达从河阴渡黄河北上，分兵攻取了卫辉、彰德、磁州，并在临清与山东诸路大军会合，沿运河继续向北挺进，迅速攻下德州、长芦、直沽，并攻占了元都外围的重要战略据点通州，元顺帝闻讯后，知元都已无法保住，遂于闰七月二十七日深夜仓皇逃跑，北逃上都开平。徐达于八月初二率军从齐化门进入元都，除监国淮王帖木儿不花等因顽抗被杀外，其余不滥戮一人，"士卒无侵暴，人民安堵"，徐达治军之严明，于此也可以看出，明军进入大都，旋改元大都为北平府。元王朝的统治，终于被推翻了，这样，北伐的第三阶段直趋元都的战略任务，在不到一个月的时间里便胜利完成了。

洪武二年（公元 1369 年）正月，诏立功臣庙于鸡鸣山下，朱元璋"亲定功臣位次，以徐达居首"。洪武三年十一月，朱元璋"乃下诏大封功臣，授达开国辅运推诚宣力武臣、特进光禄大夫、左柱国、太傅、中书右丞相参军国事，改封魏国公，岁禄五千石，予世券"。

徐达一生南征北战，"廓江汉，清淮楚，扫西浙，中原声威所震，直连塞外，其间降王缚将，不可胜数"，一个农家出身的孩子为什么能够具有如此良好的军事素养呢？这应该从几个方面去分析分析。

首先徐达勤奋好学，他因家境贫寒，从小便失去了上学读书的机会，但徐达并没有甘于现状，与此相反，更激发了他的求知欲。平时打仗当然是非常紧张激烈的，但他仍千方百计创造条件抓紧学习，"归朝之日，单车就舍，延礼儒生，谈论终日，雍雍如也"，可见他对于自己的学习提高是从不放松的，对于有才学的儒士也是非常尊敬的。徐达熟知我国古代兵法，掌握了渊博的军事知识，从而使自己逐步成长为杰出的帅才，就是他学习的结果。

其次是严于律己，他治军严明，"令出不二"的治军作风和他严于律己紧密不分开。徐达深深懂得，如果将帅不以身作则，作出好榜样，兵是很难带好的，也是难以激励士气的，所以他时时、事事、处处对自己的要求极严，在生活上参与部卒同甘共苦，"士卒不饱，不饮食，不营定，不就帐，伤残疾者，视慰问，给医药"，因而深得军心，真正做到了令行禁止，所向克捷。他的地位虽然是越来越高，但对自己的要求和约束也越来越严，从不居功自傲，放纵自己。朱元璋曾对他作过这样的评价："受命而出，成功而返，不矜不伐，妇女无所爱，财宝无所取，中正无疵，昭明乎日月，大将军一人而已。"

徐达为人正直，疾恶如仇。洪武六年胡惟庸出任中书省丞相，他专横霸道，招财纳贿，看到徐达功高望重，他初"欲结好于达"，借以壮大自己的在朝中的势力；但徐达鄙薄胡的为人，不屑与之为伍，胡惟庸竟使用阴谋诡计，"赂达阍者福寿使图达"；但福寿不为所动，揭发了胡惟庸的阴谋，徐达更"深疾其奸，从容言于帝"，指出胡惟庸心邪术诈，既贪奸又阴险，不宜委以丞相的重任，没过几年，胡惟庸的罪行充分暴露后，被朱元璋罢职处死。

徐达虽然有功于朝廷，但他从不居功自傲，徐达一生九佩大将军印，削平群雄，安定天下，立盖世功，但他还是始终恭谨自恃，敬遵礼制，每遇征战，"受命而出，成功而旋，不矜不伐"，在建国后，他并没有脱离戎马生涯，曾三次挥师塞北平虏，其余大部分时间镇守北平，在那里整饬城防，操练兵马，屯田积谷，做到常备不懈，使北方边防日益巩固。"每岁春出，岁暮召还，以为常。还辄上将印"。他与朱元璋的关系虽素有"布衣兄弟"之称，但他从不因此忘形放肆，相反，在"帝前恭谨如不能言"。有一次，朱元璋对他说："徐兄功大，来有宁居，可赐以旧邸"，要将朱元璋称吴王时所居王宫赐给他住，但徐达不愿逾制，坚辞不受。朱元璋便在旧邸设宴款待徐达，"强饮之醉，而蒙之被使卧床就寝"。徐达醒后，发觉自己睡在朱元璋过去睡过的龙床上，不禁大惊失色，急忙下床，俯伏阶下，连称"死罪"！朱元璋只好"命有司即旧邸前治甲第"，赐给徐达，并在新邸前建"大功坊"，以表彰徐达开国之功。

洪武十七年，徐达在北平背生疽，朱元璋对他的病情非常担忧，马上派徐达长子徐辉祖持敕前往慰问，并将徐达接回南京治疗。但徐达的疽疾仍继续恶化，于洪武十八年二月七日病逝，终年五十四岁。朱元璋惊闻噩耗悲恸不已，为之辍朝，亲临哭奠。封徐达为中山王，谥号"武宁"，赠子孙三世皆王爵，赐葬钟山之北，并亲自撰写神道碑文，以记徐达的丰功伟绩。又命"配享太庙，肖像功臣庙，位皆第一"。

朱元璋大杀功臣是很有名的，徐达虽然有传言因赐鹅而终，但是从他生前身后以及其子孙终明一代身荣名显的情况看，明太祖应该对他未起杀心。但是如徐达、王翦，既要与敌人斗心计，又要时刻提防君主的猜疑，实在令人郁闷。正所谓：周亚夫可再得，汉文帝可再得乎？

"柔媚之臣"——明宪宗首辅严嵩

宰相小传

　　严嵩，江西分宜人，字惟中，号介溪，嘉靖时期专擅朝政达二十余年。明世宗奉道教神仙，政事荒怠。严嵩侍奉虔诚，善写应制文词，颇受宠信，被擢为首辅。他大权在握已久，援引私人居于要职，其子为侍郎，其孙为锦衣中书。宾客满朝班，姻亲尽政要。又网罗党羽，朝中大臣大多投靠他。严嵩子严世蕃善揣上意，谄幸弄权，人称"小丞相"。他当政时，贪赃枉法，贿赂公行。嘉靖末年御史邹应龙、林润相继弹劾严世蕃，严世蕃被杀，严嵩革职，就此失势，不久病死。

　　严嵩于成化十六年（公元 1480 年）出生在江西分宜介溪一个寒士之家，祖父严骥，父亲严准是个穷秀才，在乡里课蒙童。严嵩幼时聪慧，八岁时就书史成诵，能为文，属对有奇语。曾与其老师及叔父对联语有曰："手抱屋柱团团转，脚踏云梯步步高"；"七岁儿童未老先称阁老，三旬叔父无才却作秀才"。因出语非凡，被人称为神童。

　　宪宗成化十六年（公元 1480 年），二十岁的严嵩中进士，被留在翰林院深造，称为"庶吉士"，三年学成，优者即留翰林院做编修检讨。明朝定制，非进士不入翰林，非翰林不入内阁，就连礼部侍郎、尚书及吏部右侍郎也非翰林不任，宰相十分之九都是翰林出身，因此，翰林院从"庶吉士"开始，便被认为是"储相"。取得庶吉士资格的严嵩，已经拿到了进入除皇帝以外的最高领导层——内阁的入场券。

　　明孝宗弘治帝去世后，十七岁的正德帝继位，即明武宗。这个小皇帝不事朝政，斗鸡走狗，泡在粉黛堆中，朝政委于刘瑾。严嵩的目标一时难以实现。正德三年（公元 1508 年）三月和次年夏天，严嵩的祖父和母亲相继去世，他不得不回乡守制，中断了官场生涯。

按照封建礼制，子孙守制三年即可（实际不足三年，仅二十七个月），而严嵩却在家一待就是八年。原来，他借守制为名，在家乡钤山认真读书。正当壮年的严嵩何以退隐钤山，闲居八年呢？这还得与正德年间特殊的政治环境联系起来。

明武宗朱厚照终日为所欲为，纵情享乐，荒嬉无道。武宗的荒政，给宦官刘瑾提供了擅权之机，使得明代正德年间的宦官之祸愈演愈烈，许多忠直之士都受到各种不同程度的打击和迫害。

严嵩退隐钤山，正是仔细分析当时的政治形势后才做出的决定。作为新科翰林，如果他与阉党抗衡，无异于螳臂挡车，自取灭亡；如果出仕，则必须投靠阉党，而这是为读书人所不耻的。严嵩退隐钤山，也与明代的党争有着千丝万缕的关系。其时当权的宦官刘瑾是陕西人，阁臣焦芳是河南人，因此，他们提拔、引用的大批官员都是北方人。朝廷中是北人的天下，南人大多受到打击和排挤。尤其是阁臣焦芳，对江西人格外排挤。原来，焦芳曾为侍讲九年，后来迁学士时，因人品不佳遭到江西人詹事彭华的讽刺："焦芳也做了学士吗？"焦芳遂对江西人恨之入骨，曾公然宣称："他日毋得滥用江西人。"严嵩籍系江西，而且位卑权小，在当时的政治舞台上，丝毫没有他能施展才智的机会。正因如此，严嵩才审时度势，借丁忧之机，托辞称病。

归隐期间，严嵩广结名流，与李梦阳、王守仁、何景明、王廷相等人都有交往。这些人不仅学问渊博，而且还都曾是敢与阉党作斗争的仁人志士，颇有名望。严嵩与他们把酒论诗，剖经析义，既提高了自身的文学声望，也扩大了社会影响。正德七年（公元 1512 年），严嵩还应袁州府太守之请，修《袁州府志》。严嵩经过三年努力，于正德九年（公元 1514 年）将《袁州府志》纂修完毕。该志体例颇有独到之处，严嵩因之声望日隆。

钤山隐居的八年，严嵩明哲保身，远离政治斗争，对他将来的宦海生涯具有重要的意义。在此期间，他潜心读书，埋头诗作，文学素养大为长进，这对他复出后能够纵横官场、诗文奏对得到皇帝欢心大有裨

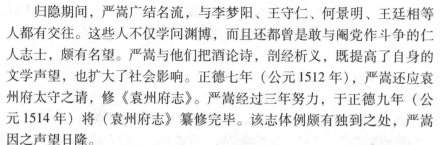

『柔媚之臣』——明宪宗首辅严嵩

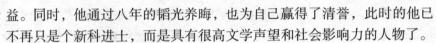

益。同时，他通过八年的韬光养晦，也为自己赢得了清誉，此时的他已不再只是个新科进士，而是具有很高文学声望和社会影响力的人物了。

正德十一年（公元 1516 年）三月，严嵩应诏复职，启程赴京，重返仕途。他像只猎鹰一样睁大双眼，寻找能在官场飞黄腾达的机会。功夫不负有心人，机会终于从天而降。正德十六年（公元 1521 年），武宗朱厚照驾崩，他的堂弟朱厚熜继承皇位，即明世宗。明世宗继位时年方十五岁，却城府很深，非常有主见。为了追崇自己的本生父母，明世宗与廷臣们进行了一场旷日持久的"大礼议"之争。这场争论历时二十多年，是明朝历史上的大事，在中国历史上也是罕见的。

明世宗之所以掀起这场争斗，表面上看是他为了其父的封号、祭祀典礼和称宗入庙等问题，但实质却是世宗以藩王而入继大统，追封没有做过皇帝的兴献王为皇帝，目的是维护自己继承皇位的合法性，表明他的皇位不是继承其堂兄武宗，而是来自他父亲这一脉的血缘关系，也就是直接上承他的祖父明孝宗。其次，这也是世宗与前朝老臣之间的一场权力斗争。世宗借"礼议"之争，把迎立有功的杨廷和等前朝辅臣清理出朝廷，以免出现日后他们恃功自傲的局面。世宗的刚愎自用、刻薄寡恩在明朝皇帝中也算得上是表现比较突出的一个。"礼议"之争以明世宗的胜利而结束，许多朝臣因为礼议之争，或丧命，或下狱，或遭贬，而严嵩却是"礼议"之争中的少数几个受惠者之一。

严嵩自正德十一年重返仕途后，多在翰林院、国子监等政治斗争相对较少的地方任职，而且还曾多年居官南京。在"大礼议"之争最激烈的前期，严嵩没有卷进这场斗争的漩涡中，得以自保。而在礼议之争后期发生的一件事情中，严嵩善于观察政治风向，及时地把握住了机会，开始得到世宗的青睐。

这件事发生在嘉靖十七年（公元 1538 年）六月，世宗欲让生父献皇帝称宗入太庙，命礼部集议。这是个棘手的差事。此时的严嵩正在任礼部尚书，若顺从皇帝，立刻就会招来骂名；若按照惯例秉公办理，自己乌纱帽又难保。经过一番思前想后、仔细斟酌，严嵩最后写了一份模棱两可的奏疏交给皇上。世宗对他的骑墙态度非常不满，亲书《明堂或问》，警示廷臣，言语犀利，坚决表示要让其父明孝宗献皇帝称宗入庙。这对严嵩刺激很大，他惶恐不安，生怕皇帝怪罪。于是，严嵩尽改前说，完全顺从皇帝的意思，为世宗的生父献皇帝祔太庙配享安排了隆重的礼仪，并充分发挥自己的才能，在祭祀礼毕后，写了《庆云颂》和《大礼告成颂》以示祝贺，又因其文笔绝佳，很得世宗赏识。此事也成为严嵩政治命运的转折点。从此，他在仕途上平步青云。

严嵩终于帮世宗实现了生父称宗入庙的心愿。世宗在"礼议"之争中取得最后的胜利，严嵩功不可没。而在这件事上，严嵩也接受了教训——"猜忌之主，喜用柔媚之臣"。从此，严嵩对世宗言听计从，走上了"柔媚之臣"的道路。

在位四十六年的明世宗，只关心两件事，即"大礼议"和玄修。"大礼议"之事已见前述。所谓玄修，即道教的炼丹及斋醮仪式。世宗热衷于炼制丹药和祈求长生。在那些看似神秘的仪式中，经常需要撰写一些焚化祭天的青词，由此就产生了明朝乃至中国历史上都非常奇特的青词宰相。所谓青词，就是道教斋醮时上奏天帝所用的表章，因用朱笔写在青藤纸上，故名。这是一种赋体文章，需要以极其华丽的文笔表达出皇帝对天帝的敬意和求仙的诚意。世宗经常要求臣下进献青词，写得好的立即加官晋爵，甚至可以入内阁。当时朝中的许多大臣都因进献青词而得宠，严嵩同榜的状元顾鼎臣就因青词得宠而入内阁。严嵩文笔颇佳，所作青词无不合乎世宗之意，因而也就找到了一条升官的捷径。嘉靖十八年（公元 1539 年）正月，皇帝举行"尊天重典"，礼部尚书严嵩尽职尽责，作青词颂德，被特加太子太保。当时，夏言与严嵩"俱以青词得幸"，时人讥为"青词宰相"。

严嵩靠着巴结夏言、逢迎世宗渐渐受到重用。嘉靖十五年（公元 1536 年），夏言升任内阁首辅，严嵩便接替他做了礼部尚书，位达六卿之列。但是，官欲熏心的严嵩并不满足，他把眼光贪婪地投向内阁首辅的宝座。他要挤进内阁，把内阁首辅的大权篡夺到手。因而，此时的夏言已不再是严嵩所需要的向上攀缘的青藤，而成了他继续高攀的绊脚索。加之，夏言恃才骄横，办事认真，对手下要求严格，严嵩呈送的文稿，他多不满意，往往修改得一塌糊涂，有时干脆打回去要严嵩重写。严嵩对他既恨又怕，暗地里咬牙切齿要把他赶走，以便取而代之。从此，严嵩便着手实施一系列诡计，阴谋陷害夏言。

夏言为人正派，颇有才干，且相貌堂堂，心胸磊落，在朝廷中有地

『柔媚之臣』——明宪宗首辅严嵩

位有威信，不仅世宗宠信他，连大臣们也都很拥护他。严嵩知道，想一下子扳倒夏言是不可能的，于是，他决定采用绵里藏针的毒辣手段，极其隐蔽地陷害夏言。一方面，他以阳奉阴违的态度对付夏言，表面上，他对待夏言还像从前一样谦恭和顺；另一方面，他采取以柔克刚的手段，抓住夏言的弱点，反其道而行之，为陷害夏言做准备。夏言性情刚烈，他便阴柔谄媚；夏言对下级要求严格，他便左右逢源，四处讨好；夏言在世宗面前态度疏慢，他便在世宗面前便低眉俯首；夏言清高傲物，不愿同流合污，他便拉帮结伙，热衷于往来应酬。

当然，要扳倒夏言，主要还取决于皇上。严嵩便拼命在世宗身上下工夫，投其所好，百般逢迎。世宗醉心于求仙拜道，祈求长生，年年都大建醮坛，大搞祷祀活动。建醮祷祀，需要焚化祭天的青词，严嵩便拿出自己在隐居期间积累的丰厚的文学功底，大显身手。

嘉靖十八年，京城上空彩云满天，道士们说这是五彩祥云，是国家太平的吉兆。严嵩借此机会，用尽平生所学，写了一篇《庆云赋》献给世宗。世宗看后，觉得此赋语句典雅精工，辞藻华丽，较之以前大臣们所献的青词远远高出一筹。世宗越读越爱，连连击节叫好。严嵩大受鼓舞。不久，他又趁热打铁，呈献《大礼告成颂》。世宗读了，益发觉得字字珠玉，句句风流，更加爱不释手。从此，世宗对严嵩另眼相看，宠眷日深，斋醮焚化所需的青词一概由严嵩主笔。

按照明代冠服制度规定，皇帝的冠式为乌纱折上巾，又名翼善冠。世宗因为信奉道教，便看中了道士戴的香叶冠。他不仅把自己的翼善冠换成了香叶冠，还让他的宠臣也戴香叶冠。他特意命人制作了五顶沉水香叶冠，分赐给夏言、严嵩等人，要他们入值西苑时戴上，并且还传令大臣进入西苑时不许坐轿，只准骑马，这也是仿照道士的习惯。

严嵩极力迎合世宗的心意，每次入西苑值班，都戴上香叶冠，而且还在冠上加罩轻纱，以示虔敬。世宗见了自然满心欢喜。每次入值西苑，严嵩必定骑马。他虽然已是六十几岁的老头儿了，但身体健壮、腿脚灵便，精力充沛，这一点也足以引起一心向往长生不老的世宗的好感。

相比之下，夏言则耿直不驯。夏言认为香叶冠不是正式朝服，不适于朝臣穿戴，因此不肯戴冠。入值西苑时，他也不肯骑马，依然坐轿。

对于这种对抗性的做法，世宗很是不满。再加之夏言一贯对道士之流没有好感，时常流露出鄙夷、轻贱之意，因而得罪了世宗所宠信的道士陶仲文。严嵩乘机与陶仲文勾结，在世宗面前大讲夏言的坏话，这样，世宗把对夏言的恩宠渐渐移到了严嵩的身上。

世宗热衷仙道，无暇亲理政事。但他却好猜忌，想知道大臣们背着他都干些什么，所以就常常派出身边的小太监到大臣们办公的地方去探查。这些小太监来到夏言处，夏言只顾忙于政事，不愿搭理他们，态度显得傲慢、孤高。而小太监们来到严嵩处，严嵩立即起身相迎，笑容可掬，拉着他们的手，请他们坐下，态度温和地问寒问暖，说短道长，临别还将大把大把的金银塞到他们的衣袖中。这些小太监虽无职无权，但因为随侍皇上左右，是皇上的耳目喉舌，且可以搬弄是非，所以他们的话具有举足轻重的作用。他们受了夏言的慢待，自然说夏言的坏话；得了严嵩的好处，自然替严嵩说好话。长此以往，世宗对夏言便有了成见，而对严嵩则印象越来越好。

经过一番慢慢渗透的功夫，世宗对夏言的不满日益加深。严嵩见时机已经成熟，便打算公开向夏言发动攻势。正巧，有一天世宗单独召见严嵩，与他谈到夏言，并问及他们之间的龃龉，严嵩认为这是一个求之不得的大好时机，便决定利用这个机会扳倒夏言。他先是假装害怕地沉默不语，待世宗问紧了，他立刻扑倒在世宗脚下，全身颤抖，痛哭不已。世宗见一个六十多岁的老头子竟然哭得如此伤心，料想他一定受了莫大的委屈，越发动了恻隐之心，连声宽慰，叫他有话尽管说，不必有什么顾虑。严嵩这才抽抽嗒嗒地诉说起来。他添枝加叶、无中生有地将夏言诋毁一番。为了增加可信度，他边哭边诉，凄切哀怨。严嵩充满戏剧性的表演，果然收到了令他满意的效果，世宗对夏言的行为恼恨不已。

事隔不久，碰巧出现了一次日全食。严嵩又乘此机会陷害夏言，说这事应在夏言身上，天象已经警示，若不尽快处治夏言，不仅皇上不得安宁，天公还会再显法力。世宗本来就十分迷信，经过严嵩这一撺掇，便更加深信不疑，便于嘉靖二十一年六月下旨，将夏言免职，遣归老家。

夏言被除，严嵩去掉了一块心病，也搬掉了仕途上的拦路石。他一

手接替了夏言所有的职务，进入内阁，并当上了内阁首辅。从此，严嵩便肆无忌惮、为所为欲。为了进一步巩固自己的势力，对上，他还是谄媚逢迎；对下则大权独揽，独断专行，并加紧网罗党徒、栽植亲信，在朝中的重要部门安插大批的党羽爪牙，从而控制了朝中大权，炙手可热。

过了两年多，世宗重新起用了夏言，严嵩又退居第二。他又巧施毒计，将夏言再次赶回家乡。但他还不放心，认为必须把夏言置于死地才可确保自己的权利。

嘉靖二十五年（公元 1546 年），兵部侍郎曾铣总督陕西三边军务。他出于边防上的考虑，提出收复被蒙古占领的河套地区的计划。河套地区就是今天宁夏和内蒙古境内贺兰山以东、狼山和大青山以南的大片黄河沿岸地区。控制河套地区，对明代的边防具有重要的战略意义。世宗向大臣们征询意见，夏言表示赞同，严嵩则坚决反对。严嵩还趁机攻击夏言和曾铣是"擅权自用"、"好大喜功"。这时，恰巧内宫失火，皇后去世，这些变故让世宗惊惧不安。不久，蒙古军进扰延安、宁夏等地，严嵩趁机对世宗说，这些都是因为夏言、曾铣要收复河套造成的。世宗对此深信不疑，立即将曾铣缉拿处死，让夏言再次致仕。严嵩怕夏言他日东山再起，必欲将其置于死地而后快。于是，他又诬蔑夏言是收受了曾铣的贿赂而支持收复河套的。大臣与边将勾结是大罪，于是夏言终于在嘉靖二十七年（公元 1548 年）惨遭弃市。

严嵩与夏言长达十多年的惊心动魄的斗争，最后以严嵩的胜利而告终。在这场争斗中，严嵩性格中的刻薄寡恩、阴险狡诈、心狠手辣的特点都得到了淋漓尽致的表现。严嵩费尽心机，终于位极人臣。

最初，夏言惨死时，没有人为他喊冤。等到严嵩在政治上胡作非为、祸及天下时，人们才感到夏言死得可惜。有意思的是，日后代替严嵩的首辅徐阶恰恰是夏言所推崇赏识的人物，徐阶在严嵩垮台的过程中起到了重要作用。历史仿佛经历了一个轮回，夏言不久被平反，官复原职，赐祭葬。

严嵩专权时，朝野上下流传着"大丞相""小丞相"的称呼。"大丞相"指的是严嵩，"小丞相"指的就是严嵩独子——严世蕃。

严嵩用毒计杀害夏言以后，又当上了内阁首辅，大权独揽，一手遮天。在朝中，他除了取悦世宗，巩固皇上对他的宠信之外，还为所欲为，翻手为云，覆手为雨，一意孤行。世宗在位四十五年，搞了四十四年的建醮、祷祀。前二十年，他还能够上朝听政，过问一下朝政；后二十五年，他整天待在西苑和道士们一起炼丹制药，祈求长生之术。严嵩当权时期，世宗早已多年不上朝，除了征伐诛杀等大事外，别的很少过问；朝臣中除了严嵩之外，别人很难得一见龙颜。这就更为严嵩独揽朝纲提供了方便条件。

严嵩除了投机钻营，一意媚上，并没有什么治国的方略。他身为首辅，日夜守候在西苑直庐，名为忠诚勤政，实际上却是为了时刻窥测皇上的意向。而昏聩不明的世宗竟也被他的这种假象所迷惑，对他更是宠信有加，还赐给他一枚刻有"忠勤敏达"字样的银质印章。这君臣二人，为君者昏庸无能，为臣者阴险奸诈；一个喜欢迎奉，一个善于拍马。其结果是奸臣越是蒙蔽昏君，昏君越是宠信奸臣，到后来，世宗把一切政事都交给严嵩全权处理，严嵩利用自己独特的有利地位，排斥同僚，独揽朝纲。

嘉靖二十七年（公元 1548 年），严嵩再任首辅时，已经年近七旬，逐渐有些年迈体衰，精神倦怠。这时，他还要日夜随侍在皇帝左右，已经没有时间和精力处理政务。如遇事需要裁决，多依靠其子严世蕃。他总是说"等我与东楼小儿计议后再定"，甚至私下让世蕃直接入值，代其票拟。票拟就是内阁在接到奏章后作出批答，再由皇帝审定，是阁臣权力的重要体现。世蕃的票拟多能迎合世宗的心意，因此多次得到世宗的嘉奖。严嵩干脆就将政务都交给其子，世蕃一时权倾天下，俨然小丞相。

严嵩父子一手遮天，包揽大权，他们倚仗权势，结党营私，收受贿赂，卖官鬻爵，朝中官员的升迁贬谪，不以其本人的贤愚廉赃为依据，而是根据他们对严嵩父子贿赂的多寡而定。抗倭名将俞大猷为人耿介，不肯同流合污，严嵩便指使党徒对他进行诬陷，把俞大猷逮捕下狱。朝中一些正直善良的官员颇为不满，出于爱才，大家凑了三千两银子贿赂严世蕃，俞大猷才被改判发配到大同戍边，总算保住了一条性命。

严氏父子利用手中的大权贪赃纳贿，大肆搜刮，可谓到了雁过拔毛的程度，严家的家财可与皇帝比富。在京城，严府高墙峻宇、巍峨壮观，府第前还修建了一座大花园，园中珍禽异鸟、奇花名草，应有尽有；更令人惊叹的是，严嵩动用工役开凿了一片人工湖，面积约有几十亩，湖光云影，画船雕梁，富丽堂皇。像这样的宅第，严嵩在他的家乡——江西分宜连修了五座，座座壮丽豪华，美轮美奂。说起深宅大院中的金银珠宝，更是难以计数。就连严府的家仆，也有几个家财万贯的。到后来，严嵩父子东窗事发被抄家时，共抄出黄金三万余两，白银两百多万两，其他珍玩宝物价值连城，无以计数。严世蕃曾自夸说："朝廷不如我富！"

富则思淫，家财聚敛得够多了，就要想方设法在享乐上下工夫。严氏父子的生活极端奢侈糜烂，且不说每天的吃穿用度如何极尽铺排、考究，严世蕃一人就有二十七个小妾，个个穿金戴银，花团锦簇，严世蕃与她们朝歌夜弦，寻欢作乐，荒淫无度。过着如此奢腐的生活，他不以为耻，反以为荣，常常得意扬扬地向人炫耀说："朝廷不如我乐！"

嘉靖二十九年（公元1550年）六月，蒙古鞑靼部首领俺答率兵侵犯中原，打算以大同为突破口，直逼北京城。大同总兵仇鸾本是个奸贪之徒，他原为甘肃总兵，因犯了贪虐罪被劾下狱，经多方求人，以三千两黄金贿赂朝中第一权贵严嵩，并拜严嵩为干爹，不仅得以赦免罪过，还捞到了宣府大同总兵的官职。仇鸾既无文韬，又无武略，面对俺答的进犯，吓得慌了手脚，紧闭城门，高挂免战牌，不敢抵抗。后来，他见俺答准备调兵攻城，越发惊慌失措，竟派出自己的亲信偷偷去见俺答，以重金贿赂，求俺答不要进攻自己的防地而转犯他处。这招果然见效，俺答收了仇鸾的重礼，立即引兵东去，攻打被称为长城口的古北口。

此时的明朝廷正是严嵩得势，他以儿子严世蕃为助手，父子专权，任性妄为，败坏纲纪，搅乱朝政，致使国势衰微，边事废弛。特别是大将军曾铣被害后，西北边防再无良将，因而，俺答才如此嚣张，胆敢来犯。

俺答兵临古北口，不费吹灰之力就攻克了这个要塞。明朝守兵一败涂地，死伤无数，侥幸留得性命的也都仓皇逃窜。俺答率军长驱直入，一路烧杀掳掠，直奔北京。

古北口失守的消息传进京城，朝廷内外一片震惊，文武群臣面面相觑，一筹莫展；市井百姓人心惶惶，听天由命。一时间，整个京城充满了惊恐、混乱的紧张气氛。

虽然没想出什么退敌的良策，朝廷还是很快作出了反应，兵部下令集合京城各营兵加强防守。军令下达后，兵士却迟迟召集不起来，原来，世宗继位后，只醉心仙道，不关心国事。严氏父子专权乱政，作威作福，根本不考虑国家和民族的安危，不重视军备，军队的管理极其松弛，为将者从来不操练兵马，当兵的竟不懂舞枪弄棒；京城禁军籍册，多是空头名额，有一些年轻力壮的兵士，大都被总兵、提督、太监弄到家中充作奴仆使唤；所有兵饷，全被统兵大员侵吞，一半饱其私囊，一半用以贿赂严氏父子。

仓促间好不容易才召集了四五万人马，大都是老弱兵丁。队伍集合起来后，便派人去领武器，几个军兵拿着兵部的批示来到武库，管理武库的太监却伸手索要贿物，不给钱就不发枪，还说这是按例办事。无奈，领枪的人只好满足他的要求。等到武库打开后，却发现里面空空如也，除了一些残缺不全、锈迹斑斑的头盔、铠甲和没了枪尖的断枪杆，一无所存。

敌兵压境，战事紧迫，最忙乱的当属兵部尚书丁汝夔，他不仅要负责派兵遣将，更要负责保护京都和皇上的安全。可此时世宗皇上并不知道自己正受到俺答的威胁，还在西苑里为长生不老而专心修炼。丁汝夔几次去西苑探看，世宗都在静心练功，追求羽化登仙的境界，丁汝夔不敢打扰，只得自己独撑局面。后来，情况越来越紧急，不能不禀明皇上。丁汝夔才斗胆打扰世宗，世宗听了报告，一下子从成仙梦中惊醒。他最看重的就是性命。世宗慌忙命令文武大臣全体出动，分守九门，严加防护，同时传檄各镇兵入京勤王。

世宗领着大臣们手忙脚乱地布置防备，俺答那边早已逼近北京城下，在京城附近的村落中大肆掠夺民财，奸淫妇女，焚烧了大量的庐舍，洗劫了通州、涿州等地和北京四郊。敌人的暴行激起了每一个有良知的官民的义愤，纷纷要求严罚敌兵。兵部尚书丁汝夔向内阁首辅严嵩请示是否出战，严嵩给他出主意说："在边塞失败，还可以瞒住皇上，在京郊失败，就难以隐瞒了。俺答轻易不敢进攻京城，他抢够了，闹乏了，自然就撤兵了。我们千万不能出战，唯有坚壁守城是上策。"丁汝夔一想，严嵩的话虽然不顾百姓死活，但京城中的兵士多是乌合之众，

『柔媚之臣』——明宪宗首辅严嵩

真的与敌人交起手来，也没有胜利的把握，对自己反倒不利，不如听信严嵩的"忠告"。于是，丁汝夔传令诸将，坚守京城，不得轻易出战。这些京都将领，平日里惯于养尊处优，只会寻欢作乐，个个养得脑满肠肥，胆小如鼠，爱惜自己的性命胜于一切，他们一见打仗，腿都直打颤，此时巴不得不出战，眼看着俺答军队烧杀掠夺，只是按兵不动。百姓们饱受敌兵的蹂躏，一心盼望着自己的军队能前来搭救，却不料明军见死不救，还听说是丁汝夔不让出战，于是便大骂丁汝夔。

俺答军队终于在京郊一带抢劫够了，便志得意满地引兵退去，一同还押走了大批男女、牲畜骡马和金银财宝。眼看着俺答军队走远了，仇鸾才率领十几万兵马尾随其后，佯装追击。俺答原打算从白羊口出塞，不料遇到了驻守在那里的明军的猛烈阻击，只得原路折回，再奔古北口。仇鸾没有料到俺答杀了个回马枪，措手不及，顿时大乱，争相恐后逃命，根本无心反击。俺答斩杀明军千余人，然后从古北口回巢。仇鸾收拾残部，打道回京，沿途斩杀了七八十名百姓，假称鞑靼人的首级，欺瞒世宗，冒领军功。世宗竟然信以为真，大加赏赐。

因为嘉靖二十九年是庚戌年，所以这次事变史称"庚戌之变"。

事变之时，当时北京西北郊遭受的破坏比较严重，许多太监的宅园也被抢掠一空，焚烧干净。这些太监见自己的私有财产受到损失，心里愤恨不平，可又不能找鞑靼人和俺答算账，就把火气都撒在丁汝夔身上。他们纷纷跑到世宗面前告状，大骂丁汝夔，说他贪生怕死，不敢迎战；并且牵制诸将，不让出战，从而助长了俺答的气势，致使烽火满郊，惊动了皇上。世宗本就认为"庚戌之变"是奇耻大辱，正要找个借口发发火气，听了太监们的告状，当即下令把丁汝夔打入牢狱，要论罪严办。

丁汝夔原是听了严嵩的话才按兵不动，听说皇上要因此治他罪，急忙又去找严嵩讨主意，求他救护自己。严嵩也听到了这消息，害怕丁汝夔把自己牵连进去，便一心稳住丁汝夔，宽慰他说："不必担心，有我在，你就丢不了命，我一定鼎力相助。"丁汝夔这一次又听信了严嵩的许诺，果然没有供出严嵩。可是，严嵩见到世宗之后，知道皇上极为憎恨丁汝夔，决意要处死他，吓得噤若寒蝉，一句求情的话也不敢说出口。可怜的丁汝夔等到圣旨降下，将他斩首，这时他才明白上了严嵩的当，大声咒骂严嵩，在刑场上不断高喊："奸贼严嵩误我！奸贼严嵩误我！"可是为时已晚。就这样，严嵩祸国殃民，却让丁汝夔做了替罪羊。

严氏父子这次虽然侥幸逃脱罪责，但是他们身边早已危机四伏了。

严氏集团长期操纵刑杀赏罚的国柄，结党专权，也逐渐引起了世宗的猜忌。而次辅徐阶以自己敏锐的嗅觉，嗅出了其中的滋味。自入阁以来，徐阶无时无刻不在寻找推翻严氏集团的时机。只是条件不具备，不能贸然行事，他只好将自己的思想深深掩藏在内心的深处，勤谨做事。用心撰写"青词"，同时又处处顺从严嵩，时时吹捧他，化解矛盾，还把孙女嫁给严嵩的孙子，尽力麻痹严嵩。这样，徐阶既取得了世宗的信任，又没有成为严嵩的敌对面。徐阶官阶升得很快，成为次辅，而此时的严嵩已年过八十，老眼昏花。徐阶终于等来了机会。嘉靖四十年（公元 1561 年）十一月，世宗所居住的西苑永寿宫起火，宫室化为灰烬。世宗暂住在狭窄的玉熙宫，郁郁不乐，便找阁臣商量。年老的严嵩糊糊涂涂说："请皇上还居大内。"世宗很不高兴。严嵩又说："南城离宫也很宽敞，皇上住过去吧！"皇帝一抖袖子，更加不悦。因为九十年前英宗被赶下台时，就软禁在离宫。大内更是住不得，十九年前，世宗酒后住在乾清宫酣睡，险些被宫女勒死，世宗一想到那个场面就会浑身都发抖。严嵩的两条建议，都犯了忌讳，世宗很不高兴。徐阶在旁边看出了世宗的脸色，急忙说："另建一座新宫。"世宗大为赞许，百天后，新宫建成，世宗非常高兴，认为徐阶忠贞可嘉。从此，凡军国大事，便不再问严嵩，而是问徐阶。严嵩失宠了。

严嵩失宠，御史邹应龙闻风而动，上疏弹劾严嵩。1562 年，世宗下诏，将严嵩罢职，勒令回籍休养，严世蕃也被谪戍雷州。后又将严世蕃斩首。严嵩家被抄。从此，家败人亡的严嵩，只得在祖坟旁搭一茅屋，寄食其中，晚景非常凄凉。嘉靖四十五年（公元 1566 年）四月，一代奸臣严嵩在孤独和贫病交加中死去。

"一条鞭法改革" ——明神宗首辅张居正

宰相小传

　　张居正，字叔大，少名白圭，号太岳，谥号"文忠"。明代著名的政治家，也是中国封建社会末期最负盛名的改革家。他出身平民，从秀才、举人，一直到进士，最终位极内阁大学士。在其担任内阁首辅的十年里，凭借自己非凡的魄力和智慧，整饬朝纲，巩固国防，推行"一条鞭法"，使奄奄一息的大明王朝重新获得勃勃生机。凭此赫赫功绩，他堪与商鞅、王安石并列为我国封建社会初期、中期与后期最具盛名的三大改革家，被后誉为"宰相之杰"。

　　张居正出生于荆州府江陵县一位秀才的家里。荆州在历史上是一个声名显赫的地方，也是兵家历来必争之地。张居正的原籍并不在荆州，他的远祖张关保是凤阳府定远县人，是明太祖朱元璋的同乡，也是明朝开国元勋李善长为核心的淮西集团众多文臣武将之一。

　　元朝末年，张关保和乡亲们一起参加了造反起义的红巾军，自后追随朱元璋南征北战。明朝建立后，张关保被授予军职，分配到荆州府。从此，张家后人便成了荆州人氏。

　　张家到了张居正父辈时，家世已经破败。父亲张文明想通过科举道路改变家庭的境遇，多次参加考试，都名落孙山，连个举人也没有考上，终其一生，也只是一个落第秀才而已。张文明知道自己仕途无望，就把全部梦想都寄托在儿子身上，希望他科举仕途顺利，跃登龙门，改变张家的困境。

张居正出生时，他的曾祖父做了一个关于白龟的梦，梦中的月亮落在水瓮里，照得四周一片光明，然后一只白龟从水中悠悠地浮起来。曾祖父认定这只寓意吉祥的白龟就是这刚降世的小曾孙，于是信口给小曾孙取了个乳名"白圭"，希望他来日能够光宗耀祖。

　　白圭年幼时就表现出非凡的过人才赋。有一天，他的堂叔父正在读《孟子》，二岁的白圭在旁好奇地看着，叔父就和他开玩笑说："孩子，人人都说你聪明伶俐，不过你要认识'王曰'二字才算真的有本领。"又过了几天，叔父读书的时候，乳母和小白圭又来了。叔父把白圭抱在膝上，要他认"王曰"二字，没想到小白圭这次居然认识，家人连连称奇。二岁识字，五岁读书，十岁就已通晓四书五经，聪明的白圭成了荆州府远近闻名的神童。

　　嘉靖十五年（公元1536年），十二岁的白圭报考生员考试，顺利取得秀才名号，世人纷纷赞叹不已。这个看起来比其他考生矮一大截的小毛孩以机敏伶俐的资质深得当时荆州知府李士翱的怜爱，李士翱在赏识这个颇具天赋的小家伙之余，语重心长地嘱咐白圭要从小立下雄心壮志，长大后尽忠报国，并替他改名为居正。

　　十三岁时，出身江陵农家子弟的张居正首次参加了乡试，写了一篇非常漂亮的文章，作了《咏竹》的绝句：

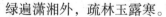

　　绿遍潇湘外，疏林玉露寒。

　　凤毛丛劲节，直上尽头竿。

　　小小年纪就以竹自喻，显示了他的远大抱负。这次乡试一旦考取，便是举人了。事实上，单凭当时张居正的才华、年龄和声名，中举是很有希望的，因为在大家眼里，张居正天资聪颖，神童的光芒原可以继续创造新的科举神话。

　　这一年，主持乡试的主考官是湖广巡抚顾磷。顾磷是当时有名的才子，十分惜才。顾磷慧眼识俊杰，看到这少年的不同凡响，连连称他有"将相之才"，但对于张居正的少年得志，顾磷认为，十三岁的孩子就中举人，以后难免自满，反而把上进的志气消磨，主张趁此给他一些挫折，使他以后更能奋发。结果，顾磷对负责监试的御史说："张居正是一个大才，早些发达，原没有什么不可，不过最好还让他迟几年，等到才识老练了，将来的发展才不可限量。"

"一条鞭法改革"——明神宗首辅张居正

这天，顾璘特意在家中设宴款待张居正，席间他解下犀带赠予张居正说："希望你树立远大的抱负，做伊尹、颜渊那样的人物，不要只做一个少年成名的举人。"还特意叫他的小儿子顾峻出来与张居正相见。顾璘后来对儿子说："这位荆州张秀才，日后必定成为国之栋梁。将来他担任中枢要职时，你可以去求见，他必定会感念昔日老朋友的儿子，出手帮你一把。"

顾璘这一次故意使他落选，果真让张居正经受了一些挫折和磨炼。几年后，才高气傲的张居正终于顺利通过乡试，成为最年轻的少年举人，时年十六岁。

后来，走上明朝政治权力中心的张居正对当初顾璘的远见和良苦用心始终心存感激，对于顾公的知遇之恩有着刻骨铭心的感念。多年以后他已经位极人臣，权倾朝野，当顾公过世以后，顾府家道中落，他果真使顾公的后人得到照顾。

七年后，嘉靖二十六年（公元1547年），在经历初次会试失败等挫折磨砺之后，张居正的才识逐步趋于老练。这一年，二十三岁的张居正再度赴京赶考，皇天不负有心人，张居正中了二甲进士，授翰林院庶吉士，取得翰林院的预备资格，终于顺利走向了仕途的开端。

张居正没有辜负父亲的期望，从少年发愤攻读，学识卓异，考中秀才到举人再到进士，终于平步青云，这不仅归功于他天资聪颖，还得归功于他成长路上这些伯乐式恩师的提携。

明朝翰林院是负责编写历史和管理图书的中央政府部门，庶吉士是没有官品的练习生，新科进士只有经过庶吉士阶段，才可以授予有品级的官职。

张居正入选庶吉士，教习中有内阁重臣徐阶。徐阶重视经邦济世的学问，在他的引导下，张居正努力钻研学问，为他日后走上政治舞台打下了坚实的基础。

十年寒窗，一登龙门，从一介寒士变为一个官僚，官场充满了勾心斗角的纷争，张居正的入仕之初是坎坷曲折的。

明初为了加强中央集权，废除丞相，设置内阁，内阁职能相当于皇帝的秘书厅，首席内阁学士称首辅，实际上也就是宰相。在嘉靖、隆庆年间，皇帝都不太勤于政事，导致朝廷外部边患严重，内部奸臣当道，众臣争当首辅，争权夺利，一团乌烟瘴气。

此时，大明王朝内阁中正在进行着一场激烈的政治斗争。嘉靖皇帝是一个极为迷信、爱好青词（献给玉皇大帝，实则是溜须拍马的文字）的皇帝。当时的内阁大学士只有夏言、严嵩两人，两人争夺首辅职位的斗争异常激烈，结果是夏言先为首辅，然后严嵩靠作得一手好青词和溜须拍马的本领讨得了皇帝的欢心，又把夏言搞倒，当上了内阁首辅。

徐阶正是夏言的学生。徐阶年近三十才以探花及第，授翰林院编修。夏言倒台后，徐阶在内阁辅臣中名列第三。为了给恩师报仇，徐阶打算以隐忍的技巧对付严嵩，忍痛把自己的孙女送给严嵩之子严世藩做小妾，以和严嵩搞好关系。

作为徐阶的学生，张居正一直被徐阶看重，但因奸臣当道，张居正一直成不了气候，只能写些皇帝喜欢的马屁文章，如此一位有才之士就给耽误了数年。

对于内阁斗争，新科进士张居正自然没什么发言权。此时张居正潜心于国故典章的钻研，默默关注着时事政治，于喧嚣浮华之中自显出其特立独行的特质。通过几年的冷眼观察，他对朝廷的政治腐败和边防废弛有了直观的认识。

嘉靖二十八年（公元 1549 年），张居正第一次表露自己的治国理念。他向皇帝呈上了一份奏疏——《论时政疏》。这份奏疏指出，朝廷政治的病症关键在于皇帝沉迷于道教，不理朝政，拒绝大臣的批评，导致政局日趋紊乱。具体表现在五个方面：宗室藩王骄纵恣肆，官吏荒废本职工作，吏治因循腐败，边防武备废弛，财政连年赤字。客观地讲，张居正的这些批评都是切中当时明王朝弊政要害的。

为了使得皇帝能够接受这些意见，张居正语重心长地向嘉靖皇帝进言说："臣听说，英明的君主不会憎恶臣下言辞尖刻的进谏，因而青史留名，仁人志士不会因为躲避杀身之祸而停止向皇帝直言进谏，从而使得国事避免失误，因而流芳百世。"

然而，刚愎自用的嘉靖皇帝最不喜欢臣下向他谏诤，听不得批评意见，小小的翰林院编修的奏疏当然不在他的眼里。张居正满怀希望的进谏，一如石沉大海，毫无回音，这令他感到伤心和失望，他开始打退堂鼓，萌生退出之意。

「一条鞭法改革」——明神宗首辅张居正

在担任翰林院编修五年之后，嘉靖三十三年（公元1554年），张居正以健康不佳为理由辞职回乡。对于从不言败的张居正而言，回家休养身体固然是一个托词，但这个理由太不充分，真正的原因是他对于政坛高层的权力争斗感到彷徨，无所适从，觉得不如跳出圈子图个清静。这时的张居正与日后身处权力中心，纵横捭阖，得心应手地玩弄权术的那个张居正形成了强烈的反差。

从嘉靖二十六年步入仕途，到嘉靖四十一年严嵩罢相，十五年间，除了那篇言之有物，却基本没有起到任何作用的奏章之外，张居正再也没有上过一次奏疏。在那剧烈惨重的政治搏杀中，也基本看不到张居正的身影，包括于他有知遇、提携之恩的徐阶身处险恶的漩涡中时，他也没有表现出援手的意思，当然，他也没有能力表示。严嵩势焰最盛时，深切忌恨着徐阶，致使那些与徐阶相交的人不敢与徐阶光明正大地交往。唯有张居正始终以相当磊落的方式与徐阶保持往来，使得徐阶的政敌严嵩都暗自十分欣赏、器重这个年轻人。

话说张居正借口请假养病，离开京师来到故乡江陵。休假三年中，他仍不忘国事，亲身接触底层社会。家境本就贫寒的张居正，在乡间深切体会到了人民的辛劳、饥寒和痛苦。他在《荆州府题名记》（《张文忠公全集》卷九）中说：“田赋不均，贫民失业，民苦于兼并。”这段经历使他萌生了沉重的责任感，让他决意重返政坛。

嘉靖三十六年，张居正仍回翰林院供职。这时的他渐已成熟，在政治的风浪中，他模仿老师徐阶“内抱不群，外欲浑迹”，相机而动。

嘉靖三十九年，张居正出任国子监司业，开始成为国子监祭酒高拱的助手与同事。国子监是大明王朝的最高教育管理机构和最高学府，祭酒是其最高首长，相当于今天的国立大学校长，司业则相当于常务副校长，负责以儒学为主的教学事务。

张居正与高拱志同道合，两人相处得相当融洽，配合默契，以至于彼此相许将来共同开创一片事业。此时的高拱与张居正无论如何也没有想到，日后两人果真会携手在明朝政坛叱咤风云，两个人更没有想到，日后两人的关系将会经历怎样的演变。

高拱，字肃卿，河南新郑人。《明史》上称他“才略自许，负气凌人”。高拱比张居正早六年科举中第，那一年是嘉靖二十年，此后，高拱也被选为庶吉士，毕业后，授官翰林院编修。高拱后来在徐阶的推荐下，前去裕王府为裕王当了九年老师，为岌岌可危的裕王出了不少力。裕王一直视他为最可信的人，高拱因而得以迅速晋升。

执政中后期的嘉靖皇帝，迷信道教师父的话：只有两龙不相见才能长寿。于是，这位皇帝便长时间避见自己的两个儿子景王和裕王，同时也在很长时间内不立太子，因为两个儿子中必定有一个是未来的"龙"，立了太子会使两龙相见，会令他联想到自己的死，联想到这个太子有一天会取代自己。

嘉靖四十二年，即在扳倒严嵩的第二年，深谋远虑的徐阶举荐张居正为裕王朱载垕的侍讲侍读，这只是个虚衔，也相当于裕王的老师之一。张居正再度与高拱成为同事，两个人之间的关系也相当友善。当时这个安排多少带有一些风险，因为嘉靖皇帝喜爱景王远在裕王之上，景王很可能被立为太子。张居正在裕王府邸三年，裕王也特别欣赏看重他。王府中的宦官们没有不喜欢张居正的，有的宦官还主动向他请教学问，谈论天下大事。

这时的张居正和前两年的高拱一样，在徐阶的栽培下，飞速地晋升。

世事难料，嘉靖四十四年，景王病死，裕王顺理成章地成为日后皇帝的唯一人选。这一年，嘉靖皇帝殁，裕王即位，是为明穆宗。张居正的机会终于来了。

隆庆元年（公元 1567 年），张居正以裕王旧臣的身份，从侍讲学士领院事，到礼部右侍郎兼翰林院学士，再到吏部左侍郎兼东阁大学士，成为内阁成员，最后又升到礼部尚书兼武英殿大学士，加少保兼太子太保荣衔。从正五品的小官晋级到从一品的副宰相，张居正仅仅用了一年左右的时间。更为厉害的是，如此神速之晋升，并未引起朝野内外、官场上下明显之恶感，这充分说明了张居正内外双修的做人技巧。

这一年，张居正四十三岁。此时的他大概不会忘记自己十三岁时写下的诗句"凤毛丛劲节，直上尽头竿"，三十年后，他终于在暗暗的政治较量中"直上尽头竿"了。

当时内阁中，张居正资历最浅，不但最后一个进入内阁，在名位上也是排在最后。但唯独他一个人表现得相当清高孤傲，才能卓越，学养深邃，谈论问题时，语言精练，切中要害，并且有为有守，绝不趋炎附势，下面的官员们对他特别畏惧。

嘉靖驾崩之时，由徐阶起草遗诏书，立穆宗朱载垕为帝，纠正了嘉靖时期修斋建醮、大兴土木的弊端，为因冤案获罪的勤勉朝臣恢复官职，以此笼络人心，得到朝野上下一致称赞。但徐阶采取这一系列举措事先未和同列阁臣高拱、郭朴一起商量，高拱认为自己是新帝肺腑之臣，却对遗诏浑然不知，二人怀恨于心，唆使御史参劾徐阶。转眼间，徐阶当年提拔的学生高拱已经演变成政敌，欲置徐阶于死地。

没想到此时的徐阶正受到部院大臣、言官们的感恩拥戴，权势灼热，群官纷纷站在徐阶一边，他们搜集郭朴、高拱的罪状，甚至对他们辱骂。三月之内论劾高拱的奏疏竟多达三十余份，高拱惶惶不能自安，只好称病祈求休假。穆宗虽然有意挽留，但还是恩准高拱以少傅兼太子太傅、尚书、大学士衔回乡养病，遣行人护送。

穆宗行为荒诞不经，徐阶经常劝阻他，所以穆宗十分讨厌他，正好给事中张齐因为私人恩怨弹劾徐阶，徐阶处境逐渐危险。

徐阶任宰相多年，为两朝元老，人称为"徐阁老"，他劳碌一生，有过穷困不堪，有过忍辱负重、背尽骂名，也有斗倒严嵩、权倾朝野的风光无限。眼前遭到皇帝排斥，言官弹劾，但好在自己的学生张居正又正前途无量，于国于私也算心愿已满，这一次，徐阶怀着失望而又悲愤的心情主动请辞。穆宗趁机允许他退休回家。

徐阶离开后，张居正的处境变得很微妙，原因是其他几位内阁成员与张居正的关系并不融洽，有的人甚至很小看他。为此，1569年冬，张居正与当年在裕王府邸相处友善的宦官李芳等联手，说服穆宗，召回了高拱。

当时正值十二月，被冷落了一年多的高拱接旨后，不顾腊月严寒，日夜兼程，直奔京城，以大学士兼掌吏部重新登台。那些以前指责高拱的人听说高拱要回来了，纷纷胆战心惊，甚至有人在解官归田途中抑郁而死，一时人心惶惶。高拱只得通过门生心腹散布言论，安抚诸官说他会抛开旧怨，一心为政，于是朝廷上下人心稍安。

复出后的高拱，权势熏天，先以内阁大学士兼任吏部尚书，不久以内阁首辅兼任吏部尚书。按照明朝制度，吏部乃六部之首，负责天下官员的考选封授，权责特重，官员由吏部尚书而晋为内阁大学士者所在多有，然而以内阁大学士兼任吏部尚书者，高拱却是空前第一个，这是大明帝国历史上皇家对臣子从未有过的信任与授权。

在这段时间，高拱与张居正这对旧日老友再次搭档。高拱一直以来极为赞赏张居正的才干，史书在形容两人的关系时使用的说法是"拱至，益与居正善"，"两人益相密"。此次张居正向皇帝提议召回高拱，两人的关系更是进入了一个真正的蜜月期。当然，这里面可能含有高拱对张居正的感谢成分，但更主要的应该是两人在治国理念上的志同道合、惺惺相惜所致。

这时的明王朝，内有土地兼并，流民四散，草寇祸起，国家帑藏空虚，用度匮乏，南方土司争权夺利，尤其还有岑猛叛乱，外则北方鞑靼进兵中原，虎视眈眈，威胁边境，东南则有倭寇骚扰沿海，民不聊生。面对这些困扰明朝统治的棘手问题，张居正和高拱当政期间，大胆起用了一批人才，整饬内政，巩固边防，提出饬武备、信责罚、造兵将的方略。

张、高两人联手做的一件最漂亮的事就是主持了修好鞑靼、巩固边防的工作。

元朝被推翻后，蒙古贵族回到蒙古高原，继续统治长城以北的一些地区。14世纪末，蒙古分裂。为争夺蒙古汗位，瓦剌与鞑靼部频繁争战，势力各有消长。后来瓦剌强大起来，打败了鞑靼，势力达到极盛。

正统十四年，瓦剌首领也先大举攻明，宦官王振挟明英宗亲征，明军败于土木堡，导致英宗被俘，这就是著名的"土木堡之变"。也先大军直犯京师，但被明朝重臣于谦打退，只好与明朝讲和，送还英宗。

嘉靖年间，北方长城一带战事不断，蒙古不断南犯。明朝守边军队与蒙古打了四十余年的仗，几乎年年都发生或大或小的战役。

此时，蒙古族鞑靼部杰出的首领俺答汗活跃于北方草原上，蒙古内部的争斗等诸多因素促使他向明朝提出了贡市的要求，然而在几十年的求贡中他却屡遭明朝拒绝。蒙古得不到迫切需求的铁器和布帛、茶叶和盐，于是连年在明朝边地抢掠。

1569年九月，俺答汗又领兵攻掠山西石州，杀死知州王亮。入境二十日，明兵竟不敢抵抗，任其掳掠而去。朝廷只得下诏免去督抚镇诸

臣官职，调任抗倭名将福建总兵官戚继光以都督同知职务总理蓟州、昌平、保定三镇兵事，总兵官以下官员均受其节制。

戚继光一方面调集浙江精兵三千北上，向镇守边境的明军示范演习，整肃军容，训练军队，制订车、步、骑配合作战的战术，另一方面加固长城，筑建炮台，整顿屯田，巩固北边防御。同时，1570年五月，右副都御史兼总兵侍郎王崇古总督宣大（宣州、大同）山西军务。

这时，蒙古内部的局势又有了新的变化。俺答汗逐渐向西方扩展势力，并展开了对瓦剌的远征。在向西方拓展疆土时，既需要在东部与明朝息兵，也更需要恢复贸易，以获取明朝的铁器等物资。连年交战，虽然明朝和蒙古还保持着对峙的局面，但双方都已倾向于息兵通市。

隆庆四年，俺答汗进攻山西大同，计划称帝。此时张居正却闻悉俺答的孙子把汉那吉携带妻子比吉和乳母的丈夫阿力哥共十几人请求归顺明朝。鉴于此事非同小可，张居正写信要求宣大总督王崇古立刻把详情密示于他。

原来，俺答的第三个儿子膝下有一子，名叫把汉那吉，此子幼年丧父，由俺答的大夫人伊克哈敦抚养。把汉那吉长大娶妻比吉，后来却又爱上姑母之女三娘子并希望再娶。然而，身为外祖父的俺答也爱上了三娘子，力图将美貌的三娘子据为己有。于是祖孙之间为一个小女子心中结怨，失恋的把汉那吉受此打击，决意离家投奔鞑靼的仇敌明朝。

明朝大同巡抚方逢时接受了把汉那吉的投奔，并快马加鞭通报宣大总督王崇古。王崇古安置把汉那吉留在大同，随即与方逢时上疏陈奏朝廷："若俺答到我朝边境索取把汉那吉，则可借此机会与他通市，责令他缚送归降的明朝叛将，归还被掠人口，这是上策；若俺答发兵前来，不可理喻，则告诉对方我朝将杀掉把汉那吉，而对方希望生还把汉那吉，则不敢逞强，然后再慢慢实行我们的计划，这是中策；若俺答弃而不求把汉那吉，那我们就将把汉那吉厚加资养，结以恩义，将来俺答死后，他可收集鞑靼余众，自为一部，这样边地也可得安宁。"

高拱、张居正接到报告，当即写信给王崇古，要其依计划妥善安排把汉那吉，并派人通报俺答："按照中国的法律，俘虏酋长子孙者，可以赏万金并封爵通侯，我们不是不能斩杀你的孙子以获取奖赏，鉴于他是因深明大义而来投奔我大明王朝，又是您的亲孙子，我们实在不忍心杀掉他们。"然后，指授应对的策略，要王崇古、方逢时奏疏皇上利用此事招降鞑靼。此事遭到朝中很多人的极力反对，众人认为敌情叵测，主张杀掉把汉那吉的人不在少数。

俺答汗大夫人痛失爱孙，对俺答汗进行了责难。俺答也自悔处置失宜，但仍采取了明朝叛将赵全的建议，亲率大军出征，并命长子辛爱黄台吉率领大批人马，分几路至明边境，索要把汉那吉。

当俺答的骑兵如黑云压城至北方边境时，王崇古早在张居正授意之下作好战事准备，并以其孙把汉那吉要挟。王崇古还遣使臣鲍崇德前往劝说，提出要鞑靼捆绑了赵全等明叛将头目来交换把汉那吉。

明朝与俺答的使者反复洽商后，俺答终于被迫妥协，同意绑送赵全等十大叛臣头目交付明朝。张居正顺水推舟答应俺答之求，命人将把汉那吉送回蒙古。

这一年十一月十九日，俺答汗遣使押送赵全、李自馨等叛将头目交付明朝。次日，明廷遣军官送把汉那吉出境，行前赠予贵重布帛及礼物。

把汉那吉穿着明朝皇上官赐的大红丝袍回鞑靼帐幕后，俺答汗夫妻迎于河上。俺答见后非常感动，答应以后不再侵犯大同，并决定请求封贡、互市，和明朝友好相处。

隆庆五年，在张居正等人的力劝下，穆宗下诏封俺答为顺义王，并在沿边三镇开设马市，与鞑靼进行贸易。

俺答受封，边境贡市重开，明朝与鞑靼蒙古建立起正常的贸易关系，争战连年的边地从此重现和平，双方居民得以安心耕牧、往来贸易，边境城镇呈现繁荣景象。据说，东起永平府，西到嘉峪关七镇数千里的边境，"军民乐业，不用兵革"，明廷每年可以省军费十分之七。

同明朝建立互市关系以后，鞑靼地区不仅畜牧业增长很快，农业和手工业、商业也有显著的发展。俺答汗与三娘子还决定在蒙古草原的北部修建新的呼和浩特城堡。

俺答死后，三娘子掌权二十余年，积极与明朝修好，并努力促进蒙汉两族的经济文化交流。有史家认为，这种蒙汉和平局面的得来"半系娘子"。三娘子后来被明朝册封为"忠顺夫人"，受到蒙汉两个民族的爱戴，赞美这位夫人的画像、诗词和传奇故事至今仍在广为流传。

此事明廷处置得宜，取得了双方都满意的结果。明礼部奏请穆宗上殿宣表受百官朝贺，说是"圣朝盛事"。俺答封贡的实现，与其说是穆宗朝的一大成就，不如说是张居正和高拱二人策略得当的结果。

做了六年皇帝的隆庆帝于三十六岁盛年之际驾崩，继位的万历帝只是个十岁的小孩。隆庆帝遗诏命高拱、张居正做顾命大臣，一起辅佐万历小皇帝。另外两个列入遗诏中顾命的人，一个是从小照顾万历帝的"大伴"——司礼监掌印大太监冯保，还有一个是文渊阁大学士高仪，他是被高拱举荐入阁的，秉承的是明哲保身之术。

张居正本以为皇帝年幼，他可以一展抱负，推行变革，可高拱保守，不肯采纳张居正的变革建议。虽然张居正曾是高拱知己，但俗话说，"一山不容二虎"，高拱在排挤走了前任首辅徐阶、自己做了首辅之后，逐渐变得高傲独断，渐渐不把张居正这个当年的老部下放在眼里。两人嫌隙越来越大，冲突迟早是必然发生的。张居正虽对高拱很不满，外表却和从前一样，对高拱十分恭敬。

共实早在万历帝登基前，两人已出现矛盾。高拱打击排挤了张居正的恩师、前首辅徐阶，而且对张居正和大太监冯保的亲密关系很是痛恨。

冯保于嘉靖年间入宫，为人知书达理，学识涵养在宦官中出类拔萃，不仅琴棋书画样样精通，诗词文章也不错，于隆庆初年掌管东厂兼理御马监。万历皇帝即位后，冯保升任司礼秉笔太监，协理李太后负责小皇帝的教育，并得"朱批"权，可以替皇帝处理军国大事。冯保与高拱早有矛盾，他一向深得两宫太后和皇帝的宠爱，连万历都称冯保为"大伴"，惧怕他三分。隆庆帝临死前，遗诏让冯保晋升为掌印太监，入顾命大臣行列。

对隆庆帝的遗命，高拱心里很不服气，认为大明开国两百年来，从未有过太监领受顾命大臣的规矩，但因为这是先帝的既定方针，所以他没敢违背。

万历登基后，内阁两大臣高拱、张居正，加上内臣第一大太监冯保形成三足鼎立，这就如曹、孙、刘三股政治势力，高拱好比曹操，因为他是首辅，说话最有分量，而张居正和冯保好比刘备、孙权，和高拱没法单打独斗，但两人联合起来，力量的天平就向张、冯这边倾斜了。张居正虽表面对高拱谦恭，实际上早就和冯保关系很要好，两人暗地联合。

有一天，一个司礼监的太监到内阁传旨，高拱斜着眼对传旨太监说："这圣旨出自何人？难道十岁的孩童会下圣旨吗！"他还生气地威胁说："这都是你们这些太监在幕后操纵的，等着有一天我要把你们通通都赶走！"

传旨太监回去后把高拱的话告诉了冯保，冯保很气愤，于是和高拱结怨更深。

高拱已看出冯保的擅权，就召集顾命大臣张居正、高仪商议除去冯保。抑制宦官是一个政治上正确的方向，张居正没理由反对，还当面夸赞高拱此举将建传世之功勋。

其实背地里，张居正认为此时是除去高拱的好机会，就把内阁商议的事悄悄告诉了冯保，并一同商量对策。

高拱的奏折递上去后，得到的皇帝的回答是：照先朝的既定方针办，也就是委婉地否决高拱的建议。高拱不甘心，干脆图穷而匕首见，授意一帮言官明确攻击冯保有"四逆六罪""三大奸"，要求将冯逮捕公审治罪。

到了这个分上，双方已是你死我活了，冯保一方必须反击，他向张居正商讨主意，张居正认为正好将计就计。于是，冯保把高拱说的那句有看不起皇帝嫌疑的话"难道十岁的孩童会下圣旨吗？"告诉了皇帝。

万历皇帝早会，一听首辅大臣看不起自己，马上跑到两宫太后（嫡母和生母）那里哭诉。两宫太后平日就知高拱跋扈，在内阁唯我独尊，她们认为高拱太放肆了，欺负幼主，又觉得首辅连个内监都不能容，实在缺乏宰相肚量。

不久，宫中传出命令，说皇帝召内阁、六部、五府（即掌管军队的五都督府）进宫听旨。将文武大臣都集中起来宣布旨意，肯定是非同寻常的军国大事。

高拱听说后很是得意，以为是皇帝要驱逐冯保，自己发起的攻势见效了。

而这边张居正早就知道缘由，但他与高拱见面时还装着什么也不知道。

等大臣们跪下后，太监宣布："请张老先生接旨。"高拱立刻知道大事不妙，因为他是首辅，按理应由他带领群臣接旨。

果然圣旨说大学士高拱揽政擅权，威福自专，命其回原籍闲住，即刻起程，不许停留。就这样，高拱被驱走了。不久高仪也死了，张居正顺理成章做了内阁首辅，从此独掌国家大权。

平心而论，徐阶和高拱都是十分能干的首辅，他们为巩固明王朝的统治呕心沥血，作了不少尝试和努力，然而终因缺乏高瞻远瞩的战略眼光和改革弊政的才干与气魄而收效甚微，直到张居正继任首辅时，明王朝仍然是危机重重。

当时贵族大地主兼并土地的情况相当严重。全国纳税的土地，约有一半为大地主所侵占，他们拒不缴税，严重地影响了国家收入，激化了社会矛盾，导致农民起义接二连三地发生。

张居正清醒地认识到，小修小补可能无法挽救明朝的衰败，只有进行大刀阔斧的全面改革，才能使国家真正走出困境。

明朝有个"经宴"的制度，"经"是由翰林学士或有学问的大臣给皇帝讲解经书，"宴"是讲经已毕，皇帝赏赐参与的官员们一顿盛宴。张居正为了取得皇上的信任，树立自己的威信，决定每十天的经宴由自己来主讲。

经宴日是每月二日、十二日、二十二日，讲经时高级朝廷官员都出席，只有皇帝一人坐着，其他的听众和讲官全部肃立。张居正每次除讲经外，还讲《贞观政要》，意思是让小皇帝做一个像李世民那样的开明皇帝，他作为臣子的也能推行自己的政治主张了。

张居正的目的达到了。小皇帝对"经宴"很感兴趣，十天一讲不解渴，要"张先生"（皇帝对张居正的尊称）"日讲"，甚至还要"午讲"，有时皇帝还跟张居正促膝谈心，一口一个"张先生"，态度十分恭敬亲热。张居正不断用自己的政治主张影响小皇帝，小皇帝对张居正开始绝对信任，张居正因此大权在握，终于有了施展抱负，进行变革的机会了。

从万历初年起，张居正一步一步地实行了他的改革。

作为一个雄才大略的政治家，张居正对明王朝所面临的问题是有深刻认识的。他认为，当时国力匮乏和盗贼横行都是由于官吏贪污，地主兼并，引起"私家日富，公室日贫"。

在内政方面，张居正首先整顿吏治，加强中央集权制，整顿中心是解决官僚争权夺势、玩忽职守的腐败之风。

张居正认为，当时朝野官吏腐败，贿赂成风，民不聊生，主要原因是"吏治不清"。他创制了"考成法"，严格考察各级官吏贯彻朝廷诏旨情况，要求定期向内阁报告地方政事，提高内阁实权，罢免因循守旧、反对变革的顽固派官吏，选用并提拔支持变法的新生力量，为推行新法做了组织上的准备。

经过整治，"百官惕息"，"一切不敢饰非"，朝廷号令，"虽万里外，朝下而夕奉行"，行政效率大大提高。

黔国公沐朝弼屡次犯法，应当逮捕，但朝廷舆论认为此事很难办，张居正就改立沐朝弼的儿子袭爵，派飞马前去捆绑沐朝弼，沐朝弼没有反抗，被解到京师，张居正免他一死，将他幽禁在南京。

因明朝的御史在外常常欺凌巡抚，张居正决定压一压他们的气焰，只要他们有一件事稍不妥，马上加以责骂，又饬令他们的上司加以查办。

当时天下太平已经很久了，然而盗贼群起，甚至抢劫官府库房，地方政府常常隐瞒这类事情不上报。张居正下令，如有隐匿不报者，即使循良的官吏也必撤职，地方官再也不敢掩饰真情，抓到强盗，当即斩首处决，并追捕他们的家属，盗贼因此衰败。

军事上，用戚继光镇守蓟门（今河北迁西西北），李成梁镇守辽东（今辽宁辽阳），又在东起山海关，西至居庸关的长城上加修"敌台"三千多座，加强军事防备。张居正主张与鞑靼俺答汗之间进行茶马市贸易，采取和平政策。从此，边疆在政治经济上保持稳定、正常，北方的边防更加巩固。在二三十年中，明朝和鞑靼没有发生过大的战争。互市政策使明朝可以用银两布帛换取鞑靼的马匹，减少了太仆寺蓄养的种马，同时又使朝廷马匹大增，巩固边防。

在经济方面，改革的成效最为突出。张居正任用著名水利学家潘季驯督修黄河，使黄河不再南流入淮，减少了水灾。张居正认为每年的赋税银两都在开春后发运，那时水患频仍，不是河水冲堤，就是河床干涸，于是就改革了漕运制度，实行漕运十月兑运，到来年年初全部运

「一条鞭法改革」——明神宗首辅张居正

完，这样减少了水害。这个办法推行久了，中央仓库里的粮食装得满满的，足够十年用，而漕河也可直达北京。

此外，下令清查土地。1578年（万历六年），政府下令在全国进行土地的重新丈量，清查漏税的田产，到1580年，统计全国查实征粮土地达70139.76顷，比弘治时期增加了近三百万顷，朝廷的赋税大大增加，所以史书说："自正（正德）嘉（嘉靖）虚耗之后，至万历十年间，最称富庶。"后人有诗称赞此项改革"量尽山田与水田，只留沧海与青天"。

经济方面最关键的莫过于税赋改革。张居正很清楚，仅靠清丈田亩还远远不能彻底改变赋役不均和胥吏盘剥问题，不进一步改革赋税制度就无法保证中央财政收入的稳定增长，将会有更多的贫民倾家荡产，不利于社会的安定。赋役改革是一个十分棘手的事情，一旦过多触犯权宦土豪的利益，弄不好就会引起强烈的反对，使自己的所有心血前功尽弃。

明朝初年的赋税制度十分繁杂。当时的赋税以粮为主，银绢为辅，分夏秋两季征收。此外，还规定农民要服各种徭役，并交纳特殊的土贡等。

针对此，张居正推行了"一条鞭法"，其主要内容是："总括一县之赋役，量地计丁，一概征银，官为分解，雇役应付。"就是把各州县的田赋、徭役以及其他杂征总为一条，合并征收银两，按亩折算缴纳，大大简化了征收手续，同时使地方官员难于作弊。

"一条鞭法"改变了当时极端混乱、严重不均的赋役制度。它减轻了农民的不合理赋役负担，限制了胥吏的舞弊，特别是减少了苛重的劳役负担。实行这种办法，使没有土地的农民可以解除劳役负担，有田的农民能够用较多的时间耕种土地，对于发展农业生产起了一定作用。同时，把徭役改为征收银两，农民获得了较大的人身自由，比较容易离开土地，这就为城市手工业提供了更多的劳动力来源。没有土地的工商业者可以不纳丁银，这对工商业的发展也有积极作用。

"一条鞭法"是张居正在经济改革方面的重要内容，也是中国封建社会赋役史上的重大变革。它简化了赋役的项目和征收手续，使赋役合一，并出现了"摊丁入亩"的趋势。后来清代的地丁合一制度就是

"一条鞭法"的运用和发展。

张居正的一系列改革，强化了中央集权的封建国家机器，基本上实现了"法之必行""言之必效"，国家的经济状况有了改善，财政收入大大增加，明朝国库储备的粮食多达一千三百万石，可供五六年食用。在国防上增强了抵御外来侵略的能力，客观上促进了资本主义萌芽的出现。

由于张居正客观地分析了当时的社会矛盾，正确地把握了问题的实质和关键，虽然改革在一定程度上毕竟限制了大官僚地主的既得利益，但改善了底层人民的生活，受到了劳苦民众的欢迎。

当然，张居正改革的根本目的并不是为了减轻人民的负担，而是为了巩固明朝的封建统治，因而他的变法不可能触动地主阶级的根本利益，只能做一些修修补补的改良，最终挽救不了封建社会必然灭亡的历史趋势。

张居正的十年改革取得了巨大的成效，然而和历朝历代的改革相似，每一个果实的得来并非易事，甚至一事一议都历经艰难。这不仅是因为改革要触动豪强权贵的利益，遭到他们的顽强抵制，还因为封建体制发展到明朝后期已经衰老而僵化，能允许改革的余地已经非常狭小，地主阶级因循守旧，容不下哪怕很小的变动，稍许更新也不易为现实所接受。反对派们更是寻找每个机会向张居正发起攻击。

万历五年，正当改革从政治推向经济之时，张居正父亲去世。按明朝礼制规定，在职官员自闻父母丧日起，要辞官守孝三年，如有特殊情况，经皇帝特批，可以继续留任，称为"夺情"。

明朝是重孝的王朝，在明朝中叶朝廷就已多次申令，不准"夺情"，按照惯例张居正也要遵守，回家为父守孝三年。可当时新政正是方兴未艾之时，张一离任，形势可能逆转，支持改革的官员倡议张居正应当"夺情"留任，这顿时在朝堂引起了一场轩然大波，反对派纷纷攻击张居正是"忘亲贪位""背公议而徇私情""亲死而不奔"，是"禽兽"，甚至把谩骂写成小字报贴在大街上。

张居正对此不屑一顾，侧目而答："那些攻击我为'不孝''贪位'和'禽兽'的言论，在别人看来乃天下之大耻辱也，但是我不认为这是耻辱。"

张居正并不坐以待毙，而是对反对派进行了无情打击，致使反对者再也无力公开抗争。自此，反对改革的斗争不再表现为正面的冲突，而是用隐蔽形式，暗传各种流言蜚语，对新政进行败坏和中伤。

按朝廷的旧规矩，京师冬天，皇帝要赐朝臣貂皮帽以御风寒，这一项支出要花费数万缗。为了节省开支，张居正带头不带貂帽。革除这项赏赐本是一件好事，有人却放言，这是张居正吃春药过多，说他"毒发于首，冬月遂不御貂帽"。

万历五年和八年，张居正的两个儿子分别蝉联状元、榜眼，此事招致非议，传言张居正的儿子是因为父亲身居要职才金榜题中。这其中是否有弊，史无明证，但这一未经证实的流言，广为流传，成为人们议论的话柄。

张居正如果没有坚强的意志，有可能怯于人言，畏缩不前。然而他对这一切都处之泰然，认为"浮言私议，人情必不可免"，不必对流言大惊小怪，只要认定所作所为合于安邦定国之理即可。在新政遭受非难时，他扬言："得失毁誉关头，若打不破，天下事无一可为者。"不仅如此，他还以破釜沉舟的决心宣称："不但一时之毁誉，不关于虑，即万世之是非，亦所不计也。"

张居正刚毅而决断的品格和雷厉风行的魄力，给时人留下深刻的印象，在因循守旧、积重难返的社会风气中，如果没有这样果敢而凌厉的魄力，改革将会寸步难行，张居正正是具有过人的胆略和勇气，才使中央政权内部没有出现北宋改革那样强有力的反对派，不像王安石变法几起几落，新政因而较少引起正面冲突，比较顺利地从政治推向经济，功效显著。可以这样说，改革的成功，主要是因为张居正在主观上具有把新政引向胜利的忠诚和能耐，同时，16 世纪后期的社会环境给他提供了充分展现的舞台，所以才主导了明王朝败落时期重又复苏的新局面。

在张居正的一生中，万历之母李太后起了十分重要的作用。一方面，在万历初年，皇帝年幼，内阁又与司礼监发生权力之争，在这一动荡的局势下，李太后提拔、倚重冯保和张居正，罢黜高拱，建立起由她主政的内阁与司礼监协调一致的体制，稳定了政局，为张居正改革提供了稳定的组织保证。

另一方面，李太后始终信赖、支持张居正全力进行改革朝政的事业。李太后不仅赋予张居正处理军政事务的大权，使其拥有推行改革的权威，而且在改革遭到守旧派反对和攻击时，也态度鲜明地支持张居正，粉碎了一次又一次阻挠改革的逆流。

由于李太后的完全支持，张居正得以大刀阔斧地推行万历新政，使本已气息奄奄、病入膏肓的明王朝迅速恢复了生气。

张居正的这一系列改革措施符合当时的社会实际，促进了经济发展，维护了大明王朝的统治，他不愧为中国封建社会杰出的政治改革家。但他作为一个政治家，却缺少豁达的风度，他的改革又触动了一些官僚集团的利益，自己又不甚检点，以至于给反对派留下了许多口实。在他1582年（万历十年）病逝以后，新法全部被推翻，他自己也身败名裂。

而导火线则是1577年（万历五年）张居正父亲死后的"夺情"事件。

封建官员的父母死了，必须离职回家守孝三年，至少二十七个月。此时十五岁的皇帝离不开张先生，张居正也觉得变革正在展开，如离开恐怕中间有变。

户部侍郎李幼孜想讨好张居正，就首先上疏提出丧期内张居正不用去职，以丧服办公。两宫太后也不愿张先生离职，于是张居正决定遵旨"夺情"了。但当时有许多人认为不可以这样做，这些人都遭到了廷杖、贬斥甚至流放等。

第二年，张居正的父亲死去一周年，张居正请假，回原籍安葬父亲，皇帝给了他三个月假。张居正带随从和护卫还乡，一路上地方大员郊迎郊送，还送上许多赆仪和奠金，而江陵城为张居正的父亲葬礼倾城出动，葬礼空前盛大，耗资巨丰。

张居正安葬完父亲回京，司礼太监何进代表皇帝偕百官在郊外迎接，两宫太后也各派太监李琦、李用来宣谕慰问，恩宠甚佳。

万历自即位以来，由冯保照料他的生活，对他关怀备至，小皇帝稍不听话，冯保就马上去报告慈圣李太后。李太后非常赞赏和倚重张居正，无论是国事上的谋划还是对皇帝的教育，对他言听计从。李太后对皇帝训导也很严格，每每说："要是张先生知道了，怎么办？"

万历年满十八岁后，张居正多次提出归政于皇上，均遭李太后的拒绝。万历二十岁时曾向母亲委婉地提出想亲政处理国事，李太后亦明确回复："三十岁前不要提亲政的事，一切听张先生的安排。"

万历一直尊张居正为师，但他内心早已耿耿于张居正的震主之威。据传，一日万历读书时，念到"色勃如也"时，误将"勃"读成了"背"，突然听见身边一声大吼："这个字应该读'勃'！"张居正这一声大吼，让万历真的有些胆战心惊，碍于张居正的威严，皇帝不敢发作，只是从此对张居正产生更深的敬畏。

万历八年的一天，万历皇帝与小太监们胡闹。太后得知后命万历下跪，又命张居正替皇帝写罪己诏（检讨书），张居正居然毫不推辞地照办了，还把万历的几个心爱的太监予以处罚，理由是他们引诱皇帝不务正业，这下让万历大失颜面。张居正直言干涉皇帝的后官生活，已超出了内阁大臣的本分，正如其政敌所说，他已"威权震主"了。

万历皇帝渐渐长大，心里有一种屈辱的压抑感，他开始反感、讨厌张居正。而母亲李太后对张居正的信赖态度，增强了他对张居正的厌恶。

张居正自从丧父后，更加偏激骄纵，对官员升贬大多凭个人好恶。周围办事的人也大多接受贿赂，张居正的三个儿子都考中了进士，连家奴游七都能捐钱买官，置身士大夫行列，人们对张居正越来越不满了。

张居正夜以继日地奔忙于国事，连十九年未得见面的老父张文明去世，他都未能服丧守制。万历九年（公元1581年），五十七岁的张居正终于劳累病倒，于万历十年舍弃了他十六年始终不放的权力及十年来竭诚拥戴的皇帝，撒手人寰。

张居正死后，万历皇帝为之辍朝一天，给予张居正崇高的待遇，谥号"文忠"，赠上柱国衔，荫一子为尚宝司丞，赏丧银五百两。张居正带着平生未完的抱负埋入了江陵的墓地，可他哪里知道，自己一生为国任劳任怨的功德，换来的竟是家族子孙的大难。

那些曾经反对他的人开始反攻了。反对派把矛头对准了张居正的"一条鞭法"。万历皇帝此时已是二十多岁的小伙子了，他要自己"乾纲独断"，于是下令取消"一条鞭法"，其实已把矛头指向了张居正。张居正逝世后的第四天，御史雷士帧等七名言官弹劾潘晟，皇帝当即命令潘晟辞官。潘晟乃张居正生前所荐，他的下台标明了张居正的失宠。

不久，言官们把矛头纷纷指向张居正。反对派们更加活跃了，被冯保、张居正排挤走的前任首辅高拱也送来了《病榻遗言》，为自己申冤。辽王妃王氏也上来奏疏，说张居正诬陷辽王，霸占王府（张居正在老家江陵城住的是获罪辽王的王府）。

　　张居正死后两年，万历皇帝终于给张居正加上了"诬蔑亲藩，钳制言官，蔽塞朕聪……专权乱政，罔上负恩，谋国不忠"等罪，下诏抄了张居正家，削尽张家子孙官职，剥夺张居正生前所赐玺书、四代诰命，以罪状示天下，甚至还差点刻棺戮尸。

　　抄家时，张家一些老弱妇孺因为来不及退出而被封闭于张府，饿死十七口，其中有三名婴儿。张居正长子张敬修不堪严刑逼供之重负，血书之后自缢身亡，三子张懋修投井自杀未遂，又绝食未果。一代宰相之家竟落得如此可悲的下场。

　　张家遭受的酷烈对待连过去被张居正排挤过的大臣都看不下去了。皇帝迫于非议，恩准给张家留空宅一所，田地十顷，以供养张居正的老母亲赵氏，余子皆充军。一年后老太太在悲伤中死去。而那些揭发弹劾张居正的大臣则以"尽忠言事，揭发大奸有功"而得到快速晋升。

　　人亡而政息。张居正在位时所用的一批官员有的被削职，有的遭弃市。而朝廷所施之政，也一一恢复以前弊端丛生的旧观，致使刚刚中兴的明朝，又开始走下坡路，短短几年内，万历新政的改革成果丧失殆尽。整个神宗一朝，没有人敢为张居正呼冤。

　　在朝野一片诋毁声中，只有学者李贽替张居正说了公道话，称颂张居正是"宰相文杰"。

　　明神宗万历皇帝朱翊钧是明代历史中在位最久的皇帝，在位将近四十八年。张居正死后一段时期，皇帝尚能勤于政务，后来逐渐怠于临朝，居然创造了三十年不上朝的历史。这位万历皇帝整日在深宫中不理政事，每年还广泛搜选美女，沉浸在花天酒地之中。这位皇帝大兴土木，尚在二十一岁时就开始为自己筹建陵园。

　　万历十七年，大理寺左评事雒于仁上疏，称万历皇帝沉湎于酒、色、财、气，结果被贬为民。万历还派矿监和税监搜刮民间财产，导致多处民变发生。由于神宗不理朝政，各地缺官现象非常严重。万历三十年（公元1602年），南北两京共缺尚书三名，侍郎十名，各地缺巡抚三名，缺布政使、按察使等六十六名，知府二十五名。官僚队伍中党派林立，互相倾轧，乌烟瘴气，整个朝廷完全陷入空转之中。

明朝晚期最为轰轰烈烈的改革随着张居正的死而结束了，大明王朝曾经拥有的最后一次可以振兴的机会也这样失去了。

此时，西方欧洲文明正摆脱着中世纪的阴影而焕发出勃勃生机，而东方曾经辉煌多时的大明王朝逐渐在歌舞升平中走向衰落、死亡。

张居正的一生功过兼有之。作为一个封建士大夫，他能任劳任怨地工作，敢于整顿松弛的政治秩序，能使国富民丰，边疆安全，也称得上是一个功大于过的贤相。然而，纵使共生前为大明王朝鞠躬尽瘁，居功至伟，其死后却也不得好报，落下了悲惨的结局。

细看张居正失败的过程，有几点可以引以为鉴。

首先，张居正为人行事过于刚猛，为了推行他的改革路线，在朝中树敌过多。虽然其主观上是为了匡正时弊、振兴国家，但策略上矫枉过正，留下太多隐患。

其次，皇帝态度的变卦起了决定性的作用。张居正的所有改革着眼于地主阶级的长远利益，因而不得不在某些方面损害一些官僚、大地主的眼前利益。他自己在政策及用人上也存在一些失误，他死后，有些人就开始了肆意的报复和攻击。

当执政者面临社会危机的时候，苦于谋求出路，保全统治地位，可能会同意或支持改革，从而约束自己的贪欲，一朝改革初见成效，危机解除，贪婪的阶级本性又促使他们摆脱改革所带来的节制，进而废除改革。

张居正当国十年，效忠国事，独揽大权，所揽之权是万历皇帝的大权，但他的当权便是皇帝的失位，这正犯了皇权的大忌。张居正既死，这个已经成年的以享乐和追求财富积累为天性的年轻皇帝，便开始寻找心理上的复仇和发泄。

皇权和相权本是一组相依相克的矛盾，权高震主，遭到皇帝的忌恨，往往成为宰相的悲剧，张居正也不例外。在皇帝年幼时这一切尚可以忍受，成年后，就成为削夺相权的口实。张居正暴病身亡后，反对派的发难首先得到了皇帝的支持，想要落井下石和趁机报复的人便群起而攻之，并殃及所有支持改革的官员，不到一年改革派被清洗殆尽。可以

说，皇权与相权之间日益升级的冲突，是张居正死后悲剧的根源。

国衰而思良臣。直到 1622 年（天启二年），明熹宗在朝时，有人称道张居正，熹宗便下诏恢复了张居正过去的官职，并安葬祭祀。1630年（崇祯三年）礼部侍郎罗喻义等人上书为张居正鸣冤，崇祯皇帝于是恢复了张家后人的两个荫职及诰命。然而，一切俱已晚矣！

中国封建社会少有出身寒微而力挽狂澜的宰相，张居正就是罕见的一位。他从秀才、举人、进士官至内阁大学士，从平民中崛起，在万历王朝当了十年首辅，协助十岁的小皇帝，推行改革，把衰败混乱的明王朝治理得国富民安，被人们赞扬为"救时宰相"。

"救时宰相"是很高的称誉，这不仅表明他是一位在王朝颓败之际临危制变的大政治家，更以威震一世的非常举措彪炳史册。张居正的赫赫功绩，堪与商鞅、王安石并立为我国封建社会初期、中期与后期最具盛名的三大改革家。

在封建时代，作为改革家的个人命运总与改革的新政连为一体，往往以风光开场，而以悲剧而告终。虽然他们鞠躬尽瘁为王朝解除危机，但终将成为王朝统治的牺牲品，这几乎是地主阶级改革家难以逃脱的命运，商鞅车裂而亡，王安石抑郁而终，张居正也不例外，再次重蹈了他们的覆辙。

无论如何，张居正点燃的革新之火，为衰败的大明王朝赢得一度光华。然而救时者救得了一时，救不了一世。在张居正身后，各种社会矛盾急剧发展，一发不可收拾，再也没有一个能人志士力挽狂澜。

明朝后来也有有识者尾随张居正的后尘，要求各衙门按照万历十年前的规章行事。可笑的是，当初大骂张居正是"禽兽"而被廷杖致残的大臣邹元标，竟然拖着一条拐腿，为张居正的昭雪奔走呼号，试图召回失去的新政。然而时不再来，无可奈何花落去，历史潮流终究不可逆转。张居正死后六十二年后，古老的明王朝的帝国大厦迅速被历史的巨浪冲击得分崩离析了。

"雍正之舅"——清康雍步军统领隆科多

❁ 宰相小传
· · · ·

　　隆科多家世显赫，被康熙认为外戚里最有才能的人，担任步军统领，深得康熙信任。在康熙去世的时候，他拥立雍正有功，但居功自傲、结党谋私，最终被雍正帝所猜忌，全家受到牵连，囚禁而死。

　　隆科多的祖辈、父辈都为清廷建有很大功勋而封官晋爵：祖父佟图赖，是顺治帝孝康章皇后的父亲，入关以后多次出征山东、山西、河南、湖广等地，军功卓著，历任定南将军、礼部侍郎，晋爵至三等子，死后又特赠为一等公，原因是"父以女贵"，是皇太后的父亲。父亲佟国维，又是康熙帝孝懿仁皇后的父亲，所以佟国维既是康熙的舅舅，也是康熙的岳父，地位自然尊崇。他又曾三次跟从康熙亲征噶尔丹，立功颇多。因此，佟国维也是仕途一路畅达，历任侍卫、内大臣、领侍卫内大臣，晋爵一等公。佟国维还有一女做了康熙的贵妃。

　　因其祖父和父亲的缘故，隆科多与康熙也有着双层的亲戚关系，既是康熙的表弟，也是康熙的内弟，自然受到重用。康熙二十七年（公元1688年），隆科多开始任一等侍卫，不久就提拔为銮仪使兼正蓝旗蒙古副都统。四十四年（公元1705年），康熙发现其部属违法，下谕斥责隆科多不实心办事，革去其副都统、銮仪使之职。但到康熙五十年（公元1711年），他又重新受到重用，得授步军统领的重要职位。步军统领，俗称九门提督，负责维持京城防卫和治安，并统帅八旗步军及巡捕营将士，权责重大，由皇帝的满洲亲信大臣兼任。由此可见康熙对其亲信程度。

　　五十九年（公元1720年）十一月，任理藩院尚书，仍管步军统领事务。康熙选择了隆科多接任步军统领一职，在很大程度上是任人唯亲的因素起作用。隆科多生于身世显赫之家，三代为清廷效忠，又有两个姐姐是康熙的皇后和贵妃，在情理上不会逼迫康熙下台。康熙选择隆科多的第二个原因是他相信隆科多不会参与皇子结党之事。当然，隆科多绝对不是无党的君子。此前他就与大阿哥相善，而大阿哥是皇八子胤禩集团中的人物，在康熙四十七年太子首次被废后曾积极为八弟谋取储位。康熙发觉后，予以严惩。康熙四十八年，康熙特地就此事斥责隆科多，说你与大阿哥相好，人们都知道。那意思似乎是警告隆科多不要卷入皇子结党。此后，隆科多表现得很安分。康熙五十五年（公元1716年），皇八子病重，康熙让平素与其关系密切者皆去看望，此中甚至包括极力与胤禩疏远的胤禛，却唯独没有隆科多。看来，隆科多的中立功夫做得很到家了，以致康熙不再将他看为胤禩的同党。

　　当然，隆科多个人的才能也是康熙看重的。隆科多是康熙外戚中最有才能的一个人，曾被康熙称赞为"能够做将军的人"。总之，康熙认为隆科多不会对自己起异心，所以才选择他。事实也是如此，隆科多成为康熙晚年最得力的大臣之一，经常秘密执行一些重要使命，如监视废太子、大阿哥，掌握其他宗室王公的动向等，随时将情报密报康熙。隆科多尽职尽责，表现出色，康熙生前多加赞赏。但在康熙身后，就不一样了。隆科多正好在康熙逝世后才发挥步军统领的关键作用，没按康熙可能有的遗愿拥立新君，而是从自身的荣华富贵出发，当机立断，就近拥立皇四子胤禛，遂成为雍正初年政坛上风云显赫的人物。

　　康熙六十一年（公元1722年）十一月，康熙在畅春园病重，隆科多奉命于御榻前侍疾。十三日，康熙驾崩。历史将步军统领隆科多推向了政治舞台中心。当时在园内的皇子、后妃以及很多重要大臣都被封锁在了康熙的寝宫之外，康熙几乎是在与外界隔绝的情况下突然死去，而又未宣布继承人。在畅春园内，布满了隆科多的警卫部队。首先接到侍候康熙的太监密报之人，显然是康熙晚年亲信、在附近驻守保卫的步军统领隆科多。想必没有一个太监敢有胆量闯过隆科多的士兵去通知园内的皇子。隆科多在仔细思考，决定如何把握这天赐良机：他将康熙猝死的消息首先通知哪位皇子，哪位皇子就可以抓住这一瞬即逝的机会，假造传位遗旨，登上皇位，而他以重兵拥戴之功必将得宠于新朝。

该选择谁呢？隆科多必然早已有了答案，但在康熙生前他是不可能有所表露的。在他未解开答案之前，他可能有三个选择。

第一个选择就是皇十四子胤祯 这可能也是康熙能够首肯的选择。众所周知，清朝秘密建储制度始于雍正时期。不过，有学者研究指出：早在康熙，就因为两次立储失败，在其晚年已经开始反思嫡长子立储制度的负面影响，并着手实施秘密建储计划。康熙晚年着意加以培养的秘密皇储就是胤祯，这是很可能的。康熙五十六年（公元1717年），准噶尔军入侵西藏，次年杀西藏首领拉藏汗，控制全藏，有可能造成分裂的危险。康熙派胤祯以抚远大将军的身份西征，意图是很明显的：不仅是要维护边疆，也是借机考察胤祯，让他亲历军务，锻炼才干。康熙还特别选派一批皇孙以及亲王子弟，跟随胤祯出征，令胤祯时时加以调教。这个做法跟明太祖有点类似。明太祖在洪武二十四年（公元1391年）皇太子朱标抚军陕西时，让各处公侯跟随太子身边，其意图正在培养太子威信。

由于准噶尔气焰嚣张，到康熙五十八年（公元1719年），清廷上下，包括宗室王公，都有畏敌情绪。这年十二月，康熙召开全体大臣会议讨论进藏事宜，竟得出"藏地遥远，路途险恶"而缓进的看法。值得注意的是，四年前主张用兵扑灭准噶尔的胤祯等人这次有什么意见，在《清圣祖实录》中竟然无录，想必自然也是同意大臣们的意见。

这时，远在千里之外的胤祯从驻地西宁上奏，请求"亲自率兵安藏"，深得康熙之心。胤祯在康熙心目中的分量逐渐加重。但他显然不是以媚语求宠，而是实实在在地指挥西征之役，最终取得了驱准保藏的胜利。胤禛即位后，竭力抹杀胤祯西征的功绩，贬低胤祯的威信，如毁去宗人府中胤祯平藏功德碑，销毁胤祯西征档案中不利于己部分，等等。但从销毁后残存的档案中，仍可以看到康熙与胤祯的关系极其融洽，父子感情笃厚。康熙曾将自己身上旧腰带解下送给远隔千山万水的胤祯。这个举动是意味深长的，此前康熙就曾经在亲征途中让皇太子送来几件旧衣，以便自己思念太子时穿在身上。康熙告诉胤祯自己身体的变化，并要他保密："朕的白头发、白胡子有些变青了！你不要将此告诉别人。"他还在胤祯出征期间，亲自为胤祯的子女举办婚事，并将胤祯的儿子带到热河，在自己身边加以教育。值得注意的是，自从康熙五十九年（公元1720年）西征大获全胜之后到康熙猝死前这段时间内，胤祯的奏折仅存留数件，并且上面的朱批都只是"知道了"一句，而朱谕竟然没有一件留存下来。可以推测，在胤祯立下大功后，他与康熙之间的往来书信中有对雍正即位不利的地方，所以被销毁殆尽。

正是由于康熙晚年对胤祯超乎寻常的爱护和关心，使得胤祯在朝内外的威信大大增加，在诸皇子中首屈一指。当时，朝内外纷纷盛传康熙将传位于胤祯。在储位未定的情况下，这种传言一般是禁止的。但康熙似乎并没有采取什么措施制止。隆科多身为康熙近臣，不会看不出胤祯在康熙心目中的分量。拥戴胤祯即位，可以算是体贴康熙心愿之举。

隆科多的第二个选择是皇八子胤禩。胤禩聪明能干，在大臣中声誉甚佳。康熙在第一次废太子后不久就生悔意，以推举为名考察众臣。众臣在明知康熙意旨的情况下，一致推举胤礽为皇太子。这极大地触怒了康熙。康熙不能容忍一个威信几乎与己相等的皇太子存在，而且也不能容忍众臣无视自己的意思来立皇太子，所以他宁可否定此次推举，而将人心尽失的胤礽复位。胤禩在康熙心中的地位急剧下落。在康熙五十一年太子二次被废后，胤禩一时被喜悦冲昏了头脑，竟然愚蠢地密奏康熙，询问自己现在应担任什么职务，并表示为了避免众臣再次推举，情愿卧床在家。康熙十分敏感，认为他是在试探自己，但隐忍不发。最彻底的转变出现在两年后。康熙五十三年（公元1714年）十一月，康熙率部分皇子出巡塞外，胤禩由于未随行，便派人去给康熙请安，并称将于中途与皇父会合，扈驾回京。最令人吃惊的是，太监带来的礼物居然是两架奄奄一息的海东青。其喻意很容易被理解成讥刺康熙老弱多病，即将离世。康熙恼怒到极点，几乎气晕了过去。他痛骂胤禩，公开胤禩两年前的妄奏，斥责他是大奸大恶之徒，并说出父子恩断义绝的话来。照理来说，胤禩进物是邀宠，绝不敢故意如此捉弄皇帝。这应该是有人故意陷害。事情发生后，胤禩奏称冤枉。但盛怒中的康熙已经对胤禩完全失望，严厉谴责。胤禩因此受到极大刺激，一度病危。胤禩病好后，康熙与他的关系有所缓和。胤禩虽几遭打击，但在朝臣中仍有较高威信。康熙五十六年，大学士李光地仍然认为诸王之中唯八王最贤。不

『雍正之舅』——清康雍步军统领隆科多

过，此时胤禛声望日增，胤禵转而将自己无法实现的希冀寄托在胤禛上，支持胤禛西征，并与胤禛保持密切的联系。康熙也有意扶植胤禵作为胤禛的支持力量，重新交付他办理政务。

第三个选择是一直不起眼的皇四子胤禛。胤禛为人极具心计，在储位之争中保持独行客身份，表面上对皇位继承问题毫不关心，同政坛上敏感之人刻意保持距离，与文友谈诗论文，给人以喜欢清闲的印象（自诩"天下第一闲人"），但暗地里却听取心腹戴铎的夺位策略，打好父亲、兄弟、朝臣等各个关节，一步一步朝皇位接近。在二月河的小说《雍正皇帝》里，有一个邬思道，是胤禛的家塾教师，但其实是给胤禛出谋划策的军师，被胤禛尊称为"邬先生"。这个邬先生在野史里也是实有其人。胤禛在谋臣的建议下，对康熙伪装诚孝，适当展露才华，这样既不让人觉得无能，又不会锋芒毕露引起康熙嫉恨；对兄弟表示友爱，容忍为上，这样就使有才的人不嫉妒，无才的人把自己当靠山。最关键的步骤是拉拢对他争夺储位具有举足轻重作用的人，比如川陕总督年羹尧和步军统领隆科多。通过如此策略，胤禛在当时表面上不显山不露水，连康熙也觉得他诚实可用，不结党，根本没有料到他可能已经把自己的墙脚挖走了。

至于其他的皇子，都不成势力，所以隆科多不会考虑。康熙临死前正在静养斋戒之中，王公大臣一律不准接见，而宫眷也被阻止入内。谁料皇帝就在这种情况下无声无息地死去。在他身边的只有近侍太监。康熙晚年经常在其身边传旨的总管太监魏珠可能是陪伴康熙临终的少数目击者之一。也许正是魏珠将康熙猝死的讯息在第一时间告诉了隆科多。在这种千钧一发之际，按照常理，隆科多应该告知当朝大臣，然后共同遵照康熙遗诏（如果康熙生前没有旨意，那么应该遵照康熙的心意共同拟定）拥立新君。历史上多有这种情况，如明成祖病逝行军途中，就是太监马云与大学士杨荣、金幼孜商议，似锡棺收殓成祖，照常进膳，同时封锁消息，派人密报太子，使得朱高炽能够在第一时间防止突发事件，顺利即位。康熙重臣有领侍卫内大臣六人和大学士五人，但隆科多显然没有跟他们通气。隆科多此刻显出大胆包天，撇开了宗室王公，撇开了当朝大臣，一个人拥立了新君胤禛，这就是雍正。隆科多虽然是康熙宠臣，但如果以一人之力操纵新君嗣位，自然是不合制度，要冒极大的风险。后来隆科多自比诸葛亮，有"白帝城受命之日，即是死期已至之时"一语，反映了当时隆科多的压力。

但是，隆科多不愧有果敢眼光，隆科多成功了，一跃而成为新朝宠臣。雍正对他极为尊崇，亲口称呼他为"舅舅隆科多"，赞誉为"当代第一超群拔类之稀有大臣"。雍正并非隆科多姐姐所生，仅仅有甥舅名分而已，皇帝承认不承认又是一回事。但雍正如此公开称呼隆科多，自然是一种极大的优待。雍正还给隆科多及其儿子加官晋爵。

然而，隆科多选择的新主子雍正是中国历史上最为猜忌多疑的皇帝之一。史家公认，雍正善于耍两面派，性格强硬，心胸狭隘，喜怒不定。在这样的主子下过活，廉洁慎重，自守尚且不易，何况居功自傲的步军统领隆科多？果然，不到两年时间，隆科多与胤禛的蜜月期就到头了。那时，胤禛的皇位已经坐得稳当了。

胤禛刚登基，对隆科多非常信任，在许多事情上都咨询他的意见，一派君臣和睦相协、同舟共济的景象。但到雍正二年下半年，雍正已经对他有所责难，并开始有计划地打击隆科多。为什么在短短两年时间内，雍正的态度就转了一个大弯呢？

究其原因，主要在于隆科多居功自傲，擅权结党，对雍正的皇权已产生了不利的影响。比如，自比诸葛亮，奏称"白帝城受命之日，即是死期已至之时"一语，又称康熙死日他曾身带匕首以防不测。这虽是在他快倒台的时候说的，但难保在平日不会有此类话语流露。还有，隆科多曾自夸九门提督（步军统领）权力很大，一声令下就可以聚集两万兵马。这些话语多少暴露了隆科多拥立胤禛的真相，自然为雍正所忌讳。实际上，当日畅春园的气氛必然是非常紧张的，步军统领所统辖的兵力也确实约有两万名官兵，而隆科多说他带匕首防身也情有可原。但这些话语后来都成了隆科多的罪状。在罪状中，胤禛认为康熙去世当日隆科多并不在康熙身边，也没有派出近侍之人，隆科多此时重提这些话就是大不敬，就是欺罔，全然没有顾及此前不久他还因为隆科多的拥戴之功而感恩戴德。臣子有功，主上高兴的话可以恩赏，但不允许你自己表功，不然那就是要挟，就是说明主上无能或者无德，这就是大清皇帝雍正的逻辑。

隆科多同年羹尧一样，都对其他官员的任命予以干涉，称"佟选"

和"年选"。虽然隆科多是正常的途径，他任吏部尚书，但选官这种事情一向是皇权所为，你一个臣子居然选起官来了，不仅是擅权，而且有结党之罪。

隆科多对雍正的疑忌不是不知，也想自留退路，于雍正二年底主动提出辞去步军统领一职。这一招正中雍正下怀，他早就不想把这个要职留在隆科多手里，而且准备让与隆科多不甚亲密的巩泰来接手这个职位。以准许隆科多辞去步军统领一职为契机，雍正开始公开打击隆科多。

雍正三年五月，俄国沙皇叶卡捷琳娜一世派萨瓦·拉古津斯基伯爵，以枢密官的头衔，为"特遣驻华全权大臣"，就中俄中段边界及两国贸易问题进行谈判，这个使团是经过精心筹划组建的，配有"中国通"的助手，还有一支包括一千三百名步兵、一百名骑兵的军队，另有地理学家、教士及其他官员随行。清廷则指定喀尔喀郡王、额附策凌以及隆科多为谈判成员。俄国使团从雍正三年九月出发，次年夏天与隆科多等相会于恰克图附近的布尔河。到了北京，雍正派吏部尚书查弼纳、理藩院尚书特古忒和兵部侍郎图理琛等人与沙俄使节谈判。雍正五年，拉古津斯基回到布尔河后，继续与隆科多等人谈判。隆科多坚决要求俄国归还侵占的喀尔喀土地，俄使不答应，最后以发动战争相威胁。而此时，隆科多私藏玉牒缮本之事被揭出，雍正降旨询问，隆科多并未从实具奏。朝廷诸大臣奏请等隆科多谈判完毕再行捕拿议处，但雍正认为勘议边界之事并非他莫属，况且这是最易解决之事，他说："俄罗斯事最易料理，朕前遣隆科多前去，非以不得不用其人，必须隆科多而使之也，特与效力之路，以赎罪耳，乃其去后所奏事件，不但不改伊之凶心逆心，且并不承认过失，将朕行查之事降匿巧饰，无一诚实之语。"于是在六月将隆科多逮捕回京，雍正五年七月，中俄双方经过三十次谈判，签订了《布连斯奇条约》，划定了中俄在喀尔喀地区的疆界，清朝为避免纠纷，继《尼布楚条约》划定中俄东段边界之后，此次又划定了中俄中段边界，在一段时期内遏制了俄国对华扩张的野心。俄使在条约签订后，急忙向沙皇报喜，认为新划边界非常有利于俄国。

同年十月，雍正命诸王大臣就隆科多一案议处。最终以四十一款大罪公布朝野，本议立即斩决，妻子为奴，财产没收入官，但雍正说：

"皇考升遐之日，大臣承旨唯隆科多一人。今因罪诛戮，虽于国法允当，而朕心则不忍"，便在畅春园外空地上造屋三间，将隆科多永远禁锢于此，其花银数十万两，从家产中追补抵偿。隆科多的妻、子为人奴，夺其长子岳兴阿一等阿达哈哈番世爵，次子玉柱发配黑龙江当差。雍正六年六月，隆科多死于禁所，朝廷赐银一千两治丧，其弟庆福袭一等公爵。隆科多的四十一款大罪中，大不敬之罪五条，欺罔之罪四条，紊乱朝政之罪三条，党奸之罪六条，不法之罪七条，贪婪之罪十六条。其中"交结阿灵阿、揆叙，邀结人心"，是其党奸罪之一。

"私藏玉牒"是隆科多大不敬罪状之一。玉牒是皇家宗谱，秘不示人，只有宗人府衙门有权披阅，而隆科多自辅国公阿布兰处得到玉牒底本，私藏于家，无疑冒犯了朝廷规矩。阿布兰因此也夺爵幽禁，又将康熙御书贴在厢房，"视为玩物，大不敬之罪二"。妄拟诸葛亮，奏称"白帝城受命之日，即死期已至之时"，大不敬之罪三。四十一款罪状中，尤以贪婪之罪条目最多，均为收受金银以及宝石之事。

在有清一代，被皇帝公开以"舅舅"相称呼的，大概只有隆科多一人。就是这个隆科多，在康熙帝晚年诸皇子趣间扑朔迷离、明争暗斗的皇位大战中地位非同一般，是康熙、雍正两朝皇权交替之际最为关键的核心人物。隆科多能够跻身政坛，风云一时，与他的身世、他的眼光有绝大关系。在他起家发达乃至身败名裂的过程中，步军统领一职起着重要作用，这与他在雍正即位之后飞黄腾达、显赫一时有着直接关系；他最终为雍正所猜忌，屡遭打击，直至被圈禁而死，实际上其根源也在于此。

『雍正之舅』——清康雍步军统领隆科多

"宰相刘罗锅" ——清乾隆大学士刘墉

🌸 宰相小传

刘墉，字崇如，号穆庵、石庵，谥"文清"。刘墉生长在世代书香、以科举仕进为荣的家庭，从小受到良好的教育，善于书法，学识渊博，后来他成为四库全书馆的副总裁。刘墉为人正直，生活节俭，遵守礼法，在当时享有较高声誉。他以身作则，也要求家人这样做。

刘墉出身于山东诸城刘氏家族，这个家族是当时的名门望族，通过科举走上仕途的人很多。刘墉的曾祖父刘必显为顺治年间进士，祖父刘棨是康熙朝有名的清官，父亲刘统勋更是一代名臣，官至东阁大学士兼军机大臣，为官清廉果敢，乾隆帝说他"遇事既神敏，秉性复刚劲，得古大臣风，终身不失正"。

但不知什么原因，满腹经纶的刘墉却迟迟没有参加科举考试，至少目前尚未发现他在三十岁之前参加科举考试的记录。直到乾隆十六年（公元1751年），三十三岁的刘墉才因为父亲的关系，以恩荫举人身份参加了当年的会试和殿试，并获进士出身，旋改翰林院庶吉士。翰林院庶吉士是翰林的预备资格，一般从科考成绩优异的进士中选拔，然后在庶常馆学习深造，期满考试合格者，授翰林院编修。清代翰林虽然薪俸较薄，但作为皇帝身边的文学侍从近臣，号称"清贵"，"有清一代宰辅，多由此选"。而且，大臣死后如果想得到皇帝赐谥的"文"字，则必须是翰林出身。所以，清代以科举仕进者尤重翰林出身。应当说，刘墉在仕途上开局良好。

从乾隆二十一年（公元1756年）开始，刘墉被外放做地方官，此后二十余年的绝大部分时间里，他主要做地方官，由学政、知府，直至一方面的督抚大员。在做地方官期间，他基本上还是秉承了乃父刘统勋的正直干练、雷厉风行的行事风格。对科场积弊、官场恶习进行了力所能及的整顿，为百姓做了不少实事。《诸城县志》称赞他："砥砺风节，正身率属，自为学政知府时，即谢绝馈贿，一介不取，遇事敢为，无所顾忌，所至官吏望风畏之。"同时，他也不遗余力地贯彻乾隆皇帝的意旨，查禁书，兴文字狱，捉拿会党，积极推行文化高压政策。

刘墉做过提督安徽学政和提督江苏学政。提督学政是一省的教育长官，类似于现在的教育厅长，但不同之处在于，学政不受当地最高行政长官的节制，独立开展各项事务，督抚大员也不能侵其职掌。只有在特殊情况下学政离任，督抚才可暂时代管其事。学政还可以直接向皇帝上书，反映地方情况，吏治民风。

刘墉在前往安徽赴任前，乾隆帝特意召见并赐诗，其中有"海岱高门第，瀛洲新翰林"之句，意思是希望刘墉能够不辱门楣、有所建树。在出任江苏学政前，乾隆皇帝仍有诗相赠，可见对刘墉抱有厚望。刘墉也不辱使命，很是严肃认真。据清人笔记记载："昔日刘石庵相国视学江苏，严肃峻厉，人多畏惮。"刘墉曾先后两次提督江苏学政，相隔近二十年，为官处事风格也由峻厉刚急转为平和舒缓，但严肃认真则是一贯的。以刘墉第二次出任江苏学政时按试扬州为例，因为把关严格，使得许多想以作弊蒙混过关者最后不敢入场。

乾隆三十四年（公元1769年），五十一岁的刘墉获授江宁知府。从乾隆十六年（公元1751年）中进士时算起，到此时刘墉浮沉宦海已经整整十八年。说来，刘墉的仕途并不平坦，早在做翰林院编修时，其父刘统勋因事获罪，刘墉遭株连被革职，与诸兄弟一起下狱；后外放刘墉做安徽和江苏学政，因表现卓异得到乾隆皇帝赏识，擢山西太原府知府。刘墉之父刘统勋，曾于乾隆二十二年（公元1757年）到山西查办布政使蒋洲侵帑案，乾隆二十四年（公元1759年）到山西查办过将军保德侵帑案，声誉颇佳。刘墉同样是不负重托，到任后不几天便将前任遗留下的疑难案件审理一清，受到官民的一致称赞。正当刘墉以政绩迁冀宁道时，前任山西阳曲县知县段成功亏空案发，刘墉以失察罪差一点丢了性命。后来朝廷加恩命他赴军台效力赎罪长达一年，回北京后又在一个叫作"修书处"的闲散机构里蹉跎两年。由此可见，这段时间里，刘墉的官运并不怎么"亨通"。

刘墉能够在重罪之后出任江宁知府，说来还是沾了父亲的光。此时刘统勋圣眷正隆，先后以大学士之职兼管兵部和刑部，被乾隆皇帝倚为股肱之臣。因此，在乾隆三十三年刘统勋七十寿辰之时，乾隆皇帝不仅亲书匾额致贺，还加恩刘墉以知府候补。第二年，刘墉获授江宁府知府。

刘墉也十分珍视这次机会，"颇以清介持躬，名播海内，妇人女子无不服其品谊，至以包孝肃比之"。创作于嘉庆初年的弹词《刘公案》，就是主要以刘墉在江宁知府任上决断疑案、为民做主的故事为蓝本改编而成的，虽然其中必然夹杂着弹词艺人的想像夸张和道听途说的内容，未必都是实录，但说明刘墉在短短一年的江宁知府任上确实有政绩、有政声，是难得的贤能官吏。著名诗人袁枚也在一首诗中称赞刘墉说："初闻领丹阳，官吏齐短胆。光风吹一年，欢风极老幼。先声将人夺，苦志将人救。抗上耸强肩，覆下纡缓袖。"意思是说，刘墉到江宁后，对下属要求严格使其不敢耀武扬威，对百姓关爱拯其脱离水火，不怕得罪上司而怕百姓受苦。

此后，刘墉历迁江西、陕西、江苏，至乾隆四十五年（公元1780年），刘墉被授湖南巡抚，其官职全称是巡抚湖南等处地方提督军务，节制各镇，兼理粮饷，驻长沙，兼理军民事务，成为名副其实的封疆大吏。

在湖南任期内，刘墉继续以前的作风，盘查仓储，勘修城垣，整顿吏治，镇压反叛。在不到两年的时间里，刘墉的政绩可谓斐然。《清史列传》上面说他："在任年余，盘查仓库，勘修城垣，革除坐省家人陋习，抚恤武冈等州县灾民，至筹办仓谷，开采峒硝，俱察例奏请，奉旨允行。"将其所办大事都列举出来了。《湖南通志》也赞扬刘墉抚湘期间，所行诸事"民以为便"。

乾隆四十七年，刘墉奉调入京出任左都御史，命在南书房行走。当时和珅炙手可热，刘墉遂"委蛇其间，唯以滑稽悦容其间"。这又表现了刘墉为人和为官的另一面。刘墉是有社会责任感的士大夫，同时也是官场中人，他也要按照官场的规则做事，包括应付上级和同僚的圆滑趋避之术。大体说来，他在任地方官，能够独当一面的时期，主要表现了清勤刚正的一面，"一时有阎罗包老之称"；入京以后，正好碰上和珅专宠于乾隆，擅弄威权，排斥异己，刘墉只好以静默自守，以滑稽模棱取容。

刘墉刚入京的几年仕途还算顺利，做到协办大学士、吏部尚书、上书房总师傅，其间还处理了一件棘手的案子。这个案子的当事人国泰是山东巡抚，其父四川总督文绶是刘墉的老上级，更关键的是，国泰的后台就是乾隆皇帝的红人和珅。

乾隆四十七年四月，御史钱沣参劾山东巡抚国泰专横，以向皇上纳贡的名义大肆搜刮钱财，下属历城、益都等几十个州县仓库亏空严重。乾隆皇帝对此事十分重视，责成和珅、刘墉等同钱沣一起前往核查。

国泰，满洲镶白旗人，姓富察氏。国泰与和珅过从甚密，因此，和珅得到要查办国泰等的消息后立即派家人通风报信，使得国泰有了挪用其他款项填补亏空的时间。赴山东途中，和珅还以言辞威胁钱沣。据钱泳《履园丛话》记载，刘墉深知和珅与国泰的关系，因此常与钱沣密商对策。到山东历城县后，和珅说不用彻底核对，只要抽查几十个库就可以了，并且先起身回到住所。钱沣要求先封库，第二天彻底拆封。结果发现库里的银两"多系圆丝杂色银"，通过盘诘库吏得知，这些银两是从各商铺借来充数的。于是，出告示叫各商铺前来认领，"大呼曰：迟来即封贮入官矣"。于是商贾纷纷前来认领，库藏为之一空。

在这件事上，刘墉自始至终支持钱沣，他的态度对于案情最终水落石出起着至关重要的作用。很显然，刘墉支持钱沣，同时也就得罪了和珅。从这件事我们看到，刘墉仍不失其"刚正"。

此后的几年里，刘墉似乎总是在犯错误，受指责，乾隆对他显然并不满意。乾隆五十二年初，刘墉因为泄露他和乾隆帝关于嵇璜、曹文埴的谈话内容，不仅受到申饬，而且失去了本应获授的大学士一职。

乾隆五十二年八月，乾隆委托刘墉主持祭拜文庙。因他没有行规定的一揖之礼受到太常寺卿德保的参劾。

乾隆五十三年夏天，刘墉兼理国子监，发生乡试预选考试中诸生馈送堂官的事，被御史祝德麟弹劾，结果刘墉受到处分。乾隆五十四年二月底至三月初，负责皇子教育的尚书房诸师傅因为连天阴雨没有入值，乾隆皇帝得知这个情况十分恼怒，时任协办大学士、吏部尚书、尚书房总师傅的刘墉被责处得尤其严厉，降为侍郎衔，不再兼职南书房。乾隆皇帝还专门为此下了一道上谕，大意是说因为刘墉是大学士刘统勋之子，念及统勋为朝廷效力多年，才对刘墉加恩擢用。而刘墉在府道任上还算勤勉，及至出任学政就不再认真办事，在湖南巡抚任上官声也平常。入京为尚书，办事情更是一味模棱两可。我曲意优容，未加谴责，原以为他会感激圣恩，勤勉办事，不想竟然发生上书房诸师傅旷工七日之久而刘墉置若罔闻之事。并说刘墉这样事事不能尽职，于国则为不忠，于父则为不孝，其过失甚大，实在不能宽恕。应当说，措辞相当严厉。

乾隆五十八年，刘墉为当年会试主考官。因为安排失当，阅卷草率，违制和不合格的卷子很多。按规定，刘墉等至少要罚俸十余年。乾隆皇帝虽然作了宽大处理，刘墉还是被"严行申饬"。

嘉庆元年，因为大学士一职空缺多时，破格增补户部尚书董诰为大学士，而资历更深的刘墉被排斥在外。而且在上谕中又一次批评刘墉"向来不肯实心任事"，并举例说，皇帝曾向刘墉询问新选知府戴世仪可否胜任，结果刘墉对以"尚可"。而戴世仪本来十分庸劣，断难胜任。可见刘墉平日里对于铨选用人全未留心，只是以模棱两可之词敷衍塞责。要他"扪心内省，益加愧励"。

嘉庆二年，授刘墉体仁阁大学士，但仍旧指责他"向来不肯实心任事，行走颇懒"，并说"兹以无人，擢升此任"，可见其评价。当然，以上两条嘉庆初年的上谕，代表的仍然是乾隆帝的意见。

刘墉像是变了一个人，做人的棱角看不到了，做事的勤谨也看不到了，此期间的刘墉更多表现出的是滑稽和圆滑世故。清人笔记记载，一次在军机处吃饭，有同僚提起唐宋时宰相吃堂餐的故事，刘墉马上接口说："但使下民无殿粪，何妨宰相有堂餐？"一座为之喷饭。

刘墉之所以如此，与当时的政治风气有关。乾隆皇帝有一个"本朝无名臣"的理论，他说，因为朝廷纲纪整肃，本朝没有名臣，也没有奸臣。他这样说的目的是为了把所有荣誉归于圣主，大臣们所做的一切有利于百姓的事情，都是出于圣主的旨意。所以，他下令禁绝为地方官建德政碑、送万民伞之类为官员扬名的活动。老年乾隆更是志得意满，炫耀自己的"十全武功"，权力欲和虚荣心越发膨胀，此时他的身边更不需要名臣，而只需要忠心办事、以皇帝的是非为是非的奴才。再加上当时朝堂上宵小环绕，和珅弄权，勾结党羽，把持朝政，排斥异己，正直之士很难有所作为。御史曹锡宝曾经想通过参劾和珅家奴刘全以达到惩办和珅的目的，结果反遭陷害，被革职。所以就不难明白，为什么当刘墉为地方官时还做了一些兴利除弊的事情，而到了皇帝的身边却反而无所建树，唯唯诺诺。也许从适应官场规则、保全自己的角度看，刘墉这样小错不断、屡遭申饬、弄得自己名誉扫地，未必不是聪明之举。

在当时以滑稽方式为官的还大有人在。比如嘉庆帝的老师朱珪，也是如此。据说他晚年每逢门生、旧吏来看望，他所言皆不关政治，全为诙谐之语。这些以清正刚直著称的官员尚且如此，当时官场风气可见一斑。乾隆皇帝聪明太过，使得大臣们只好装糊涂；乾隆皇帝好名太甚，使得大臣们只得"平庸"。

嘉庆九年十二月二十五日，刘墉于北京驴市胡同家中逝世，享年八十六岁。去世的当天，他还曾到南书房当值，晚上还开宴会招待客人，"至晚端坐而逝"。《啸亭杂录》记载，刘墉死时，说他"鼻注下垂一寸有余"，暗合佛语中的善于解脱之意。不管怎样，刘墉可算得上是无疾而终，寿终正寝，功德圆满。

『宰相刘罗锅』——清乾隆大学士刘墉

"清朝第一贪官"——清乾隆宰相和珅

宰相小传

　　和珅，原名善保，字致斋，姓钮祜禄氏，满洲正红旗人。和珅出身于一个有相当地位的八旗官僚家庭，他从小就受到良好的文化教育。和珅乖巧能干，能揣摩乾隆皇帝的心意，所以深得皇上的宠爱。和珅贪污腐败、行贿受贿、结党谋私，后来被嘉庆帝处置，自缢而死。

　　和珅在童年时代就和弟弟和琳在家中接受私塾先生的启蒙教育，后兄弟二人一同选入北京成安宫官学学习。这所学校最早是雍正提议创办的，主要是为了培养内务府的优秀子弟；到乾隆年间，除继续招收内务府子弟外，还招收了八旗官员优秀子弟入学。到这里来学习的学生都是经过严格的选拔，不但要品学兼优，而且长相要俊秀。和珅生性机灵，记忆力尤其好，在成安宫官学学习期间，他不仅背熟了四书五经，而且满、汉文字水平也提高得相当快。此外，还掌握了蒙文与藏文。当时的著名学者袁枚曾称赞和珅兄弟二人知书达理，聪慧机智。和珅虽然为中等官僚家庭子弟，但由于他父亲长年在外做官，开销较大，又因为他们兄弟俩与继母关系不很融洽，因此手头并不宽裕。为此在学习期间，兄弟二人曾与家人刘全四处借钱，以支撑他们在成安官学数额不小的花销。

　　乾隆三十四（公元1769年），和珅正是弱冠之年，完成了成安宫学业，这时的和珅风度翩翩，仪表非凡，他上学时就被身居高位的英廉看中了，英廉把他的孙女嫁给了他。英廉是内务府镶黄旗人，雍正十年

（公元 1732 年）中举，当时已是刑部尚书兼户部侍郎和正黄旗都统的高官，有了这样的姻亲靠山，和珅自然是仕途顺利了，也就在这一年，他承袭了父亲的爵位。

及后在英廉的帮助下，和珅被挑选去给乾隆皇帝当銮仪卫听差。这差事虽然品位不高，但能接近皇帝；如果能得皇帝的青睐，那以后的前途就无可估量了。正因为如此，和珅便处处留神，伺机博得皇帝的好感。

机会终于来了。乾隆四十年的一天，乾隆帝要外出，侍卫人员一时找不到"黄盖"。这惹得乾隆老大不愉快，他借用《论语》中的一句话问道："是谁之过？"其他侍卫瞠目结舌，不知如何回答。只有和珅明白皇上的意思，他引用古书上的一句话回答道："典守者不得辞其责。"乾隆帝见这个青年侍卫声音嘹亮，一表人才，于是怒气顿然消失，问他说："你读过《论语》吧？"和珅恭敬地回答说："读过。"乾隆帝又问了他的家世、年龄等情况，和珅一一作了回答。乾隆帝见他口齿伶俐，很是赏识，遂将和珅提升为侍卫。

和珅升为侍卫以后，和乾隆接近的机会更多了，他凭着自己的机灵，留神观察，对乾隆帝的脾气、心理、好恶等等，了如指掌。他费尽心机，想方设法使乾隆帝满意，对乾隆帝的心思真是看得准，摸得透。据说有一次顺天府乡试，题目照例由皇帝"钦命"。和珅通过宫内太监，了解到乾隆帝在命题时，信手翻《论语》，当第一本快翻完时，忽然似有所悟，立即提笔命题。根据这个情况，和珅揣摩一番，说："这次肯定要考《乞醯》这一章。"后来考题发下时，果然和他猜想的一样，原来这一年是乙酉年，"乞醯"两字中正好分别包含着"乙酉"两字，由于和珅生性乖巧，办事能干，深得乾隆帝的欢心。其职务从此也就迅速升迁。第二年正月升为户部侍郎；三月，升为军机大臣；四月，兼任总管内务府大臣。

和珅虽不会治国统军，无甚功业，但却特别擅长于揣摩帝意，迎合君旨，玩弄权术，还会为皇上聚敛银钱，供皇上支付各种不便公开动支国库的费用，故能博取皇上欢心。这在乾隆四十六年废除"名粮"，增补绿营兵额，给武职养廉银上，表现得非常清楚。这时，乾隆乾隆八十大寿时以国库充盈，下诏要取消武将"名粮"，改为给与养廉银，增补绿营兵，每年要增加军费白银三百万两。乾隆帝询问阿桂有何意见，阿桂奏称，费银太多，不应增补。乾隆不听其言，下谕说，现在国家"财赋充足"，"户部库银尚存七千余万两"，支付这新增的三百万两，绰绰有余。著大学士会同九卿科道详议。和珅深知皇上必欲实行此法，故极力赞成。乾隆遂下谕批准大学士九卿等的复议，每年增支军费银三百万两。

正因为和珅擅长逢迎，摸透了也迎合了乾隆晚年志得意满、好大喜功、爱听谀言、文过饰非、自诩明君的心理，按其旨意办事，又善于敛财以供皇上享用，所以受到特别宠信，成为乾隆帝的唯一心腹和代理人。

乾隆四十年，和珅受命赴云南处理李侍尧贪污案，这一次的办事进一步显示了他精明强干的能力，由此更加得到了乾隆帝的倚重。李侍尧是清初功臣李永芳的后裔，他的父亲曾任户部尚书，他自己曾任户部侍郎、广州将军、两广总督，案发时为云贵总督、武英殿大学士。由于出身显赫，加上位高权重，他把很多大臣都不放在眼里，对和珅自然也不屑一顾。这一年，云南粮道、曾任贵州按察使的海宁，被解职务，调任沈阳奉天府尹。海宁趁入京谢恩的机会向和珅揭发了李侍尧贪污的问题。和珅由于平素就看不惯李侍尧，因而趁此机会向乾隆帝加油添醋地把李贪污问题申述了一番。乾隆帝便委派他到云南查办此案。和珅一到云南，第一步就是把李的管家拘捕，严刑拷问，获得了李侍尧贪污营私的第一手材料，进而迫使李传尧俯首认罪。在处理此案的过程中，和珅了解到云贵两省支治腐败，各府州县财政亏空等一系列重大问题。他在云南当即写了一份详细的奏折派人送是乾隆帝。乾隆帝阅后，相当满意，在和珅回京的路上即任命他为户部尚书兼议政大臣。回京后，和珅又向乾隆面陈了云南盐务、钱法、边防等方面的问题，并提出了解决这些问题的建议，这一下，更使乾隆对他刮目相待，于是又授他御前大臣兼都统。

乾隆四十一年，和珅兼步兵统领。四十三年兼任崇文内税务总督，总管行营事务，补镶蓝旗满洲都统；旋又授正白旗都统，领侍卫内大臣。四十四年乾隆帝亲赐和珅长子丰绅殷德，并把心爱的小女儿和孝固伦公主许配给他。固伦公主当时仅六岁，喜欢作男孩子打扮，每次见到和珅，就称他为夫人，和珅听后更是美不胜收。在这以后，乾隆帝对和珅更是宠信无比，各种殊荣纷纷落到他的头上。同年，授户部尚书，《四库全书》馆正总裁；四十七年封太子太保；四十八年任国史馆正总裁；四十九年授一等男；五十一年授文华殿大学士；五十三年授三等忠襄伯，乾隆晚年、嘉庆初年任首席军机大臣兼管吏、户、刑三部；嘉庆三年封为一等公爵，成为集军政财大权于一身，权倾朝野的权臣。

和珅"为人狡黠，善于逢迎"，作为皇帝的近臣与姻亲，他非常会投乾隆之所好，想乾隆之所想。乾隆喜欢作赋吟诗，和珅在闲暇时就经常做诗习字，奉和乾隆的诗作。他现存的集子《嘉乐堂诗集》中就有不少应制奉和的作品。清代诗歌评论家钱咏评论他的诗律妥切，颇有佳句。和珅不仅精通满、汉文，而且通晓蒙、藏文，并能用蒙、藏文为皇帝拟诏书，当时的满汉大臣中，像他这样通晓四种文字的并不多。乾隆好巡游，多次离京巡幸江南，东巡祭祖，朝拜孔庙，不管走到哪里和和珅总是形影不离，和珅随侍左右，借这些机会，曲意讨好乾隆。他还利用长期主管户部和内务府掌管钱财的大权，扩建圆明园和避暑山庄供乾隆享乐。扩建后的圆明园方圆三十里，拥有一百五十多所精美的楼殿，四十个风景区，是乾隆极为满意的游乐与休憩场所。至于平日对乾隆生活上的服务，那更是体贴到家，无微不至，乾隆年岁较高，偶感风寒便咳嗽。每当上朝遇到乾隆咳嗽，身任首辅之臣的和珅便当着文武大臣，为这位老迈的皇帝手捧唾盂。这种体贴与周到，使乾隆对和珅的信任与喜爱，甚至超过了自己的四位皇子。后来乾隆退位当太上皇，嘉庆这位新登基的皇帝对和珅也得退让几分，嘉庆"平居与临朝，沉默持重"，不喜不怒，谨小慎微，"凡于政令，惟是听，以示亲信之意"，所做的一切，就是要使和珅不起疑心。

和珅官居高位之后，大肆培植亲信，树立私党。他的弟弟和琳是生员出身，只是由于和珅当朝，前后任过杭州织造、湖广道御史、吏科给事中、内阁学士、工部左侍郎、工部尚书等职。乾隆六十年贵州、湖南两省爆发苗民起义，和琳任云贵总督前往镇压，于嘉庆元年病死于军中。死时身兼光禄大夫、兵部尚书兼都察院都御史、四川总督数职。

和琳的亲家苏陵阿举人出身，为人贪赃无能，由于他是和琳的姻亲，和珅对他着意提拔，曾任兵部、工部、户部传郎，后又升为户部尚

『清朝第一贪官』——清乾隆宰相和珅

書、两江总督。在两江总督任上，他公开贪污受贿，臭名昭著。接见属员时竟恬不知耻地说："蒙皇上圣恩，令我这老头来捞点棺材钱。"嘉庆二年和珅公然把他荐举为东阁大学士。这时的苏陵阿已八十多岁，耳朵已聋、眼睛全花，连一举一动都需人携扶，被人称为"活傀儡"。和珅的老师吴省兰、舅父明保都安排担任要职。吴省兰曾为和珅塾师，因为和珅的关系，他被任命为学政，并担任乡试的考官，嘉庆初年被和珅安排到皇帝身边记录诗稿，充当和珅的密探。和珅的舅父明保既无资历又无学识，和珅竟把他安排当汉阳知府，明保凭借和珅这个外甥作靠山，气焰嚣张；当地官员对他又恨又怕。乾隆曾接见过他，对他那种窝囊样极瞧不上眼，一次他向和珅问起明保的出身，仕履等情况，和珅胡乱编造了一通，居然也把乾隆蒙骗了。

当然也有一些人见和珅深得乾隆宠信，于是就卖身投靠，与他狼狈为奸。如乾隆孝圣皇后的侄子福长安。福长安的父亲曾任户部尚书、军机大臣，大学士，封为太子太保，死后赠郡王，是乾隆朝代的一位名臣。福长安本人也娶了皇族女为妻。由于他年轻貌美，深得乾隆喜欢，由侍卫逐渐升为军机处行走。他见和珅位重势高，便依附于他，甘心听从他的摆布，和珅曾荐他代理自己的户部尚书职务，两人在一起，干了不少伤天害理之事。和珅贪赃枉法的罪行他知道得最多也最清楚。和珅事发之后，嘉庆帝多次启发他揭发和珅的罪行，他充耳不闻，甘心充当和珅的死党。福长安的小舅子港露，是个连满语都说不好的混混儿，因为福长安与和珅的特殊关系，湛露被和珅安排为广信知府，在一次考核政绩的"京察"中，和珅特意将他列为"保送一等"。

和珅独揽大权，胡作非为，一些忠直大臣由此备感愤慨，有的甘冒风险对他进行弹劾。但和珅凭仗乾隆作后台，蛊惑一些谏臣对他们进行打击、陷害。乾隆五十年监察御史曹锡宝弹劾和珅管家刘全仗势营私，衣服车马僭越朝廷礼制规定，当时和珅正在承德避暑山庄陪侍乾隆，他先看到了奏疏，马上将刘全召来，安排他迅速将超制的房屋车马拆散，把有关衣物隐匿转移。然后由和珅向乾隆呈上一份奏疏，说他对刘全已进行审讯，曹锡宝所告之事都不符合实际，恳请朝廷派人查处。

乾隆阅疏后，便下了一道谕旨，说和珅家人刘全长期在崇文门为主人代办税务，他本人的收入也不菲，即便有些积蓄也属常理，至于盖造

· 366 ·

几十间房屋住，车马服用稍有润饰，也属人之常情。谕旨并指责"曹锡宝弹劾刘全是隐约其辞，对和珅旁敲侧击"，乾隆还令有关官员和曹锡宝本人一道到刘全家查验证实，不能徒作"无根之谈"。由于刘全住宅衣物已经转移和"加工"过，曹锡宝等人前往查验一无所获。在这种情况下，曹本人感到十分尴尬，面对乾隆的压力与和珅的淫威只得承认自己是道听途说，言语失当，请求治罪，乾隆命令他革职留用。曹锡宝受此打击，精神上从此一蹶不振，后郁郁而终。

监察御史谢振定对和珅的罪恶行径也耳闻能详，对他的爪牙倚仗和珅专横霸道，尤其深恶痛绝。一次他带着士兵巡视京城，见一辆高大华丽的马车在街道上横冲直闯，谢振定令车停下，一问知乘车的人原来是和珅的姜弟。谢振定大发雷霆，命士兵将他从车中拖出，用皮鞭痛加抽打，并当场将马车烧焚。围观的士民人人拍手称快，和珅闻讯后，对谢振定忌恨在心。几天后，便指使亲信捏造罪名对他弹劾，并罢免了他的职务。

乾隆帝晚期，对和珅更是信任极专，凡收到揭发和珅的材料统统都交给自己处理。结果就是使上奏书的人遭来横祸。如陕西一个读书人冒死给乾隆上书，揭发和珅贪赃枉法的罪行，乾隆将此信转给和珅，结果此人全家遭到和珅党羽戕杀。

敢于与和珅作对的人下场都不妙。有一个唯一的例外，乾隆四十七年（公元1782年），御史钱沣弹劾和珅党羽山东巡抚国泰和布政使于易简，和珅故技重演却没有得逞，那原因是由于左都御史刘墉在背后鼎力支持钱沣。乾隆帝命和珅、刘墉、穆诺清协同查办此案，刘墉探听到和珅将派人去山东，通报给钱沣，两人商量的结果是将计就计。钱沣提前化装南下，在北京不远的良乡遇到和珅所派的人，他暗中记下此人长相，快到济南时，见此人策马北归，钱沣当即命随从拿获，从他身上搜出国泰给和珅的回信。

到达济南，和珅主张当天抽查完事，他有把握国泰已补足了库存的银两。钱沣不同意，他命令贴上封条，次日继续查检，将所有的库银逐包拆开验收，结果发现银子成色不对，不符合统一的库银标准，倒像商人的银两。钱沣贴出告示，宣布商人自行领取，否则罚没充库。商人们络绎前来，库银一空。乾隆闻讯大怒，将两人捉到刑部大牢，令他们自尽。和珅无法可施，恨极了钱沣。钱沣索性再上一本，参劾和珅身为军机大臣，不到军机处办公却独坐在以前值班官员的休息室内办公，除了阿桂之外，其他军机大臣都学和珅自己找地方办公。这种做法违背常情，乾隆帝命钱沣兼任"稽查军机处"一职，不到一年，钱沣暴毙。没有确凿的证据表明一定是和珅所为，但另一个御史、同样是和珅之敌的管世铭刚扬言要上章弹劾，也突然暴卒，死得颇不寻常。

史称和珅"用事将二十年，威福由己，贪默日甚，内而公卿，外而藩府，皆出其门"。而纳贿馅附者，多得重要之职；中立不倚者，难免潦倒；敢于揭露、指陈其罪行的人则被其置于死地。

和珅除总揽军政大权外，并先后任户部侍郎、户部尚书，内务大臣等职，长期管理户部三库及崇文门关税关监督，他长期利用手中的大权，肆无忌惮地聚敛财富，大发横财。

和珅管辖的内务府负责宫廷服用、食物、武装守备等方面的事务，内廷和皇帝的一切开销都由内务府所供应。乾隆一生好大喜功，尤其喜好外出游玩。和珅作为内务府的负责官员，为了满足宫廷奢靡的开支，他借各种机会对各级官吏和豪绅大加敲诈勒索，和珅本人则借机掠夺。各地进贡的礼品或外国使臣朝贡的珍宝，首先都得经过和珅这一关。乾隆每次从中不过收取十之一二，大部分都被和珅吞占。时间久了，和珅家中的奇异珍宝比皇宫的还要多，如大宝石、珍珠串的数量，就是内宫的数倍。他家所藏的一颗大珠比乾隆御用的皇冠顶珠还大。至于户部、内务府的大宗钱财都是由和珅任意支配，这是一笔糊涂账，而乾隆对此也是从不过问。有一次，两广总督孙士毅出使安南回来，在宫门外等候乾隆帝接见，被和珅撞见了，和珅问："你手中拿的是什么东西？"孙士毅回答："是一个鼻烟壶。"和珅拿过来看了看，是用一个大如雀卵的明珠雕琢而成的。和珅爱不释手，便说："你能否割爱……"孙士毅明白他的意思，但是很为难的说道："可惜昨天已奏知皇上了，待会就要敬呈，如何是好呢？"和珅脸色微微一变，冷冷地说："和你开个玩笑罢了，何必当真！"过了几天，和珅又碰见孙士毅，扬扬得意地说："昨天我也得到了一珠壶，你看看怎样？"说着就递将过去。孙士毅一看，正是他进献的那一个，就说："这是陛下将我进献的那个珠壶赏给大人了。"和珅哈哈一笑。事后，孙士毅经多方打听，才知道根本不是皇上赏给他的，而是他通过同党从宫内盗出来的。

　　另有传言，和孝公主的异母兄弟七阿哥，有一次不小心打碎了一个碧玉盘，这是乾隆帝最喜爱的一件珍宝，直径有一尺多。七阿哥怕父皇怪罪，吓得惊慌失措，没了主意。七阿哥的弟弟成亲王让他快去找和珅商量想办法。于是哥俩同去和珅家。和珅听完了哥俩的诉说，假意装出为难的样子，说："此物人间稀有，我又有什么办法？"七阿哥更加害怕，竟痛哭了起来。后来和珅答应想法试试。过了一天，和珅一见面就拿出一个盘子，不但比打碎那一个大，而且更为精美。七阿哥和成亲王感激不尽。此时，他们也了解到四方所进珍品，上等的先入和珅的手中，次等的才送进宫去。据野史中的有关记载，乾隆末年，各省进贡呈献的东西，和珅私自侵吞了十之八九，只有十之一二进宫，所以后来嘉庆皇帝在宣布和珅罪状的上谕里非常气愤地说，和珅家中的珍珠有二百多串，比宫中的多好几倍；稀世的宝石有几十个，整块大宝石不计其数，都比宫里的好。并下旨将此列入和珅罪状之中。

　　和珅是乾隆皇帝身边的红人，一人之下万人之上，与阿桂同掌军机处大权十几年，但阿桂经常奉命到各省赈灾治河，巡察办案，或率军征战，这无疑给和珅独揽军机处大权造成机会。他行文各省，要各省儿给皇帝的奏折都要先向军机处提交副本，因而，各地大员向皇帝直接奏事的权利无形中被剥夺，全国都被掌握在和珅的手心里，人人不得不对他俯首帖耳，唯命是听。两江总督书麟、闽浙总督觉罗长麟都曾因违忤和珅，先后被遣戍新疆。从此以后，从朝廷到地方的官吏，上至公卿大臣，下至各省督抚，为了保住自己的地位，纷纷投入和珅门下，竞相进贡。和珅是典型的见钱眼开的人，例行公事时，他也要捞一把，他在兵部核算报销时，如不给贿赂，他就找茬不给报销。至于官员想晋升，更需要以钱开道。在和珅那里，大小官皆有定价，出什么价钱做什么官，例如盐政、河道总督，这是两个最大的肥缺，价码也最高，官员们必须先以"巨万纳其府库"，然后才能得到手。

　　和珅曾长期负责议罪银事务。清代的议罪银，实际是为皇帝聚财的措施，又称罚银或自行认罪银，其对象主要是各省督抚、盐政、织造、税关监督等大员。这些人一旦犯了罪，就必须交出罚银，才能够免于或减轻查处。罚银的数额按罪状的轻重不等，但大都是数万或数十万。议

『清朝第一贪官』——清乾隆宰相和珅

罪银的绝大部分都缴入内务府银库，成为皇帝的私人财产的一部分。和珅作为议罪银的主要负责人，不仅可以很容易地使一部分认罪银落入己手，而且可以借此索贿受贿。由于相当一批官员都担心自己随时被认罪，与其被罚巨款，倒不如趁早向和珅行贿，因而一旦获罪时，有和珅从中周旋，就可以大事化小，小事化了。对于这些，和珅总是来者不拒，多多益善的。乾隆四十七年，山东巡抚国泰、布政使于易简贪污案被揭发，和珅负责查处。国泰、于易简都是和珅的党羽，而且在事发前已用大批银两"进献"给和珅，故此和珅在查处时，处处敷衍其事，企图使他们蒙混过关；在检查该省库银时，预先通知国泰，叫国泰挪移别银充数。只是因为参加办案的另两位大臣紧迫不舍，和珅才没能如愿。

和珅聚敛财富的主要方式是任用官员索取贿银。内而九卿，外而督抚司道，不向和珅纳银献宝，不是和珅亲友，是很难当上官的，从而形成了"和相专权，补者皆以赏进"，"政以贿成"，祸国殃民的严重局面。以乾隆最关心的河工而言，就败坏得不像个样子。史称："乾隆中，自和相秉政后，河防日见疏懈。其任河帅者，皆出其私门，先以巨万纳其帑库，然后许之任视事，故皆利水患充斥，借以侵蚀国帑"，"至竭天下府库之力，尚不足充其用，……而庚午、辛未高家堰、李家楼诸决口，其患尤倍于昔，良可嗟叹"。和珅勒索百官，不仅肆无忌惮，胆大包天，而且价码越抬越高，单是两淮盐政征瑞一人，先后就贿赂和珅四十万两银子。有的则不惜代价购买奇珍异宝，投其所好。江苏吴县有个珍珠商，在每个珠子外面用赤金包裹，增加了珠子的价值，大粒值二万金，次者万金，最便宜的也有八千金，即便如此昂贵，大部分官员还是争相购买，唯恐买不到；他们知道，和珅每天早晨都服用一粒珍珠，以延年益寿，增强记忆。

不过，向和珅行贿也并不是一件容易的事。曾经有一个山西巡抚巴结和珅，派他的部下带二十万两银子专程到京城上门献礼，但是进献无门，和府没有一个人来接见他。一打听个中原委，便用了五千两银子作"小费"求见，结果出来了一个衣冠楚楚的年轻奴仆，一开口便问："黄的还是白的？"口气倨傲得很。一听说是白的，年轻奴仆就告诉手下人收入外库，然后给了一纸便条，说："拿这个回去为证吧。"说完扬长而去。这人一打听，原来那个年轻奴仆只是一个门子，便连声感叹：二十万两银子竟连和珅的面也难以见到，见一个门子倒要花上五千两，真是"侯门深似海，和府财如山"啊！

　　和珅贪财纳贿有一个很明显伎俩，就是经常打着皇帝和朝廷的招牌，假公济私，中饱私囊。乾隆帝是一个好大喜功的风流皇帝，到处游山玩水，寻欢作乐，晚年更加有增无减。他曾数次南巡，登五台山，祭北曲阜，东谒三陵，浏览天津，嵩山等地，至于避暑山庄，更是常来常往。他每次出巡，都穷奢极欲，尽情挥霍。再加之连年用兵，大兴土木，使得每年费用超过正常经费亿万之巨，这些事，他很多都交给和珅安排办理，没有钱支出，他也要和珅想办法筹措。于是便给和珅的贪污受贿带来很多机会，同时也带来了方便。

　　乾隆五十五年，皇上八十大寿，照例由和珅筹办庆典，这对于他无疑又是一个绝好的发财时机。他把皇宫内外和大小宫殿，均装饰一新。从京城至圆明园，楼台歌榭全部用金银珠翡装点，假山上还设有木偶和尚，开动机关，就自己活动，演出舞蹈。和珅还行文各省，让他们进献各种珍奇物品贺寿。这时内阁学士尹壮图上疏反对，说各省的库藏都已经亏空，不能浪费钱财。乾隆帝一方面对尹壮图的上疏很不满意，一方面也感到焦虑，和珅却说："不会这样吧，何不派尹学士去各地察看一下呢？"乾隆帝当即准奏，派尹壮图前往各地勘察，和又奏请派他的爪牙庆成跟着去监视，在和珅的授意下，庆成每到一省都想方设法干扰和掣肘尹壮图；庆成先是派人送信，接着就是借故拖延时日，等地方官把府库挪移充足，再去开库检查。这样一来，所查之处府库充盈。于是，反映真实情况的尹壮图反而"以妄言坐黜"，而和珅与庆成却暗中捞足了外快。仅仅是乾隆帝的这一次庆典，就牵动了多少人力，花费了多少资财，主持庆典的和珅又不知在暗中掠夺了多少！

　　和珅的贪婪无厌以及乾隆帝对他的故纵，使乾隆后期的吏治更加腐朽透顶。朝野上下各级官员，一方面畏惧和珅的生杀予夺大权，另一方面也借机大捞一把，就各自向下级摊派勒索，上梁不正下梁歪，有这样的一个无比贪酷的大官高高在上，下面的贪官污吏怎能不群起而仿效，更加放肆横行呢？他们层层索贿受贿，贪污腐化，贿赂公行，结成了互相包庇纵容的关系网。有的总督，不仅收受提升官员银两，而且向属员

『清朝第一贪官』——清乾隆宰相和珅

变卖珠子，然后又将珠子收回。山东巡抚国泰，勒索属员八万两，浙江巡抚福崧贪污盐商税银十一万五千两……举不胜举，多如牛毛。

当然，有时候朝廷也抓几个案件查处，但要根除贪官，这根本无济于事。结果，贪污事件越来越多，层出不穷，贪污方法越来越巧，不仅个人贪污，而且上下勾结，串通一气，集体分赃，甘肃被查出的全省官员合伙贪污案中，贪赃千两以上的就有六十六人之多。布政使王亶望家，就抄出金银一百多万两；陕甘总督勒尔谨有个家人叫曹禄，从其家抄出的银子也有二万余两。甚至在奉命查抄正亶望资财的查抄者们也从中抽梁换柱，以银换金，以贱抵贵。如查抄底册中列有金条、金锭四千七百四十八两，而交到内务府的册子中只列金九两三钱，送到内务府时竟连一钱也没有了。

官吏贪污的资财，除直接向百姓搜括外，还大量动用国库，使全国各省府库空虚日益严重。有的前任离职，后任不肯接收亏缺，只好由上司出面说合；有的虽然接收了前任亏空，到自己离任时，照旧亏欠，称作"原装原卸"；有的本来没有亏空，到离任时将库中银钱拿走，名曰"做亏空"。如此这般，不仅处处亏空，而且数字令人瞠目结舌，最后，这些负担都转嫁到人民头上，使国计民生受到严重影响。例如清代的盐政、河工历来是比较富足的，但在和珅及众多贪官的榨取下，也财政入不敷出，以致河道年久失修，常有洪涝灾害；川楚等地曾因食盐等问题激起民变。与各地财政告急，仓库亏空情况相反的是，和家的仓库却越来越吃紧，盖了一个又一个，仍然不够用，最后来了个"夹墙藏金"，"地窖藏银"。

和珅用贪污受贿得来的大量钱财，大肆进行挥霍，过着极其腐化糜烂的生活，从后来清查他的家产的账单上看，单就衣服一项，就有貂皮一千五百多张，狐皮一千多张，其他各种上等皮毛不计其数，另有绸缎库二间，各种衣服五千三百多件……真可谓"男人俱是轻裘，女人俱是锦绣"了。

和珅有三处花园供其玩乐，其中以淑春园为豪华，其装饰比皇宫有过之而无不及。淑春园约在乾隆初年开始修建的，遗址位于今北京西北郊海淀一带。乾隆帝晚年，和珅权力无比，原来位于城内的宅第尽管一再扩建，但毕竟不太符合其身份和要求了，故此，乾隆帝就把淑春园赐给了和珅，和珅成为淑春园的主人之后，将淑春园改名为"十笏园"，这其中寓合的意思就是怀揣十笏、手掌大权。和珅不惜重金，对全园进行了一次大改造。掘地为湖，叠石为山，修建成了一座山水相间、风景宜人的园林。内部的建筑仿照圆明园的布局，据说和圆明园中的蓬岛、瑶台如出一辙。园内遍植名花异草，房屋式样均依照大内宁寿宫的建筑，富丽堂皇，雍容华贵。为了修建淑春园，花费的人力物力真是难以计算，仅是园内的一座太湖石，就花费了数千金才运来，后人发出"曾移奇石等黄金"的感慨，是一语中的。

和珅的妻子是英廉的孙女冯氏，死于嘉庆三年春，葬礼极其隆重，当时的王公大臣无不前往吊唁。除了正妻之外，和珅还拥有许多姬妾，姬妾到底有多少，数不胜数。据说有一次庆典，和珅单为姬妾们买花就用了数万两。在他众多的姬妾中，和珅最宠爱的有两个，一为长二姑，府中人称二夫人；一为吴卿怜，苏州女子，查办贪官浙江巡抚王亶望的部分财产里，就有这位吴卿怜。和珅大约非常迷恋这位吴小姐的绰约风姿，为了讨她欢心，专门给她建了一座小楼，起名迷楼，当和珅被抄家时，这位吴卿怜也引颈吞环自尽了。

乾隆五十四年，和珅的儿子丰绅殷德结了婚，新娘是早在十年前就已订婚的皇帝的公主。婚礼的排场当然非寻常人所能想像的。乾隆帝对这个最小的女儿很宠爱，陪送的嫁妆比以前的几个女儿都要多。和珅将丰绅殷德夫妇安排住在淑春园的西半部分，和珅自己和他的妻妾们则住在东半部分，好不荣耀。

和珅家有大量的家奴和婢女，并且利用职权，大量使用公役人员，这些人都是为服侍这一家老小的。步军统领巡捕营在和珅私宅供役的就有一千余人。这些奴才们也和主子一样挥霍无度，平时也狗仗人势，欺压良民，勾结权贵，敛财纳贿。和府管家呼什图，时称内刘，和珅垮台后，内刘家也当然未能幸免，其家产也有十余万，而且替他的三个弟弟分别捐纳了知州、守备、州同等官衔。和府大总管刘全，造的房子有一百多间，和王公大臣的府邸相媲美，很多士大夫都争着把女儿嫁给他，家产也有二十余万。

和珅对他的这种纸醉金迷、灯红酒绿的生活并不感到十分惬意，虽然他享尽了人间的荣华富贵，但毕竟是臣属，与皇宫内廷的生活相比，还是相形见绌，还有很多皇帝能享用的东西他不能享用；如用，就是违制，罪名就是图谋不轨。对这一点和珅也是不甘心的。为了满足自己的这一点愿望，每到夜深，他就在灯下穿戴皇帝的衣服，把窃取来的朝珠悬挂在脖子上，对着一面大镜子，往来迈步，边走边对着镜子说话、微笑。不过声音压得很低，生怕被人听见。过足了皇帝瘾他才把衣服、朝珠卸下来。

乾隆皇帝在平定回民起义后，曾命人用和阗玉凿了一匹高二尺、长三尺的玉马，存放在宫中。和珅对此御用宝物也是垂涎三尺，设法将玉马偷了出来，专供其与爱妾在洗澡时乘坐享用。

和珅给自己安排后事也跟皇帝相攀比。他在冀州城外选了一大块土地，为自己建造坟墓。在墓前立一石门楼，石门前一地，下隧道，盖正房五间称为享殿；东西厢房各五间，称配殿，大门称宫门。墓外有围墙周长二百丈。人们都把和珅的墓称为"和陵"。在围墙的西侧还建有房屋二百一十九间。这套陈设和建筑，完全超越了规定，就连亲王墓地的周长也不过百丈，和珅比亲王的还长了一倍多，简直与皇帝不相上下了。但具有讽刺意味的是，尽管他如此苦心经营，他死后却没能享受到这份"哀荣"，白费了这一番苦心。乾隆皇帝在即位之初，曾焚香祷告上天，许下心愿说："如果上天保佑，我能做六十年皇帝，一定传位皇子，归政退闲。"因而，当乾隆帝坐满六十年皇帝宝座时，决定让位给他的十四子，就是后来的嘉庆皇帝。不过他一直保守这个心里秘密，直到宣布的前夕，乾隆帝才把他的决定告诉了和珅一个人。和珅眼睛一亮，喜上眉梢，他心想，这下投机的机会又到了。因为事实很明显，老皇帝退位，他感到无所依恃，必须投向新皇帝的怀抱，才能保住自己的地位和权力。他利用这个绝好的机会，带了一柄表示吉祥嘉庆的如意，跑到嘉庆府上，呈献给他；这暗示天大的喜事就要降临，他是提前来表示祝贺的。和珅想通过泄露机密这一招，来取悦于未来的皇帝，博得个拥戴新皇帝登位的功劳，作为日后站稳脚跟的政治资本。果然，和珅刚刚暗送了这一消息，乾隆帝就向内外宣布三十六岁的十四子为他的继承人，并于第二年正式即帝位。和珅暗心高兴，并盘算着怎样进一步博得新皇帝的欢心。

但是，嘉庆早把和珅看透了。在当皇子期间，嘉庆就了解到上下内外对和珅是多么愤恨，满朝文武"竟无一人奏及者"，表面上看，朝臣均担心乾隆帝"圣寿日高，不敢烦劳圣心"，"实则畏惧和珅，钳口结舌"。自己登基，如果继续重用此人，就会不得人心。和珅在朝廷大权在握，一呼百应，一手遮天，说不定还会出现逼位的事，这种危险性嘉庆是充分认识到的。还有，和珅的巨大财富也使他眼红，使他嫉妒，他怎能允许一个做臣子的富有超过皇室呢？所以，嘉庆下决心迟早要除掉和珅。然而，老父皇还活着，名为退位，可仍在掌权，并且仍然宠信和珅；太上皇的旨意，仍然经和珅向外传达。因此，嘉庆只好以隐忍的态度对待和珅，强压下愤恨的怒火免得投鼠忌器，引起种种变故，反而不妙。

　　老奸巨猾的和珅却摸不透新皇帝的心思。从表面上看，新皇帝对他既客气又尊重，有要奏请太上皇的事，他自己不去，还让和珅转奏。而对和珅的献媚讨好，新皇帝则不置可否。这使得和珅一直惴惴不安。于是，和珅就派自己的老师吴省兰去给新皇帝抄录诗草，其实是想摸新皇帝的心思。嘉庆十分谨慎，吟咏之中不露任何痕迹。左右的近臣有人批评和珅，他却说："我正在依靠和相公处理国家大事，你怎么能这样非议他呢？"这些话，当然很快就能传到和珅耳中。和珅用尽了办法，观察一段时间后，见新皇帝没有对自己不友好的表示，于是才稍稍定下心来，也因此放松了对新皇帝的防备。嘉庆四年（公元 1799 年）正月初三，乾隆帝驾崩，嘉庆帝开始亲政。和珅的靠山倒了，他的官运和命运就快要走到尽头。初五，身着孝服的嘉庆首先向全国发布一道谕旨，对将帅懈怠、军事连连失利及官场中种种恶习，极为不满，诏谕要求从上到下重新振作精神，整顿纲纪，革除弊政。并下令内外大臣特别是负责监察的台监官员，指责朝政弊端，检举大臣不法行为。

　　嘉庆帝的表态得到不少朝廷大臣的响应，吏部给事中王念孙首先站出来检举和珅。紧接着，御史胡季堂列举和珅的罪状，把嘉庆帝御旨中提出的几个问题统统归罪于和珅，主张给予严厉制裁。嘉庆帝看到时机已成熟，数天以后，就下令将和珅以及与和珅关系密切的户部尚书福长安革职拿问，并委派大员组成调查组，调查和珅的种种罪状。同时，凡属和珅的庄园财产，全部贴上封条，进行查抄。此时，和珅的同伙及党羽们也知道形势不妙，为避免自己受到牵连，纷纷反戈一击，揭发和珅的罪行。

嘉庆帝指令五公大臣联合审讯和珅，敦促其交代罪恶。他还亲自审讯和珅，责问道："你家中盖楠木房屋，木材是否自宫中窃出。""房屋均照宁寿宫的式样，是何居心？"

和珅不得不如实回答："楠木是奴才自己买的，曾派遣胡太监往宁寿宫画下图样仿造，所以与宫中一样，其中水晶柱系由宫中窃出。"

"你家所藏珍珠串比皇宫的还多几倍，你的大珠子比朕的帽顶上的还大，你拥有的宝石比内务府的多，这些难道不是你贪盗不洁的证据吗？"

嘉庆帝还问到和珅将出宫妇女选入家中、擅坐椅轿出入皇宫等罪恶，和珅都一一供认不讳。

在弄清了和珅犯罪的根本事实后，嘉庆帝在正月十一日下诏宣布了和珅的二十大罪状。这些罪状的内容主要有以下几个方面：泄露机密，拉拢皇太子，抢拥戴之功，对乾隆皇帝大不敬；欺瞒军机要事；隐匿边报；专断军机处，把持户部；任人唯亲，所举非人；称和珅墓为和陵；园林房屋僭制；有谋反之心；大珠、宝石、珍珠物串都超过御用，衣货千万，金银财产不计其数；开当铺、钱店，与民争利；纵容家权到处勒索，广置财产；步军统领巡捕营一千余兵丁供和珅私宅役使……不一而足。

嘉庆帝在宣谕和珅罪状的诏书中，同时公布了和珅家产查抄清单，所见者无不瞪大了眼珠子，说不出话来，查抄结果是：

田土八千余顷，房屋二千余间。银号十处，本银六十万两。当铺十处，本银八十万两。金库内赤金五万八千两。银库内银元宝八百九十五万五千多个。珠宝库、绸缎库、人参库都充盈其中。

不过，公布的这些数字，并非是和珅财的全部，由于这些只是短短几天内查抄记录下来的，而和珅转移、隐藏的财产并未包括在内。依据《清朝野史大观》记载，有个叫萨彬图的副都统，当时就对此提出过疑问，建议嘉庆帝应穷追不舍、继续清查，嘉庆帝知道他的话有道理，但却对此讳莫如深，不表态度，反而怪他多嘴。故此，世间对和氏到底有多少家产一直众说纷纭，因此便留下了许多和珅家产的清单，其中薛福成《庸庵笔记》所载"查抄和珅住宅花园清单"流传最广。

据薛福成的记载，和珅的家产，除房屋住宅花园之外，有田地八千顷，生沙金二百余万两，赤金五百八十万两，元宝银九百四十万两，金银元宝各一千个，当铺七十五座，银号四十二座，其他如珍珠、白玉、绸缎、珊瑚、玛瑙、宝石、瓷器、古鼎人参、貂皮等不计其数。当时查抄和珅家产共有一百零九号，其中已估价的二六号，估价部分值银二亿二千多万两；如果依据梁启超的估计，和珅的全部家产，则有八亿两之巨，比清廷十年收入的总和还多。这些财产抄没后，嘉庆帝除拿出一部分赏赐给他的亲信和大臣外，其余的都为嘉庆帝所占有，因此民间广泛流有"和珅跌倒，嘉庆吃饱"的谚语。

给和珅定罪后，接着给其同党福长安定罪。经大臣会同各有关衙门，一致奏请皇上将和珅凌迟处死，福长安处以斩首，但嘉庆皇帝考虑到，倘若把他父皇最亲信的和珅拉到大庭广众之中，一刀一刀凌迟处死，这对于已故的老皇帝的脸面毕竟不是件光彩的事，于是决定赐令和珅自尽，判福长安死刑。

正月十八日黄昏，在乾隆皇帝去世的半个月后，执法官员捧着嘉庆帝的圣旨，到监狱宣读，和珅跪在地上，听完后叩头谢恩。然后对他的儿子和福长安说："我和你等服侍先帝已经很久了，本来应当一道同归，现在皇上已有钟爱之臣，不再需要我们了，我就先走了！"说完，悬梁自尽，福长安等跪在一边看着和珅气绝身亡。嘉庆惩治和珅案没有株连，也没有扩大化，这是嘉庆的聪明之处；但他只把和珅当作个案处理，而没有把"和珅现象"当作制度性的弊端去解决，进行制度性的改革，这是嘉庆的平庸之处。